System Error
시스템 에러

시스템 에러

빅테크 시대의 윤리학

롭 라이히 · 메흐란 사하미 · 제러미 M. 와인스타인 지음 | 이영래 옮김

어크로스

우리의 멋진 아이들에게 바칩니다

디지털 유토피아를 향한 무조건적 찬양과 기술 디스토피아에 대한 독설은 이제 그만할 때가 되었다. 우리는 드디어 선정적이기보다는 디지털 혁명을 진지하게 바라볼 수 있는 책을 만났다. 어떻게 기술의 미래를 만들어가고 그 과정에서 민주주의를 다시 재건할 수 있는지 이해하고 싶다면, 이 책을 반드시 읽어야 한다.

리드 헤이스팅스(넷플릭스 CEO, 공동 창업자)

이 책에는 우리가 이제 막 이해하기 시작한 기술들이 우리의 삶, 정치 그리고 중요한 가치들에 어떤 영향을 미치고 있는지에 대한 엄청난 통찰이 담겨 있다. 이 놀라운 책은 건강한 디지털 미래를 만들기 위해 우리가 가야 할 길을 보여준다.

대런 워커(포드재단 회장)

아인슈타인은 한때 우리의 기술이 인류를 능가했다고 한탄했다. 강력한 인공지능 기술이 이전에 볼 수 없었던 속도로 사회를 변화시키고 있기 때문에 기술의 위험성은 더욱 절박하게 다가온다. 실리콘밸리의 중심부에서 디지털 기술의 윤리적·사회적 영향에 대해 다룬 매우 중요한 책이 나왔다. 학생, 엔지니어, 사업가, 정책 입안자, 또는 우리 사회의 미래를 걱정하는 모든 사람들이 꼭 읽어야 할 필독서다.

페이페이 리(스탠퍼드대학교 컴퓨터과학 교수, 인간중심인공지능연구소 공동 소장)

엄청난 업적이다. 우리의 디지털 사회가 직면한 중요한 문제에 대한 정교한 분석이다. 무엇보다 시기적절하고 실현 가능한 재부팅을 위한 실질적인 솔루션을 제시한다.

앤마리 슬로터(미국 싱크탱크 기관 '뉴아메리카' CEO)

모든 소프트웨어 엔지니어가 반드시 읽어야 할 책.

가베 클라인먼(오비어스 벤처 마케팅 책임자)

이 책은 오늘날 세계가 직면하고 있는 가장 심각한 문제들을 최고로 집약했다. 기술이 민주주의의 핵심을 겨냥한 무기가 되었다. 이 책에서 말하는 것이 바로 우리가 필요로 하는 사고방식이다.

글렌 와일(마이크로소프트 OCTO, 래디컬x체인지재단 설립자)

정말 대단한 책이다.

조 스카보로프(MSNBC 〈모닝 조〉 공동 진행자)

강력하고 중요하며 시기적절한 책이다. 마치 우리를 위한 공공 서비스처럼 느껴진다. 모두 한 권씩 집에 가져다 놓길 권장한다.

훌리안 카스트로(미국 주택도시개발부 전 장관)

이 책이 우리에게 기여하는 부분이자 가장 중요한 점은, 우리가 바로잡아야 할 것들이 무엇인지 설명하고 두 가지 요점을 깨우치게 한 것이다. 첫째, 민주주의 사회에서 디지털로의 전환은 무슨 일이 있어도 엉망이 될 것이다. 둘째, 솔루션은 유토피아를 달성하는 것이 아니라 어떤 일이 일어나지 않도록 확실한 매개변수를 설정하는 것이다. 우리는 이미 충분히 풍족한 세상에서 살고 있다.

〈월스트리트저널〉

저자들은 알고리즘을 통한 의사결정 아웃소싱의 증가, 기술기업에서 수집한 엄청난 양의 사용자 데이터, 자동화 증가, 온라인상의 증오심 표현 및 허위정보의 확산 등 사회가 해결해야 할 주요 문제를 탐구한다. 깊이 있는 분석을 내놓되 쉬운 답을 제시하는 함정에 빠지지 않는 이 연구는, 기술이 삶과 사회에 미치는 엄청난 영향에 대해 걱정하는 사람이라면 눈여겨볼 만한 가치가 있다.

〈퍼블리셔스위클리〉

머리말

플라톤이 주장했듯이, 위기의 시대에 당황하고 갈피를 잡지 못해 마비에 빠진 평범한 시민들은 어려운 결정이 자기 몫이 아니라고 생각해버린다. 고난의 시대에 직면한 민주 시민들은 정치라는 일을 기꺼이 전문가들에게 넘겨주고, 정치 과정의 참여자라는 자신의 위치를 확보해주는 제도적 체계, 권리, 자유를 포기한다. 혼란 앞에서의 지적 마비가 위험한 것은 그것이 민주주의의 첫 번째 전제, 즉 일반 시민이 항상 생각할 준비가 되어 있다는 전제를 허물어뜨리기 때문이다.

— 대니엘 앨런Danielle Allen, 〈교육의 목표〉, 2001년 9월 20일 연설

2021년 1월 6일, 앞서 도널드 트럼프 대통령이 참석한 집회에 자극을 받은 폭도들이 미국 국회의사당을 습격했다. 그들의 목표는 폭력으로 대통령 선거 결과를 뒤집는 것이었다. 그들은 상대 진영이 대통령 선거 결과를 "훔쳐갔다"고 주장했다. 선거 결과에 불복하는 60건 이상의 소송이 실패로 돌아가고 전국에 있는 선거 관

리들이 전면적인 반박을 했는데도 굴하지 않고 부정선거라는 메시지를 주장한 가장 눈에 띄는 인물은 트럼프 자신이었다.

몇 개월 전 빅테크 플랫폼들은 부정선거의 핵심이라는 혐의를 받았다. 1월 6일 결국 그들은 공포를 인식했다. 그들이 가능케 한 공포였다. 트위터는 9000만에 가까운 팔로워를 거느린 트럼프의 계정을 차단하고 게시물을 올리지 못하게 만들었다. 이틀 후 트위터는 "또 다른 폭력을 조장할 위험"을 언급하며 트럼프를 플랫폼에서 영구적으로 삭제했다. 단 한 번의 조치로 그의 계정에 있는 모든 것을 지운 것이다. 페이스북, 인스타그램, 유튜브, 스냅챗도 비슷한 조치를 취했다. 트럼프가 아직 활성화 상태인 미국 대통령 계정(@POTUS, President of the United States)을 이용해 그들이 자신의 "입을 막았다!"는 글을 게시하자 플랫폼은 재빨리 그 트윗까지 삭제했다.

플랫폼들이 트럼프가 내놓는 선거 허위정보에 보낸 질책은 한편으로 소수의 빅테크 기업에 얼마나 큰 권력이 집중돼 있는지 확실하게 보여주는 일이었다. "자유세계의 지도자"라고 일컬어지곤 하는 미국의 대통령이 수천만 명의 팔로워들과 소통하는 데 가장 즐겨 이용하는 수단을 인정사정없이 빼앗었다. 그것이 선거 이후 더 많은 폭력 사태의 가능성을 줄이기 위해 필요한 조치였든, 2020년 선거 훨씬 이전부터 오랜 거짓말의 전력을 가진 한 남성으로부터 확성기를 빼앗기 위해 플랫폼들이 오랫동안 고민해온 결정이었든, 아니면 미국에서 가장 높은 선출직 공직자에 대한 기술 엘리트의 노골적인 검열이었든, 기술이 가진 엄청난 힘, 더 중요하게는 그 기술을 개발하는 사람들이 우리를 지배하고 있다는 점을 더없이 분

시스템 에러

명하게 보여준 것만은 틀림없다.

미국 의사당 습격을 유발한 사건들에서 빅테크가 한 역할과 그들이 보인 반응으로 인해 수년 동안 축적되어온 기술에 대한 우려가 수면 위로 올라왔다. 끝없이 이어지는 개인정보 침해 사례와 기업이 데이터에서 발굴한 방대한 정보를 통한 행동 조작 사례는 빅테크를 색안경을 끼고 볼 수밖에 없게 한다. 일부에서는 인터넷, 스마트폰, 컴퓨터가 우리의 주의를 빼앗고 우리를 화면에 중독되게 하는 일련의 장치들을 전달하면서 우리의 온라인 행동에 관한 정보를 수집해왔다고 주장한다. 의사당 사건이 보여주듯이 소셜미디어 플랫폼에서 급증하는 역정보와 허위정보는 과학에 대한 우리의 신뢰를 훼손하고, 정치 양극화를 악화하고, 민주주의 자체를 위협하는 역할을 하고 있다. 이 모든 것에 동력을 공급하는 것은 엄청난 시장 지배력과 막강한 정치적 영향력을 가진 소수의 기업들이다.

그렇지 않아도 유례를 찾기 힘든 이 시기에 우리는 코로나19의 대유행까지 경험했다. 이 글을 쓰고 있는 현재 세계적으로 300만 명 이상이 목숨을 잃었고 일, 교육, 경제, 개인 생활이 완전히 뒤집혔다. 유행병은 극히 장기적 영향력을 지닌 즉각적인 행동 변화라는 보기 드문 현상을 유발했다. 블라디미르 레닌은 "아무 일도 일어나지 않는 수십 년이 있는가 하면 수십 년이 걸릴 만한 일이 일어나는 몇 주도 있다"라고 말하기도 했다. 공중보건 기관이 사회적 거리 두기를 시행하고 일부 지역에는 외출 금지 명령을 내리면서 하룻밤 사이에 세계의 대부분이 집에서 일을 하게 되었고 학교는 문을 닫았다. 비행기가 뜨지 못하게 되면서 화상회의가 급증했다. 파일 공유와 협업 기술들을 통해 경제의 여러 측면이 빠른 속도로 진전했다. 기록적인 숫자의 사람들이 영화관 대신 넷플릭스에 모여들었다. 사람들이 친구나 가족과 연락하기 위해 페이스북을 비롯한 소셜미디어 네트워크를 사용하는 일이 급증했다. 덕분에 화상회의를 통해 아이들이 수업을 하고, 물리적 만남이 불가능한 시기에도 사랑하는 사람들과의 유대를 이어갈 수 있었다. 기술기업들 전반이 코로나19에 대한 권위 있는 과학적 정보를 전달하고, 전염을 억제하는 데 도움을 주는 접촉 추적 앱을 개발하고, 인공지능을 사용해 치료법과 백신 개발을 서두르고, 입원 환자들에게 약을 전달하는 일을 로봇이 처리하도록 했다.

간단히 말해 인터넷과 이제는 우리에게 매우 친숙해진 중독성 장치들이 없었다면 일과 개인 생활, 경제와 인간관계, 심지어는 건강까지 더 악화되었을 것이다.

코로나19 대유행이 끝나고 새로운 정치적 순간에 접어들면서, 수십 년 전에 겪었던 기술에 대한 열광적 지지나 그에 뒤이은 테크래시*와는 다른, 기술에 대한 성숙한 고려의 기회가 마침내 열리고 있다.

물론 페이스북이나 줌의 개인정보 보호 정책, 일자리 대체 등의 문제를 고려하지 않는 스마트 머신 시대의 자동화 가속, 소셜미디어 플랫폼에 흘러넘치는 역정보와 허위정보 등에 대한 비판이 여전히 이어지고 있다. 하지만 이것 역시 코로나19 이후의 새로운 시대를 맞이하기 위해 해결해야 할 과제를 부각시킨다. 이제는 상당한 혜택을 주고 있는 기술의 힘을 이용하는 한편, 개인과 사회에

---

* techlash. 정보기술 기업에 대한 반발심.

시스템·에러

미치는 명백한 피해를 줄여나갈 방법을 찾기 위해 노력해야 한다. 지금의 우리는 기술 혁신이 단순히 우리를 설득하려 애쓰는 외력 이상이라는 것을 인지하는 지혜를 갖고 있다. 기술 발전의 경로와 기술이 우리에게 미치는 영향은 우리가 그 형태를 만들어갈 수 있는 것들이고, 우리가 반드시 만들어야 하는 것들이다.

기술을 무비판적으로 수용하거나 생각 없이 비난만 한다면 기술 전문가들에게 우리의 미래를 맡기는 꼴이 될 것이다. 이 책의 목적은 개인으로서, 그리고 민주국가의 시민으로서 우리의 힘을 어떻게 행사할지, 민주주의에 어떻게 새로운 힘을 불어넣을지, 디지털 혁명이 어떻게 우리에게 가장 큰 혜택으로 돌아오게 할지 이해하도록 돕는 것이다.

지난 20년 동안 우리 세 사람은 실리콘밸리의 요람이라 할 수 있는 스탠퍼드대학교에서 교편을 잡았다. 스탠퍼드대학교는 수많은 노벨상 수상자, 맥아더재단의 지원을 받는 천재들, 퓰리처상을 수상한 작가들을 배출한 막강한 연구의 모태다. 하지만 이런 낙원과 같은 자칭 '괴짜 소굴nerd nation'에서 우리는 우려스러운 패턴을 감지하기 시작했다.

혁신innovation과 파괴disruption는 캠퍼스의 유행어였다. 학생들은 과거의 방식은 끝장났고 기술이 전능한 해법이라는 거의 이상주의에 가까운 견해를 내보였다. 기술이 빈곤을 종식시키고, 인종차별주의를 바로잡고, 기회를 평등하게 만들고, 민주주의를 강화하고, 심지어는 독재정권을 전복시킬 수 있다고 여겼다. 어떤 학생은 우리에게 "매년 신입생 오리엔테이션에는 당신이 달성할 수 있는 것,

당신이 원하는 삶의 귀감이 될 기술 업계의 억만장자들이 들어온다"라고 열변을 토하기도 했다. 스탠퍼드의 전임 총장은 정부는 무능력하며 학생들에게 변화를 이루기 위해 공직에서 일하라고 격려하는 것은 "터무니없는" 일이라는 이야기를 들었다.[1]

무엇보다 당혹스러운 점은, 누구의 문제가 해결되는가(그리고 누구의 문제는 외면당하는가), 혁신으로부터 혜택을 받는 사람은 누구인가(그리고 손해를 보는 사람은 누구인가), 기술의 미래 형태를 만들어가는 일에서 발언권을 가진 사람은 누구인가(그리고 아무도 귀를 기울이지 않는 사람은 누구인가)에 대한 비판적 성찰에도 불구하고 디지털 경제 그리고 스탠퍼드에서 실리콘밸리로 이어지는 수익 창출 파이프라인에 대한 열광은 전혀 사그라지지 않고 있다는 점이다.

이것은 스탠퍼드만의 문제가 아니다. 우리는 동일한 이상 신호가 광범위하게 나타나고 있는 것을 확인했다. 기술 전문가들에 대한 역풍 속에서도 기술이 기후변화, 빈곤, 정신 건강의 위기 등 우리의 가장 복잡한 문제를 해결해줄 것이라고 주장하는 무비판적 헤드라인이 전 세계에서 눈에 띄고 있다. 우리가 학생들 사이에서 발견하는 순진한 낙관론이 학교 밖에서도 널리 퍼져 있는 것이다. "세상을 더 나은 곳으로 만드는 것"이 대규모 기술기업의 진짜 사명 선언보다 영향력 있는 구호가 되었다. 이는 진정으로 공공의 이익을 위하는 것이 무엇인가를 결정하는 문제에서 우리가 얼마나 큰 어려움에 직면해 있는지를 드러내준다.

우리는 캠퍼스에 기술계와 그 너머까지 반향을 일으킬 수 있는 문화적 개입을 끌어들이기 위해 힘을 모았다. 우리의 견해는 간단하다. 우리가 제시하는 세 가지 관점 없이는 더 나은 기술의 미래로 향하는 길을 찾을 수 없다는 것이다.

메흐란 사하미는 구글에서 일한 경력을 갖고 있다. 구글 초기에 세르게이 브린의 권유를 받고서였다. 그는 이메일 스팸 필터링 기술의 개발자 중 한 사람으로 현재 수십억 명의 사람들이 사용하는 응용 프로그램을 만들며 업계에서 10년을 보냈다. 그는 2007년 머신러닝과 인공지능 분야의 경력을 가지고 스탠퍼드대학교로 돌아와 컴퓨터공학 교수가 되었다. 그는 기술자들이 자신들이 코드를 만들면서 내리는 결정이 수백만의 사람들에게 영향을 미친다는 점을 이해하길 바라고 있다. 엔지니어들은 좋은 의도로 코드를 만들지만, 메흐란이 우려하듯이, 큰 실책으로 그 문제가 모두에게 드러나기 전까지는 사회적 결과를 전혀 고려하지 않는 경우가 너무나 많다. 문제가 부각될 때는 이미 너무 늦어버린 후다.

제러미 와인스타인은 2009년 버락 오바마 대통령의 집권과 함께 행정부에서 일했다. 기술이 정부와 시민 사이의 관계를 재규정할 수 있다고 예측한 그는 백악관의 핵심 참모로서 오바마의 오픈 거버먼트 파트너십, 즉 정부가 국민들에게 올바른 것을 전달하도록 하기 위해 싸우는 세계적인 정부, NGO, 기술 전문가 네트워크를 출범시켰다. 이후 그는 유엔의 미국 대사로 지명된 서맨사 파워Samantha Power의 팀에 합류해 뉴욕으로 갔다. 소니에 대한 북한의 사이버 공격과, FBI와 애플 사이의 암호 해제 다툼 이후 그들은 기술을 만드는 사람들과 기술에 의해 변화한 사회를 통치하는 책임을 맡은 사람들 사이의 엄청난 견해 차이에 직면했다. 정책 결정권자들이 여러 면에서 기술에 무지한 것과 마찬가지로, 기술자들은 공공정책의 중요성이나 기술이 사회에 미치는 영향을 이해하고 예측하고 완화하는 데 도움이 되는 사회과학적 방법들을 모르거나 의도적으로 귀를 닫는 경향이 있다. 2015년 정치학 교수로 스탠퍼드에 돌아온 제러미는 기술이 우리의 사회적 환경을 어떻게 재형성하고 있는지를 젊은 컴퓨터과학자들에게 가르치고 그에 관한 연구에 사회과학을 접목하는 일을 우선적인 과제로 삼고 있다.

롭 라이히는 스탠퍼드대학교 사회윤리센터Center for Ethics in Society와 인간중심인공지능연구소Institute for Human-Centered Artificial Intelligence를 이끌고 있는 철학자다. 그는 소크라테스식 교육 방식을 도입해 기술 전문가들의 관점을 대대적으로 혁신하도록 고안된 철저하고 불편한 질문을 던진다. 파괴를 가치 있게 만드는 것은 무엇인가? 왜 최적화에 집착하는가? 디지털 광고의 클릭 수 증가가 당신이 가장 우선하는 소명인가? 가장 중요한 점은 그가 엔지니어들이 자신의 역할에 대해 가지고 있는 인식에 도전하고자 한다는 것이다. 그 문제는 해결할 가치가 있는 문제인가? 우리가 중요하게 여기는 가치들을 고려할 때 문제를 해결하기 위한 특정한 방식이 존재하는가? 기술이 가진 힘을 고려할 때 문제를 규정하고 해법을 찾는 자리에 앉을 자격이 있는 사람은 누구인가? 민주주의는 어디에 적합한가? 이런 깊이 있는 질문을 던지지 않은 채 문제 해결자가 되는 것만으로는 충분하지 않다.

우리는 각자가 가진 전문지식을 모아 기술 변화의 윤리학과 정치학을 다루는 새로운 교육 과정을 만들었고, 이것은 곧 캠퍼스에서 인기 있는 강좌가 되었다. 기술 전문가, 정책 입안자, 철학자인 우리 세 사람의 시각이 이 강좌의 중심이지만, 우리는 특정 혁신으로 인해 불균형한 피해를 입은 유색인종 공동체, 자동화로 인해 생계에 위협을 받을 수 있는 사람들, 기술계의 성차별적 문화를 바꾸기 위해 노력하는 여성들, 기업 안팎에서 고위 경영진의 힘과 맞서 싸우는 운동가 등 다른 목소리도 필요하다는 것을 깨달았다. 이 수업에서 우리는 우리의 것을 뛰어넘는 기술에 대한 시각들을 통합하기 위해 노력했다. 캠퍼스 밖의 사람들이 우리에게 이 이야기들을 더 광범위한 청중에게 전달해달라고 요청하기 시작했다. 수백 명의 지역 공동체 구성원들에게 개방한 공개 수업을 시작으로 샌프란시스코의 엔지니어, 기업가, 벤처투자가들을 대상으로 하는 야간 강좌가 뒤를 이었다.

매번 우리는 사람들이 특정 스캔들이나, 열렬한 팬, 비판자로서의 시각에서 벗어나 이런 문제에 정면으로 맞선다는 것이 무엇을 의미하는지에 대한 논의를 시작할 준비가 되어 있음을 발견했다. 학생들은 새로운 기술의 해로운 영향을 더 이상 무시할 수 없게 된 이 시점에서 기술계에서 커리어를 추구한다는 것이 어떤 의미일지 고민하고 있다. 전문가들은 기술기업을 내부에서부터 개혁하는 것이 가능한 일인지에 대해 치열하게 질문을 던지고 있다. 기술계 외부의 사람들에게는 빅테크의 힘을 자세히 살피고 그 방향을 잡기 위해 자신들의 무력감에 대해서 생각해보고자 하는 욕구가 존재한다.

이런 문제들이 부각되는 것은 놀라운 일이 아니었지만 우리는 사람들이 새로운 혁신 때문에 위태로워졌다고 느끼는 가치관들에 대해서 표현하고, 특히 효율, 편의, 이익의 측면에서 어느 정도 비용을 지불해야 하는 경우에도 그런 가치관들을 방어하는 입장에 서기 위해 애쓰는 모습을 지켜봤다. 우리의 가장 중요한 가치관을 정당화하고 사회가 그 가치관을 방어하고 보존하기 위해 어떤 노력을 했는지 이해하는 것도 무척 어려운 일이지만, 어떻게 가치관들 사이의 균형을 유지하고 그런 문제를 체계적인 방식으로 해결할 수 있는지 판단하는 것은 더 어려운 일이다.

이 책을 통해서 당신이 기술을 이용해 일을 하는 사람으로서, 또 많은 것이 위험에 처해 있는 사회의 시민으로서, 앞으로 나아가는 새로운 경로에 대해서 심사숙고하는 기회를 갖길 바란다.

차례

1부 기술자들의 시대

2부 빅테크, 혁신의 배신

3부 시스템 리부팅

기술을 지배하는 규칙은
누가 만드는가

조슈아 브로더Joshua Browder는 2015년 스탠퍼드대학교에 입학했다. 그에 관한 위키피디아 페이지는 그를 "영국계 미국인 기업가"라고 소개하고 있으며, 그는 이미 〈포브스〉가 선정한 "30세 이하 리더"에 이름을 올렸다. 대학교 1학년 때(그의 말에 따르면 입학하고 3개월도 되지 않아) 그는 사람들이 주차 위반 딱지에 이의를 제기하는 일을 돕는 챗봇을 개발했다. 그는 대학에 들어오기 전 런던에 살 때 이 스타트업에 대한 아이디어를 떠올렸다. "열여덟 살의 고등학생이었는데 영국에서 30장의 주차 위반 딱지를 받았습니다. 벌금을 낼 돈이 없었어요. 딱지가 정당하게 발급되었을지도 모르지만 어쨌든 벌금을 낼 수 없었기 때문에 저와 친구들을 벌금으로부터 벗어날 수 있게 해줄 소프트웨어를 만들었죠."[1] 대학교 1학년 때 가외로 진행할 단순한 프로젝트로 적당해 보이는 일이다. 하지만 여기에서 그치지 않았다. 브로더는 "세상의 모든 사람들이 주차 위반 딱지를 싫어한다"는 사실을 발견했다. 몇 년 후 브로더는 두낫

페이DoNotPay라는 기술기업의 CEO가 되어 스탠퍼드를 떠났다. 두 낫페이는 런던과 뉴욕 등 대도시에서 부과된 주차 위반 딱지에 이의를 제기하는 무료 자동화 기제다. 빛나는 그의 프로필에 따르면 2016년 6월 당시 이 회사는 16만 건 이상의 주차 위반 딱지에 이의를 제기했으며, 그것이 성공적으로 받아들여져 사람들로 하여금 400만 달러를 절약하게 해주었다고 한다.[2]

이 서비스는 대단히 직관적이다. 브로더는 무료 교통 전문 법률 상담 그룹과 손을 잡고 주차 위반 딱지가 무효화되는 가장 흔한 사례들을 찾아보았다. 챗봇은 몇 가지 질문을 던져 사용자가 효과적으로 이의를 제기할 수 있을지 판단한다. 이후 챗봇은 사용자를 이의 제기 절차로 안내한다. 이 서비스는 무료다. 챗봇에게는 주차 위반 딱지가 합법적으로 발부되었는지 판단할 능력이 거의 없다. 그저 사용자에게 최적의 분쟁 조정 수단을 제공할 뿐이다. 사용자들은 짜증스럽고 때로 꽤 거금인 주차 위반 벌금을 피해갈 수 있다는 사실에 흥분한다. 손해를 보는 것은 변호사와 정부다. 브로더는 이렇게 말한다. "주차 위반 딱지는 취약계층에 물리는 일종의 세금입니다. 정부가 보호해야 할 사람들에게 세금을 부과하는 것은 크게 잘못된 일입니다." 〈와이어드〉, 〈비즈니스인사이더〉, 〈뉴스위크〉 같은 잡지와 웹사이트는 물론 스탠퍼드에서도 브로더를 "신동"이라고 추켜세웠다. 그는 실리콘밸리의 가장 유명한 벤처캐피털 회사, 앤드리슨호로비츠Andreessen Horowitz의 투자를 확보했다. 이 회사는 2017년 브로더 회사의 창업 초기 시드라운드*를 이끌었다.

하지만 브로더의 사례는 진지하게 생각해볼 필요가 있는 스토리다. 스탠퍼드와 실리콘밸리에는 이런 유의 스토리가 수없이 많다. 우리의 시각에서는 우선 주차 위반 딱지가 존재하는 이유를 생각해보는 것이 필수적이다. 짜증스러울 수 있겠지만 그것들은 중요하고 합법적인 일을 한다. 주차 위반 딱지는 사람들이 소화전 옆에 주차를 하거나, 진입로를 막거나, 장애인 주차 구역을 차지하는 것을 막는다. 대도시에서는 주차 위반 딱지 덕분에 불법 주차가 줄어들어 환경미화원들에게도 도움이 된다. 주차 단속의 강화로 교통량을 줄이거나 정체를 해소하는 보다 광범위한 공동체의 우선적 목적을 달성할 수도 있다. 주차 위반 딱지는 도시와 시민을 지원하는 데 필요한 지자체 수입의 원천으로 큰 몫을 한다.

브로더는 언론의 시대정신zeitgeist에 반응하고 있다고도 할 수 있겠다. 런던의 보수 타블로이드지들이 여러 도시가 편의와 환경 보호를 이유로 교통량과 정체를 줄이는 사업을 펴는 상황에서 주차 위반 딱지로 수입까지 올리려는 지방 정부를 맹비난하는 분위기였으니 말이다.[3] 하지만 교통량 감소는 많은 사람이 가치 있게 여기는 일이기도 하다. 런던의 지방 의회는 미처 처리하지 못한 국도 보수 사업에 90억 파운드를 사용하는 등 주차 위반 딱지를 통해 들어오는 수입을 지역 교통 프로젝트를 위해 쓰고 있다.[4] 인프라는 공공재의 전형적인 예로 시장이 공급하기 어려운 것이다. 정부의 개입이 없다면 소비자는 무료로 인프라의 혜택을 누릴 수 없기 때문이다. 이렇듯 세금, 벌금, 주차 위반 딱지는 나름의 역할을 하고

---

* 시드라운드는 스타트업의 투자를 씨앗을 심고 나무를 가꾸는 것에 빗댄 말이다. 스타트업 시작을 위한 초기 자금 조달을 의미한다. 이 단계에서 다음 투자를 받기 위해 상품성 있는 시 제품이나 베타서비스를 구현해야 한다.

　　　　　　　　　　　　　　　　　　시스템 에러

있다. 주차 위반 딱지가 정말 취약층에게 물리는 세금인지에 대해서는 누가 주차 위반 벌금을 내는지 보여주는 적절한 자료가 존재하지 않지만, 런던과 같이 효율적이고 저렴한 대중교통 체계를 갖춘 도시에서라면 저소득 가정은 상류층보다 버스나 지하철을 이용할 가능성이 더 높다고 가정하는 것이 타당하다. 표면 아래를 들춰보면 주차 위반 딱지가 취약층에게 물리는 세금이라는 주장은 별로 설득력이 없다.

브로더에게 그의 더 큰 포부를 물어보는 부분에서 이 스토리는 더 염려스러운 전개를 보인다. 실리콘밸리에서 성공한 스타트업의 CEO는 회사 규모를 더 키울 방안을 강구하기 마련이다. 그는 말했다. "변호사들을 기술로 대체하고자 합니다. 주차 위반 딱지에 이의를 제기하는 것 같은 간단한 일부터 시작해서 버튼을 누르는 것으로 누군가에게 소송을 제기하거나 이혼을 하는 일까지 가능하도록 할 생각입니다."[5] 브로더의 장기적 비전은 교육을 받은 인간 변호사가 더 이상 필요하지 않고, "소비자는 변호사라는 단어가 무슨 의미인지 알 필요가 없는" 세상이다. 법률 종사자들을 혐오하고, 소송이 난무하는 사회상에 개탄하고, 변호사들이 사회적 역할과 기여에 비해 너무 많은 수입을 올린다고 생각하는 사람들에게는 희소식일 것이다. 하지만 당신은 정말 버튼을 누르는 것으로 소송을 할 수 있는 사회에서 살고 싶은가? 알고리즘과 자동화 시스템이 아이의 양육권은 누가 가지며 재산은 어떻게 분할해야 하는지 결정해준다면 이혼이 고통 없는 과정이 될까?

브로더가 추구하는 비전에 특별히 악의가 있다고 말하려는 것은 아니다. 그는 나쁜 사람이 아니다. 그는 새로운 기술기업이 악영향을 끼칠 수 있는지에 대해 숙고하지 않는 것이 정상인 세상에서 살고 있을 뿐이다. 브로더는 스탠퍼드, 더 크게는 실리콘밸리에서 태어난 스타트업 사고방식의 최근 모습을 보여주는 하나의 사례에 불과하다. 교수, 동료, 투자자들은 더 크게 생각하고 야심을 가지라고 그를 격려해왔다. 하지만 이런 질문을 던지는 사람은 매우 드물다. 당신은 누구의 문제를 해결하고 있는가? 그것은 정말로 해결할 가치가 있는 문제인가? 제안된 해법이 인류와 사회를 위한 것인가?

실리콘밸리가 "닷컴 붕괴"에서 다시 일어서고 있던 2004년, 에런 스워츠Aaron Swartz라는 젊은이가 스탠퍼드대학교에 입학했다. 브로더와 마찬가지로, 그는 어린 시절부터 컴퓨터 프로그래밍에 마음을 빼앗겼다. 그는 열세 살에 온라인 협업 도서관 더인포(theinfo. org)를 만들어 수상한 경력을 가지고 있으며, 열네 살에는 모든 인터넷 웹사이트의 업데이트에 자동으로 접근할 수 있게 해주는 범용 인터넷 프로토콜 RSS(Really Simple Syndication) 명세를 만들었다. 누구나 인터넷의 정보를 공유하고 업데이트할 수 있게 해주는 개방형 표준을 만드는 것이 그의 목표였다.

스워츠는 컴퓨터 프로그래밍 고급 강좌에 등록했고 사회학 입문 강좌도 들었으며, 놈 촘스키에 관한 세미나에 참석하고, 자유·평등·차이를 다루는 1학년 필수 과목인 인문학 수업도 들었다. 하지만 그는 스탠퍼드가 현실과 동떨어져 있다고 느꼈다. 그가 몇 주 동안 발간한 온라인 일간지에는 동료 학생들(너무 얄팍하다)과 강의에 대한 불만이 담겼다. 그는 이렇게 적고 있다. "인문학 강의는 대부분 어떤 단락의 진짜 의미를 두고 3명의 교수가 논쟁하는 것으로 이루어져 있다. (…) 인문학이 이런 것인가? 심지어 RSS 토론도 이것 보다는 좋았다."[6]

스위츠는 대부분의 시간을 혼자 코딩을 하며 보냈다. 1학년 때 그는 새롭게 만들어진 창업 지원 프로그램 Y콤비네이터Y Combinator• 에 지원했다. 웹사이트에서 콘텐츠를 관리하는 데 도움을 주는 인 포가미Infogami라는 회사를 시작하기 위해서였다. 그는 Y콤비네이 터 여름 창업자 프로그램의 첫 그룹에 발탁됐다. 여름이 끝날 무 렵 그는 회사 일을 계속하기로 결심했다. 이 회사는 곧 또 다른 Y 콤비네이터 스타트업인 레딧Reddit에 흡수된다. 2년 후 레딧은 글 로벌 미디어 그룹 컨데나스트Condé Nast에 매각되었다. 매각 대금은 1000만 달러에서 2000만 달러 사이인 것으로 알려졌다. 스위츠는 젊은 백만장자가 됐다.[7] 레딧은 현재 인터넷에서 가장 인기 높은 사이트 중 하나로 시장가치는 30억 달러에 이른다.[8]

이 똑똑한 젊은 프로그래머는 대학에 들어갔지만 스타트업의 꿈 을 이루기 위해 학교를 그만뒀다. 빌 게이츠나 스티브 잡스와 같은 종류의 자퇴 스토리처럼 들린다. 그들에 이어 마크 저커버그와 엘 리자베스 홈스Elizabeth Holmes가 등장했고, 이제 조슈아 브로더가 그 뒤를 잇고 있다.

하지만 에런 스위츠는 달랐다. 그는 돈을 버는 것보다 기술을 이 용해서 사람들이 정보에 접근하고 정보와 상호작용하는 방식을 바

• Y콤비네이터는 스타트업에 자금을 지원해주고 컨설팅과 네트워크까지 제공하는 스타 트업 액셀러레이터이다. 지금까지 에어비앤비, 드롭박스, 트위치 등 수 많은 기업이 Y콤비 네이터를 통해 사업을 키워나갔다.

꾸는 데 더욱 관심을 가졌다. 그는 2008년 '게릴라 오픈 액세스 성명'에 "정보는 힘이다. 하지만 모든 힘이 그렇듯 그것을 독점하려는 사람들이 있다. (…) 이런 특권을 혼자만 가지고 있어서는 안 된다. 사실 도덕적인 측면에서는 해서는 안 될 일이다. 당신은 그것을 세상과 공유할 의무가 있다"라고 밝혔다.[9]

스탠퍼드에 입학하기 전, 열다섯 살의 스워츠는 세계 최고의 사이버 법률 전문가 로런스 레시그Lawrence Lessig에게 이메일을 보냈다. 사람들이 무료로 창조적인 작품을 사용하고 공유하고 수정할 수 있게 하는 온라인 저작권 체계, 즉 훗날 크리에이티브 커먼즈가 되는 것을 위한 코드 작성에 도움을 줄 수 있느냐고 묻는 내용이었다. 스워츠는 기술이 정치와 떼어놓을 수 없는 관계라고 생각했고, 정보를 사람들을 통제하는 수단으로 삼으려는 노력을 발견했다. 그는 해방적 기술을 원했다. 그것이 해방적 정치를 이루는 데 도움을 줄 것이라고 생각했기 때문이다.

그의 사전에는 코딩 및 인터넷 프로토콜의 언어와 함께 자유, 평등, 정의의 언어가 자리 잡았다. 기술에 대한 그의 견해는 그를 기술 활동가로 만들었다. 기술이 정치와 어떻게 연결되어 있는지에 대한 그의 견해는 그를 정치 운동가로 만들었다. 그 둘은 밀접하게 관련되어 있었고, 그의 행동주의는 여러 가지 형태를 취했다.

2008년에 그는 워치독닷넷Watchdog.net을 창설했다. 정치인들에 관한 정보를 종합해 정치적 투명성을 높이고 풀뿌리 운동을 촉진하기 위한 시도였다. 그는 도서를 온라인으로 분류하는 오픈 라이브러리의 개발에 기여했다. 2010년에 그는 웹 활동가 단체인 디맨드 프로그레스Demand Progress를 설립했다. 이 단체는 망 중립성을 해치는 미국의 입법에 저항하는 활동을 성공적으로 펼치게 된다. 그는 PACER(Public Access to Court Electronic Records, 법원 전자 기록 공공 열람)라는 디지털 시스템에 보관되어 있던 수백만 건의 미국 법원 기록을 대중에게 공개했다. 그는 끊임없이 시민과 정치의 입장에서 기술을 사용할 방법을 찾았다. 기술이 세상에 미칠 영향을 고려하지 않고 돈벌이 수단으로만 기술을 사용하는 프로그래머를 볼때마다 그는 절망했다.

2006년 그는 위키피디아 공동체의 국제적 회합에 참여했다. 사용자가 만드는 개방형 비영리 인터넷 백과사전의 운영에 기여하는 사람들의 모임이었다. "내가 참여했던 대부분의 '기술' 콘퍼런스에서 참가자들은 기술 그 자체에 대해 이야기했다. 기술의 사용에 관한 이야기가 나올 때는 오로지 큰돈을 버는 일일 때뿐이었다."[10] 그러나 위키피디아 콘퍼런스의 경우, "가장 큰 관심사는 세상에 가장 도움이 되는 일을 하는 것이었다. 기술은 우리가 거기에 도달하는데 도움을 주는 도구였다. 믿을 수 없을 정도로 신선한 그 돌풍에 난 완전히 매료됐다."

그가 힘을 기울인 또 다른 일은 학자들이 만든 지식을 누구나 이용할 수 있게 하는 것이었다. 온라인 저널의 내용을 읽으려면 대학의 학생이나 직원이어야 하고 아니면 상당한 비용을 지불해야 한다는 사실이 부당하게 느껴졌기 때문이다. 국공립대학은 물론 사립대학 학자들의 연구에 자금을 대는 것이 공공 기금인데도 말이다. 금전적 혜택이 논문의 저자가 아닌 과학 저널을 소유한 대기업에게 돌아가는 상황에서 왜 저널에 게재된 논문에 저작권이 있어야 할까? 2010년 그는 MIT의 컴퓨터 네트워크를 이용해 제이스토어JSTOR라는 학술 자료 보관소에 있는 수천 편의 논문을 다운로드하기 시작했다. MIT의 컴퓨터 네트워크는 방문객을 포함해 캠퍼스에 있는 누구나 네트워크에 접속할 수 있도록 허용하는 캠퍼스 개방 정책을 오랫동안 시행해왔다. 그는 제이스토어의 서비스 약관에 따라 논문에 하나씩 접근하는 대신 자신의 노트북에 자동으로 다운로드되는 프로그램을 만들었다. 스워츠가 MIT 네트워크에 연결된 노트북으로 보관소에 여러 차례 들어가 수백만 건의 논문을 다운로드하는 것은 제이스토어의 정책을 위반하고 MIT의 네트워크를 불법으로 이용하는 행위였다.

MIT는 다운로드를 역추적해 스워츠의 노트북과 그의 컴퓨터가 네트워크에 접근한 보관소를 찾았다. MIT 경찰은 2011년 초 다시 한번 다운로드를 하기 위해 접속한 그를 체포해 중죄를 저지르기 위한 의도로 네트워크에 침입했다는 죄목으로 기소했다. 제이스토어는 스워츠가 데이터 파일을 반환한 후 고소를 취하하기로 결정했지만, MIT는 투표를 통해 형사 소추를 계속하겠다는 입장을 밝혔다. 2012년 연방 검찰은 그의 기소에 9건의 중죄 혐의를 추가했다. 최대 50년까지 복역할 수 있는 죄목이었다. 스워츠는 우울증에 빠졌고 여러 차례의 사전 형량 조정*과 재판 준비를 하는 과정에서 스스로 목숨을 끊었다. 2013년 초 그의 브루클린 아파트에서 일어난 일이었다. 그의 나이는 스물여섯이었다.

그야말로 전도유망하고 기술계에서 이미 유명 인사였던 한 사람의 인생이 충격적인 결말을 맞았다. 그가 죽고 한 달 후, 어나니머

---

* plea bargain. 피고의 유죄 인정을 대가로 검찰이 형량을 낮추는 합의.

시스템 에러

스Anonymous라고 알려진 국제 해커 집단이 MIT와 미국 정부 웹사이트에 침투한 후 "에런 스워츠, 당신을 위한 것입니다"라는 말을 남겼다.[11] 스워츠의 멘토였던 로런스 레시그는 사실은 스워츠가 자신의 멘토였다는 찬사를 보냈다. 전 세계에서 그의 죽음을 애도하고 그를 기렸다.

그가 반복적으로 제이스토어의 서비스 규정을 위반하면서 무슨 생각을 했는지는 알 수 없다. 제이스토어가 고소를 취하한 후에도 검찰이 기소를 밀어붙였을 때 무슨 생각을 했는지도 알 수 없다. 물론 우울증으로 고통받는 사람의 마음을 훔쳐보고, 무엇이 그에게 자살로 생을 마감하게 했는지 알아내는 것 역시 불가능한 일이다. 그렇지만 우리에게 스워츠의 죽음은 기술의 정치학과 윤리학이 진화하는 과정에서 생긴 중요한 사건이다. 그의 삶 그리고 그의 죽음 이후 기술계의 모습은 기술 전문가들이 세상에 가져다줄 수 있는 것이 무엇인지 광범위하게 보여준다. 스워츠에게 코딩을 배우는 것은 시민사회와 정치를 변화시키기 위한 도구 상자를 채우는 일이었다. 그는 기술을 부를 축적하는 수단이 아닌 정의를 추구하는 지렛대로 여긴 대학 중퇴자였다.

살아 있는 동안 스워츠는 많은 사람에게 영웅이었고 기술계의 유명 인사였다. 크리에이티브 커먼즈의 개발을 도운 사람이었고, 망 중립성을 보호하기 위한 운동을 이끌어 미국 의회를 물리친 기술 운동가였으며, 지식의 오픈액세스를 역설한 전도사였다. 그는 기술이 인간의 권리 증진을 위한 도구라고 여기고 기술의 미래에 대한 민주적 비전, 인터넷과 실리콘밸리 문화 창조에 뿌리를 둔 이상주의적이고 급진적인 비전을 당당하게 주장한 가장 최근의 기술

세대였다.

그가 목숨을 끊은 지 10년도 지나지 않았지만 이제는 아무도 에런 스워츠에 대해 이야기하지 않는다. 실리콘밸리는 그를 잊었다. 대중은 말할 것도 없다. 스탠퍼드대학교에서도 스워츠의 이름을 알거나 그가 어떤 일을 했는지 설명할 수 있는 학생을 만나기 어렵다. 그들은 게이츠, 잡스, 저커버그의 이름을 알고 스탠퍼드 학생이었던 래리 페이지와 세르게이 브린(구글의 공동 창립자), 에반 스피겔과 바비 머피(스냅챗의 공동 창립자), 케빈 시스트롬과 마이크 크리거, 일론 머스크(테슬라와 스페이스X의 창립자)를 알 뿐이다. 지금 캠퍼스에 있는 많은 학생들은 조슈아 브로더의 이름을 알고 있다. 그가 성공적으로 자금을 조달한 스타트업에 대해서 들어보지 못했더라도, 그의 이메일은 받아본 적이 있을 것이다. 브로더는 2019년 초 전체 학생들에게 메일을 보내 두낫페이 서비스를 이용해 다양한 학생 그룹을 지원하는 수수료에서 벗어날 기회를 제공했기 때문이다.

지금 영웅으로 떠받들어지는 인물들은 획기적인 기술로 순식간에 부를 쌓은 혁신가들이다. 과거의 기술 전문가들이 인간의 역량을 강화하고, 자유와 평등을 지원하고, 민주주의를 확산하는 반체제적 비전을 갖고 있었다면, 지금 실리콘밸리 문화의 중심은 기술 기업의 창립자를 추앙하고 정치에 관심이 없는 프로그래머를 찬양하는 데 있다. 이것은 기술자들이 눈치채지 못했던, 혹은 브렉시트, 트럼프의 당선, 미국 의회 점거에서 기술이 맡았던 역할로 인한 사회적·정치적 부산물의 여파로 그들이 어쩔 수 없이 깨닫게 되기 전까지 인식하려고 하지 않았던 심각한 변화였다.

조슈아 브로더는 떠오르고 에런 스워츠는 잊히는 이런 상황은 세상이 실리콘밸리에 부여하는 과제를 함축해서 보여준다. 우리 시대의 가장 영향력이 큰 변화 중 하나는 삶의 거의 모든 측면을 전복시키고 있는 디지털 기술의 물결이다. 일과 여가, 가족과 우정, 지역 사회와 시민권 등이 이제 도처에 편재한 디지털 도구와 플랫폼에 의해 재편되었다. 우리는 전환점에 와 있다. 무엇을 해야 하고 왜 해야 하는지를 생각하는 법, 그것이 우리가 이 상황을 해결하기 위해 주의를 기울여야 할 문제다.

빅테크 기업들의 장밋빛 시대는 저물었다. 우리는 더 이상 도서관을 모두의 손에 쥐어주는 도구로서의 인터넷, 정부에 이의를 제기할 힘을 부여하는 수단으로서의 소셜미디어, 구식 산업을 파괴해 우리의 삶을 더 낫게 만드는 기술 혁신가들을 칭송하지 않는다. 이야기는 반대쪽 극단으로 옮겨갔다. 기계가 인간을 대체하고 있고, 미래의 일자리는 불확실하다. 민간 기업들은 정부가 생각해보지도 못했던 방식으로 사람들을 감시하고 그 과정에서 큰 이익을 얻는다. 인터넷 생태계에서는 반향실 효과*와 필터 버블**이 혐오와 편협함을 강화한다. 이제 우리 기술의 미래가 밝지 않다는 것은 불가피한 결론으로 보인다.

그렇지만 우리는 극단적인 사고의 유혹에 저항해야 한다. 기술에 대한 공상적 유토피아나 디스토피아 모두 복잡한 이 시대를 보

---

* echo chamber. 밀폐된 반향실에 있는 것처럼 비슷한 사람들과 교류하고 자신의 신념에 부합하는 미디어만 접하면서 기존의 믿음을 더욱 강화하는 현상.
** filter bubble. 사용자의 관심사에 맞춘 필터링으로 인해 편향된 정보에 갇히게 되는 현상.

는 지나치게 안일하고 단순한 관점이다. 쉬운 출구를 택하거나 포기하는 대신 우리 시대의 본질을 규정하는 문제, 기술의 진보를 개인과 사회의 이익을 전복시키기보다는 우리의 이익에 도움을 주는 방향으로 이용하는 일에 적극적으로 나서야 한다. 이것은 기술 전문가들만의 과제가 아닌 우리 모두의 과제다.

이런 문제에 맞붙는 일은 새로운 기술이 사회적 부산물을 만든다는 것(경제학적 용어로 '외부효과')을 인식하는 데에서 출발한다. 외부효과는 개인 혹은 기업의 활동이 다른 사람에게 부과하는 비용이나 혜택을 말한다. 예를 들어 인근 강에 폐기물을 버리고 다른 사람들에게 비용을 전가하려는 화학 공장은 부정적 외부효과, 외부불경제를 만들고 있는 것이다. 규제를 피해 개인 데이터를 수집하고 그것을 높은 가격을 제시하는 사람에게 판매하는 기술기업도 이런 화학 공장과 다를 바 없다. 폐기 대상이 다를 뿐이다.

페이스북의 사업 모델은 우리가 그들의 플랫폼에서 보내는 시간을 늘리고, 우리 개인정보에 대한 접근권을 광고주와 정치 공작을 펼치는 사람들에게 팔아 그들이 바라는 대로 우리 행동을 조작하고, 그런 조작으로 인한 부작용은 우리 개인의 삶과 민주 제도가 고스란히 떠안게 하는 것이다. 유튜브의 추천 시스템과 자동 재생 설정 기능은 사용자들이 플랫폼에서 동영상을 계속 시청하도록 하는 동시에 사람들을 반향실에 밀어 넣고 그들에게 더 많은 극단적인 콘텐츠를 제공해 사실과 신뢰에 의존하는 민주주의를 약화한다. 우버와 웨이모의 자율주행차는 생산성을 높일지 모르겠지만 그로 인해 실직을 하거나 일자리를 구하지 못한 사람들은 정부의 취약한 사회 안전망에 의존할 수밖에 없는 상황에 처한다.

이런 부산물은 우연히 생긴 것이 아니라 기술자들이 새로운 제품을 디자인하고 시장에 내놓으면서 하는 선택을 반영하는 것이다. 이런 선택의 대부분은 우리 눈에 보이지 않는다. 우리 사회의 민주주의와 시민들의 안녕에 직접적인 영향을 주는데도 말이다.

기술자들에게는 몇몇 강력한 조장자들이 있다. 엔지니어의 사고 방식이 벤처투자가의 이윤 추구 욕구와 결합되면 규모에 대한 집착을 낳는다. 대기업들은 링크드인의 공동 창립자 리드 호프먼Reid Hoffman의 말대로 "0에서 수억, 수조, 헤아릴 수 없는 큰 수준까지 규모를 확장한다." 규모 확장이 감당 가능한 결과를 눈 깜짝할 사이에 감당할 수 없는 유해한 혼란으로 바꿔놓을 수 있는데도 말이다. 거기에 신기술과 연관된 많은 부분을 규제하지 못하는 정부의 실책까지 더해지면 우리가 살고 있는 세상이 점점 위험해지고 충격적일 정도로 불평등해지고 있는 이유를 쉽게 알 수 있다.

그 결말은 기술의 진보가 필연의 수레바퀴가 되어 우리를 밟고 지나가고 있다는 공통의 확신이다. 평범한 사람들은 기술의 발견과 혁신을 무효로 되돌릴 수도 없고, 우리가 사는 제품이나 기술이 사회에 미치는 영향의 방향을 바꿀 수도 없다. 자율주행차로 인해 일자리를 잃은 트럭 운전사가 무슨 일을 할 수 있을까? 아이의 마음을 앗아간 앱에 대해서 아이의 손에서 휴대전화를 빼앗는 것 말고 달리 무슨 일을 할 수 있을까? 회사에서 안면인식 프로그램을 도입하고자 할 때 직원들이 무슨 일을 할 수 있을까? 일개 시민이 그들에게 뉴스와 정보를 전달하는 플랫폼의 역정보 전달에 대해서 무슨 일을 할 수 있을까? 디지털 기기와 서비스를 이용하는 대가로 개인정보를 내놓아야 하는 우리가 대기업의 그런 일상적 개인정보 수집에 대해서 무슨 일을 할 수 있을까?

우리 생활 구석구석에 스며든 기술 앞에서 무력감을 느끼는 때가 너무 많기는 하지만, 이런 결과를 수동적으로 받아들이는 것만이 앞으로 나아가는 유일한 길은 아니다. 우리는 이 책에서 기술의 영향이 피할 수 없는 운명도 아니고 불변하는 것도 아니라는 점을 보여줄 것이다. 기술의 영향은 우리가 새로운 기술을 어떻게 설계하느냐, 기술과 어떻게 상호작용을 하느냐, 기술을 지배하기 위해 어떤 규칙을 마련하느냐에 달려 있다.

우리는 기술을 지배하는 규칙을 설정하는 것이 더 이상 해커나 기업들만의 일이 아닌 새로운 시대에 접어들고 있다. 규칙은 제품을 만드는 기업, 그것을 감독하는 정부, 그것을 사용하는 소비자, 거기에 영향을 받는 사람들 사이의 힘겨루기를 반영하게 될 것이다. 이러한 새로운 순간에 접어들고 있는 우리는 직업이 무엇이든 상관없이 이런 기술의 소비자다. 더 중요한 것은 우리 모두가 시민이란 점이다. 시민으로서 우리 각자는 없어서는 안 될 중요한 역할을 맡고 있다. 우리는 어떤 가치관이 위험에 처해 있는지, 새로운 기술이 여러 가치관들 사이에서 긴장을 유발하는지, 전적으로 무시하는 가치관은 없는지, 그리고 새로운 기술이 사회에 미치는 영향력의 방향을 어떻게 하면 가장 효과적으로 바로잡을 수 있는지 파악해야 한다.

우리는 기술의 미래를 결정하는 것이 해커나 기업가들만의 일이 아닌 새로운 시대에 접어들고 있다. 기술과 어떻게 상호작용할지, 기술을 지배하기 위해 어떤 규칙을 마련할 것인지 고민해야 한다.

우리는 이 책을 통해 기술혁명의 시작점부터 30년 동안 스탠퍼드대학교와 실리콘밸리에서 얻은 경험들을 증류해 기술의 미래를 형성하는 데 우리 각자가 어떤 중요한 역할을 할 수 있는지 보여줄 것이다. 이는 특정 기술이나 기술기업에 대한 집착에서 벗어나 기술 전문가의 독특한 사고방식과 점점 커지고 있는 그들의 힘에 주의를 집중하는 데에서 시작된다. 그리고 그 사고방식은 최적화의 하나다.

그 사고방식이 드러나면서 우리는 핵심적인 문제와 마주하게 된다. 좋은 의도를 가지고 최적화를 시도하는 사람이 의미 있는 것들의 측정에 실패하고 창조적 파괴가 엄청난 규모로 이루어지면 나머지 사람들은 그들의 가치관과 결정을 강요받게 되는 것이 아닐까? 그보다는 프로그래머와 강력한 기술기업이 주도하는 편협한 기술계 방식의 거버넌스를, 우리가 민주주의라고 부르는 것을 통해 촉진할 가치관을 결정하는 권한 부여의 과정으로 대체하는 것이 더 나은 전략이 될 것이다. 기술에 관한 이야기는 더 이상 착한 사람과 나쁜 사람, 좋은 기술과 나쁜 기술을 가르는 이원론적 이야기가 될 수 없다. 대신 우리의 삶을 지배하는 강력한 기술에는 우리가 그 선택에 관여하지 못하고 눈으로 볼 수도 없는 가치관들이 반영되어 있다는 성숙한 깨달음이 있어야 할 것이다.

우리는 이 책에서 윤리와 기술, 보다 구체적으로 말하자면 윤리와 기술자들에 대한 일련의 질문을 던지게 될 것이다. 우리의 목표는 기술자들이 추구하는 최적화(종종 그 자체가 미덕으로 여겨지는)가 개인의 행복과 민주 사회의 건전성을 저해할 수 있다는 점을 이해시키는 것이다.

기술에 대한 윤리적 우려는 세 가지 기본적인 측면에서 제기된다. 첫 번째는 개인의 윤리라고 부를 수 있는 측면이다. 엔지니어는 인격이 좋은 사람이 되기 위해 노력해야 한다. 예를 들어 속임수를 쓰거나 거짓말, 도둑질을 해서는 안 된다.

물론 이런 부분은 기술자나 엔지니어링 전문가에게만 적용되지 않는다. 직업을 갖고 있는 사람이라면 누구나 좋은 인격을 갖추기 위해 노력해야 한다.

엘리자베스 홈스의 사례를 들어보자. 스탠퍼드를 중퇴한 그녀는 열아홉 살에 테라노스Theranos를 설립했다. 이 생의학 스타트업은 혁신적인 혈액검사 기술을 개발했다고 주장했다. 이 새로운 기술은 혈액검사의 자동화로 피 한 방울로 다양한 질병을 진단할 수 있기 때문에 동네 약국이나 집에서도 테스트가 가능하다는 것이었다. 2013년 한때 테라노스의 기업 가치는 100억 달러가 넘었다. 그렇지만 테라노스는 그런 혁신적인 기술을 보유하지 않았고 회사는 공중누각이었다. 회사의 젊은 직원 몇몇이 주 정부 관리와 〈월스트리트저널〉의 탐사 기자에게 자신들의 우려를 털어놓으면서 이 기술이 사기라는 것이 드러났다. 홈스는 현재 형사재판을 받고 있으며, 회사는 2018년에 문을 닫았다.

금융가 버니 메이도프의 사기 행각, 사이클 선수 랜스 암스트롱의 약물 복용, 리처드 닉슨과 같은 정치인의 부패 등 어떤 분야에서든 그런 이야기를 찾아볼 수 있다.

개인 윤리라는 사안은 실제적인 문제로 발전하는 경우가 많다. 비윤리적인 행동을 하거나 비윤리적인 방식으로 사업을 꾸려가거나 비윤리적으로 공공기관을 이끄는 사람들이 있기 때문이다. 하지만 이런 부분의 윤리적 문제들은 큰 관심을 일으키지 못한다. 거

시스템 에러

짓말, 속임수, 도둑질은 변명할 수 없는 행동이라는 점을 이미 누구나 알고 있기 때문이다.《내가 정말 알아야 할 모든 것은 유치원에서 배웠다》라는 책에 나오는 윤리적 가르침과 크게 다르지 않다.

윤리적 문제의 두 번째 측면은 개인의 인성을 넘어 직업윤리로 이동한다. 특정 직업에서 어떤 직업적 기준이 개인의 행동과 대응을 인도해야 할까? 의료계에는 "심신에 해를 주는 어떤 것도 멀리하겠노라"라는 히포크라테스 선서가 있다. 직업윤리는 이런 열성적인 선서보다는 행동 강령을 위반하는 사람이나 기업에게 위력을 행사함으로써 효과적으로 구성원의 행동을 감시하는 조직체와 연결되어 있는 경우가 많다.

의학 연구와 의료 행위는 시간이 흐르고 다양한 사건을 거치면서 연구 대상자와 환자들의 이익을 보호하는 행동 규준의 지배를 받게 되었다. 중대한 계기가 된 사건 중 하나는 40년간 이어진 터스키기 실험이다. 이 연구는 무료로 치료를 해준다며 수백 명의 아프리카계 미국인들을 끌어들여 실험 대상으로 삼았다. 그중 일부는 이미 매독균에 감염된 상태였으며, 나머지 사람들에게는 질병 연구를 위해 의도적으로 매독균을 주입했다. 사람들은 그 병에 걸린 줄도 모르는 상태였고, 그 병을 치료하는 의학적 개입(페니실린)이 이미 잘 알려진 상황이었는데도 연구자들은 의도적으로 치료하지 않았다. 터스키기 실험은 결국 내부고발자에 의해 폭로되었다. 이후 대학과 제약회사는 인간을 대상으로 하는 모든 실험을 감독하기 위한 검토위원회의 창설을 비롯한 수많은 개혁 조치를 마련했다.

컴퓨터과학 분야에서도 직업윤리 강령이 만들어지기는 했으나 위반 시 심각한 제재가 뒤따르지는 않는다. 2018년 10만 명에 가까운 회원을 보유한 세계 최대의 컴퓨팅 교육·과학 단체인 미국컴퓨터학회Association for Computing Machinery(ACM)는 1992년 이래 처음으로 윤리·직업강령Code of Ethics and Professional Conduct을 개정했다. 이 강령은 ACM 회원들의 행동을 인도하는 일반적인 윤리 원칙과, 직업적 책임, 리더십 원칙을 개술하고 있다. 이들이 내세우는 원칙은 감탄을 자아낸다. 강령의 위반은 회원 자격 박탈의 근거가 된다. 하지만 이런 제명의 위협은 실제적인 효력을 갖지 못한다. 변호사협회나 의사협회와 달리, ACM은 기술 전문가들의 문지기 역할을 하지 못한다. 사실 문지기 자체가 존재하지 않는다. ACM 제명은 업계에서 일하는 데 지장을 주지 않기 때문이다.

윤리적 문제의 세 번째 측면은 사회 윤리와 정치 윤리다. 여기에는 공공정책, 규제, 거버넌스에 대한 질문이 포함된다. 가장 흥미로운(그리고 가장 어려운) 윤리적 문제가 이 세 번째 범주에 포함되며, 이 책에서 우리가 가장 많이 다루는 문제이기도 하다.

우리 모두가 소중히 여기는 가치관들이 어떤 것인지 파악하고 상충되는 가치들 사이의 절충점을 찾는 일이 사회·정치 윤리에 속한다. 이 측면은 옳고 그름의 차이를 구분하거나 옳은 일을 하는 방법을 배우는 것이 아니라, 우리가 소중하게 여기는 여러 가지 좋은 것들을 확인하고 그것들이 동시에 온전히 실현되기 어려운 경우에 어떻게 해야 할지 결정하는 일이다.

그 전형적인 사례는 어떤 사회에나 존재하는 자유와 평등 사이의 긴장이다. 영국의 철학자 이사야 벌린Isaiah Berlin이 표현했듯, 늑대에게 허용된 전적인 자유는 양들에겐 죽음을 의미한다.[12] 둘 다

가치 있는 목표이지만, 동시에 전적으로 실현하는 것은 불가능할 수 있다. 선택을 해야만 한다. 그것이 상호 절충이다.

윤리의 문제는 바로 여기에서부터 흥미로워진다. 그것은 단순히 기술자들에게 윤리를 가르치는 문제가 아니다. 어떤 필수 윤리 과목도 사람들 혹은 업계의 나쁜 행동을 효과적으로 막지 못한다. 훨씬 난이도가 낮은 평범한 결정에서조차 모든 사람이 도덕군자처럼 행동한다고 상정할 수 없다. 제임스 매디슨이《페더럴리스트》에 썼듯이 "사람들이 천사라면 정부는 필요하지 않을 것이다." 판돈이 커지고 우리의 삶을 지배하는 기술의 힘이 거대해진 상황에서 기술자들에게만(윤리적인 사람들이라고 할지라도) 의존하는 것은 실수다.

경쟁적 가치관에 맞설 때야말로 민주주의의 장점(결함과 한계에도 불구하고)이 부각되는 시점이다. 민주주의는 모든 시민의 의견에 귀를 기울이고 끊임없는 의견 충돌과 상충하는 이해관계를 처리하기를 열망한다. 민주 정치의 타협은 상충되는 사상과 욕구들 사이에서 결정을 내리는 유서 깊은 체계다. 특히 민주주의는 숙고와 과거에 내린 어떤 결정도 수정할 수 있는 가능성을 통해 문제를 천천히 해결해나가는 장점을 가진다.

민주주의는 시민에게 최선의 결과를 가져다주기 위해 노력하기도 하지만 '최악의 결과'를 막는 방책의 역할을 하기도 한다. 20세기 오스트리아의 철학자 칼 포퍼는 정치의 중심 문제는 국민(민주주의), 현인(철학자인 왕, 덕성을 갖춘 기술관료), 부자(과두제) 중 누가 다스릴 것인가가 아니라고 생각했다. 정치의 중심 문제는 정치 제도를 어떻게 조직해서 끔찍한 결과를 막을 것인가 혹은 나쁘거나 무능한 통치자가 심각한 피해를 주는 것을 막을 것인가이다. 지금 우리는 기술의 영향이 우리 사회를 압도하는 순간을 살고 있다.

기술이 우리의 통제 밖에 있다는 것을 그대로 수용하면 우리는 우리의 미래를 엔지니어, 기업 리더, 벤처투자가에게 넘겨야 한다. 시장이 우리에게 이익을 가져다주고, 우리가 원하는 기술을 전달하고, 유용하지 못하거나 해가 될 수 있는 것은 걸러낼 것이라고 생각하고 거기에 희망을 거는 사람들도 있을 것이다. 그러나 시장이 잘하는 것도 있는 반면 그렇지 못한 것도 있다. 시장은 사회적 결과를 생각하지 않고 보상을 준다. 시장은 효율성을 중시하면서 다른 가치는 무시한다. 시장은 지배를 찬양한다. 이런 우선 사항들이 알고리즘에 반영되어 새로운 기술, 기업 전략을 만드는 지표, 기업이 할 일과 하지 않을 일을 좌우하는 규제 환경을 만들어간다.

그 과정에서 공정성, 사생활, 자율성, 평등, 민주주의, 정의 같은 이상들은 위태로워진다. 인간인 우리는 이런 개념들을 소중하게 여기며, 스스로를 다스리기 위해 만들어놓은 규칙을 통해 이런 개념들을 보호한다. 하지만 새로운 기술은 그중 많은 것을 위험에 빠뜨린다. 때로는 눈에 보이는 방식으로, 하지만 자주 눈에 보이지 않는 방식으로.

지난 30년의 디지털 경제에서는 너그러운 기술자들에 의존해 그들이 우리 모두가 갈 길을 닦게 놓아두었다. 하지만 그들의 도덕적 결함이 확연히 드러나고 자신들만의 이익을 위해 기술의 방향을 정하는 독재자들의 힘에 대한 우려가 커지는 상황에서 우리는 다른 길을 만들어야 한다. 그리고 우리가 이런 어려운 긴장을 해소하는 방법은 반드시 민주적이어야 한다. 당신과 같은 시민이 적극적으로 참여해야 하는 것이다.

　기술의 미래를 엔지니어, 벤처투자가, 정치인들에게 맡겨놓아서는 안 된다. 우리는 이 책을 통해 최적화를 추구하는 사람들에게 책임을 맡기는 일의 위험성을 드러내고, 기술이 우리 사회를 어떻게 바꾸어야 하는가라는 어려운 문제의 결정권을 우리 모두가 갖도록 힘을 실어주고자 한다. 21세기, 우리 앞에 이보다 중요한 과제는 없다. 우리가 힘을 모은다면, 우리 자신의 운명을 책임질 수 있게 될 것이고, 더 나아가 우리 기술의 미래가 개인, 그리고 다시 활성화된 민주주의와 함께 번영할 가능성까지 크게 높일 수 있을 것이다.

첨단기술 시대의 비효율은
성령聖靈에 대한 죄악이다.

— 올더스 헉슬리, 《멋진 신세계》 머리말, 1946

1부

기술자들의 시대

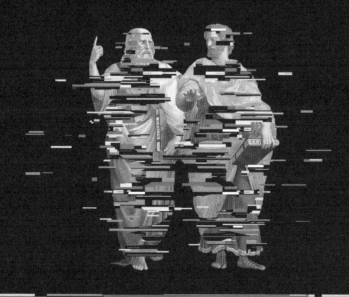

1장

최적화 사고방식으로
무장한 사람들

일반적인 사람들의 생각과 달리, 미국우정공사는 그 존재의 역사 내내 파괴적인 혁신의 중추였다. 1792년 미국 독립선언문의 서명자 중 한 명인 벤저민 러시는 우편법의 제정을 이끌었다. 연방정부에 지역 우편 노선들에 대한 통제권을 부여하고, 우편물의 내용은 사적인 것이라고 못 박는 법률이었다. 이 법은 새로운 요금 체계도 제시했다. 무게를 기반으로 요금을 부과하는 대신 편지에는 일률적인 요금을 적용하고 신문에는 훨씬 싼 요금을 물렸다. 뉴스 및 정보의 교환과 광범위한 보급을 도운 것이다.

우체국은 빠르게 성장하는 나라 전역에 우편물을 더 효율적으로 더 정확하게 배달하기 위해 계속해서 새로운 기술을 적용했다. 1862년에 말을 이용한 포니익스프레스Pony Express를 도입했고, 몇 년 후에는 열차 배송을 실험하기 시작했다. 더 많은 사람들을 연결하기 위해 1902년에는 시골 지역에 무료 우편 배송을 도입했다. 또한 우체국은 헨리 포드가 1901년에 자동차를, 라이트 형제가 비행기를 발명하고 몇 년 지나지 않아 우편 배송에 두 기술의 적용을 시도했다.

철도 개발이 절정에 달하고 자동차 시대의 여명기였던 1913년에 우체국은 또 다른 급진적이고 혁신적인 아이디어를 도입했다. 일반적인 물품을 배송하는 소포우편 서비스를 시작한 것이다. 상업이 확대되는 시기에 우체국이 편지, 신문, 잡지 이외의 물건까지 배달하게 되었다. 그러자 배송 시스템을 활용한 새로운 형태의 사업들이 생겨났다. 통신판매 회사들이 큰 인기를 모았다. 시골 지역을 비롯한 전국에 퍼져 있는 수천 명의 배달원들을 통해 통신판매 업계의 수익은 1908년의 4000만 달러에서 1920년에는 2억 5000만 달러로 증가했다. 당시로서는 엄청난 금액이었다.[1]

1920년대 미국의 한 시골 마을에 사는 가족이 여행을 계획하고 있다고 생각해보자. 이 가족은 여러 가지 물건들을 사야 한다. 말이나 기차를 타고 가까운 도시로 나가는 대신 그들은 시어스로벅 카탈로그를 보고 필요한 물건을 주문할 수 있다. 게다가 그곳은 가까운 도시에 있는 매장들보다 훨씬 다양한 물건들을 갖추고 있어 선택의 폭이 넓다. 주문이 들어오면 시어스로벅은 소포우편으로 물건을 배송한다.

시간을 빨리 돌려 100년 후로 가보자. 디지털 시대의 우체국은 위기에 직면하고 있다. 디지털 기술이 메시지 교환의 효율성을 엄청나게 끌어올렸다. 이메일과 문자를 이용해 대단히 먼 곳에 있는 사람들이 즉각적으로 메시지를 교환할 수 있게 됐다. 1종 우편을 이용하는 편지의 양은 1995년부터 2013년 사이에 61퍼센트 감소했다. 사람들이 이메일과 문자 메시지를 이용하면서 편지를 쓰는 일은 점점 드물어졌고, 소통을 하거나 일을 처리하기 위한 단조로운 욕구가 아닌 낭만적 성향을 표현하는 수단이 됐다. 카탈로그를 보고 우편으로 물건을 주문하는 것도 아직 존재하기는 하지만 급격히 감소했다. 시어스로벅 카탈로그는 1993년에 중단되었고, 회사는 2018년에 파산을 신청했다.

시골에 사는 그 가족은 이제 여행 갈 때 입을 옷을 어떻게 구입할까? 아마도 마우스를 몇 번 클릭해서 아마존 프라임에서 필요한 것을 주문할 것이다. 이틀 안에 페덱스 같은 민간 배송업체나 우체국을 통해서 소포가 배달될 것이다. 일부 도시에서는 아마존 프라임 나우로 단 두 시간 안에 소포를 받아볼 수 있다. 우체국은 이 과정에 전혀 관여하지 않는다. 아마존 프라임 에어는 드론을 이용한 30분 내 배송이라는 미래 전망을 내놓고 있다. 이 가족은 아침에 쇼핑을 해서 오후면 필요한 물건을 모두 챙겨 여행을 떠날 수 있게 될 것이다.

효율의 엄청난 진전이 아닌가! 바로 받아보는 우편물이라니! 며칠, 몇 시간, 심지어 몇 분 안에 배달되는 소포라니!

넷플릭스의 진화도 효율성 증가에 대한 비슷한 이야기를 들려준다. 넷플릭스는 처음에 영화 구독 서비스로 출발했다. 매장을 차려놓고 비디오 대여 사업을 하는 대기업 블록버스터와 달리 넷플릭스는 미국우정공사를 이용해 DVD를 배달했다. DVD와 함께 우편 요금 지불필 스탬프가 찍힌 눈에 잘 띄는 빨간색 반송 봉투가 배송됐다. 이 회사 초기의 고객 만족도는 DVD를 반송하는 시점에서 고객이 다음으로 주문한 영화를 받아보기까지의 시간을 얼마나 단축하느냐에 달려 있었다. 새 영화가 도착할 때까지 일주일을 기다려야 한다면 고객의 불평이 시작된다. 넷플릭스는 회송 시간을 단축하는 데 총력을 기울였지만, 우편으로 빨간 봉투를 배달하는 것은 그들이 책임질 수 있는 문제가 아니었다. 그것은 우체국의 몫이었다. 넷플릭스는 회송 속도를 높이기 위해 수천 개의 우체국에 주문 제작한 기계를 제공했다. 1일 배송이 목표였다. 배송과 회송 시간을 줄이기 위한 모든 가능한 수단을 찾던 넷플릭스는 체신부 장관을 최고운영책임자로 앉힌 적도 있다. 우편 시스템을 다루는 능력을 향상시키는 일에 가장 적합한 사람이 누구겠는가?

하지만 이런 사업 초기에도 넷플릭스의 장기 계획은 DVD 배달에 머물지 않았다. 이 회사의 창립자이자 CEO인 리드 헤이스팅스Reed Hastings는 컴퓨터공학 석사 학위를 갖고 있다. 그는 비디오 스트리밍을 소비자에게 직접 전달할 수 있을 만큼 인터넷 커뮤니케이션의 효율이 향상되는 것이 시간문제라고 생각했다. 2007년 그의 비전이 결실을 맺었다. 넷플릭스는 광대역을 활용해 우체국을 건너뛸 수 있게 되었다. 인터넷에 대한 접근권이 없거나 제한적인 고객들에게도 지원을 계속해야 한다는 점을 잘 알고 있었던 이 회사는 우편을 통한 DVD 배송을 담당하는 퀵스터Qwikster 서비스를 별도로 시작했다. 넷플릭스는 전적으로 비디오 스트리밍을 통해 주문형 영화·TV 프로그램을 전달하는 쪽으로 재빨리 방향을 전환했다. 이제는 인터넷을 통해 언제든 원하는 시간에 원하는 거의 모든 영화를 볼 수 있게 됐다. 2000년에 5000만 달러의 넷플릭스 인수 제의를 거절했던 블록버스터는 2010년에 파산을 신청했다.[2]

현재의 영화 배송은 효율적인 수준을 넘어 최적화되었다. 소요시간의 측면에서라면 스트리밍을 통한 즉각적인 배송을 넘어서는 발전이 가능할 것 같지 않다.

효율성의 향상은 편의성을 높였을 뿐 아니라 훨씬 더 중요한 결과를 낳았다. 세계적인 필수 의약품의 보급, 새로운 백신 개발, 세계 정보에 대한 더 쉬운 접근, 학생들의 학습에 대한 보다 효과적인 개입 등 민주주의를 강화하고 경제적 기회를 늘리는 다양한 성과를 낸 것이다.

지난 수십 년에 걸쳐 효율과 최적화를 향한 투지가 기업(공급망의 간소화), 스포츠(의사결정에 빅데이터 분석을 사용하는 머니볼• 스타일의 전술), 개인 생활(온라인 소개팅 앱, 건강 상태 감지 장치) 등 전 세계의 다양한 분야에서 점점 지배적인 역할을 하게 됐다. 같은 기간 가장 우세한 업계와 기술 역량이 컴퓨터공학이었다는 것은 우연이 아니다. 디지털 시대에는 프로그래머나 소프트웨어 엔지니어라고 불리는 효율에 집착하는 사람들이 파괴적 혁신가의 자리를 차지하는 경향이 심화되었다. 그들은 삶의 대단히 많은 측면에서 효율을 높이는 다양한 기술을 개발하고 시장에 내놓는 사람들이다.

소이렌트 이야기: 모든 것을 최적화해야 할까?

효율이 항상 좋은 것만은 아닌 듯하다. 엔지니어가 추진한 또 다른 실리콘밸리의 혁신, 소이렌트Soylent의 탄생에 대해 생각해보자.

소이렌트는 물에 타서 마시는 분말형 영양 보충제다. 이 식사 대체품은 음식이 우리 일상의 고충이라고 생각한 발명자가 개발한

• moneyball. 저비용·고효율을 추구하는 야구단 운영 기법.

것이다. 그는 음식이 인간의 몸에 필요한 영양을 공급하는 데 대단히 비효율적인 기제라고 생각했다. 음식을 먹는 것은 장을 보고, 요리를 하고 치우는 혹은 식당에 가야 하는, 비용이 많이 드는 일이다. 많은 경우 식사는 사회적인 만남의 장이다. 식탁에 둘러앉은 사람들에게 대화와 예의를 기대하는 것이다. 이 모든 것을 위해서 일과 같이 잠재 가치를 지닌 활동에 사용할 수 있는 귀중한 시간을 상당량 투자해야 한다.

이런 문제를 해결하는 데 착수한 실리콘밸리 엔지니어 롭 라인하트Rob Rhinehart가 내놓은 작품이 바로 소이렌트다. 샌프란시스코의 실패한 스타트업에서 일했던 그와 친구들은 돈이 모자라서 적절한 식사를 할 수 없는 문제에 부딪혔다. "다른 모든 것은 간편화, 최적화가 이루어졌는데 왜 음식이라는 단순하면서도 중요한 일은 여전히 비효율적일까 궁금해졌습니다."[3] 그가 〈바이스Vice〉에 한 말이다. 그가 개인 블로그에 썼듯이 "우선 나 자신부터 식료품을 사고 준비하고 먹고 치우는 데 드는 시간과 돈과 노력이 아깝다는 생각이 들었다. 나는 무척 젊고, 대체로 건강하며, 신체적·정신적으로 활기찬 상태다. 나는 살을 빼고 싶지도 않다. 그저 이 상태를 유지하고 에너지를 얻는 데 에너지를 덜 사용하고 싶을 뿐이다."[4]

그는 엔지니어다운 일을 했다. 음식과 영양에 공학적으로 접근한 것이다. 그는 신체의 유지에 필요한 비타민과 영양소를 연구했다. 식품의약국(FDA)에서 나온 자료와 영양 및 생화학에 관한 교과서를 공부했고, 인체에 필요한 30여 가지 영양소의 목록을 만들었다. 그는 인터넷으로 영양소를 주문했고 그것을 가루 형태로 혼합하는 실험을 시작했다.

2013년에 그는 이 가루로만 연명하는 생활을 시작했다. 그는 이 것을 쉐이크 형태로 만들어 먹었고, 그 과정에서 자신이 만든 혼합물에 철분이 부족하며 건강을 유지하는 데 필요한 섬유소의 양을 잘못 계산했다는 것을 깨닫고 조정했다. 한 달 동안 이 가루 대체재로만 생활한 뒤에 그는 "나는 음식 먹기를 어떻게 중단했나"라는 제목의 게시물을 올렸다.

라인하트는 자신의 발명품에 소이렌트라는 이름을 붙였다. 자원은 감소하고 인구는 과잉인 세상을 그린 1966년 작 소설*에서 사람들을 먹이기 위해 콩과 렌틸(soy+lent)로 새로운 식품을 만드는 데에서 영감을 얻었기 때문이다. 그러나 대부분의 사람은 이 이름에서 원작 소설을 영화로 만든 찰턴 헤스턴 주연의 〈소일렌트 그린〉(1973)을 떠올린다. 이 영화에서 사람들은 과자를 먹으며 살아간다. 그들은 그 과자의 원료를 플랑크톤으로 알고 있다. 그러나 마지막 장면에서 이 과자가 인간의 살로 만들어졌다는 것이 드러난다. 인구 과잉의 디스토피아는 유일한 생존 방법이 식인인 훨씬 더 끔찍한 상황으로 밝혀진다. 라인하트는 브랜드 네이밍에 재능이 있다는 주장은 절대 할 수 없을 것 같다.

그럼에도 불구하고 그의 블로그 게시물은 관심을 끌었다. 특히 생활을 보다 편리하게 해주고 시간을 절약하게 해주는 발명품이나 간단한 장치를 소개하는 '해커뉴스Hacker News'라는 사이트에서 큰 인기를 모았다. 라인하트는 사업 기회를 포착하고 크라우드펀딩 사이트에 소이렌트를 올렸다. 65달러를 기부하면 일주일치 소

---

* 해리 해리슨Harry Harrison의 소설 《공간을 만들어! 공간을 만들어!Make Room! Make Room!》.

이렌트를 보내주는 조건이었다. 외부의 지원을 받지 않고 최소 생산을 위해 10만 달러를 조달하는 것이 그의 목표였다. 반응은 뜨거웠다. 그는 단 두 시간 만에 목표를 달성했다. 6000명이 넘는 사람들이 그의 새로운 벤처를 지원하기 위해 돈을 보냈고, 조달 액수는 75만 달러가 넘었다.

라인하트와 협력자들은 사업을 시작했고, 2014년에 소이렌트를 대중에 공개했다. 이 회사는 실리콘밸리에서 가장 유명한 벤처캐피털 회사들로부터 자금 지원을 받고 있다. 유튜브에 올린 제품 소개 영상에서 라인하트는 이렇게 설명한다. "저는 문제를 잘게 쪼개는 법을 배웠습니다. 모든 것은 여러 부분으로 이루어져 있고 전부 분해가 됩니다. 맛과 식감을 우선시하는 다른 대부분의 식품과 달리, 소이렌트는 영양을 극대화해 가능한 한 가장 효율적인 방법으로 인체에 영양을 공급하도록 만들어졌습니다."

그에게 동기를 부여한 것은 필요한 영양 공급을 극대화하자는 욕망뿐이 아니었다. 그는 기자에게 식량을 재배하고 동물을 키우는 농장은 "대단히 비효율적인 공장"이라고 말했다. "가장 거슬리는 부분은 노동입니다. 농업은 가장 위험하고 험한 일 중 하나로 전통적으로 하층세급이 담당했습니다. 육체노동이 대단히 많습니다. 자동화가 필요한 부분임에 틀림없습니다."[5]

그는 소이렌트가 음식을 챙겨 먹는 비효율성, 적절한 영양 섭취에 대한 걱정에서 오는 스트레스, 식품업계의 농장 의존성 등 여러 가지 문제를 해결한다고 말한다. 소이렌트는 비교적 저렴한 비용으로 이 모든 것을 제공한다. 윈win-윈-윈-윈.

언론은 소이렌트의 출시를 "음식의 종말"이라고 보도했다. 〈뉴욕타임스〉의 파하드 만주는 소이렌트를 "즐거움이라고는 조금도 없는 극도로 지루한" 제품이라고 평하면서 "숨 막힐 듯한 실리주의"를 한탄했다.[6] 소이렌트는 영양을 완벽하게 공급할 수 있을지 몰라도 기술 칼럼니스트의 말대로 "우리가 음식에서 갈망하는 심미적·정서적 즐거움을 희생시켰다."

〈뉴욕타임스〉는 음식 비평가이자 레스토랑 논평가인 샘 시프턴에게 소이렌트를 맛보는 임무를 맡겼다. 예상했던 결과가 나왔다. "할인가로 판매하는 시리얼을 넣어 먹은 뒤 그릇에 남은 우유에 건강식품 매장 바닥의 먼지를 쓸어 넣어 되직하게 만든 것을 상상하면 실리콘밸리의 기술자들이 매운맛 치토스와 레드불 대신 단백질 쉐이크를 먹으면서 어떤 맛을 느낄지 짐작할 수 있을 것이다."[7] 그는 약간의 관용을 발휘해 이렇게 결론짓는다. "이 즉석식품은 맛있고 좋은 음식보다 완벽한 난공불락의 엔지니어링을 우선하는 직업 전선의 전사들을 위한 것이다."

소이렌트의 몇 가지 문제를 지적하는 것은 어려운 일이 아니다. 이 제품은 하루 필요 영양소를 채우는 대단히 효율적인 수단이면서 음식을 준비하고 먹는 데 걸리는 시간을 극단적으로 줄여준다. 하지만 대부분의 사람들에게 음식은 필수 영양소 섭취 이상의 의미를 갖는다. 음식은 다양한 목표를 달성하게 해준다. 미각의 즐거움을 선사하고, 사회적 유대의 기회를 제공하며, 문화적 정체성을 유지하고 전달한다. 소이렌트가 음식의 종말을 의미하는 세상은 한편으로 이런 가치관의 상실을 의미한다.

소이렌트에 대해 대수롭게 생각하지 않는 사람들도 있을 것이다. 시장에 나온 또 하나의 제품, 아무도 사려 하지 않는 그런 제품이 아닌가. 기술자들이 장 보는 시간을 줄이고 싶어 하거나, 바쁜 사람이 패스트푸드 체인점에서 몸에 좋지 않은 음식을 먹을지, 소이렌트를 몇 병 사갈지 고민하는 상황에 대해 감히 누가 왈가왈부할 수 있단 말인가? 사실 어떤 사람에게는 환영받는 대체품일 수 있다.

거기까지는 문제가 없다. 엔지니어링은 인류에게 많은 이익을 가져다주었다. 하지만 소이렌트의 이야기가 유독 영향력이 큰 이유는, 그것이 기술 전문가들의 최적화 사고방식을 드러내고 있기 때문이다. 이런 사고방식이 지배적인 위치를 점하기 시작할 때, 기술이 규모를 확장하고 보편적이고 피할 수 없는 것이 될 때, 문제가 발생한다.

엔지니어의 사고방식

1936년 역사상 가장 영향력이 큰 경제학자 존 메이너드 케인스는 다음과 같은 점을 관찰했다.

> 경제학자와 정치철학자의 사상은 그 옳고 그름과 상관없이 보통 사람들이 생각하는 것보다 훨씬 강력한 힘을 발휘한다. 사실 세상은 이런 소수의 사상들의 지배를 받는다. 지적 영향력에서 상당히 자유롭다고 생각하는 실리적인 사람들조차 대개는 고인이 된 몇몇 경제학자의 노예다. 허공에서 음성을 듣는 미치광이 권력자들은 수년 전 학자들이 끄적거린 것들로부터 광기를 뽑아낸다.[8]

그는 20세기 초반, 대공황이 제2차 세계대전에 자리를 내준 세계적인 대겨동의 순간에 이런 글을 남겼다. 그 순간에 사람들은 그런 사상이 중요하다고 생각하지 못했을 것이다. 하지만 그가 옳았다. 두 번의 세계대전, 냉전, 베를린 장벽의 붕괴, 금융 부문의 부상, 경제의 세계화, 즉 사실상 20세기의 가장 큰 과제들을 형성한 것이 경제학자들의 시각과 정치적 이념들이었다.

경제학자들은 정치적 결정의 가장 중심부에 들어가 지도자에게 조언을 하거나 공공정책을 직접 만들었다. 제2차 세계대전 이전에는 법률가들이 정부 기관을 지배했고, 법원은 그들의 결정이 가져올 영향에 대한 경제적 증거들 대부분을 무시했다. 하지만 20세기 중반부터 경제학자들이 공직에 밀려들었다. 1950년대에 연방정부 내에 약 2000명이던 경제학자의 수가 1970년대에는 6000명 이상으로 늘어났다. 대기업도 성장을 촉진하고 미래 경제를 예측하기 위해 이들을 대규모로 고용했다. 호황을 누리는 월스트리트의 은행들, 지난 세기말에 인지도가 높아진 사모펀드와 헤지펀드의 리더들 모두가 경제학을 배경에 두고 있었다.

20세기가 경제와 금융의 시대였다면 21세기는 엔지니어링과 컴퓨터공학의 시대다. 컴퓨터 하드웨어, 연산 속도, 빅데이터, 알고리즘, 인공지능, 네트워크 파워가 우리 시대에 가장 중요한 통화다. 퀀트*나 금융 엔지니어들이 대형 은행에 침투했고, 파괴적 혁신에 자금을 대는 것은 월스트리트의 펀드매니저가 아닌 팰로앨토의 벤처투자가들이다. 그러나 기술계 외부의 사람들은 이런 기술 전문

---

* quant. 수학·통계를 기반으로 투자 모델을 만들거나 금융시장의 변화를 예측하는 사람.

가들의 세계관을 좀처럼 파악하지 못할 때가 있다. 20세기 경제학자들과 달리 엔지니어들은 대개 고문이나 의사결정권자로 정치에 발을 들이지 않는다. 그들은 정치를 완전히 무시한다.

신기술이 야기한 정치적·사회적 문제를 둘러싼 모든 논의에는 기술을 창조하고, 어떻게 해야 더 나아질 수 있는가에 초점을 맞추어 기술을 끊임없이 수정하고 조정하고 최적화하는 이 변칙적인 소집단에 대한 이해가 빠져 있다. 그런 사람들 중에서도 가장 영향력이 큰 많은 사람들이 교육을 받는 곳이 스탠퍼드대학교이고 졸업 후에 그들이 모여드는 곳이 실리콘밸리다. 기술이 어떻게, 왜 세상을 변화시키고 있는지 이해하고자 한다면 엔지니어의 사고방식을 보다 잘 이해할 필요가 있다.

최적화에 대한 집중은 엔지니어나 컴퓨터과학자가 받는 입문 교육을 통해 일찍부터 시작된다. 엔지니어링을 공부하는 학생들은 항상 더 나은 해법을 찾는 문제 해결자가 되라는 가르침을 받는다. 컴퓨터과학의 영역에서 계산은 이런 해법을 찾는 일차적 도구다. 가장 효율적인 최적의 방식으로 해법을 찾는다는 사상이 초기부터 주입된다.

알고리즘의 기본 입문서(1000쪽이 넘는)에서 알고리즘은 "뚜렷이 명시된 '계산 문제'를 해결하기 위한 도구"라고 정의되어 있다.[9] 알고리즘을 작성하는 인간에게 맡겨진 과제는 주어진 문제를 엄청난 속도로 혹은 가능한 한 적은 컴퓨터 메모리나 연산 능력을 이용해서 해결하는 것이다. 전적으로 뚜렷이 명시된 문제에 효율적인 해법을 만드는 데에만 집중한다는 점을 눈여겨볼 필요가 있다. 책의 어디에서도 독자에게 어떤 문제가 해결할 가치가 있는지, 계산적 해법으로 분류할 수 없는 중요한 문제가 있지 않은지 자문해보라는 권유를 찾아볼 수 없다.

컴퓨터과학은 1940년대와 1950년대로 거슬러 올라가는 결정이론과 선형 프로그래밍 연구의 영향을 받았다. 최적화 방법론의 선구자이며 1997년까지 스탠퍼드대학교의 교수였던 조지 댄치그George Dantzig는 2002년에 이렇게 회고했다. "선형 프로그래밍은 인류에게 일반적인 목표를 부여하고 대단히 복잡한 실제 상황에 직면했을 때 그 목표를 '최적'으로 달성하기 위해 취해야 할 상세한 결정 경로를 보여주는 혁명적 발전의 일부로 볼 수 있다. 이 일을 하기 위한 우리의 도구는 실제적 문제들을 상세한 수학적 용어로 표현하는 방식(모델), 모델을 해결하는 기법(알고리즘), 알고리즘 단계를 실행하기 위한 엔진(컴퓨터와 소프트웨어)이다."[10] 그는 이런 노력의 시작점을 그가 선형 프로그래밍을 위해 그 유명한 심플렉스Simplex 알고리즘을 발표한 1947년으로 잡는다. 또한 이런 관찰을 내놓았다. "1947년 이전의 특징은 최적화 시도에 대한 어떤 관심도 없어 보인다는 것이다."

컴퓨터과학자는 최적화를 위해서 세상을 수학적 추상의 형태로 만들어 계산 문제를 생성시킨다. 거의 모든 컴퓨터과학자들이 교육의 어느 시점에서 "여행하는 외판원의 문제Traveling Salesman Problem(TSP)"라는 전형적인 문제에 부딪힌다. 이 문제는 외판원에게 집으로 돌아오기 전에 반드시 한 번씩 들러야 하는 도시의 목록을 제시한다. 도시에서 도시로 이동하는 데에는 '비용'이 들기 때문에 여행의 총비용을 최소화하는 경로를 찾아야 한다. 더없이 간단하다고 생각하는 사람도 있겠지만 사실 비용이 항상 최소가 되도록 여행 경로를 결정하는 효율적인 알고리즘을 찾는 것은 대단히 어려운 일이다. 이 문제를 해결하는 효율적인 알고리즘을 찾거나 또는 효율적인 알고리즘이 존재하지 않음을 증명하는 사람에게 100만 달러의 상금이 주어질 정도로 어려운 문제다. 수십 년의 연구에도 불구하고 상금의 주인은 나타나지 않았다.

물론 이 외판원 문제에 타당한 해법을 찾을 수 있는 많은 알고리즘이 제시되었다. 항상 최적의 결과를 보장하지는 못하지만 말이다. 일부는 이전에 최선이라고 알려진 경로보다 비용이 적게 드는 다른 대체 경로(수십억 가지 가능성이 존재하는)를 시도한다. 더 간단한 방법은 집으로 돌아가기 전 현 위치에서 가장 비용이 적게 드는 다음 여행 도시를 선정하는 '욕심쟁이' 접근법(컴퓨터 용어로 '욕심쟁이 알고리즘greedy algorithms')을 취하는 것이다. 여행하는 외판원의 문제를 해결하는 것이 100만 달러의 가치가 있는 일이라는 것이 이상하게 보일지 모르겠다. 하지만 이 문제의 진정한 힘은 그것이 암호학이나 DNA 염기 서열화 같은 다양한 문제의 기저가 되는 NP-완전NP-complete 문제라는 많은 종류의 문제를 대표하기 때문이다. 여행하는 외판원 문제를 최적으로 해결하는 효율적 알고리즘을 찾는다면 100만 달러 상금의 주인이 될 뿐 아니라 현재 인터넷에서 사용되는 모든 암호화 체계를 뚫을 수 있다.

세상을 추상의 형태로 만들 때 한 선택들은 실제 세상에 영향을 미친다. 여행하는 외판원 문제에서 도시 간 여행의 '비용'을 항공권의 가격이나 자동차 주유비로 계산할 때와 여행 중에 배출하는 탄소의 양을 기반으로 계산할 때는 전혀 다른 경로가 결정된다. 항공권 예약 사이트에서 로스앤젤레스에서 시애틀로 가는 여행에 시카

시스템 에러

고 경유를 제안하는 것을 보고 어리둥절한 적이 없었나? 알고리즘의 최적화 목표가 환경 영향이 아닌 가격 최소화이기 때문이다.

우리가 최적화하기로 선택한 대상은 '표상의 적절성representational adequacy' 문제를 제기한다. 어떤 양(항공권 가격, 여행 시간)을 최적화하기 위해서는 수학적으로 그 양을 표현할 방법이 있어야 한다. 직접적으로 그 양을 측정하거나 표현할 수 없다면 그것을 더 낫게 혹은 못하게 만들고 있는지 알아내기 위한 최적화 방법을 만들 길이 없다. 다른 대상들에 비해 측정하기 쉬운 대상(간단한 것)들이 있다. 항공권 가격은 측정하기가 쉽다. 환경 영향은 측정하기가 훨씬 어렵다. 정의, 존엄, 행복, 정보에 입각한 민주주의의 촉진과 같은 보다 근본적인 이상을 최적화할 방법을 결정하는 것은 그보다도 훨씬 더 어렵다.

이런 한계에도 불구하고 최적화는 컴퓨터공학 도구함의 필수적인 요소로 단순한 기술적 문제 그 이상의 의미를 갖는다. 기술자들의 직업적 사고방식에서 출발한 최적화가 삶에서 보다 일반적인 지향점이 된다. 롭 라인하트가 음식에 그랬듯이 비효율성을 인식하고 불만을 갖는 것이 제2의 천성이 된다. 일상적인 활동에서 마찰을 없애고, 반복적인 과제를 자동화하고, 결과를 개선하는 동시에 시간을 절약할 방법을 찾는 것이 다른 무엇보다 중요한 목표가 되는 것이다. 주로 엔지니어들로 이루어진 하위문화가 따로 존재할 정도다. 이들은 '라이프해킹life hacking'에 대한 의견을 교환하며, 그런 주제를 다루는 웹사이트도 있다. 이 웹사이트 '라이프해커Lifehacker'는 라이프해킹을 "삶의 모든 측면을 최적화하는 궁극의 권위"라고 말한다.

이런 사고방식으로 세상을 본다면 작은 비효율만 신경에 거슬릴 리 없다. 최적화 지향은 큰 그림에도 적용된다. 우리는 스탠퍼드에서의 경험을 최적화할 방법, 여름 인턴십을 최적화할 방법, 커리어를 최적화할 방법에 대해서 조언을 구하는 학생들을 심심치 않게 만난다. 최근 인기를 모은 책,《알고리즘, 인생을 계산하다》는 컴퓨터과학의 기술을 더 나은 인생을 살기 위한 기반으로 삼으라고 조언한다. 알고리즘적 통찰을 지혜의 한 형태로 보는 것이다.[11]

기술자와 최적화 사고방식의 부상은 우리가 사용하는 어휘에서도 발견된다. 'optimist'(낙관론자)라는 단어는 지난 세기 내내 꾸준하게 사용되었지만, 특정 단어가 다양한 언어로 된 많은 책에서 어떻게 사용되었는지 추적하는 구글북스엔그램뷰어Google Books Ngram Viewer에서 검색해보면 'optimize'(최대한 좋게 만들다, 최적화하다)와 'optimization'(최대한의 이용, 최적화)은 1950년대 이전에는 기본적으로 알려지지 않은 단어였지만 그때 이후 지금까지 사용이 급격하게 늘어났다는 것을 알 수 있다. 이는 1960년대 컴퓨터공학이 하나의 학문 분야로 부상한 것과 일치한다.

최적화 사고방식에는 명백한 전조가 존재한다. 19세기로 접어들 무렵 일터에 과학적 관리를 접목시킨 움직임이 한 예다. 가장 강경한 옹호자였던 프레더릭 테일러의 이름을 따서 이를 테일러리즘Taylorism이라고 부른다. 경험적 방법론을 사용해 최선의 관행을 찾고 작업을 대량 생산 라인으로 규격화하는 과학적 관리는 노동자의 생산성과 경제적 효율 향상을 추구한다. 이런 접근법과 현재 기술자들이 가진 최적화 사고방식에는 한 가지 차이가 있다. 100년 전 고용주가 작업 현장에 효율을 강요하려고 했을 때 사람들은 그것을 압제의 한 형태로 받아들였다. 현재의 우리는 최적화를 칭송하며 기꺼이 받아들인다.

하지만 효율에 헌신하고 최적화에 집착하는 일에 좋은 면만 있는 것은 아니다. 이제는 기술자들이 강력한 힘을 가지게 되었고 기술에 대한 그들의 비전과 가치관이 우리 개인의 삶과 사회를 바꿔놓고 있기 때문에, 최적화의 문제는 곧 우리의 문제가 됐다.

효율의 결점

효율과 최적화에 집중하는 기술자들은 효율의 증대와 최적화 방식의 문제 해결이 본질적으로 선하다고 생각한다. 이 견해에는 유혹적인 면이 있다. 어떤 일을 효율적으로 할지 비효율적으로 할지 선택할 수 있다고 생각해보라. 누가 느리고, 낭비가 많고, 에너지 집약적인 경로를 택하겠는가?

그렇지만 어린이를 보호하기 위해 학교 근처 도로에 과속방지턱을 설치하거나 속도 제한을 두는 것, 배심원단이 평결을 내리기 전에 심사숙고할 시간을 충분히 갖게 하는 것, 언론이 모든 투표가 종료될 때까지 선거 결과를 예단하지 않게 하는 것 등 비효율이 보다 바람직한 경우도 있다. 효율을 추구하는 것이 본질적으로 선한 것은 아니다. 모든 것은 목표 또는 최종 결과에 좌우된다.

정말 염려스러운 부분은 최적화를 우선할 경우 문제가 되는 목표보다는 방법에 치중하게 된다는 점이다. 해결이 필요한 특정한 문제가 그 가치에 대한 고려나 논의 없이 소프트웨어 엔지니어에게 전달되는 경우, 우리는 목표 최적화의 결과를 강요받을 수밖에 없다. 스크린 타임이 갑자기 늘어나고, CTR(광고 노출 수 대비 클릭 비율)이 치솟고, 알고리즘을 통해 추천된 항목의 구매가 늘어나고, 안면인식의 정확도가 높아지고, 수익 극대화가 이루어지는 가운데 다른 중요한 가치를 잃게 될 것이다.

우리의 경험에 따르면 소프트웨어 엔지니어의 채용 면접에서는 지원자들에게 보통 추상적인 코딩 문제에 대한 확장 가능한 해법을 질문한다. 따라서 젊은 지원자들은 확장과 알고리즘 효율에 집중하게 된다. 그들이 취직하려는 회사나 회사가 사회에 미치는 영향에 대해 비판적으로 생각하지 못하도록 만드는 것이다.

선구적인 컴퓨터과학자 도널드 커누스Donald Knuth는 이런 유명한 말을 남겼다. "성급한 최적화는 모든 악의 근원이다." 이 말은 여러 가지 방식으로 해석될 수 있고 실제로 많은 오해를 낳기도 했다. 커누스는 최적화와 효율을 같은 뜻으로 사용한다. 코드의 최적화는 코드를 보다 효율적으로 만드는 것이다. 커누스 자신도 효율에 반대하지는 않았다. 다만 그는 효율 향상에 적절한 시간과 장소가 있다고 주장했을 뿐이다. 그는 프로그램 수행 시간의 가장 큰 개선은 코드의 작은 부분을 수정하는 데에서 비롯된다는 것을 관찰했다. 물론 적절한 정보를 최적화한다는 전제에서 말이다. 코드를 효율적으로 만드는 일은 종종 코드를 불필요하게 복잡하게 만들어 전반적인 성능을 떨어뜨린다. 코드의 오류 검출과 유지가 어려워지기 때문이다. 커누스는 확인과 점검이 없는 코드 효율 향상 의지가 오히려 프로그래머 입장에서의 비효율을 만들 수 있다고 주장한다.

커누스가 말하는 효율 향상에 적절한 시간과 장소는 보다 높은 수준에서 효율성의 영향을 분석함으로써 효율 향상의 가치가 있는 것으로 판단되는 때다. 그럼 이번에는 코드를 보다 빠르게 만들 부분에 집중하면서도 코드 가독성을 희생하지 않는 방식으로 프로그램을 만드는 기술자가 있다고 가정해보자. 프로그램은 전반적으로 효율이 향상될 것이다. 이 기술자는 성급한 최적화를 피했을까? 꼭 그렇지만은 않다. 프로그램이 바람직하지 못한 목적에 사용된다면 어떨까? 악의를 가진 해커가 이용하거나 엄청난 경제 불평등을 가져온다면 어떨까? 그렇다면 우리는 커누스의 말을 그가 의도한 것보다 더 광범위하게 해석할 수 있을 것이다. 기술자들이 프로그램을 효율적으로 만드는 방법을 알지라도 그 잠재적인 용도와 영향을 고려하지 않았다면 최적화는 여전히 성급한 것일 수 있다고 말이다.

여기에서 목표를 평가하지 않은 경우의 또 다른 문제가 제기된다. 기술자들은 자신들이 만든 도구를 이중 혹은 다중이라고 표현하는 경우가 있다. 특정 기술에 정해진 목표나 목적이 없는 때가 많다. 사용자들이 각기 다른 목적에 채용할 수 있는 것이다. 이는 정치나 외교 쪽에서 다양한 기술의 군사적 사용과 민간 사용을 구분하던 데에서 유래했다. 예를 들어 핵에너지 기술을 개발한 엔지니어들은 자신들의 연구가 핵발전소에서 민간 목적의 긍정적인 용도로 사용될 수도 있고 핵무기를 만들거나 폭파시키는 부정적인 용도로 사용될 수도 있다는 것을 인식하고 있었다. 핵에너지 개발에는 엔지니어들의 과학적 독창성도 필요했지만, 민간의 사용을 도모하고 군사적 사용을 제한하는 지배 체계가 반드시 수반되어야 했다.

21세기 기술자들의 디지털 발명도 마찬가지다. 컴퓨터과학자들은 놀라운 새로운 도구, 예를 들어 안면인식 기능을 만들 수 있고 그 도구는 최대한 정밀하게 신원 확인을 하도록 최적화될 수 있다. 좁은 의미에서, 그 기술의 객관적인 기능은 얼굴을 인식하는 것이다. 하지만 그 과제가 성과를 거두자 이후 다양한 후속 애플리케이션이 나왔고 기술이 적용되는 목적도 좋은 것에서 나쁜 것까지 다양한 스펙트럼을 갖게 되었다. 안면인식이 채용되면서 사진의 자동 태깅이 가능해졌고 카메라를 보는 것만으로 스마트폰의 잠금을 해제할 수 있게 됐다. 여기에서 그치지 않는다. 당신은 소비자용 드론에 이 기능을 장착해 이웃을 감시할 수 있고, 정부는 평화적인 시위자들을 추적할 수 있으며, 과격한 테러리스트들은 정밀 타격이 가능한 드론 무기를 만들 수 있다. 기술자들에게 기술이 악이 아닌 선을 위해 사용되도록 해야 하는 책임이 있을까?

이런 점들은 기술기업에서 점점 더 시급한 문제가 되고 있다. 자신들의 연구가 예상치 못한 목적에 사용되는 것에 대한 엔지니어들의 고민이 깊어지고 있다. 2018년 구글 임원들이 인공지능 기술을 미군에 판매해 동영상 이미지 속의 사람들을 감별하는 데 도움을 주겠다고 발표하자 직원 수천 명이 그 결정에 반대하는 진정서에 서명했다. 서명자들은 이렇게 말했다. "우리는 구글이 전쟁 사업에 가담해서는 안 된다고 믿고 있다."[12] 이 경우에서만큼은 구글도 정부와의 계약을 갱신하지 않겠다는 결정을 내렸다.

무엇을 최적화해야 하는지 선택하는 사람들이 어떤 문제가 해결 가치가 있는지 효과적으로 판단하고 있다는 점은 강조할 필요가 있다. 하지만 기술 전문가나 스타트업 창립자들 가운데 인종

시스템 에러

과 젠더의 다양성이 극히 부족하다는 점은 이런 선택이 더 넓은 세상을 대변하지 못하는 소수 그룹의 손에 있다는 의미다. 많은 신생 스타트업들이 특권 계층의 문제 해결에 치중하는 모습을 보이는 것은 놀랄 일도 아니다. 보다 광범위한 일련의 문제들에 최적화의 역량을 적용하기 위해서는 기술자와 스타트업 설립자 집단의 다양성이 보장되어야 할 것이다.

굿하트의 법칙: 숫자로 말할 수 없는 것들

기술 전문가들이 첫 번째 문제에 성공적으로 대처했다고 가정해보자. 최적화에 초점을 두는 일에는 목적이나 목표 기능의 독립적인 평가와 철저한 검토가 수반된다고 말이다. 기술자들은 문제가 해결할 가치가 있다는 어느 정도의 확신을 가지고 작업에 착수한다.

　기술자들은 항상 정량화가 가능한 측정 기준을 살핀다. 모델에 대한 측정 가능한 인풋은 그들의 생명소다. 사회과학자나 마찬가지로 기술자는 진진을 평가하기 위한 구체적인 측정치, 즉 '프록시proxy'를 찾아야 한다. 이때 정량화할 수 있는 프록시를 찾기 때문에 정량화가 용이한 것들을 측정하는 쪽으로 편향이 생긴다. 그러나 이런 간단한 측정 기준으로 인해 우리는 우리가 정말로 중요하게 생각하는 목표로부터 멀어진다. 중요한 목표들은 복잡한 측정 기준이 필요하거나 측정이 극히 어렵거나 불가능하기 때문이다. 프록시가 불완전하거나 나쁜 경우라면 가치 있는 해법을 향한 진정한 진전을 이루지 못하고 있는 상태에서도 좋은 목표를 위해 문제를 해결하고 있다는 착각에 빠지기 쉽다.

프록시의 문제로 인해 기술 전문가들은 의미 있는 것을 측정 가능한 것으로 대체하곤 한다. 그러나 "중요한 모든 것이 측정할 수 있는 것은 아니다. 측정할 수 있는 모든 것이 중요한 것은 아니다."

이런 현상의 사례는 얼마든지 들 수 있다. 아마도 가장 분명한 사례는 페이스북의 역사에서 찾아볼 수 있을 것이다. 페이스북의 광고·비즈니스 플랫폼 부문 부사장 앤드루 보즈워스Andrew Bosworth는 2016년에 사내 회람을 통해, 회사가 페이스북 플랫폼 사용자 수를 사람들에게 공동체를 구축하고 세상을 더 가깝게 만든다는 회사의 사명을 이행하고 있는지 가늠하는 유일한 지표로 삼고 플랫폼 이용자의 수를 늘리기 위해 노력해야 한다고 밝혔다.[13] 그는 이렇게 적고 있다. "자연 상태의 세상은 연결성이 부족하다. 통합되어 있지 못하다. 국경, 언어, 점점 많아지는 다른 상품에 의해 해체되고 있다. 최고의 제품만으로는 이길 수 없다. 모두가 사용하는 제품이라야 승리할 수 있다." 페이스북은 사람들을 연결시킨다는 사명의 달성을 연결된 사용자 기반을 늘리는 것으로 단순화했다. 보즈워스가 말했듯이, "추악한 진실은, 우리가 사람들의 연결에 대해서 깊은 확신을 갖고 있기 때문에 더 많은 사람을 더 자주 연결시킬 수 있는 모든 것을 '실질적인de facto' 선으로 생각한다는 점이다." 이후 그는 페이스북이 사용자 기반을 늘리기 위해 채택한 논란의 여지가 많은 전략들을 언급했다. "연락처 가져오기 기능, 사람들이 갖가지 언어로 친구를 찾게 도와주는 일도 마찬가지다. 언젠가 중국에도 이런 기술을 적용해야 할 것"이라고 말했다. 그는 심지어 사람들을 연결하는 일이 항상 유익한 것만은 아니라고 인정했다. "사이버 폭력에 노출되면 목숨을 잃을 수도 있다. 우리의 도구와 연계된 테러 공격으로 누군가 목숨을 잃을 수도 있다."이 회람이 발표된 후, 마크 저커버그는 거기에 동의하지 않는다는 입장을 밝혔고 보즈워스는 문제를 부각시키려는 의도였을 뿐이라며 사과했다.

경제학자들은 프록시의 문제를 오래전부터 우려해왔다. 직원들이 목표를 달성해야 인센티브를 받는 상황에서라면 특히 더 그렇다. 그런 상황에서 직원들은 가치 있는 목적이 아닌 프록시를 향해 빠르게 방향을 전환하게 된다. 지표가 목표가 되고, 수단이 목적을 정당화한다. 이것을 굿하트의 법칙Goodhart's Law이라고 부른다. 지표가 목표가 되면 그것은 더 이상 좋은 지표가 아니라는 것이다. 보통 상황은 이렇게 전개된다. 사장은 측정하기 어려운 원대한 목표를 향해 진전해야 한다고 말한다. 회사의 리더들은 그 목표에 그럴듯하게 연관되는 것처럼 보이는 프록시를 선택한다. 직원들에게는 이 프록시를 향해 진전하는 과제가 주어진다. 그들이 주어진 프록시가 유용하기는 하나 목표에 대한 불완전한 척도임을 인지할 수도 있다. 하지만 그들은 이내 프록시의 불완전성을 잊어버리고 자연히 좋은 목표의 불완전성도 망각하기 시작한다. 그리고 오래지 않아 프록시는 유일하게 의미가 있는 것이 된다.

가치중립적인 기술이란 없다

기술 전문가들이 선택한 목표가 가치가 있고, 목표를 보다 효율적으로 달성하는 프록시가 주의 깊게 선정되어 실제로 문제를 효과적으로 해결한다고 가정해보자. 그래도 여전히 의문이 남는다. 엔지니어들이 하나의 목표를 최적화하는 데에는 성공했지만 이 성공에 영향을 받는 다른 관련 가치들을 무시했다면 어떤 일이 일어날까? 바로 이것이 소이렌트가 주는 교훈이다. 롭 라인하트는 인체에 공급하는 영양학적 목표를 극대화하는 제품을 만들었지만 진짜 음식으로 차린 식사를 하는 일과 결부된 다른 가치들을 도외시했다.

기술이 단일한 독립적 문제를 해결해야 하는 경우라면 이런 상황이 벌어지지 않을 수도 있다. 인공지능을 체커, 체스, 바둑과 같은 게임에 적용해 거둔 성공이 그 대표적인 예다. 이들 게임에서는 인간 챔피언들이 기계에 무릎을 꿇었다. 인상적인 기술적 개가가 아닐 수 없다. 우리가 여기에 찬사를 보내는 것은 게임의 목적이 더없이 명확하기 때문이다. 바로 승리다. 체스 대결에서는 이기는 것 외에 다른 상충되는 목표가 없다.

하지만 보다 광범위한 목표를 수반하는 환경, 즉 기술이 우리의 사적·사회적·정치적 생활과 상호작용하는 환경에서는 동시에 여러 가지 목표들 사이의 균형을 추구해야 한다. 가치 있는 목적의 영역은 방대하며, 세상을 변화시키는 기술, 공정성, 사생활, 신변의 안전, 국가 안보, 정의, 인간의 자율성, 표현의 자유, 민주주의에 영향을 주는 기술에 있어서라면, 모든 가치가 적절하게 일치하고 통일된 전체를 이룬다는 보장이 없다. 가치들이 상충되고, 따라서 우리의 해법이 경쟁하는 가치들 사이에 불안정한 절충을 낳으리라고 생각하는 것이 훨씬 더 현실적이다.

이 문제는 일종의 '성공 재앙success disaster'이다. 기술 전문가들이 어떤 것을 달성하지 못해서 생긴 문제가 아니라 특정 과제의 해법을 찾는 데 성공한 것이, 우리가 중요하게 생각하는 다른 가치들에 광

시스템 에러

범위한 영향을 미치는 결과를 가져오기 때문에 생긴 문제인 것이다. 생산성을 엄청나게 높인 농업기술의 놀라운 발전을 생각해보라. 공장형 농장은 채소를 재배하는 일을 완전히 바꾸어놓았을 뿐아니라 고기를 비교적 싼 가격에 쉽게 얻을 수 있게 해주었다. 과거에는 닭을 잡으려면 55일을 키워야 했지만 이제는 35일밖에 걸리지 않으며, 한 해에 500억 마리의 닭이 도축된다. 매년 매일 매 시간 500만 마리가 도축되는 것이다. 하지만 공장형 농장의 성공은 환경(기후변화를 일으키는 메테인가스의 엄청난 증가), 개인 보건(육류 소비의 증가는 심장 질환과 관련이 있다), 공중보건(동물이 인간에게 새로운 바이러스를 옮겨 팬데믹 유발 가능성을 높인다)에 끔찍한 결과를 초래했다.

'성공 재앙'은 실리콘밸리의 기술계에서도 흔히 발견된다. 페이스북, 유튜브, 트위터는 수십억의 사람들을 소셜 네트워크 안에서 연결시키는 데 성공했지만 그들이 만든 디지털 시민 광장에서 표현의 자유와 역정보 및 편파 발언의 확산 사이에 문제가 발생하자 정부가 아닌 그들이 그 문제에 대해 고심해야 하는 상황을 맞았다. 최적화를 추구하는 과학자들에 의해 만들어진 문제들은 그들의 회사가 실패했기 때문이 아니라 어떤 것에서 대단한 성공을 거두고 결과적으로 큰 힘을 얻게 되면서 생긴 것들이다.

요점은 기술이 증폭기라는 것이다. 우리는 우리가 추구하고자 하는 가치와 기술을 어떻게 절충할지에 대해 명확한 입장을 가져야 한다. 기술자들의 가치관이 어떤 식으로든 최적화된 객관적인 기능 안에 주입될 것이기 때문이다. 특정 정책이 목표에 훨씬 효율적으로 도달하도록 만드는 경우가 많다는 점에서도 기술을 증폭기라 칭할 수 있다. 기술은 자율주행차가 당신 이웃보다 더 안전하게 운전을 하게 만드는 동력이 될 수 있고, 온라인 동영상을 애초에 의도했던 것보다 훨씬 긴 시간 시청하게 만드는 추천 시스템의 기반일 수도 있다. 좋은 의도로 만들어진 정책이라도 기술이 고도로 효율적인 자동화를 가능케 하면 부당한 정책이 되기 쉽다. 현재의 GPS와 매핑 기술을 이용하면 운전자가 과속을 할 때마다 자동으로 딱지가 부과되는 자동차를 만드는 것도 가능하다. 과속 딱지가 계속 쌓이면 차를 정지시키거나 운전자에게 체포 영장을 발부할 수도 있다. 그런 차량은 안전 주행 속도와 관련된 교통 법규를 유지시키는 데 극도로 효율적일 것이다. 그렇지만 안전의 이런 증폭은 자율성(안전 주행 속도와 당시의 긴급성에 대해 스스로 선택할 수 있는)과 사생활(운전 습관을 끊임없이 감시당하지 않는)이라는 상충되는 가치들을 제한할 수 있다.

컴퓨터과학자들이 차고를 무대로 삼고, 컴퓨터 클럽에서 만나 최신의 엔지니어링 솜씨를 과시하는 해커들이던 때가 있었다. 그리 오래전도 아니다. 그들에게는 정치적 힘이 거의 없었고 사회적 입지도 제한적이었다. 컴퓨터공학과가 학생들을 끌어들이는 데 어려움을 겪던 시절도 있었다. 하지만 지난 30년 사이에 프로그래머라는 다윗들이 업계라는 골리앗을 물리치고 우주의 새로운 주인이 됐다. 컴퓨터학과는 거의 어디에서나 큰 인기를 모으고 있다. 그 이유는 명확하다. 프로그래밍과 데이터 과학은 엄청난 가치를 지니며, 학생들은 개별 인간의 경험, 사회적 관계, 공동체와 국가는 물론 세계적 수준의 정치까지 바꾸면서 우리 세계를 완전히 변화시키는 디지털 혁명에 기여할 기회를 얻고자 하기 때문이다. 물론 높은 봉급과 스타트업으로 부를 축적할 가능성도 무시할 수 없다. 현재 억만장자 목록의 상위권은 기술기업 CEO들이 차지하고 있다. 투자회사 CEO들의 이름을 아는 사람은 없다. 하지만 마이크로소프트, 애플, 아마존, 페이스북, 구글 설립자의 이름이라면 거의 모든 사람들이 알고 있다.

기술계의 혁신가와 리더들 역시 세상에서 가장 큰 권력을 쥔 사람들이 됐다. 부자가 되어서만이 아니고 날로 증가하는 그들의 정치적 영향력 때문이다. 그들의 권력이 커지면서 나머지 우리가 그 결과로 생길 수 있는 문제들을 이해하는 것이 그 어느 때보다 중요해지고 있다. 삶의 대단히 많은 측면에서 대변혁을 일으킨 기술 혁신들 속에서 정체를 드러내고 있는 문제들만으로도 이미 걱정이 크다. 하지만 최적화 사고방식이 기술의 문제를 넘어 사회적·정치적 생활의 문제들로 향한다면 우려는 더욱 깊어진다. 왜일까?

몇 년 전에 롭은 소규모 만찬에 초대를 받았다. 기밀 기술 연구소의 연구원들, 설립자들, 벤처투자가들, 두 명의 대학 교수가 실리콘밸리에 있는 4성급 호텔 레스토랑의 개인실에 모였다. 기술계에서 가장 유명한 사람 중 하나인 주최자는 참석자들에게 감사를 표하고 논의할 주제를 상기시켰다. "상업 모델을 기반으로 과학과 기술의 발전을 극대화하는 새로운 국가가 탄생한다면 어떨까? 그런 국가는 어떻게 움직일까? 유토피아가 될까, 디스토피아가 될까? 인간 진화를 위한 궁극의 촉진제가 될 수 있을까?"

기술 연구소의 연구원 하나가 대화에 끼어들었다. 그는 이것이 상상에 그치는 질문이 아니라고 말했다. 그들은 이미 구상을 마쳤다는 것이다! 우선은 섬을 하나 찾아서 거기에 그런 국가를 건설하는 방안을 생각할 수 있다. 하지만 섬에서 과학적 발견을 최적화하기는 어렵다. 인프라를 구축하기가 어렵기 때문이다. 그렇다면 다른 지역에 적당한 장소를 물색해야 한다. 하지만 모든 적절한 땅은 이미 누군가가 차지하고 있다. 따라서 첫 번째로 원주민을 어떻게 처리해야 하는가의 문제를 해결해야 한다. 최선의 접근법은 그들에게 돈을 주고 떠나게 하는 것이라는 결론이 내려졌다.

오로지 과학과 기술의 발전을 극대화하기 위해 만들어지는 소규모 국가에 대해서 열띤 대화가 진행됐다. 롭이 손을 들었다. "궁금한 게 있습니다. 이 국가는 민주국가입니까? 이곳의 통치 체제는 어떤 것입니까?" 바로 대답이 나왔다. "민주주의요? 아닙니다. 과학에 최적화하기 위해서는 기술관료가 권력을 행사할 필요가 있습니다. 민주주의는 너무 느리고 과학의 발전을 저지합니다."

시스템 에러

2장

해커와 벤처투자가의
잘못된 만남

1996년 스위스 다보스에서 열린 세계경제포럼에서 록밴드 그레이트풀데드의 작사가이며, 한때 목장주였고 전자프런티어재단의 창립자이기도 한 존 페리 발로John Perry Barlow가 "사이버스페이스 독립선언문"을 발표했다. 1996년 통신법 수정안 통과에 대응해 기술-자유주의 정신을 천명한 것이다. 그는 이렇게 말했다. "산업 세계의 정권들, 너 살덩이와 쇳덩이의 지겨운 괴물아. 나는 정신의 새 고향 사이버스페이스에서 왔노라. 미래의 이름으로 너 과거의 망령에게 명하노니 우리를 건드리지 마라. 너희는 환영받지 못한다. 너희에게는 우리의 영토를 통치할 권한이 없다."[1] 한 걸음 더 나아가 그는 온라인 세상이 제공하는 가능성에 대해 유토피아적 관점을 옹호했다. "우리는 인종, 경제력, 군사력, 태어난 곳에 따른 특권과 편견이 없이 누구나 들어갈 수 있는 그런 세상을 만들고 있다." 미처 10대에 접어들지도 못한 에런 스위츠를 비롯한 당시의 해커들은 발로의 말을 찬양했다.

20여 년 전, 지금의 상황을 예견할 수 있었던 사람이 과연 얼마나 될까? 몇몇 기술기업에 권력이 집중되어 그들이 우리가 어떤 콘텐츠를 볼지, 어떻게 볼지, 우리가 통제할 수 있는 것(혹 그런 것이 있기는 하다면)은 무엇인지를 전적으로 결정하는 상황을 말이다. 1996년 시가총액 상위 5개 기업은 GE(제너럴일렉트릭), 로열더치셸, 코카콜라, 니폰텔레그래프앤텔레폰, 엑슨모빌이었고, 2020년 시가총액 1~5위 기업은 마이크로소프트, 아마존, 애플, 알파벳, 페이스북이다. 기술이 평등을 가져다주는 위대한 존재라는 유토피아적 개념은 데이터 침해, 감시 자본주의, 편향된 알고리즘, 역정보의 만연과 같은 디스토피아적 스토리에 자리를 내줬다. 그렇다면 어떻게 여기까지 온 것일까? 초기의 개척자들이 꿈꿨던 탈중앙식의 자유로운 인터넷과는 너무나 거리가 멀지 않은가!

여기에 작용하고 있는 힘이 무엇인지 이해하려면 1960년대의 반문화에 뿌리를 두고 있고 현재는 세계 경제를 움직이는 유력 집단이 된 개인용 컴퓨터 산업이 어떻게 진화해왔는지를 알아볼 필요가 있다. 오늘날 첨단기술 생태계에 연료를 공급하고 있는 것은 자본, 즉 신생 기업에 투자할 수 있는 가용 자금이다. 이 자본은 낡은 경제 질서를 파괴하고 새로운 사업을 구축할 수 있는 거의 무한한 기회를 창출하고 있다. 실리콘밸리 초창기에는 연방정부의 자금 지원이 반도체 산업의 발전을 이끌었고, 이것이 개인용 컴퓨터 개발의 토대를 마련했다. 그러나 연방 기금은 곧 실리콘밸리의 성장 동력인 벤처캐피털로 대체되었다. 스탠퍼드 바로 위쪽의 샌드힐로드는 벤처캐피털의 본산으로 이들 벤처캐피털은 세상을 바꿀 차세대 아이디어에 언제든 수십억 달러를 투자할 태세를 갖추고 있다.

'벤처캐피털'이라는 단어는 고루한 금융계를 연상시키지만 실리콘밸리에 연료를 공급하는 벤처 업계는 분명 기술자의 사고방식을 갖고 있다. 전설적인 벤처캐피털 회사인 클라이너퍼킨스Kleiner Perkins의 공동 창업자 유진 클라이너Eugene Kleiner는 공학도로 1950년대에 페어차일드반도체를 공동 창업했고 인텔의 초기 투자자였다. 현재 클라이너퍼킨스의 회장이자 아마존, 구글, 넷스케이프의 초기 투자자인 존 도어John Doerr는 전기공학 학위를 가지고 인텔에서 경력을 시작했다. 1990년대 말 닷컴 거품 형성의 핵심 인물인 도어는 "우리는 지구상에서 가장 큰 합법적 부의 창출을 목격했다(그리고 거기에서 혜택을 입었다)"라고 말했다.[2] 자신의 발언이 닷컴에 대한 열광과 큰돈을 버는 것만이 중요하다는 탐욕을 낳는 데 기여했다는 것을 깨달은 그는 나중에 사과를 했다.[3]

벤처투자가들은 자금을 댄 기업에 자신들의 혁신을 끌어들였고, 거기에서 가장 두드러지는 요소는 큰돈을 버는 것이었다. 직원들의 이익과 설립자 혹은 투자자의 이익을 보다 완벽하게 일치시키기 위해, 엔지니어들의 보수에 스톡옵션을 포함시키는 것이 당연시됐다. 실리콘밸리의 회사 설립자이자 전직 벤처투자가인 한 사람은 스탠퍼드대학교 졸업생들에게 "월급으로 부자가 된 사람은 없다. 부자가 되기 위해서는 자본이 필요하다"라고 말했다. 1990년대 말에 대학원을 갓 졸업한 메흐란은 이런 상황을 직접 경험했다. 작은 스타트업에 소프트웨어 엔지니어로 취업 면접을 본 그는 마지막으로 창업자 중 한 명과 만나게 됐다. 연쇄 창업가인 그는 이렇게 말했다. "당신에게 물어볼 것은 딱히 없다. 하지만 한 가지 말할 수 있는 것은 우리 모두 큰 부자가 될 것이란 점이다." 그의 말은 틀리지 않았다. 2년도 지나지 않아 그 회사는 기업공개(IPO)를 했고 시가 총액은 100억 달러를 넘어섰다. 창업 멤버였던 엔지니어들은 백만 장자가 되었다. 짧은 기간 동안 서류상으로 말이다. 불과 몇 달 후 2000년대 초의 닷컴 붕괴가 시작됐다.

향후의 IPO로 큰돈을 만질 수 있다는 가능성이 불씨가 되어 기술 발전의 속도에 불이 붙었다. 기존 기업도 자본이라는 미끼를 이용해 위상을 높였다. 예를 들어 마이크로소프트의 채용 담당자들은 지원자들에게 스톡옵션의 미래 가치가 가진 가능성을 역설했다.

기업의 키와 기업에 돈을 대는 벤처캐피털의 키가 모두 엔지니어의 손에 있는 상황에서는, 최적화 사고방식이 기업의 경영 방식에 중요한 역할을 하는 것이 당연하다. 존 도어는 자신의 책《OKR: 전설적인 벤처투자자가 구글에 전해준 성공 방식》에서 목표Objective 와 핵심 결과Key Result라는 경영 원리를 옹호했다. 이 개념은 인텔의 앤디 그로브Andy Grove가 처음 개발해 현재 구글, 트위터, 우버 등 여러 기술기업에서 널리 사용되고 있다. OKR은 성과 평가와 기업 성장을 추진하는 지표다. 이 책의 서문에서 래리 페이지가 언급했듯 이 "OKR은 우리가 여러 차례 열 배의 성장을 이루도록 이끌었다."[4] 기업의 수익 증가는 곧 높은 주가, 스톡옵션을 받은 사람들의 큰 부로 이어진다.

이는 기업이 OKR의 실현을 도운 엔지니어들에게 집중적인 보상을 제공하는 시스템의 모습으로도 나타났다. 2004년 구글은 회사에 상당한 기여를 한 팀의 공로를 인정하기 위해 파운더스 어워드Founders' Award를 만들었다. 첫 번째 수상자는 이 회사의 초기 광고 표적화 시스템을 연구한 10명의 엔지니어 팀이었다. 회사 전체 회

시스템 에러

의에서 상금 액수가 공개됐다. 놀라운 액수였다. 팀원들은 1000만 달러의 상금을 나눠 가졌다.

기술과 자본의 결합은 "생각하지 말고 빨리 움직여라. 관습을 깨뜨려라"라는 실리콘밸리 문화를 규정하게 되었다. 자유롭고 통제가 없는 사이버 공간이라는 반문화적 개념은 "블리츠스케일링blitzscaling"이란 새로운 구호에 자리를 내주었다.[5] 블리츠스케일링의 요지는 기업이 시장에서 지배적 위치를 차지하기 위해서는 가능한 한 빨리 성장하고, 투자자들에게 하키스틱 성장*을 보여주며, 경쟁자들이 반응하기 전에 잠재적인 네트워크 효과의 유출을 막아야 한다는 것이다.

인터넷에 자주 나타나는 양면시장**의 독점적 경향은 각 시장에서 대기업의 "승자독식" 지배력을 강화하는 역할을 할 뿐이다. 가장 큰 온라인 경매 사이트는 어디일까? 이베이. 두 번째로 큰 온라인 경매 사이트는? 아무도 모른다. 구매자는 판매자가 가장 많은 곳으로 가고자 하고, 판매자는 구매자가 가장 많은 곳으로 가고자 한다. 그리고 이러한 사이트의 구매자인 광고주가 구매하는 제품은 고객, 더 구체적으로는 고객의 관심이다. 편리하게도 기술의 개척자들은 자신들의 이익에 도움이 될 때라면 기꺼이 경제학의 정설을 뒤집는다. 여러 벤처캐피털 회사를 설립한 피터 틸Peter Thiel은

---

* 하키스틱과 같은 모양을 보이는 급격한 성장. 소수만 인식하던 추세가 갑자기 주류로 수용되는 현상.
** two-sided market. 수요자와 공급자가 존재하는 단면시장과 달리 서로 다른 두 이용자 집단이 플랫폼을 통해 상호작용을 하면 이때 창출되는 가치가 간접적 네트워크 외부성의 영향을 받는 시장.

독점에 대한 강한 확신을 갖고 있다. 적어도 기술 시장에서라면 말이다. 그는 이렇게 말한다. "경쟁은 패배자들의 몫이다."[6]

엔지니어, 고삐를 거머쥐다

기술 혁신의 진원지라고 일컬어지는 실리콘밸리의 역사는 2차 세계대전 이후 스탠퍼드 공과대학 학장이었던 공대 교수 프레더릭 터먼Frederick Terman까지 거슬러 올라간다. 터먼은 학생들과 교수진 모두에게 산업계에서 시간을 보내고 직접 회사를 키워보라고 장려했다. 그는 실리콘밸리 탄생의 주역이라 할 수 있는 윌리엄 휴렛William Hewlett과 데이비드 패커드David Packard의 멘토이기도 했다. 두 사람은 터먼의 격려로 차고에서 자신들의 이름을 딴 회사를 시작했다.

특히 경영대학원 졸업생보다 연구자나 엔지니어가 회사를 설립하는 기업가 정신이 강조된 결과, 공학적 사고방식이 기술기업에서 중요한 역할을 하게 되었다. 페어차일드, 인텔, 애플 등 실리콘밸리 기술기업의 첫 번째 물결은 반도체, 마이크로프로세서, 개인용 컴퓨터와 같은 하드웨어가 중심이었지만, 곧 소프트웨어, 즉 물리적 원자가 아닌 실체가 없는 비트가 실리콘밸리 싱장의 지배적인 동력이 되었다.

시간을 빨리 돌려 1989년 캘리포니아에서 지구 반 바퀴 건너로 가보자. 스위스 제네바 세른CERN 연구소에서 일하고 있는 영국 과학자 팀 버너스-리Tim Berners-Lee는 전 세계 연구소들 간에 연구 데이터를 공유하는 수단으로 월드와이드웹을 만들자고 제안했다. 그는 2016년 컴퓨터공학 부문의 노벨상으로 불리는 튜링상 수상 연설에서 이 제안이 처음에는 거의 환영을 받지 못했고, 그 당시 그의 책임자가 프로젝트를 완전히 취소하지 않은 데에서 용기를 얻었다고 말했다.

여러 사건이 결합되면서 버너스-리가 물리학 실험 데이터를 게시하기 위해 개발한 일련의 기술 프로토콜이 우리 시대 최고의 기술·비즈니스 혁신의 토대가 되었다. 1990년대 초, 몇몇 민간 인터넷 서비스 제공 업체들 덕분에 수백만 수십억 명의 사람들이 웹에 접근할 수 있게 되었다. AOL(아메리카온라인)이나 컴퓨서브CompuServe를 홍보하는 시디롬을 우편으로 받은 경험이 있는 사람들이 많을 것이다. 1995년에는 인터넷의 상업적 사용에 대한 정부 규제의 마지막 흔적이 사라졌고, '닷컴 붐'이 가능해졌다. 그 무렵 두 명의 젊은 엔지니어 마크 앤드리슨Marc Andreessen과 에릭 비나Eric Bina가 일리노이대학교 어배너샘페인 캠퍼스에서 모자이크Mosaic 브라우저를 연구하고 있었다. 1993년에 발표된 모자이크는 웹에 대한 대중의 인식을 높여 웹을 학문적 자료를 공유하기 위한 자원에서 대중이 쉽게 접근할 수 있는 것으로 탈바꿈시켰다. 앤드리슨은 그 직후 스탠퍼드 공학 교수였고 실리콘그래픽스의 창립자이기도 한 짐 클라크 등과 넷스케이프커뮤니케이션을 공동 창립해 1994년 12월 넷스케이프 내비게이터 브라우저를 발표함으로써 웹을 대중의 손에 안겨주었다. 넷스케이프는 내비게이터 출시 1년 만에 성공적으로 상장을 했고, 당시 스물네 살의 앤드리슨에게 5000억 달러의 순자산을 안겨주었다. 몇 개월 후 그는 맨발로 왕좌에 앉은 모습으로 〈타임〉 표지를 장식했다. 거기에는 이런 제목이 붙었다. "부를 일구는 컴퓨터광들: 그들은 발명한다. 그들은 회사를 세운다. 그리고 주식시장은 그들을 단숨에 거부*로 만든다."

같은 시기 뉴욕에서는 제프 베이조스라는 30대 남자가 인터넷의 상업적 가능성을 깨닫기 시작했다. 1986년 프린스턴대학교에서 전기공학과 컴퓨터공학 학위를 받은 베이조스는 월스트리트에 진출했다. 그는 분석 기술을 이용해 D. E. 쇼와 같은 계량 헤지펀드 회사에서 일하면서 빠르게 부사장 자리에까지 올랐다.[7] 그는 벌이가 좋은 직장에 계속 다녀야 할지 아니면 인터넷 회사를 차려야 할지를 결정할 때 "후회 최소화 법칙"을 사용했다고 한다. 미래에 후회를 최소화할 수 있는 결정이 무엇인지를 기준으로 삼은 것이다. 그리고 그런 법칙을 바탕으로 확고한 결정을 내릴 수 있었다. 1994년, 그는 D. E. 쇼를 떠나 차를 몰고 시애틀로 향했고, 그곳에서 아마존닷컴을 시작했다. 회사를 설립하기로 한 결정은 본질적으로 정신적 최적화 문제를 해결한 결과였다. 그리고 사람들이 말하듯이, 그 나머지는 역사가 되었다. 베이조스는 1500억 달러가 넘는 개인 재산으로 2018년에도 세계에서 가장 부유한 사람이 될 전망이다. 그가 몸담은 회사 역시 기술기업이다. 2020년 현재 세계에서 가장 부유한 10명 중 8명이 기술기업을 통해 재산을 축적한 사람들이다.

벤처투자가와 엔지니어로 이루어진 생태계

세상을 바꾸는 기업의 씨앗 역할을 하는 것은 기술 혁신이고, 이런

---

* instantaire. instant(즉각적인)와 millionaire(백만장자)의 합성어.

시스템 에러

기술적 돌파구를 마련하는 것은 엔지니어들이다. 하지만 이런 씨 앗이 꽃을 피우는 기업으로 성장하기 위해서는 자본에 의존해야 한다. 더 많은 인재를 고용하고 장비를 구입하고 사무 공간을 확보 하려면 자금 조달이 필수다. 대부분 기업의 경우 이런 자금의 원 천은 벤처투자가들이다. 약 10킬로미터에 이르는 샌드힐로드는 40여 벤처캐피털 회사의 본거지다. 1972년, 클라이너퍼킨스 코필 드&바이어스(현 클라이너퍼킨스)가 샌드힐로드 최초의 벤처 투자회 사로 문을 열었다. 1980년에 이 회사는 인텔에서 나온 존 도어를 고용했고, 그는 인텔에서 OKR(Objective and Key Results) 개념을 내 면화했다. 도어는 이렇게 설명한다. "핵심 결과는 반드시 측정할 수 있어야 한다. 결국에는 아무런 이의가 없이 볼 수 있고 말할 수 있어야 한다. 이것을 했는가 안 했는가? 예인가 아니요인가? 이런 간단한 문제다. 거기에는 판단이 개입하지 않는다."[8] OKR은 광고 클릭 수를 높이고, 사용자의 웹사이트 이용 시간을 늘리고, 더 많은 사용자들을 앱 이용자로 끌어들이는 등의 조치에 초점을 맞춰 사 업의 수익성을 높이는 데 중요한 역할을 한다. 스타트업에게는 그 런 수단에 근거한 급속한 성장을 보여주는 것이 생존에 필요한 자 본을 유치하는 데 매우 중요하다.

도어는 베이조스의 신생 회사에 800만 달러를 투자하면서 벤 처투자 업계의 전설이 되었다. 당시 많은 사람들이 아마존닷컴은 Amazon.org*로 이름을 바꿔야 한다는 농담을 하곤 했다. 수익성 이 있는 회사가 될 가능성이 낮다는 이유에서 말이다. 도어는 아마

---

* '.org'는 비영리단체에 붙이는 도메인이므로 비영리조직이나 마찬가지라는 뜻이다.

존의 장기적인 잠재력을 파악하고 클라이너퍼킨스가 이 회사의 지분을 10퍼센트 이상 확보해 아마존 이사회에 합류하도록 했다. 이후 그는 구글 설립 직후인 1999년에 구글에 투자한 초기 벤처투자가 중 한 명으로도 유명세를 얻었다. 그 당시 클라이너퍼킨스와 세쿼이아캐피털(샌드힐로드에 있는 또 다른 대형 벤처투자 회사)이 구글에 투자하는 유일한 벤처투자가가 되기 위해 치열한 경쟁을 벌이고 있었다. 구글의 공동 창립자이며 스탠퍼드의 컴퓨터과학 박사과정 중퇴자인 26세의 래리 페이지는 그들에게 공동 투자하거나 투자를 포기하라는 최후통첩을 했다. 결국 두 회사는 공동 투자자가 됐다. 도어는 구글 지분의 12퍼센트와 이사회 의석을 얻기 위해 "벤처투자가로서 19년 만에 가장 큰 투자"를 했다.[9] 투자액은 1180만 달러였다.

그 직후 도어는 그가 "선물"이라고 표현한 것을 가지고 구글 사무실에 도착했다. 경영 도구로 OKR을 도입한 것이다. 도어는 "OKR을 정의하는 첫 파워포인트 슬라이드, '회사가 조직 전체에 걸쳐 동일한 중요 사안에 집중하게 하는 경영 방법론'"을 가지고 프레젠테이션을 진행했다고 전해진다.[10] 그는 "'목표'는 달성해야 하는 것 그 이상도 이하도 아니다. (…) 그 목표에 도달하는 방법을 기준점으로 삼아 '핵심 결과'를 모니터한다. 핵심 결과는 반드시 측정하고 검증할 수 있어야 한다."

구글의 임원들은 그 아이디어를 전폭적으로 수용했다. 그것은 결국 경영에 대한 엔지니어링적 접근법이다. 심지어 목표는 가치 최적화의 함수라는 최적화 이론의 언어까지 이용해 회사의 역량을 측정 가능한 결과에 집중시킨다는 아이디어는 엔지니어링 지향적인 경영팀의 성향과 딱 맞아떨어졌다.

OKR은 구글의 거의 모든 직원을 평가하는 기준이 되었다. 도어가 썼듯이 "구글과 OKR의 결합은 절대 임의적인 것이 아니었다. 그것은 훌륭한 임피던스 정합*, 구글 메신저 RNA로의 매끄러운 유전자

> OKR은 광고 클릭 수를 높이고, 사용자의 웹사이트 이용 시간을 늘리고, 더 많은 사용자들을 앱 이용자로 끌어들이는 등의 조치에 초점을 맞춰 사업의 수익성을 높이는 데 중요한 역할을 한다.

전사였다. OKR은 데이터를 숭배하는 자유분방한 기업을 위한 데이터 중심의 탄력적인 장치였다."[11] 분기마다 엔지니어, 영업사원, 연구원, 제품 담당 책임자가 기존의 OKR에 비해 얼마나 진전이 있었는지를 측정한 뒤 다음 분기에 집중할 OKR에 대한 계획을 세운다. 전체 회의는 그 조직이 회사 차원에서 OKR을 얼마나 잘 해냈는지 알린다. 그들은 개인과 회사가 일을 하는 방식에 대해 구체적이고, 측정 가능하며, 객관적인 지표를 제시한다.

도어는 OKR의 전도사다. 그것은 구글에만 한정되지 않는다. 그의 책《OKR》에서 그는 OKR이 수많은 기업과 비영리단체들이 문화에 투명성을 더하고, 언제 궤도 수정이 필요한지 결정하고, 대담한 목표를 달성하는 데 도움을 주었다고 이야기한다. 실제로 래리 페이지는 도어의 책 서문에 "우리의 경우 OKR이 매우 좋은 효과를 발휘했다"라고 적으면서 구글의 엄청난 성장에 OKR이 큰 몫을

---

* impedence matching. 임피던스란 매질에서 파동의 진행이나 도선에서 전기적 흐름을 방해하는 정도를 나타내는 척도를 말하며, 임피던스 정합이란 에너지를 가장 효율적으로 전하기 위해 접속점에서 본 양측의 임피던스를 같게 하는 것이다.

했음을 인정하고 있다.[12]

많은 기업에서 OKR을 지지하고는 있지만, OKR이 대규모 기술 기업에서 발견되는 유일한 경영 기법인 것은 아니다. 그러나 OKR 은 측정과 최적화라는 엔지니어링 사고방식이 기술적 문제의 해법 에서 벗어나 어디까지 확장될 수 있는가를 보여주는 상징적 사례 다. 엔지니어가 회사 리더로서의 역할을 맡고 스스로 벤처투자가 가 되면서, 엔지니어링 사고방식은 기업 거버넌스의 가장 높은 곳 까지 올라갔다. 따라서 인간의 행복과 사회적 번영이라는 문제가 기술기업의 의사결정 과정에서 얼마나 고려되는가를 이해하기 위 해서는 이 사고방식의 영향을 검토하는 일이 꼭 필요하다.

OKR: 유튜브를 오래 시청하는 사람이 행복한 것일까?

OKR과 같은 경영 도구들은 최적화 사고방식과 결합되어 기업의 엄청난 성장 동력이 되었고 수십억 달러의 주주 가치 창출을 이끌 었지만, 중요한 문제를 제기하기도 했다. 측정할 목표는 어떻게 선 정하는가? 그것들을 최적화하기 위해서는 기업과 기술 측면에서 어떤 선택을 해야 하는가? 그런 결정은 어디까지 확장되는가?

구글의 자회사 유튜브의 엔지니어링 부문 부사장 크리스토스 굿 로Cristos Goodrow는 2011년 그의 깨달음에 대해서 전하면서 OKR이 유튜브에서 어떻게 이용되는지를 설명했다.

마이크로소프트의 CEO 사티아 나델라Satya Nadella가 지적했듯이, 컴퓨터의 연 산 능력에 한계가 거의 존재하지 않는 세상에서, "가장 부족한 상품은 인간의 관심이 되어가고 있다." 사용자가 자신의 귀중한 시간을 유튜브 동영상을 보는 데 더 할애하려면 그 동영상을 통해서 반드시 더 행복해져야 한다. 이것은 선순환이다. 만족한 시청자(시청 시간)가 더 많아지면 더 많은 광고를 끌어들이고, 이는 콘텐츠 제작자들에게 인센티브로 돌아가고, 이는 또다시 더 많은 시청자를 끌어들인다.

우리의 진정한 화폐는 조회 수나 클릭 수가 아니라 시청 시간이었다. 부정할 수 없는 논리였다. 유튜브는 새로운 핵심 지표가 필요했다.[13]

그는 이 새로운 지표를 보여주기 위해 유튜브 임원들에게 이메일을 보냈다. 그 안에는 "시청 시간, 오로지 시청 시간"이 유튜브 발전의 목표가 되어야 한다고 적혀 있었다.[14] 요컨대 그는 시청 시간을 사용자의 행복과 동일시한 것이다. 어떤 사람이 하루에 몇 시간씩 유튜브 동영상을 본다면, 그것은 그 활동을 선호하기 때문이라는 것이다. 하지만 우리가 어떤 활동에 참여한다는 사실만으로 그 활동(설거지, 잔디 깎기, 흡연)이 우리를 행복하게 해주거나 우리의 웰빙에 기여한다고 볼 수는 없다. 그럼에도 불구하고 시청 시간은 유튜브가 가장 중요하게 여기는 목표의 기반이 되었다. 2016년까지 동영상 시청 시간을 하루 10억 시간까지 끌어올리는 것이 목표가 된 것이다. 결국 그들은 그 목표를 초과 달성했다.

공정하게 말하자면, 굿로는 목표를 추구하는 과정에서 유튜브가 사용자들에게 이익이 된다고 확신할 경우에는 때로 시청 시간에 부정적인 영향을 미치는 행동도 취했다고 언급했다. "예를 들어 클릭을 유도하는 동영상 추천을 중단하는 정책을 만들었다."[15] 하지만 그에 이어 "시청 시간에 영향을 미치지 않는다면 어떤 일도 하지 않았다"라고 말했다. 아이들(또는 성인)이 끝없이 이어지는 동영상을 보는 것이 정말 바람직한 일인지, 지구가 평평하다고 믿는 사람들의 음모 이론 영상을 보다 온건한 영상이나 비디오와 같은 정도로 추천해야 하는지, 시청 시간 경쟁이 콘텐츠 제작자들의 생태계에 어떤 영향을 미칠 수 있는지(누군가 동영상을 시청하면 광고주가 내는 돈은 누구에게 가는지), 사용자들에게 가장 주목받는 콘텐츠를 만들기 위해서 보다 충격적인 동영상이 제작되지 않을지 하는 문제들은 배제되는 것 같다.

특정 목표를 최대화하는 데 초점을 맞추고 달려드는 일이 우리가 생각하는 것보다 더 나쁜 결과로 이어질 수 있다. 목표 설정에 대한 과도한 집중으로 인해 개인과 조직이 편협한 목표에 지나치게 집착하면 다른 중요한 고려 사항을 보지 못할 수도 있다.

도어 자신도 OKR과 같은 경영 시스템에 단점이 있다고 인정한다. "어떤 경영 시스템이나 그렇듯이 OKR도 잘 실행될 수도 있지만 반대일 수도 있다."[16] 그는 책에서 "미처 날뛰는 목표들Goals Gone Wild"이라는 경고 라벨을 덧붙였다.[17] 하버드 경영대학원의 논문에 처음 사용된 이 라벨에는 "목표는 편협한 초점, 비윤리적인 행동, 위험 감수의 증가, 협동의 감소, 동기 저하로 인해 집단 내에서 조직적인 문제를 일으킬 수 있습니다. 조직에 목표를 적용할 때는 주의를 기울이십시오"라고 적혀 있다.[18] 다만 여기에는 도덕적 헌신이 목표를 추구할 때 부차적인 고려 사항이 되어서는 안 되며 그 자체로 목표가 되어야 한다는 명시적인 요구가 빠져 있다. 결과로서의 "사회적 미덕"을 명확하게 측정할 수 없다는 사실은 최적화를 위한 지표에서 그것을 고려하기가 어렵다는 의미다. 더 많은 동영상을 보는 것이 사용자를 더 행복하게 만든다는 가정은 무척 쉽다. 시청 시간의 측정은 간단하다. 반면 사용자가 실제로 더 행복한지, 사실에 입각한 정보를 많이 얻고 있는지, 정치적으로 급진화되고 있는지 판단하기란 쉽지 않다.

OKR은 기업계에서 보다 최근에 나타난 최적화 사고방식의 징후일 뿐이다. 특정 목표를 최대화하는 데 초점을 맞추고 달려드는 일이 우리가 생각하는 것보다 더 나쁜 결과로 이어질 수 있음을 보여주는 사례는 차고 넘친다. 초기 컴퓨터 제조업체 중 하나인 디지털이퀴프먼트사는 고객 서비스를 개선하고자 했다. 이를 위해 회사는 고객 서비스 담당자가 고객 전화에 응대하는 평균 시간을 모니터하는 시스템을 설치했다. 평균 응대 시간은 고객 서비스 센터 직원들이 볼 수 있도록 게시됐다. 이렇게 되자 시간이 지나치게 길어지면 직원들은 전화를 들고 "지금 시스템이 다운되었으니 나중에 다시 걸어주십시오"라고 말하는 방법을 썼다. 측정 대상이었던 평균 응대 시간은 바로 감소했지만 측정 대상이 아니었던 고객의 불만은 커졌다. 리사 오르도녜스Lisa Ordóñez와 그 동료들이 〈미쳐 날뛰는 목표: 목표 설정에 대한 과도한 집중의 조직적 부작용Goals Gone Wild: The Systematic Side Effects of Overprescribing Goal Setting〉이라는 논문에서 목표 설정에 대한 과도한 집중으로 인해 개인과 조직이 편협한 목표에 지나치게 집착하게 되면서, 제품을 만들 때 균형이 필요한 다른 중요한 고려 사항을 보지 못할 수도 있다고 설명한다. 이런 근시안적 견해는 목표의 요구를 충족하기 위한 과도한 위험 감수, 비윤리적 행동의 증가 등 갖가지 나쁜 결과로 이어질 수 있다. 장기적으로 목표에 대한 편협한 집중은 조직의 문화까지 약화할 수 있다. 광범위한 이해관계보다는 특정한 정량적 표적을 맞히는 일에 치우치게 되기 때문이다. 이 연구에는 다양한 사례가 등장한다. 가장 유명한 것은 포드자동차의 핀토Pinto의 비극이다.

다음은 오르도녜스와 동료들의 논문에서 인용한 것이다.

> 포드의 CEO 리 아이어코카Lee Iacocca는 새로운 자동차 생산에 대한 구체적이고 도전적인 목표를 발표했다. 신차는 "2000파운드 미만에 2000달러 미만"이 될 것이고 1970년에 구매할 수 있을 것이라고 말이다. 빠듯한 마감 시한이 정해진 이 목표는 여러 단계의 경영진이 포드 핀토의 개발을 앞당기기 위해 안전 점검을 건너뛰는 것을 승인했다는 의미였다. 누락된 안전 점검에는 연료 탱크도 포함되어 있었다. 차량 후면에 위치한 연료 탱크와 뒤 차축과의 거리가 약 25센티미터에 불과했다. 이후 소송에서 밝혀진 바에 따르면 포드는 설계를 수정해야 했다. 핀토는 충돌 시 화재가 발생할 수 있었기 때문이다. 조사를 통해 위험성을 발견한 뒤에도 경영진은 핀토의 화재(53명의 사망자와 많은 부상자를 낸)와 관련된 소송 비용이 설계 수정에 들어가는 비용보다 낮을 것으로 계산하고 목표를 밀어붙였다. 이 경우 구체적이고 도전적인 목표(출시 속도, 연료 효율, 비용)는 달성했지만, 그것은 명시되지 않은 다른 중요한 특징(안전, 윤리적 행동, 회사에 대한 평판)을 대가로 삼았다.[19]

오르도녜스가 이 논문을 10년 후에 썼더라면, 동영상 시청 시간 증가에 대한 극단적인 집중이 스크린에 달라붙은 수백만 사람들에게 미치는 정치·사회·건강상의 영향을 고려하지 않을 수 있다는 등 기술계에서 더 많은 사례를 찾아 포함시킬 수 있었을 것이다. 물론 조직은 목표를 달성할 필요가 있다. 하지만 성장에만 고정된 편협한 견해로 정량화할 수 있는 것을 최적화하는 데에만 매달린다면 개인, 사회, 세상에 이익이 되는 것에 대해 통찰하기 힘들 것이다.

　포드 핀토의 근시안적인 목표 집중은 수십 명의 목숨을 앗아가는 치명적인 결과를 낳았다. 오늘날과 같은 기술 주도의 세상에서라면 잘못 선택한 목표나 오해의 소지가 있는 지표에 집중하는 일의 영향이 치명적이지는 않더라도 훨씬 광범위한 사회적 결과로 이어질 수 있다. 증거도 없이 선거 결과의 진실성에 의문을 제기하거나 백신 음모론을 내세우는 허위 광고를 클릭하는 사람이 많아지면, 매출과 회사의 시장 가치는 올라갈지 모르지만 수억 명 사람들의 행복과 민주주의는 피해를 입는다. 회사가 책임져야 하는 좋지 못한 결과가 있다 하더라도 그 영향은 그리 길게 가지 않는다. 2016년의 케임브리지 애널리티카 스캔들*에도 불구하고 페이스북의 주가에는 장기적인 부정적 영향이 없었던 점을 생각해보라. 오히려 그 사건 이후 주가가 치솟았다. 시장이 오로지 매출에만 보상을 한다면 민주주의나 우리가 소중히 여기는 환경에서 기업이 다른 가치들을 보호할 이유가 있을까?

유니콘 사냥

불과 50년 전(노벨 경제학상을 수상하기 6년 전) 밀턴 프리드먼은 〈뉴욕타임스〉에 "기업의 사회적 책임은 이윤 증가"라는 견해를 피력하는 논설을 기고했다.[20] 이런 주장의 기본 전제는 기업에게는 소

---

* 케임브리지 애널리티카에서 제작한 앱을 통해 페이스북 사용자와 친구들의 개인정보가 유출된 사건.

유주(공개기업의 경우 주주)에 대한 책임이 있으며, 따라서 오로지 가치를 극대화하기 위해 노력해야 한다는 것이었다. 그는 기업 거버넌스에서 사회적 책임의 역할을 명시적으로 거부했다.[21] 그런 책임의 정량적 평가가 어렵다는 것이 이유 중 하나였다. 대신 그는 주주의 이익에만 초점을 맞춰야 한다고 주장하면서 사회적 책임을 고려하는 것은 주주의 돈을 모호하고 분명치 못한 사회적 이익에 쓰는 것과 마찬가지라고 말했다. 그는 자신의 저서《자본주의와 자유》에서 자주 인용되는 구절로 이 논설을 마무리했다. "기업에게는 단 하나의 사회적 책임이 있다. 사기나 기만 없이 자유롭고 공개적인 경쟁에 참여한다는 게임의 규칙을 지키는 한, 자원을 사용해서 수익을 늘리도록 고안된 활동에 참여하는 것이다."[22] 프리드먼의 시각에서, 고객이 소셜 네트워크에서 역정보를 검색하거나 온라인 동영상을 시청하는 데 모든 시간을 보내는 것은 기업에게 중요하지 않다. 기업이 투자자에게 돌아가는 수익을 극대화하기 위해 그 행동을 합법적으로 촉진하고 있는 한 기업은 옳은 일을 하고 있는 것이다.

프리드먼의 논설 이전에 이 점을 가장 잘 묘사한 사람은 사회학자 찰스 라이트 밀스Charles Wright Mills일 것이다. "인간 사회의 모든 가능한 가치 중에 진정으로 절대적 권력을 지닌, 진정으로 보편적인, 진정으로 건전한, 미국에 사는 사람이 진정으로 완전히 수용하는 목표는 단 하나다. 그 목표는 돈이다."[23] 물론 밀스는 미국인의 삶에서 돈의 역할을 묘사하려는 것이지 그런 상황을 지지했던 것은 아니다.

벤처캐피털 업계에 있는 일부 사람들의 견해가 프리드먼의 견해만큼 극단적인 것은 아니지만, 벤처캐피털이 유한책임사원limited partner, 즉 펀드에 자본을 제공하는 사람이나 조직을 위한 투자 수단이라는 데에는 의문의 여지가 없다. 결과적으로 벤처투자가들은 그들의 투자에 대한 수익을 돌려주어야 하는 선량한 관리자의 주의 의무를 지며 따라서 이윤 추구를 주된 동인으로 삼는다.

벤처캐피털 업계의 수익 창출 방법은 아주 희한하다. 피터 틸과 블레이크 매스터스가 그들의 책《제로 투 원: 경쟁하지 말고 독점하라》에서 말했듯이, "벤처캐피털의 가장 큰 비밀은 성공적인 펀드가 최고의 투자에서 올린 수익이 다른 모든 투자 수익을 합친 것보다 많다는 점이다."[24] 달리 말해 펀드가 올리는 수익이 단 하나의 회사, 즉 구글, 페이스북, 우버와 같은 회사의 시가총액이 펀드의 포트폴리오에 있는 다른 모든 회사의 시가총액보다 압도적으로 높다는 것이다.

벤처투자가들은 이 현상에 대한 그들만의 용어를 갖고 있다. 그들의 목표는 미래의 "유니콘"을 찾아서 수익을 높이는 것이다. 유니콘이란 시가총액이 10억 달러가 넘는 스타트업을 말한다. 매우 달성하기 힘든 과제다. 한 스타트업 가치 분석 자료에 따르면 "기업이 유니콘의 수준에 오르는 것은 극히 드물다. 실제로 그 숫자는 전체 기업에서 1퍼센트를 조금 웃도는 정도다."[25] 정확히 말하면 1.28퍼센트다. 그런 거래를 찾기 위해서는 치열한 경쟁을 거쳐야 한다. 벤처캐피털 회사들은 일찍부터 기업가 지망생들과 인맥을 만들려고 노력한다. 메흐란이 대학원을 졸업하기 직전에 경험했듯이 기업가 지망생들은 때로 점심식사 자리에 예상치 못한 손님을 맞이하기도 한다. 메흐란이 대학원생인 친구와 딤섬을 먹기 위해 샌드힐로드에서 그리 멀지 않은 중식당에 갔을 때였다. 막 식사를 마치려는데 양복 차림의 한 남자가 다가왔다. 둘 다 모르는 사람이었다. 그는 정중하게 자신을 소개하고 이렇게 말했다. "두 분이 검색 엔진에 대해서 이야기하는 것을 들었습니다. 회사를 시작하고 싶다면 제게 전화를 주십시오." 그는 테이블 건너로 명함을 내밀었다.

20세기의 마지막 20년 그리고 21세기의 초반 동안 샌프란시스코만 지역에 위치한 벤처캐피털 업체들은 스타트업, 특히 생명공학이나 정보기술 분야의 스타트업에 자금을 조달하는 데 큰 역할을 했다. 정부 보조금에 의존해 사업을 구축하는 초기 모델이나 외부 투자를 많이 받지 않고 자력으로 경영하는 회사가 점차 자취를 감추고 그 자리에 쉽게 구할 수 있는 벤처 자금이 유입됐다. 이런 자금 조달이 가능했던 것은 측정할 수 있는 급속한 성장을 기대했기 때문이었다. 벤처캐피털 업체의 수는 1980년대에서 2000년 사이에 열 배 증가했다. 스탠퍼드도 그 게임에 발을 들였다.[26] 대학은 학생이나 교직원에 의해 캠퍼스에서 출발한 80개 이상의 기업에 초기 투자를 했다고 말하고 있다. 여기에는 구글과 같이 중퇴자들이 만든 기업도 포함된다. 2000년까지 벤처 자금 투자 총액은 1000억 달러를 넘어섰고 벤처투자가들이 자금을 조달하는 기업이 미국 전체 상장 기업의 20퍼센트, 미국 전체 시가총액의 3분의 1에 가까워졌다.[27] 그들의 투자를 받는 대부분의 기업이 실패하지만, 한 분석에 따르면 1979년 이후 설립된 모든 상장 기업의 43퍼센트가 벤처투자가의 지원을 받았고 이는 전체 시가총액의 60퍼센트에 해당한다고 밝혔다.[28]

유니콘을 찾고 개발을 돕는 일이 워낙 드물기 때문에 기업을 해

시스템 에러

당 분야의 선도 업체로 빨리 키우기 위한 강력한 인센티브가 생겨났다. 링크드인의 공동 창립자이자 벤처캐피털 기업 그레이록파트너스Greylock Partners의 파트너이기도 한 리드 호프먼은 블리츠스케일링이라는 개념을 통해 이 점을 설명한다. "속도를 우선하기 위해서는 안전에 적게 투자하고 확장이 불가능한 코드를 만들어야 한다. 일이 돌파구를 찾기 시작하면 그때부터 QA 도구와 프로세스를 구축한다. 물론 이런 모든 결정은 이후에 문제로 이어질 수 있다. 하지만 제품을 구축하는 데 지나치게 긴 시간이 걸린다면 나중이란 것은 없을 수도 있다."[29] 호프먼은 밀턴 프리드먼의 제자가 아니지만 이런 글을 썼다. "우리는 블리츠스케일링을 실행하는 사람들의 책임이 단순히 법을 지키면서 주주 가치를 극대화하는 것을 넘어선다고 생각한다. 기업의 활동이 더 큰 사회에 어떤 영향을 미칠 수 있다는 것을 염두에 두고 그에 대해서도 책임을 져야 한다."[30] 하지만 기업에게 제품을 시장에 내놓고 매출을 올리라는 가차 없는 압력이 가해진다면, 기업이 사회에 주는 영향을 온전히 인식할 수 있을까? 잭 도시Jack Dorsey도 2018년 이 점을 인정하면서 다음과 같은 트윗을 올렸다. "최근 우리는 간단한 질문을 하나 받았다. 트위터에 올라오는 대화의 '건전성'을 측정할 수 있느냐는 것이었다. 바로 이것이 가시적인 문제라는 느낌이 들었다. 문제되는 부분만이 아닌 전체론적 시스템의 이해를 이야기하고 있었기 때문이다. 무엇인가를 개선하려면 그것을 측정할 수 있어야만 한다."[31] 그는 트위터가 그런 도전에 응하기 위해 노력할 것이라고 말했다. 그러나 그의 메시지는 2016년 미국 대통령 선거 동안 러시아 정보원들이 트위터에 역정보와 허위정보를 잔뜩 흘렸던(그렇게 2020년 허위정보 선거 운동의 길을 닦은) 때로부터 2년 후에 나온 것이다.

구글에서 부사장 겸 법무자문위원보를 역임했고, 트위터에서 법률책임자로 일했으며, 오바마 행정부에서 최고기술부책임자로 지명된 니콜 웡Nicole Wong은 스탠퍼드 강의실에서 나눈 대화 중에 유튜브와 같은 온라인 플랫폼이 사용자 참여를 강조하는 문제에 대해 논의했다. 그녀는 기술에 있어서의 '슬로푸드' 운동을 주장했다. 플랫폼들이 속도와 참여에 가치를 두는 대신 콘텐츠의 진실성, 정확성, 맥락을 고취시키기 위해 노력해야 한다는 것이다. 그녀는 구글에서 근무한 경험을 이야기하면서, 유튜브와 같은 플랫폼들의 문제가 그들이 규모를 확장한 이후에 명확해졌으며 따라서 제품을 시장에 내보내는 과정을 늦춤으로써 제품이 줄 수 있는 영향과 성공을 측정하는 기준을 재고하는 능력에 대해 더 깊이 성찰할 수 있을 것이라고 설명했다.

기술 제품 발전에 대한 보다 느리고 사색적인 접근법을 취한다는 개념은 분명 고려할 가치가 있겠지만, 이는 벤처투자가가 투자 기업에 거는 기대, 즉 매출 및 수익과는 뚜렷한 대조를 이룬다. Y콤비네이터의 CEO 마이클 시벨Michael Siebel은 〈MIT 테크놀로지 리뷰〉에서 이렇게 말했다. "투자자들은 단순한 투자 기계다. 그들의 동기는 단순하며, 그들이 어떤 종류의 회사를 보고 싶어 하는지는 매우 분명하다."[32] 기업공개 또는 대기업의 고가 인수와 같은 "출구"에 도달하기 위해 "빠른 몸집 불리기"에 초점을 맞추는 것은 벤처캐피털 업체들이 포트폴리오에 있는 기업에서 가장 우선하는 목표 중 하나다. 실제로 많은 벤처투자가들은 높은 가격의 "출구" 기록을 성공의 척도로 여긴다. 또한 투자할 수 있는 수십억 달러의 돈을 생각하면(벤처캐피털 기업이 관리하는 자금의 규모가 2005년 약 1700억 달러에서 2019년 4440억 달러로 증가했다) 실행 속도, 결과를 측정하는 지표, 궁극적인 수익을 강조하는 투자 관행이 늦기 전에 "생각하지 말고 빨리 움직여라. 관습을 깨뜨려라"라는 개념을 별다른 성찰 없이 채택하는 사이클로 이어지는 것은 당연한 일이다.

벤처캐피털 세계에서의 자금 지원이 계속 증가하고 있는 상황에서 그 돈의 분배 방식이 성공한 기업가가 어떤 모습인지에 대한 편협한 견해를 반영하고 있다는 점에 주목해야 할 것이다. 존 도어는 2008년 전미벤처캐피털연합National Venture Capital Association에서 "남성 컴퓨터 전문가라는 점이 내가 이 세상의 가장 성공한 기업가들로부터 본 다른 어떤 성공 요인보다 상관관계가 크다"라고 말한 것으로 유명하다. "아마존 설립자 제프 베이조스, 넷스케이프 창립자 마크 앤드리슨, 야후의 공동 창립자 데이비드 필로David Filo, 구글의 창립자들은 모두 하버드나 스탠퍼드를 중퇴한 백인 남성 컴퓨터 전문가다."[33] 누구에게 자금을 지원할 것인가의 문제에서 이런 패턴을 찾다 보면 벤처투자가들이 자금을 조달하고자 하는 기업가를 평가하는 방식에서도 불평등이 나타날 수밖에 없다.

실제로 데이터는 자금 조달에서 창립자의 젠더와 인종에 따른 엄청난 불평등이 존재한다는 것을 보여준다. 스타트업 기업에 관한 정보 제공 업체로 매년 벤처 자금 분배에 대한 분석을 내놓는 크런치베이스CrunchBase는 2020년 벤처 자금의 2.3퍼센트만이 여성 주도 스타트업에 분배되었다고 전했다.[34] 이는 전년도에 비해 2.8퍼센트 하락한 수치다. 이런 맥락에서, 또 다른 크런치베이스 보고서는 "2019년에 첫 투자를 받은 세계 스타트업 중 여성 창립자의 비율은 20퍼센트였다"라고 했다.[35] 비슷한 차이는 인종의 측면에서도 발견된다. 미국인구조사국의 2019년 자료에 따르면 미국 인구의 18.5퍼센트가 히스패닉계이고 13.4퍼센트가 아프리카계 미국인이었지만, 2015년부터 2020년까지 총 벤처 자금 중 2.4퍼센트만이 아프리카계와 히스패닉계 창립자에게 분배되었다.[36] 벤처 자금의 불균등한 분배는 기술 구축을 위한 자금 지원을 받는 사람, 즉 무엇을 최적화해야 할지를 선택하는 사람에 대한 불평등을 야기한다.

새로운 세대의 벤처투자가

기술 분야에서 성공한 엔지니어는 잠재적인 미래 벤처투자가이며, 이러한 이중 정체성은 최근 몇 년 동안 크게 확장되었다. 벤처캐피털 회사들은 스탠퍼드대학교 게이츠 컴퓨터과학 학부 건물 건너편 잔디밭에서 새로운 회사를 소개하는 행사를 진행한다. 그들은 강의실에서 쏟아져 나오는 학생들을 설득하기 위해 보바차와 비니를 나눠주며, 공대생들은 학생들이 주도하는 사업 계획 공모전에서 그들에게 사업을 설명한다.

피터 틸은 다른 벤처캐피털 회사들과 마찬가지로 대학생들에게 창업 자금을 지원해서 회사를 시작하기 위해 학교를 중퇴하도록 만드는 와중에도 종종 캠퍼스에서 수업을 진행한다. 기술 인재들과 이들을 후원하는 기업들 사이의 이런 다공성 경계*는 성장 추진

---

* porous boundary. 경계를 중심으로 쌍방향 확산이 쉽다는 의미.

에 매우 효과적인 엔진이 되었다. 2011년 스탠퍼드가 발표한 연구에 따르면, 스탠퍼드 졸업생들이 시작하고 주로 다른 스탠퍼드 졸업생들의 자금 지원을 받는 기업들을 하나의 독립 국가로 본다면, 세계에서 열 번째로 큰 경제국이 된다고 한다.[37] 이 역시 가치관이 외부의 다른 사람들로부터 분리된 내향적이고 자기강화적인 시스템을 만드는 데 일조한다.

1990년대 후반 닷컴 붐 이후 부유해진 많은 엔지니어들이 밟은 다음 단계는 엔젤투자가나 벤처투자가가 되는 것이었다. 1970년대와 1980년대의 하드웨어 엔지니어들이 벤처 자금 조달의 원천을 월스트리트와 동부의 금융계에서 샌드힐로드와 서부의 소프트웨어 업계로 전환시켰던 것과 비슷한 방식으로 최초의 닷컴 물결에 올라탔던 많은 엔지니어들은 다음 세대 기술기업에 자금을 조달할 태세를 갖추게 됐다. 마크 앤드리슨은 2009년 〈타임〉 표지에서 입고 있던 청바지를 스포츠 재킷으로 바꿔 입고 그의 오랜 동료 벤 호로비츠Ben Horowitz와 함께 벤처캐피털 회사 앤드리슨호로비츠를 설립했다. 그들의 회사는 트위터, 인스타그램, 페이스북, 핀터레스트, 리프트, 에어비앤비의 투자자가 됐다.

앤드리슨은 2011년 〈월스트리트저널〉에 기고한 글 "왜 소프트웨어가 세상을 잠식하고 있는가Why Software Is Eating the World"에서 기술기업의 자본 수요가 어떻게 변화했는지 설명했다.

> 백엔드 개발의 경우, 소프트웨어 프로그래밍 도구와 인터넷 기반 서비스를 통해 다양한 업계에서 소프트웨어에 의해 움직이는 새로운 세계적 스타트업을 쉽게 시작할 수 있다. 새로운 인프라에 투자하거나 신규 직원을 교육시킬 필

요가 없다. 2000년 내 파트너 벤 호로비츠가 최초의 클라우드 컴퓨팅 기업, 라우드클라우드Loudcloud의 CEO였을 때만 해도 기본적인 인터넷 애플리케이션을 운영하는 고객이 한 달에 쓰는 비용은 약 15만 달러였다. 지금 아마존 클라우드에서 동일한 애플리케이션을 운영하는 비용은 한 달에 1500달러다.[38]

소프트웨어 기업의 자본 수요가 극적으로 감소하면서 최적화 사고방식으로 완전히 새로운 벤처 창출 모델을 만들 수 있게 됐다.

복잡한 문제에 최적화를 적용하는 데 있어 핵심 아이디어는 여러 출발점을 이용한 최적화다. 스타트업 세계에서 소수의 기업에 자금을 투자할 경우 유니콘을 만날 기회가 제한된다. 하지만 많은 수의 회사에 자금을 제공하면 홈런을 칠 가능성이 훨씬 커진다. 각각의 투자가 수익 최적화 과정의 새로운 시작점이 된다. 이런 개념은 벤처투자가 데이브 매클루어Dave McClure의 관찰을 통해 뒷받침된다. "대부분의 투자는 실패한다. 몇 개는 괜찮은 성과를 내고, 극소수만이 허황한 꿈을 넘어서는 성공을 이룬다."[39] 그는 이런 결론을 내린다. "유니콘이 나타날 확률이 1~2퍼센트일 때, 이 찾기 힘든 신화 속 생물을 만날 수 있는 합리적인 기회를 갖기 위해서는 포트폴리오의 크기가 최소 50~100개가 되어야 한다는 논리적 결론이 나온다."[40]

스타트업 투자의 숫자를 크게 늘리는 일의 가능성을 알아본 유명한 벤처캐피털 회사 중 하나가 2005년에 설립된 Y콤비네이터다. 이 회사의 이름은 연산 이론에서 따온 것으로 다른 함수를 생성하는 함수를 말한다. 실제로 Y콤비네이터의 목표는 다른 회사를 만드는 것이다. 이런 기술적인 이름을 고려할 때 이 회사의 창립자

4명 중 3명이 컴퓨터공학 박사 학위를 갖고 있다는 것은 그리 놀라운 일이 아니다. 그들의 초기 자산은 1998년 비아웹Viaweb에 자금을 지원한 뒤 그 회사를 5000만 달러에 야후에 매각하면서 만들어졌다.

Y콤비네이터는 종종 스타트업 '가속기accelerator'라고 불린다. 신생 업체에 투자를 할 뿐 아니라 몇몇 기업가들을 하나의 그룹으로 모아 벤처를 만들게 하고 추가 투자를 확보하는 과정에서 그들의 멘토가 되어주기 때문이다. 회사 지분의 7퍼센트에 대한 기본 투자금은 12만 5000달러다. 인터넷 기업의 인프라 비용이 최근 급감한 사실을 이용한 거래다.

Y콤비네이터는 린 스타트업lean start-up 사고방식을 이용한다. 성공 가능성이 있는 제품을 최소한으로 만든 뒤, 잠재 사용자들에게 무엇이 반향을 일으키는지 알아내고, 초기 아이디어가 설득력을 얻지 못할 경우 이 과정을 빠르게 반복해서 새로운 가능성을 시도하는 방식이다. 본질적으로 최적화 프로세스를 적용해 소비자가 사용을 고려해볼 만한 제품 아이디어와 기능을 찾는 것이다. 초기 사용자 채택(탐낼 만한 '제품-시장 궁합'의 가능성)을 보여주어서 잠재 투자자를 설득해 초기 제품을 한 단계 더 끌어올리는 데 필요한 자본을 조달함으로써 더 많은 투자를 받을 가능성을 극대화한다.

19세의 에런 스워츠는 2005년에 Y콤비네이터가 최초로 만든 기업가 그룹의 일원이었다. 그는 이 프로그램 참여의 결과로 만든 인포가미를 운영하기 위해 스탠퍼드를 중퇴했다. 인포가미를 독립형 벤처로 끌고 갈 충분한 자금을 확보할 수 없었던 그는 Y콤비네이터 임원의 설득으로 그의 신생 회사를 또 다른 스타트업 레딧과 합병했고, 그 과정에서 '레딧 공동 설립자'라는 이름을 얻었다.

대부분의 벤처캐피털 회사가 그렇듯이, Y콤비네이터는 포트폴리오 기업의 성공을 촉진하기 위한 적극적인 조치를 취한다. 1년에 두 번 '데모데이Demo Day'를 개최해 자사 프로그램에 참여한 기업가들이 여러 벤처투자가들과 엔젤투자가들에게 지난 몇 개월 동안 작업한 스타트업에 대한 프레젠테이션을 하게 한다. 이전 회사들을 매각해 큰 이익을 남긴 엔지니어들은 새로운 벤처에 투자할 수 있는 상당한 개인 자금을 갖게 된다. 최근의 데모데이에는 100개 이상의 스타트업이 약 1000명의 참석자들에게 프레젠테이션을 했다. 대부분이 초청을 받아야만 참석할 수 있는 이 행사에 참가 신청을 한 사람들이다. Y콤비네이터는 "Y콤비네이터 각 그룹이 데모데이 이후 몇 주간에 걸쳐 약 2억 5000만 달러의 초기 자본을 조달한다"라고 전했다.[41] 한 조직이 1년에 두 번 개최하는 행사로 스타트업에 흘러 들어가는 자금이 연간 5억 달러에 이르는 것이다. Y콤비네이터가 최근 자사 웹사이트에서 언급했듯이 "2005년 이래 Y콤비네이터는 2000개 이상의 스타트업에 자금을 조달했다. 우리 포트폴리오 회사들의 시가총액은 1000억 달러를 상회한다."[42] 여기에는 도어대시DoorDash, 인스타카트Instacart, 에어비앤비와 같은 긱 경제* 기업은 물론 자율주행차 회사 크루즈Cruise도 포함된다. Y콤비네이터 프로그램은 경쟁이 상당히 치열하기 때문에 기업가 지망생들은 스타트업 아이디어가 실패로 돌아간 경우에

---

* gig economy. 필요에 따라 사람을 구해 임시로 계약을 맺고 일을 맡기는 형태의 경제 방식.

도 여기에 받아들여졌다는 사실 자체를 성공의 상징으로 여길 정
도다. 이런 기회를 놓치지 않으려는 앤드리슨호로비츠는 2011년
Y콤비네이터 프로그램에 받아들여진 각 스타트업에 5만 달러씩을
투자하기 위한 별도의 펀드를 조성했다.[43] 이렇게 최적화를 위한
출발점을 여러 개 가짐으로써 상당한 수익을 올릴 가능성을 높이
는 것이다.

　몇몇 대기업의 기술 임원들이 의회에서 다른 사회적 가치를 추
구하면서도 이익과의 균형을 잡을 수 있다고 주장하지만, 기술기
업들이 급성장하고 있는 현재의 환경에서는 보다 광범위한 통제를
통해 모든 참여자들이 사회가 촉진하고자 하는 가치를 충실히 지
키도록 할 필요가 있다. 이런 관점에서 마크 저커버그에게 의회 증
언을 요구하거나 대기업의 독점 금지 조치가 시행되고는 있지만,
한편에서는 말 그대로 수백 명의 저커버그 지망생들이 다음 세상
을 변화시키는, 파괴적이고 최적화를 지향하는, 사회적 문제를 야
기할 수 있는 상품을 만들기 위해 노력하고 있다. 이것은 단순히
유명한 기술 창업자들의 문제를 확인하는 일이 아니다. 그것은 해
로운 사회적 결과를 만드는 회사들, 통제가 필요한 회사들을 찾는
일도 아니다. 더 많은 미래 기업들에 대한 규칙을 어떻게 정할지
이해하려면 우리가 중요하게 생각하는 가치가 무엇인지 명확히 해
둘 필요가 있다.

법규에 굴복할 생각이 없는 자들

현재 기술기업들은 자신들의 시장 자본을 정치 자본으로 전환하는

일에 적극적으로 나서고 있다. 규제 요구가 커지자 기업들은 로비, 여론을 흔들려는 홍보, 입법에 영향을 미치는 입법자들과의 직접적인 관계 형성 등을 통해 이에 맞서고 있다. 엔지니어들이 자본가가 되는 데에서 그치지 않고 그들을 규제할(혹은 규제하지 않을) 방법을 다루는 규칙을 만들기 위해 애쓰고 있는 것이다. 반문화적 초기 해커들, WELL*에서 존 페리 발로와 그레이트풀데드에 대한 이야기를 나누었던 사람들이 이제는 그들 회사의 금전적 이익을 위해 정치판에 영향을 주려고 하는 사람들로 엄청나게 변화한 것이다.

2008년 일리노이주 의회는 생체인식정보보호법Biometric Information Privacy Act(BIPA)을 통과시켰다. 지문이나 얼굴 형상(개인의 사진으로부터 얻을 수 있는) 등의 생체 데이터 수집과 사용을 제한하는 획기적인 법률이다. 이 법은 이런 생체 데이터를 수집할 경우 사용자의 서면 동의를 얻도록 규정하고 있다. 위반 시 사람 한 명당 1000~5000달러라는 높은 벌금이 부과된다.

2015년 페이스북은 이 법에 의거해 사진에서 사용자의 얼굴을 확인하는 안면인식 기술을 사용했다는 이유로 기소되었다. 이 회사는 수십억 달러의 벌금이 부과될 가능성을 피하기 위해 법정에서 다툼을 벌이는 한편으로, 법안 자체를 둘러싸고 기만적인 협상을 벌이려 했다는 비난을 받았다. 처음 생체인식정보보호법을 도입한 주 상원의원 테리 링크Terry Link는 이 법이 동의를 요하는 데이터 유형에서 사진으로부터 파생된 정보를 제거하는 수정안을 제

---

* Whole Earth 'Lectronic Link. 인터넷 초기인 1985년에 작가이자 반문화 운동가인 스튜어트 브랜드 등이 주축이 되어 만든 온라인 커뮤니티. 가상 공동체의 효시로 인정받는다.

시스템 에러

안했다. 그 개정안은 페이스북의 기소 근거를 없애는 것이다. 그러나 개인정보 보호 단체는 물론 주 검찰총장까지 심한 반대에 나서면서 그 수정안은 결국 철회됐다. 원고 측 변호인들은 "페이스북을 비롯한 여러 실리콘밸리 기업들이 법 개정을 위한 로비를 벌였다"라고 주장했다.[44] 페이스북은 로비 주장을 부인했지만, 공식 기록은 수정안 지지자들 일부가 로비를 통해 영향을 받았다는 것을 보여준다.[45]

결국 소송은 진행됐고 2020년 초 페이스북은 5억 5000만 달러의 합의금을 지불하는 데 동의했다. 엄청난 액수처럼 보이지만, 최대 470억 달러의 벌금과 비교하면 상당히 할인된 금액이다.[46] 사건을 맡은 판사도 비슷한 심정으로 "5억 5000만 달러입니다. 대단히 큰 돈이죠. 하지만 정말 그렇게 큰돈일까요?"라고 물으며 조정을 진행했다고 전해진다.[47] 페이스북은 이런 판사의 우려에 합의금을 6억 5000만 달러로 상향했고, 전 세계 시스템에서 안면인식에 대한 설정의 기본 값을 사전 동의를 요하는 것으로 변경했다. 2021년 2월에 합의가 최종 승인되었다. 벌금이 정말 많은지 물은 판사의 지적은 정확했다. 페이스북의 2020년 첫 분기 수익은 170억 달러를 상회했다. 벌금을 내고도 평상시대로 사업을 영위할 수 있음은 물론이고 계속해서 로비를 하고 선거자금을 댈 수 있을 것이다.

대기업의 시장 지배력은 정치 영역에서의 상당한 영향력과 자유재량으로 전환될 수 있다. 새로운 규세 법안의 통과가 기업들을 위협함에 따라 그들은 자신들의 영향력과 돈을 사용해 규제에 저항하고 정책을 형성하는 법을 배우고 있다. 생체인식정보보호법 소송이 진행 중이던 때 조지타운대학교 개인정보 보호·기술센터Center on Privacy and Technology의 알바로 베도야Alvaro Bedoya 상임이사가 기자에게 말한 것처럼 페이스북의 접근방식은 "당신이 우리를 고소하면, 우리는 그 법이 우리에게 적용되지 않게 할 것이다. 그 법이 우리에게 적용된다고 말한다면, 우리는 법을 바꾸려고 노력할 것이다"였다.[48] 2019년 9월, 저커버그가 워싱턴 D.C.로 날아가 의원들과 비공개 회의를 가진 것은 놀랄 일도 아니다. 뉴스사이트 악시오스Axios의 한 기자는 페이스북 관계자의 말을 인용했다. "마크는 워싱턴 D.C.로 가서 정책 입안자들과 만나 향후 인터넷 규제에 대해 논의할 것이다. 계획된 공식 행사는 없다."[49] 감시도 거의 없고 공개 담론도 배제되는 이런 식의 비공개 회의에서는 기업 임원들이 의원들에게 기업에 유리한 정책을 강요할 수도 있고 자신들에게 '자율규제'의 능력이 있기 때문에 새로운 규제가 불필요하다는 주장을 할 수도 있다.

자신이 가진 자원을 자기 회사의 수익을 극대화하는 방식으로 할당하는 것은 합리적인 경영이며, 여기에는 로비를 통해 정치적 지배력을 획득하는 것도 포함된다. 2019년과 2020년에 페이스북과 아마존은 다른 어떤 기업보다 정부 로비에 많은 돈을 썼다.[50] 록히드마틴과 같은 군수업체들의 로비조차 넘어설 정도다. 로드아일랜드주 하원의원인 데이비드 N. 시실리니David N. Cicilline에 따르면, "이들 기업은 대단히 규모가 크기 때문에 엄청난 경제력과 정치적 힘을 가지고 있다. 그들은 현재의 상태를 유지하기 위해 수억 달러를 쓰고 있다."[51] IT 대기업들은 유럽의 입법권자들이 디지털 광고를 제한하는 것을 막기 위한 로비에 수백만 달러를 쓰면서 소위

'브뤼셀의 워싱턴화'에 기여하고 있다.[52] 가까운 시일 안에 이런 로비 활동이 줄어들 가능성은 없어 보인다. 이들 기업이 반독점의 표적이 되더라도 말이다.

최근에는 캘리포니아에 새로운 전장이 만들어지고 있다. 기업들이 우버나 리프트의 기사나 도어대시 같은 기업의 배달원 등 긱 경제 노동자를 계약자가 아닌 직원으로 재분류하려는 캘리포니아주의 규제에 영향력을 행사하려 하고 있는 것이다. 2019년 캘리포니아주 의회는 AB5법을 통과시켰다. 이 법안의 목적은 수천 명의 독립계약자를 종업원으로 분류함으로써 그들에게 최저임금, 실직보험, 병가를 보장해주는 데 있다. 이것은 수익을 좇는 기업이 만드는 부정적 외부효과를 줄이기 위한 정부 법안의 교과서적 사례. 이 법안을 상정한 로레나 곤잘레즈Lorena Gonzalez 하원의원은 그 동기에 대해 이렇게 설명했다. "입법자로서 우리는 자신들의 사용 비용을 계속해서 납세자와 노동자에게 전가시키는 기업의 무임승차 관행을 용납하지 않을 것이다."[53] 우버나 리프트 같은 기업이 계약자들에게 그런 혜택을 주려면 수백만 달러의 비용이 들 것이다. 그들은 발 빠르게 대응했다. 우선, 새로운 법에 대한 가처분 신청을 내 발효 일자를 연기하려는 시도를 했다. 이 신청은 기각됐다. 이후 기업들은 캘리포니아에서 영업을 중단하겠다고 위협했다. 그동안 그들은 "앱 기반 운송(승차 공유) 및 배달 운전자를 독립계약자로 정의하고 앱 기반 운전자와 회사 특유한 노동 및 임금 정책 채택을 규정"해 AB5법 요건에서 벗어나게 하는 주민발의안 22호를 만드는 데 힘을 쏟았다.[54] 우버, 리프트, 도어대시를 포함한 기술회사 컨소시엄은 2억 달러 이상을 추렴해 주민발의안 22호를 투표에 부치고 수백만 명의 사용자들에게 스마트폰으로 경고를 보내는 등 유권자의 찬성투표를 독려했다.[55] 이 발의안은 입법부 8분의 7이 찬성하지 않는 한 수정이 불가능하다는 조항을 포함하고 있다. 8분의 7의 찬성은 거의 달성이 불가능한 기준이다.

2020년 11월 3일 캘리포니아 시민들의 투표로 주민발의안 22호가 통과됐다. 득표율 격차가 20퍼센트에 달했다. 이 투표는 캘리포니아에서 AB5법의 적용을 배제시켰을 뿐 아니라 긱 경제 노동자들에게 더 많은 권리를 부여하려 시도하고 있는 다른 주에도 든든한 자금력을 바탕으로 한 로비에 부딪히게 될 것이고 결국 그 시도는 실패할 가능성이 높다는 명확한 메시지를 전달했다. 유권자들이 이 법안에 찬성한 이유를 모두 확인할 수는 없다. 하지만 이해관계가 걸려 있는 기업들이 막강한 자금력을 바탕으로 홍보를 했다는 것은 부정할 수 없다. 이들 기업은 운전사와 배달원은 물론이고 앱 사용자에게 접근할 수 있는 능력이 있었다. 이 발의안의 통과로 가장 영향을 받게 될 사람들과의 직접적인 소통(그리고 영향력 행사) 수단을 갖고 있었던 것이다. 사용자가 휴대전화의 앱을 열 때마다 효과적인 무료 정치 광고가 가능했다. 뉴욕대학교의 아룬 순다라라잔Arun Sundararajan 교수는 〈버지Verge〉에 "평범한 유권자들이 노동법의 측면에서 AB5법과 새로운 발의안의 장단점을 가늠해보았을지 의심스럽다. 그들은 기술 플랫폼에 대해 긍정적인 감정을 갖고 있으며 그들이 의존하는 존재가 파괴되는 것을 바라지 않기 때문에 플랫폼의 입장에서 투표를 한다."[56] 실제로 발의안 22호가 통과되지 않으면 "앱 기반 운전사 일자리의 최대 90퍼센트가 사라질 수 있다"라는 리프트의 주장[57] 덕분에, 운전사와 이들 차량을 이

　　　　　　　　　　　　　　　　　시스템 에러

용하는 대단히 많은 수의 사람들이 시간을 할애해 법안의 의미를 고려하기는커녕 법안을 자세히 살피지도 않고 그 발의안에 찬성표를 던졌을 가능성이 높다.

기술기업에 영향을 미치는 법안과 주민 발의안은 계속 늘어날 전망이다. 망 중립성 싸움에서는 소비자들이 인터넷 서비스 제공업체가 특정 서비스에 대한 접근권에 차등 수수료를 매길 수 없다고 주장하는 넷플릭스, 구글, 페이스북, 아마존과 입장을 같이하고 있다. 이 싸움은 이제 이들 기업에 대한 반독점 조치를 고려하는 연방정부와 소비자들을 등에 업고 있는 기업들이 대립하는 형국으로 변모하고 있다. 하원 대변인 낸시 펠로시Nancy Pelosi는 이렇게 말한다. "부당하게 소수의 손에 집중되어 있는 경제적 힘은 민주주의에 위협이 된다. 디지털 플랫폼이 콘텐츠에 대한 통제권을 쥐고 있을 때라면 특히 더 그렇다. 자율규제의 시대는 끝났다."[58] 두고 봐야 할 일이다. 빅테크는 싸움 없이 법규에 굴복하지 않을 것이다. 한 가지 분명한 것은 우리가 존 페리 발로가 꿈꾸던 세상과는 아주 다른 곳에 살고 있다는 점이다.

3장

파괴적 혁신과 민주주의

몇 년 전 실리콘밸리에서 가진 또 다른 저녁식사 자리에서 리드 호프먼은 기술기업을 향한 대중의 분노가 커지는 상황에 대해 자신의 견해를 거리낌 없이 밝혔다. 당신이 기술기업의 CEO라면 당신의 가장 큰 관심사는 경쟁자들이다. 기술업계의 5대 기업 구글, 페이스북, 애플, 마이크로소프트, 아마존은 인재들을 영입하기 위해 서로 군비 확장 경쟁을 벌이고 있다. 각 기업은 눈 깜짝할 사이에 다른 기업들에 의해 멸종될 수 있다고 생각한다. 페이스북이 새 사옥으로 이전할 때 마크 저커버그는 이전 주인인 선마이크로시스템스의 로고를 입구에 남겨두었다. 직원들에게 지배적인 기업이 얼마나 빨리 뒤처질 수 있는지 상기시키기 위한 조치였다.

지금은 기업의 입지가 견고해 보일지 몰라도 한편에서는 중국의 대형 기술기업들이 미친 듯이 성장하고 있다. 전 인텔 CEO 앤드루 그로브가 책 제목을 《편집광만이 살아남는다》라고 붙인 것도 이해가 되는 상황이다. 호프먼은 이런 심각한 불안이 만연한 세상에서라면 정부의 규제는 나중에 생각할 문제라고 말한다. 그는 모든 CEO의 목표는 끊임없는 혁신이라고 설명한다.

호프먼은 정부가 중요한 역할을 할 수 있다고 믿지만, 기술계에 있는 그의 동료들 중에는 그렇게 생각하지 않는 사람이 놀라울 정도로 많다. 최적화 사고방식과 이윤이라는 동인의 결합은 시장 내 정치와 정부의 역할에 대한 자유의지론적 접근으로 귀결되는 경우가 많다. 걷잡을 수 없는 혁신의 속도 때문에 정부가 그것을 따라잡으며 시민의 니즈와 우선사항을 해결하기 위한 법을 만드는 데 집중하기가 어려워진다. 피터 틸은 "워싱턴에서 정치에 몸을 담은 사람들과 대화할 때마다 느끼는 점은 그들이 하나같이 무슨 일을 하는 사람인지 잘 모르겠다는 것이다"라고 말했다.[1] 그는 기술 혁신의 속도가 저하된 것이 사실 정부 탓이라며, 그것이 우리가 피해야 하는 위험이라고 주장한다.

이것은 실리콘밸리에만 존재하는 고정관념이 아니다. 자유의지론적 압력은 존 페리 발로의 1996년 "사이버스페이스 독립선언문"과 1970년대와 1980년대 많은 컴퓨팅 지지자들의 반문화적 뿌리에서도 발견된다. 하지만 현재는 그런 관념이 광범위하게 확산되어 있다. 최근 스탠퍼드의 한 연구는 기술계 리더들의 자유의지론적 태도, 즉 사회적으로는 진보적이고 경제적으로는 보수적인 견해의 독특한 혼합을 체계적으로 보여주었다.[2] 이들은 규제에 대해 일반적인 백만장자들보다도 더 적대적인 것으로 드러났다. 연구자들은 이런 자유의지론적 견해의 수용이 컴퓨터공학을 전공하는 대학원생들 사이에서 이미 나타나고 있다는 결론을 내렸다.

간섭주의적인 정부를 얕잡아볼 만도 하다. 정치인들과 정책 입안자들은 신생 기술에 대한 현명한 규제 조치를 선택하는 데 필요한 전문지식을 갖추지 못한 경우가 많다. 물리학자이며 박사 학위를 가진 몇 안 되는 하원의원 중 한 명인 빌 포스터Bill Foster는 2012년 하원의 약 4퍼센트만이 기술에 관한 지식을 갖고 있다고 언급했다. 전 뉴저지 하원의원 러시 홀트Rush Holt는 "대부분의 하원 의원들은 과학이나 기술 분야를 잘 알지 못하기 때문에 어떤 질문을 해야 할지조차 모른다. 따라서 어떤 대답이 누락되었는지도 파악하지 못한다"라고 말한 바 있다.[3] 더욱이 새로운 기술의 잠재적 영향력이 너무나 불확실한 나머지 규제기관이 선행적으로 기술의 변화를 제한하기보다는 발전에 단순히 반응할 수밖에 없지 않겠느냐는 의문을 갖게 될 정도다. 결국 그들의 논거로 정부가 적극적인 역할을 해야 한다는 주장을 꺾을 수 없다면 기술계의 리더들은 이렇게 말할 것이다. "미국 정부가 방해가 된다면 (…) 중국으로." 중국 기술계의 지배력은 보다 적극적인 규제를 옹호하는 사람들을 위협으로 충분히 굴복시킬 정도다.

이런 반정부적 견해는 우리에게 무엇을 남길까? 한 걸음만 물러나서 보면, 규제란 일반적인 뜻을 넘어서는 중요한 의미를 함축하고 있는 단어다. 우리가 공유하는 가치관을 공통의 이해에 부합하는 규칙으로 변화시키기 위해(그리고 우리의 차이를 조화시키기 위해) 우리가 뽑은 사람들이 취하는 조치들이기 때문이다. 엔지니어와 벤처투자가들이 정부의 규제에 죽는 소리를 할 때, 그들은 사실 공명정대한 행동의 규칙을 정립하고, 모두에게 이로운 협력을 촉진하고, 우리가 새로운 기술의 부정적 영향(의 가능성)을 해결할 수 있도록 돕는 민주적 기관의 역할을 거부하고 있는 것이다.

민주 정치가 할 역할이 없다면 기술 전문가들이 선호하는 대안은 무엇일까? 아마도 로마 황제들에 대한 마크 저커버그의 집착(그는 두 딸의 이름을 맥시마와 어거스트로 지었고 신혼여행 때 로마에 들러 아우구스투스 황제 조각을 촬영했다)이 단서가 될 수 있을 것이다.[4] 플라톤이 그랬듯이 새롭게 철학의 왕좌에 오른 사람들에게는 거의 반역사에 가까운 신념이 있다. 지금의 테크노크라시*는 철학자가 아닌 기술 전문가, 옳은 일, 순수한 의도에 동기를 부여받으며 "아무도 방해하지 않는다면" 놀라운 사회적 결과를 만들어낼 수 있는 사람들이 통치한다.

문제는 이런 거버넌스의 형태가 우리가 기꺼이 받아들일 만한 것인가이다. 그게 아니라면, 그런 혁신에 대한 민주적 감시를 위해 제한이 없는 기술 발전 등을 대가로 내어줄 수 있을까?

최악의 산업재해: 혁신과 규제의 대립

1911년 3월 25일 뉴욕시. 트라이앵글 웨이스트 컴퍼니Triangle Waist Company 소유의 의류 공장에서 불이 나 146명이 목숨을 잃었다. 미국 역사상 최악의 산업재해였다. 당시 신문들이 충격적으로 상세히 전한 바에 따르면, 잠긴 문과 창문, 부적절한 피난용 사다리 등의 위험한 상황 때문에 노동자들은 불이 난 공장 안에 갇힐 수밖에 없었다. 화마에 희생되거나 연기를 흡입하거나 10층 건물에서 뛰어내린 피해자 중 123명이 여성과 어린 여자아이들이었다. 프랜시

* technocracy. 과학 기술 분야의 전문가들이 많은 권력을 행사하는 정치·사회 체제.

시스템 에러

스 퍼킨스Frances Perkins(이후 내각에 들어간 최초의 여성으로서 프랭클린 루스벨트 대통령의 노동부 장관을 역임했다)와 같은 노동운동가들에게 그 화재는 "무슨 일인가 해야 한다"는 증거였다. 이 화재 희생자들의 장례식에는 10만 명 이상이 참석했다. 여성 권익 보호 운동에서 중요한 전환점이 된 사건이었다.

그때까지 직장 내 안전을 개선하는 일에는 거의 진전이 없었다. 유럽과 북아메리카는 산업혁명의 와중에 있었다. 기계를 이용한 다양한 형태의 체계적 생산 방식이 등장했다. 디킨스의 소설에 나올 법한 의류업계의 노동력 착취가 그 대표적 사례였다. 새로운 기계는 사람의 노동력보다 훨씬 효율적이었다. 저임금 이민자들을 고용해 기계를 돌릴 수 있게 되면서 공장주들은 생산성과 수익을 엄청나게 끌어올렸다. 1870년부터 1900년까지 이렇게 노동력을 착취하는 노동 현장에 고용된 종업원의 숫자는 두 배가 됐고, 투자된 자본은 세 배로 늘어났으며, 뉴욕이 전국 기성복의 40퍼센트 이상을 생산하면서 이 업계를 지배하게 되었다.[5] 한편으로 1900년 국제여성의류노동자연합International Ladies' Garment Workers' Union(ILGWU)이 결성되기는 했지만 시위와 파업은 대중의 주목을 거의 받지 못하는 단편적인 사건일 뿐이었다. 일자리가 절실하게 필요한 젊은 여성 이민자들이 공장을 채우면서 효율이 향상되었다. 그 결과 엄청난 성장, 낮은 가격, 늘어나는 미국 중산층이 훨씬 다양한 의류를 구매할 수 있는 시대를 구가하던 사업주와 소비자에게 노동 현장의 문제는 관심 밖이었다.

이 화재는 산업 노동자의 고난이 시급히 해결해야 할 문제라는 경각심을 불러일으켰다. 〈뉴욕타임스〉와 〈월드〉는 나태하고 무신경한 회사에 책임을 돌리면서 이미 변화를 외치고 있는 운동가들의 목소리에 힘을 보탰다. 그들은 정부에 이런 비극이 다시 일어나지 않게 해줄 조치를 요구했고, 자신은 이 화재에 대응할 조치를 취할 힘이 없다고 말했던 뉴욕 주지사 존 딕스John Dix와 같은 정치인들에게 압력을 넣었다.

뉴욕시 의류 노동자의 90퍼센트 이상이 노조에 가입하면서 그들의 분노는 정치력으로 전환되었다. 압력이 커짐에 따라 정치인들은 노동자 권리에 대한 '관망 전략'이 더는 충분치 않다는 것을 인식하고 조사와 기소를 요구했다. ILGWU가 의류 노동자를 동원하기 시작하고 10여 년이 지나서 뉴욕주 의회는 프랜시스 퍼킨스를 위원장으로 하는 공장조사위원회를 설립했다. 이 위원회는 "화재 위험은 물론 근로자들의 복지에 악영향을 미치는 제반 상황을 조사할 수 있는 광범위한 재량권"을 부여받았다.[6]

곧이어 노동자의 권리에 관한 진보적인 법률들이 뒤따랐다. 이 위원회는 불과 3년이라는 기간 동안 화재 예방, 아동 노동, 근로 시간 제한에 관한 36개 법률을 통과시키는 일을 해냈다. 근로 조건에 초점을 맞추는 것 외에도, 노동자 보상의 개념이 부상했다. 1911년에만 11개 주가 노동자 보상 법안을 통과시켰고, 1948년까지 모든 주가 노동자에게 보상을 제공하게 되었다. 노동 착취의 현장이 등장하고 수십 년이 흘러 비극적인 사건이 발생하고 나서야 의원들은 열악한 노동 환경을 개선하기 위해 나선 것이다. 정부는 산업 활동의 사회적 결과가 참을 수 없는 정도에 이르러서야 조치를 취한다.

자유시장은 역사상 가장 강력한 혁신과 인간 진보의 원동력이라는 말을 자주 듣는다. 기업가와 민간 기업이 주도하는 탈중앙화 시장은 경제 발전의 가장 큰 동인이었다. 하지만 규칙과 규제로부터 완전히 자유로운 시장이란 존재하지 않는다. 우선, 반도체와 인터넷 같은 현대 기술의 가장 기본적인 구성 요소들을 비롯한 과학 발전과 기술 혁신에는 업계는 물론 대학에 대한 공공 투자가 반드시 필요하다. 역동적인 시장의 건전한 운영은 지적 재산권, 특허권, 반독점, 소비자 보호 등 공정한 경쟁을 위한 규칙을 만들고 강제하는 정부에게 달려 있다.

그럼에도 불구하고 시장은 정부가 충분한 여지를 남겨둘 때 가장 잘 작동한다. 여기에서 까다로운 딜레마가 발생한다. 정책 입안자들은 진보를 방해하지 않으려 하고, 규제가 없는 시장에서 이익을 얻는 기업들은 정부가 변화의 속도를 늦추지 않도록 하는 데 열중한다. 반면, 민주주의는 경제 성장 이외에도 개인 권리의 보호, 기본적인 안전과 집단 안보의 확보 등 여러 가지 목표를 가진다. 선출직 공무원들은 자유시장의 혜택을 훼손하지 않으면서, 혹은 그들의 권력을 유지하게 하는 정치적 지지 기반을 약화하지 않으면서, 이런 목표들을 달성하는 방법을 찾아야 한다.

그 결과로 새로운 발견을 하는 기술자들, 사업주들, 규제기관들, 일반 시민들 사이에서 충분히 예측할 수 있는 상황이 벌어진다. 이런 상황은 인간의 독창성과 민간 자본이 만나 대규모의 경제적 이익을 창출하는 기술의 비약적인 발전을 촉진하면서 시작된다. 새로운 기술을 실험하는 새로운 회사들이 급증한다. 시간이 지나면 신기술의 영향이 사회로 퍼져나가고, 시장이 통합되며, 사람들은 혁신이 다른 가치를 위험에 빠뜨리는 부정적인 결과나 집중된 시장 지배력 등 일련의 문제를 가져왔다는 것을 깨닫는다. 이에 압력을 받은 정부는 새로운 기술이나 산업을 규제하려 하지만 그 방식은 해악을 해결하되 혁신을 저해할 수도 있고 시대에 뒤떨어져 효과가 미미할 수도 있다. 이런 순환은 규제기관이 맡은 과제가 얼마나 어려운지를 드러낸다. 기술적 진보는 과학적으로 복잡한 경우가 많다. 사회적 파장은 스캔들이나 재난 때문에 그 해악이 확연하게 드러날 때까지는 예측하기가 어렵다. 정치적으로는 의미 있는 진보를 달성하기가 어렵다. 규제는 한번 채택된 이후에는 조정이 어렵다.

정부와 통신업계의 관계에서도 똑같은 역사가 반복되었다. 1800년대에 발명된 문자 전송 시스템인 전신을 예로 들어보자. 최초의 상업 전신은 1839년 영국에서 만들어졌고, 1850년대 미국에는 이미 여러 통신사가 동일한 서비스를 제공하면서 치열하게 경쟁했다. 전신기를 건설하는 일에는 비용이 많이 든다. 그럼에도 1852년까지 20개 회사가 3700킬로미터가 넘는 전선을 깔았다.[7] 새로운 사업의 수익은 낮았다. 시스템 전반의 통합성 부족은 통신사가 고객 기반을 넓히기 위해서 인프라에 계속 투자해야 한다는 의미였다. 따라서 이 새로운 사업은 수익성이 그리 좋지 않았다. 그 결과 1860년대에 웨스턴유니온Western Union이 장거리 전신 독점 제공업체로 등장하면서 미국은 통합의 시대를 맞았다. 연방정부는 웨스턴유니온의 힘을 억제하기 위한 잠정적 초

혁신과 민주주의의 대립은 매우 현실적인 문제다. 기술은 빠르게 움직이기 때문에 그 영향을 예측하기가 어렵다. 기존 시장을 파괴하거나 완전히 새로운 시장을 만드는 경우에는 더 그렇다. 어떤 문제가 해결이 필요한지, 그런 문제를 어떻게 해결할지 정치적 합의를 도출해내야 한다.

기 조치들을 취했지만, 제정법의 실질적 효과는 제한적이었고, 정부는 이 회사의 지배를 통제하는 보다 공격적인 조치에는 의욕을 보여주지 않았다.

컬럼비아대학교의 법률학자 팀 우Tim Wu에 따르면 19세기 중후반에 걸쳐 웨스턴유니온은 "독점 가격을 청구하고, 뉴스 제공 서비스를 독점(연합통신)하고, 고객을 차별할 수 있었다."[8] 이 회사가 뉴스 제공 서비스에 대한 접근권을 정치인들의 행동을 좌우하는 당근과 채찍으로 사용하면서 시장 지배력은 정치적 힘으로 변모했다. 의회는 1910년에 들어서야 심각성을 인지하고 전신과 전화 회사들이 자연독점natural monopoly(지금의 경제학자들이 이 상태를 부르는 이름) 상태에 있으며 이들은 모든 고객에게 차별 없이 적절한 가격에 서비스를 제공할 의무가 있다고 선언했다. 입법권자들이 마침내 이 게임에 뛰어든 것은 웨스턴유니온의 시장 지배력 문제가 표면으로 떠오르기 시작하고 거의 50년이 지난 후였다. 20세기 초 의회가 불공정한 차별을 막기 위해 채택한 '공중전기통신사업자common carrier' 법, 즉 물자·사람·정보의 수송을 맡는 기간 사업자들이 강력한 지위를 이용하는 것을 막는 규칙이 지금까지도 전기·통신 규제의 기반으로 남아 있다. 우리가 소통하는 방식은 그동안 이렇게 많이 바뀌었는데도 말이다.

그러나 이런 입법적 승리에도 불구하고, 기술이 변화하면서 정부는 개발의 새로운 상황을 따라잡는 데 어려움을 겪어왔다.[9] 1910년대까지 전화가 전신을 완전히 대체하는 과정에서 AT&T는 지역 전화 회사들을 인수해 그들의 입지를 통합하고 경쟁사와의 상호 연결을 막으면서 장거리 전화 시장을 지배하는 위치에 섰다.

1913년 연방정부가 반독점 조치를 취하겠다고 위협하면서 AT&T 는 지역 업체들이 장거리 시스템에 접근하는 것을 허용했다. 그러나 경제력과 정치력을 지닌 AT&T는 제2의 해결책을 개발했고, 법 집행은 느슨했다. AT&T의 힘과 수익이 늘어나면서 소비자는 거의 규제를 받지 않는 독점 전화 서비스 공급 업체의 인질이 됐다. 연방정부가 의미 있는 규제 개편을 달성하는데, 즉 1934년 통신법Communications Act을 제정하기까지 거의 20년이 걸렸다. 이 법률로 주와 주 사이의 전화와 라디오 모두에 대해 연방 규제를 책임지는 새로운 정부 기관, 연방통신위원회(FCC)가 만들어졌다. 이 새로운 법의 핵심은 지역 기업들이 주와 주 사이의 연결 사업에 나서 지역 서비스 제공자로서 경쟁할 수 있도록 보장하는 것이다.

이후 수십 년에 걸쳐 기술 발전의 속도는 빨라졌지만 규제 체계는 제자리걸음을 하고 있다. 마이크로파 기술 덕분에 장거리 시장, 정부가 AT&T에게 보편적 접근권을 주기 위해 장거리 전화에 높은 요금을 매길 수 있도록 허용했기 때문에 특히 취약했던 이 시장에서 새로운 경쟁자가 쉽게 등장하게 되었다. 케이블 서비스가 등장했지만, 케이블은 연방통신위원회의 사법권에 해당하지 않았기 때문에, 지역 규제와 표준 사이에서 혼란이 야기됐다. 게다가 케이블 망을 설치하는 데는 높은 비용이 들기 때문에, 그 분야에서도 시장 지배력에 대한 우려가 제기됐다. 1980년대부터 1990년대까지 통신 시장은 직접방송위성direct broadcast satellite(DBS)과 미래형 '고속' 데이터 모델 등 대단히 많은 대안으로 넘쳐나고 있었다. 토머스 에디슨과 장거리 전화 시대에 만들어진 정부의 규제 접근법은 시대에 한참 뒤떨어졌다.

시스템 에러

혁신과 민주주의의 경주는 매우 현실적인 문제다. 기술은 빠르게 움직이기 때문에 그 영향을 예측하기가 어렵다. 그들이 기존 시장을 파괴하거나 완전히 새로운 시장을 만드는 경우에는 더 말할 것도 없다. 어떤 문제가 해결이 필요한지, 그런 문제를 어떻게 해결할 것인지를 둘러싼 정치적 합의를 도출하는 것은 쉽지 않은 일이다. 일단 합의가 이루어졌어도 적용이 어렵다.

이런 상황에서 우리의 기존 규제 접근법에 한계가 있다는 것은 명확하다. 노벨상을 수상한 경제학자 폴 M. 로머Paul M. Romer의 말대로 "좋은 규칙을 찾는 것은 하루아침에 되는 일이 아니다."[10] 새로운 기술이 도래하면 우리의 규칙은 빨리 진화해야 한다. 규모의 급속한 증가에 대응해야 한다. 개인과 기업의 규칙을 약화하려는 기회주의적 조치에 단호하게 대처해야 한다. 로머는 이를 역시 노벨상을 수상한 경제학자 마이런 숄스Myron Scholes의 이름을 따서 마이런의 법칙이라고 불렀다. 숄스는 한 세미나에서 이렇게 말한 적이 있다. "점근적으로, 모든 유한 세법의 세수는 0이다."[11] 영리한 사람들은 고정된 어떤 것을 피해갈 방편을 찾기 마련이라는 의미다. 결론은 우리의 규칙이 규제하고자 하는 기술만큼 역동적이어야 한다는 것이다.

혁신이 민주주의를 능가한다는 허구

현재 미국에서 나타나고 있는 결과, 즉 기술 부문의 대부분은 규제를 피하고 있으며 그들의 시장 지배력이 개인과 사회에 무시할 수 없는 방식으로 부정적인 영향을 주고 있는 지금의 상황은 단순히 효과적인 규제를 넘어서는 혁신의 방식 때문에 빚어진 것이 아니다. 1990년대에 민주적으로 선출된 정치인들의 의도적인 선택도 큰 몫을 했다.

클린턴 행정부는 미래 기술에 상당히 진보적인 입장이었다. 두 명의 젊은 남부 출신 정치인, 빌 클린턴과 앨 고어는 자신들의 재임기를 세대교체의 시기로 받아들였다. 민주당을 새롭게 만들고 막 시작된 정보통신 혁명을 수용해야 하는 시기로 말이다. 특히 고어는 그가 "정보의 고속도로"라고 부르는 것을 옹호했다. 1992년에 부통령이 되기 전, 그는 1991년 학계와 산업계의 컴퓨팅 연구와 협력을 위한 6억 달러의 자금을 지원하는 고성능 컴퓨팅·통신법High Performance Computing and Communications Act 입법의 주역이었다. 특히 이 법은 일리노이대학교 마크 앤드리슨 등이 모자이크 웹브라우저를 만드는 연구의 토대가 되었다. 1994년 클린턴 행정부는 백악관 웹사이트를 처음으로 만들어 기업과 대학들의 웹사이트는 물론이고 월드와이드웹이 생기기 훨씬 이전부터 온라인에서 연방정부의 존재감을 과시했다[12] (1994년 말 전 세계에 존재하는 웹사이트는 1만 개도 되지 않았다).[13] 디지털의 미래를 내다본 클린턴과 고어는 정보 서비스의 폭발적 증가를 예견했고, 민간 자본과 자유시장이 이 새로운 영역에서 혁신을 추진하는 핵심적인 수단이라고 생각했다.

그들은 그런 시각에 일치하는 광범위한 정책을 밀고 나갔다. 그들은 인터넷의 거버넌스를 정부의 의사결정권자들이 아닌 민간의 손에 맡겼다. 그들은 기존의 서비스 제공자들과 경쟁할 무선통신 회사의 성장을 돕기 위해 이동전화 회사들에 대한 규제를 철폐하고 대역 주파수 경매를 실시했다. 그리고 인터넷 거버넌스의 분수

령이 된 1996년 통신법이 통과되도록 감독했다. 이 법은 현재 우리가 직면하고 있는 강력한, 따라서 문제의 소지도 많은 기술 분야의 토대를 마련했다.

통신법의 핵심은 '전기통신' 서비스와 '정보' 서비스의 구분이었다. 전화, TV, 인터넷을 나누는 것이 사실상 불가능한 오늘날에는 이런 구분이 거의 의미가 없다. 우리 주머니 속의 스마트폰이 이 모든 기능은 물론이고 그 외의 많은 기능까지 담고 있다. 하지만 당시에 정부는 아직 유아기에 불과한 광대역과 인터넷 등의 미래형 통신기술의 발전을 가속시키는 한편으로 구형 전화 시스템은 관리하에 두고 있었다. 이 두 서비스의 구분은 그 어떤 것보다 중요한 역할을 했다. 낡은 전화 시스템은 여전히 1910년에 처음 도입된 공중전기통신사업자법의 지배를 받았다. 전화 시장에서도 경쟁을 촉진하기 위한 조치가 있었지만 그 시스템은 시장 지배력의 정도와 보편적인 접근성 및 가격 규제의 필요를 고려해 여전히 정부의 감독 아래 운영되었다.

그렇지만 입법자들은 정보 서비스라 불리는 새로운 개척자들에 대해서는 전혀 다른 틀을 택했다. 당시 이 부문에는 AOL, 컴퓨서브와 같은 주요 업체들(많은 사람들에게 인터넷으로 가는 최초의 창이었던)과 컴퓨터와 팩스 기계를 연결하는 민간 데이터 네트워크가 있었다. 곧 이 부문은 성장해서 케이블과 광대역 통신까지 아우르게 되었다. 클린턴 행정부는 초고속 정보 고속도로의 발전을 가속시키기 위해 기존의 공중전기통신사업자 규제에서 정보 서비스를 제외했다.

통신법은 사실상 투자자들과 기업들에게 보내는 공개적인 초대장이나 마찬가지였다. 당시 연방통신위원회 위원장 리드 훈트Reed Hundt가 신흥 인터넷 산업에 취한 접근방식은 법안에 부합하는 경쟁 촉진과 규제 철폐에 앞장서는 것이었다. 그 후임인 윌리엄 케너드William Kennard는 1999년에 "광대역 세계에 '규제로부터 자유로운 오아시스'를 만들어 기술을 사용하는 모든 기업이 규제가 없거나 상당히 완화된 환경에서 광대역을 효율적으로 사용할 수 있게 하고 싶다"라고 말했다.[14] 케너드는 존 페리 발로의 말에 귀를 기울였던 모양이다. 연방의 대표적인 규제기관이 그 사명을 민간 경쟁과 규제 완화라고 확언하자, 실리콘밸리에는 서부 시대 스타일의 골드러시가 시작됐다. 연방준비제도이사회(FRB)의 앨런 그린스펀 의장이 주식시장의 "비이성적 과열"에 대해 처음 경고를 내놓은 것이 통신법이 통과되고 불과 10개월 후라는 것은 민간 시장이 얼마나 빨리 움직이기 시작했는지를 보여주는 하나의 증거다.

인터넷 혁신 기업들이 전화 회사를 지배하는 공공사업자 규제의 틀 밖에서 활동하도록 허용한 결정은 지금의 상황에 이르게 한 가속기였다. 전화 서비스, 케이블, 데이터는 함께 묶여서 제공되는 경우가 많으며 이들을 구분하는 것은 더 이상 아무런 의미가 없다. 그러나 이런 접근방식은 답을 찾지 못하고 오늘날까지 우리를 괴롭히는 중요한 질문들을 남겼다. 접근권보다는 통신 네트워크를 통해 이동하는 콘텐츠에 어떤 일이 일어나는지에 집중할 때라면 특히 더 그렇다. 예를 들어 인터넷 서비스 제공 업체와 플랫폼들은 전화 회사가 공중전기통신사업자법에 의해 강제되듯이 트래픽 이동과 속도에 대한 결정을 내릴 때 모든 콘텐츠를 동등하게 다룰까? 아니면 자신들이 좋아하는 것과 싫어하는 것, 편집의 재량을 반영

시스템 에러

하는 자신들의 선호도, 이익에 대한 고려와 기타 다른 동기를 기반으로 결정을 내릴 수 있을까? 이것은 엄청나게 중요한 문제다. '망 중립성'이라는 이름 아래 묶여 있는 이런 사안은 궁극적으로 우리가 어떻게 시장 집중과 시장 지배력을 관리할 것인가에 관한 문제다. 망 중립성을 둘러싼 싸움은 결국 인터넷 서비스 제공 업체가 더 많은 돈을 벌거나 특정 정보 제공자에게 유리하도록 네트워크를 통과하는 콘텐츠의 속도를 높이거나 낮출 권리를 가지느냐를 두고 벌어지는 싸움인 것이다.

1996년 통신법에 덧붙여진 통신품위법Communications Decency Act 제230조라는 악명 높은 조항에도 복잡하고도 대단히 필연적인 문제가 따른다. 거기에 따르면 웹사이트와 인터넷 서비스 제공자는 몇 가지 예외를 제외하면 사용자가 게시한 콘텐츠에서 비롯된 법적 책임을 면한다. 신문과 TV 프로그램은 콘텐츠 제작자로서 그들이 게재하거나 방송하는 내용에 책임을 져야 하는 반면, 인터넷 서비스 제공자와 소셜미디어 업체들은 법적 책임 없이 사용자가 만든 콘텐츠를 유통시킬 수 있다. 혐오스럽거나, 명예를 훼손하거나, 가짜이거나, 저속한 콘텐츠인 경우에도 말이다.

1990년대에 정책 입안자들은 그들이 부추긴 민간 투자의 폭주가 보기 드문 혁신과 함께 극단적인 시장 집중을 낳으리라고 예상하지 못했을 것이다. 인터넷 연결 비용에 대한 뉴아메리카재단New America Foundation의 최근 보고서는 인터넷 서비스 제공 업체들 사이에 시장 경쟁이 부족하다는 것을 보여준다. 미국은 다른 개발도상국에 비해 광대역 보급과 인터넷 속도에서 뒤처져 있을 뿐 아니라 가격도 훨씬 비싸다.[15] 2020년 미국인들은 광대역 서비스에 매달

평균 68.38달러를 지불한 반면, 프랑스(30.97달러), 영국(39.48달러), 한국(32.05달러)의 가격은 훨씬 낮았다. 다른 국가들이 고품질의 서비스를 더 낮은 가격에 제공하고 있다는 사실은, 이 문제가 단순히 통신기술의 인프라 비용이 높기 때문에 빚어진 것이 아니라 미국이 선택한 정책의 반영이라는 의미다.

예를 들어 프랑스의 공중통신사업자법은 지배적인 서비스 제공 업체가 '라스트 마일'*을 임대해 경쟁 업체들이 직접 소비자를 공략할 기회를 갖도록 해야 한다고 규정하고 있다. 하지만 이곳 미국, 규제에서 벗어난 아름다운 오아시스에서는 정보 서비스 업체에 그런 의무를 부과하지 않는다. 기존 업체들은 치열한 시장 경쟁과 낮은 가격 같은 방법 대신 경쟁 업체를 밀어내거나 유망한 신생 스타트업을 인수하는 방식을 이용했고, 그 결과 통신업계의 시장 집중은 더욱 강화됐다.

시장을 지배하는 업체들이 자신들의 시장 지배력을 정치적 힘으로 전환하면서 통신법의 핵심 요소들을 지키기 위해 로비를 하고 독점 금지의 의미 있는 강제를 막으려고 노력해온 것은 당연한 결과다. 2020년 대기업에 대한 독점 금지 조치가 마침내 시행되면서, 규제를 막기 위한 조직적 움직임도 강화됐다. 일례로 한 행정 소송은 핵심 광고 사업을 보호하고자 하는 구글이 개인정보보호법 제정을 방해하기 위해 페이스북, 애플, 마이크로소프트, 아마존과 어느 정도로 협력하고 있는지를 드러내주었다.[16] 이것은 기술 분야만의 이야기가 아니다. 기존 업체들은 서비스가 조악하고 요금이 지

---

* last mile. 소비자 가정으로 직접 연결된 전화나 케이블의 일부 시스템.

시스템 에러

나치게 비싼 통신 분야를 비롯한 여러 영역(아마존의 전자상거래, 구글의 검색, 페이스북의 소셜 네트워크)에서 기록적인 수익을 올리며 경쟁자들을 집어삼키고 있다. 오늘날 우리가 직면하고 있는 이런 시장 집중의 문제에는 정치인들이 연루되어 있다.

오바마 행정부 때 연방통신위원회 의장을 지냈던 톰 휠러Tom Wheeler는 씁쓸한 관찰 결과를 내놓았다.[17] 사실 이 난제를 처음 확인한 것은 오스카 와일드였다. 그는 이렇게 말했다. "인생에는 단 두 가지 비극이 있다. 하나는 원하는 것을 얻지 못하는 것이고, 다른 하나는 그것을 얻는 것이다." 기업들은 인터넷의 성장으로부터 엄청난 사적 보상을 거둬들이는 위치에 오르는 동시에 통신 분야를 지배해온 공공의 이익을 위한 규제를 피해가면서 워싱턴에서 승승장구하고 있다. 하지만 기술의 부정적인 결과와 이 업계가 쥐고 있는 극단적 수준의 시장 지배력에 대한 우려가 커지는 가운데, 네트워크와 플랫폼 기업들이 스스로 규칙을 만드는 시대는 종말을 맞고 있다. 혁신이 민주주의를 능가한다는 허구는 더 이상 방어할 수 없다. 우리는 더 잘할 수 있는 방법을 알아내야 한다.

> 인터넷 서비스 제공 업체와 플랫폼들은 모든 콘텐츠를 동등하게 다룰까? 아니면 자신들이 선호와 이익을 기반으로 결정을 내릴 수 있을까? '망 중립성'이라는 이름 아래 묶여 있는 이런 사안은 엄청나게 중요한 문제다.

테크노크라시, 플라톤이 말하는 철인왕의 조건

2020년 여름 코로나19 대유행의 와중에 워싱턴에서 전례 없는 사건이 일어났다. 온라인상에서 보기 드문 시장 지배력을 남용했다는 혐의로 입법자들이 4대 기술기업, 즉 아마존, 애플, 페이스북, 구글의 CEO를 다그치는 상황이 펼쳐진 것이다.

하원 독점 금지법·상법·행정법 소위원회의 위원장 데이비드 시실리니는 당면한 사안을 예리하게 지적했다. "반독점법이 만들어졌을 때 독점가들은 록펠러와 카네기라는 사람들이었다. 오늘날의 독점가는 저커버그, 쿡, 피차이, 베이조스라는 사람들이다. 이번에도 역시 그들은 시장 지배력을 이용해 자영업자를 무너뜨리고 자신의 힘을 확장하는 데 필요한 일이라면 무엇이든 하고 있다. 이런 상황은 반드시 끝나야 한다."[18]

4명의 CEO가 함께 모습을 드러낸 것은 처음 있는 일이다. 특히 베이조스는 처음으로 의회에 나섰다. 아마존이 이미 전체 전자상거래 시장의 40퍼센트 가까이를 통제하고 있다는 점과 아마존의 반경쟁적 행동을 우려하는 목소리가 수년 전부터 나왔다는 것을 고려하면 의회 출석이 처음이라는 사실 자체만으로도 놀라운 일이다.[19] 질문을 하는 사람들은 준비를 잘 갖춘 상태였다. 의원들이 회사의 기본적인 운영에 대해서도 제대로 파악하지 못했던 이전의 청문회들과는 달랐다. 이번에 그들은 법을 위반했다는 혐의로 무장했고 내부고발자의 증언과 회사 내부 이메일이 이를 뒷받침했다. 질문자들은 회사의 기본 사업 모델에 대한 높은 이해도를 보여주었고, 새로운 형태의 규제를 추진하려는 열망을 분명히 드러냈다.

CEO들은 아마도 가장 명석한 경영진들을 모아놓고 곧 닥칠 비판에 대응할 방법을 찾았을 것이다. 아마존의 제프 베이조스와 구글의 순다르 피차이Sundar Pichai는 사적인 이야기로 접근했다. 그들의 증언은 초라한 출발부터 지금의 성장에 이른 고취적인 스토리로 시작됐다. 애플의 CEO 팀 쿡Tim Cook은 애플은 "사업을 하는 어떤 시장에서도 지배적인 시장 점유 상태가 아니다"라고 주장하면서 회사를 다른 기업들과 차별화하려는 모습을 보여주었다.[20]

회사의 엄청난 시장 지배력을 옹호하는 가장 흥미로운 발언을 한 사람은 페이스북의 마크 저커버그였다. "현재의 페이스북은 성공한 회사이지만 여기에 도달하기까지 우리는 미국적인 방식을 따랐다. 무에서 시작해서 사람들이 가치를 찾을 수 있는 더 나은 제품을 공급한 것이다."[21] 저커버그는 페이스북이 시장에서 지금의 지배적인 위치를 획득했다고 해서 그런 성공적인 혁신의 성과 때문에 처벌을 받을 수는 없다고 강조했다. 그는 페이스북이 계속해서 경쟁 환경에 직면하고 있다고 얘기하면서 인수와 합병은 고객들에게 더 나은 서비스를 제공하기 위한 전략의 일부일 뿐이며, 페이스북은 그 규모 덕분에 새로운 제품을 극히 가치가 높은 서비스로 전환할 수 있다고 주장했다. 그는 "내가 이해하는 한, 법은 크다는 이유만으로 그 기업을 나쁘다고 말할 수 없다"라고 주장하면서 시장 지배력의 집중이라는 데 이의를 제기했다.

CEO들과 의원들이 온라인에서 첨예한 공방을 보여주는 과정에서 상충하는 두 가지 세계관이 확연히 드러났다. 하나는 기술이 엄청난 진보의 원천이고, 세계의 선을 위한 힘이며, 경제적·기술적·지정학적 힘의 근원이고, 다른 무엇보다도 이러한 기업들의 시장 지배력은 그들이 소비자들에게 고품질의 제품과 서비스를 제공하는 데 성공했다는 것을 반영한다는 관점이다. 이런 시각에서 보자면, 정부의 방해는 경쟁과 혁신의 선순환을 깨뜨릴 위험이 있다. 다른 하나는 네트워크 효과와 규제 감독의 부재가 이들 기업이 시장에서 성공하는 데 큰 몫을 했다는 관점이다. 기업들에게 좋은 것이 더 이상 우리 모두에게 좋지 않은 것일 수도 있다. 한 논평가가 말했듯이, 우리는 "페이스북과 구글의 서비스를 좋아하면서도 그 혜택이 해악을 정당화하는지 의심하는 것이 가능하다"라는 점을 깨닫고 있는 중인 것 같다.[22] 이는 오늘날 우리가 직면하고 있는 핵심 문제를 지적한다. 모든 시민들의 이익을 대변할 책임이 있는 민주적 제도를 통해 기술의 혜택을 지키는 동시에 해악을 제거하거나 완화할 수 있을까?

이런 결정을 내리는 데 가장 적절한 위치에 있는 사람이 누구일까? 자신들의 시장 지배력이 더 큰 혁신을 이끄는 자산이라고 주장하는 기술 전문가들을 믿어야 할까? 기술계의 전문가들이 그렇듯이, 그들은 기술에 대한 전문지식이 거의 없는 전형적인 워싱턴의 정치인들보다 어떤 종류의 규제 환경이 혁신에 가장 좋은지 파악하는 데 더 나은 위치에 있을 것이다. 정치인들이 방해가 되어서는 안 된다. 이것은 완벽하게 합리적인 주장이고, 정치적 사상의 오랜 전통과 궤를 같이하는 주장이기도 하다.

민주주의는 고대 그리스에 뿌리를 두고 있다. 하지만 고대의 위대한 철학자들은 민주주의의 옹호자가 아니었다. 서구 철학의 토대를 마련한 플라톤은 《국가론》에서 소수의 숙련된 전문가들에게 통치를 맡기는 이상적인 사회의 청사진을 보여주었다. 그는 서구 최초의 고등 교육기관인 아카데미아에서 가장 현명한 자들의 통치를 찬양하면서 현명한 철인왕, 즉 좋은 정부의 수단으로서의 원칙에 가장 밝은 사람들에게 권한을 부여해야 한다고 주장했다.[23] 그는 도시가 "자유라는 포도주에 너무 깊게 취해 (…) 성문과 불문을 막론하고 법에 주의를 기울이지 않게 되면" 자유가 결국 압제를 낳을 것이라고 경고했다.[24] 그는 민주주의, 국민의 통치가 퇴보적인 형태의 정치 조직이라고 생각했다. 민주주의 속 삶에 대한 이런 끔찍한 묘사 앞에서 그의 제자들이 현명하고 능력 있고 지적인 소수에게 사회를 수호하는 역할을 맡기자는 사상을 가진 것은 자연스러운 일이다. 그의 가장 유명한 제자 아리스토텔레스는 플라톤 철학에서 받아들이지 않은 부분이 많지만, 민주주의가 일탈적 정치 형태라는 생각에는 동의했다.

철학자들은 여러 세대에 걸쳐서 시민들에게 목소리를 부여하고 의사결정의 힘을 주자는 매력적인 입장과, 다양한 분야의 전문가들이 사회를 위해서 좋은 판단을 내릴 수 있다는 인식 사이에서 고민해왔다. 사람들은 시민들이 순간적인 감정에 지나치게 영향을 받거나, 파벌주의에 빠지거나, 선동 정치가의 지배를 받을 수 있다는 것을 염려한다. 이런 생각은 과거에는 추상적인 이론에 불과했으나 오늘날에는 민주주의 붕괴의 특징으로 극히 현실적인 문제가 됐다. 경제학자 브라이언 캐플런Bryan Caplan은 그 문제의 핵심을 충격적인 문장으로 표현했다. "민주주의는 유권자들이 원하는 것을 하기 때문에 실패한다는 것이 내 견해다."[25]

철학자 제이슨 브레넌Jason Brennan은 최근 발간한 도발적인 제목의 책,《민주주의 반대Against Democracy》에서 민주주의를 지식주의, 전문가에 의한 통치로 대체하자는, 플라톤이 가졌던 정부에 대한 시각을 소생시키려는 모습을 보여주었다.[26] 저자는 시민들에게 '호빗'(정치에 대한 지식이 부족한 사람) 혹은 '훌리건'(증거에 관계없이 한쪽을 맹렬히 지지하는 사람)이라는 경멸적인 호칭을 붙이기도 했다.

그는 더 나은 사회는 TV 드라마 〈스타트렉〉의 스포크와 같은 '벌컨Vulcan', 즉 어려운 정치적 질문에 증거를 바탕으로 이성적으로 접근하는 사람들, 문제를 식별하고 해결할 수 있는 사람들, 사회를 대표해 최고의 결과를 가져올 수 있는 사람들, 과학의 진보를 극대화할 사람들, 한마디로 최적화를 추구하는 사람들이 책임지는 사회일 것이라고 주장했다.

기술 전문가들이 접근할 수 있는 특유의 전문화된 지식을 생각해보면 전문가들에 의한 통치라는 비전이 그들에게 왜 그토록 매력적인지 알 수 있다. 시민과 정치인이 일상적인 기술이 어떻게 작동하는지조차 이해하지 못하는 현실에서는 신생 기술을 잘 아는 전문가들에 의한 통치(테크노크라시)가 유력해 보일 수밖에 없다. 바로 그것이 기술이 제공하는 막대한 혜택으로부터는 멀어진 채 일회성 사생활 침해나 바이러스처럼 빠르게 퍼져나가는 동영상에 집착하는 대중의 '열정'을 다룰 때 필요한 것일지도 모른다. 아무것도 모르는 지도자들을 거느린 대의민주주의 국가들은 물러나고 말이다.

하지만 전문가들의 통치를 주장하는 사상은 몇 가지 심각한 문제에 부딪힌다. 첫째, 누가 전문가인지 어떻게 결정해야 할까? 플라톤이 일련의 철인왕을 상상할 때 마음에 두었던 것은 특별한 교육을 받은, 진리를 이해하고 국가 전체의 집단적 이해관계에 균형을 맞출 기술을 갖춘 사람들이었다. 가장 좋은 형태의 정부를 묘사할 때 아리스토텔레스가 초점을 맞춘 부분은 자신의 이익보다는 공익을 위해 일하는 통치자들에게 권한을 부여하는 것이었다. 특별한 통치 기술을 가진다는 것은 어떤 의미일까? 현대적으로 해석

시스템 에러

한 전문가의 통치라는 개념은 사실을 분석하고, 권고 사항을 만들고, 증거에 부합하는 냉정한 선택을 하는 것을 포함하는 특정한 사고방식, 즉 과학적 사고방식에 특권을 부여하는 것이었다.

전문가 통치에 대해 생각하는 기술자들이 마음에 두고 있는 것은 다른 것이다. 혁신이 번창하기 위해 필요한 것이 무엇인지에 대해 특권적 지식을 가진 기술 전문가인 자신들에게 정책 입안자로서의 권한을 부여하는 것, 혹은 자유의지론적 성향에 따라 케너드의 "규제로부터 자유로운 오아시스", 즉 통제를 최소화해 기술기업들이 자유롭게 다른 우려에 제한을 받지 않고 투자를 하고 제품을 만들게 하는 것이 최고의 정부라는 사상을 지지하는 것이다. 하지만 기술자들이 가진 전문지식은 플라톤이 상상했던 것과는 상당히 다르다. 기술자들은 통치를 하거나, 상충하는 가치의 경중을 따지거나, 증거를 평가하는 데 특별한 기술이 없다. 그들의 전문지식은 기술을 만들고 설계하는 것이다.

두 번째 문제는 정당성과 관련된다. 정부가 움직이려면, 국민들이 통치자의 결정을 받아들여야 한다. 정당성은 정부의 효율성을 통해서만 부여되는 것이 아니다. 사람들은 의사결정 과정에 참여하기를 원한다. 그들은 의사결정이 어떻게 이루어지는지 알고 싶어 한다. 용납할 수 없는 결정에 대해서는 이의를 제기할 수 있기를 바란다. 그들은 정부가 시민들에게 적절하게 대응하고, 그들의 이해관계를 동등하게 고려하고, 그들의 목소리에 귀 기울여주기를 원한다. 그런 면에서 전문가 통치에는 분명 부족함이 있다.

세 번째 문제는 전문가 통치가 기존에 권력과 영향력을 가진 사람들의 입지를 견고히 하는 방식이다. 학식과 영향력을 갖춘 전문가 집단의 견해를 우선하는 구조가 자리를 잡게 되면, 그런 방식에서 혜택을 보는 사람들은 자신의 지위를 유지하려는 욕구를 갖기 마련이다. 기술자가 정책 입안자나 규제에서 자유로운 오아시스에서 이익을 보는 기업이 되어 규칙을 만든다면, 그로 인한 사회적 결과가 다른 사람들을 희생시키면서 기술자에게 혜택을 주는 것이라고 해도 놀랍지 않은 일이다.

우리가 다루고 있는 이 문제에는 정답이 존재하지 않는다. 우리가 선택하는 답은 사실과 증거가 말하는 바는 물론이고 우리가 가치 있게 여기는 것까지 반영하게 될 것이다. 관계 문제 전문가로서 공직자의 전문성을 강조하는 톰 니컬스Tom Nichols는 이렇게 말한다. "전문가는 대안을 제시할 뿐 가치관에 대한 선택을 할 수 없다. (…) 그런 문제에는 유권자가 참여해서 그들이 가장 가치 있게 여기는 것이 무엇인지, 따라서 그들이 이루고자 하는 것이 무엇인지 결정해야 한다."[27]

우리가 가진 공통의 불안

그렇다면 우리는 기술이, 즉 기술 전문가들이 우리를 통치하기를 바라는가? 아니면 민주적 제도를 통해 우리가 기술을 통제하기를 원하는가? 기술에 대한 규제의 측면에서 민주주의가 제공해야 하는 것은 무엇일까? 우리가 꼭 생각해보아야 할 질문들이다. 민주주의, 아테네 사람들의 발명품이 후퇴하는 것으로 보이는 시대에는 특히 더 그렇다.

서점에만 가도 우리가 가진 공통의 불안을 확인할 수 있다. 민주주의는 어떻게 죽어가고 있는가, 민주주의는 어떻게 종말을 맞는가, 잔존하는 전제정치, 폭정에 대하여 같은 제목의 책들이 다른 책들을 제치고 팔려나가고 있다. 2020년 조지 플로이드George Floyd를 비롯한 여러 아프리카계 미국인들이 경찰의 손에 살해된 후 일어난 대규모 대중 동원은 유색인종 공동체가 기존의 법제하에서 동등한 대우를 기대할 수 있는지에 대한 오랜 우려를 부각시켰다. 코로나19 대유행에 대한 일부 정부의 형편없는 대응도 민주주의 기관의 실패와 분리할 수 없어 보인다. 미국, 브라질, 인도의 코로나19 사망률이 그 어떤 나라보다 높으며, 유럽 민주주의 국가들도 그리 좋은 대처를 하지 못하고 있다. 젊은이, 우리가 자유의 옹호와 가장 쉽게 연결시키는 집단들조차 민주주의에 등을 돌리고 있다. 한 연구에서는 18~29세 미국인 중 46퍼센트가 선출된 공무원들보다 전문가의 지배를 받는 편을 선호하는 것으로 나타났다.[28] 또 다른 연구에서는 밀레니얼 세대 중 4분의 1이 "자유선거를 통한 지도자 선출이 '중요하지 않다'"는 데 동의했다고 밝혔다.[29]

민주주의에 대한 논쟁은 두 가지 형태를 띤다. 첫 번째는 특정한 의사결정 절차의 가치를 강조하는 것이다. 모든 사람들이 기본적인 권리와 자유를 누릴 자격이 있고 동등하게 대우받아야 한다고 믿는 경우, 다양한 관점 사이에서 의사를 결정할 방법이 있어야 한다. 자유와 평등한 시민권을 부르짖는 민주주의 국가들에도 오랫동안 계층이나 계급이 존재했다는 것은 부정할 수 없는 사실이다. 더 큰 평등을 추구하는 여러 세대에 걸친 노력에도 불구하고 세계의 많은 주요 민주주의 국가들에는 젠더, 인종, 사회 계급에 따른 차별이 뿌리내리고 있다. 그런데도 19세기 영국의 철학자 존 스튜어트 밀과 같은 절차적 민주주의 옹호자들은 민주주의를 이런 문제를 해결하고 불평등을 극복하는 데 가장 적합한 제도로 여긴다. 민주주의가 모든 사람들의 이익에 부응해 건설되기 때문이다. 밀은 이렇게 말한다. "가장 이상적인 정부 형태는 주권이 (…) 공동체 전체에 귀속되는 것이며 이를 보여주는 데에는 전혀 어려움이 없다."[30] 하버드대학교 교수 대니얼 앨런이 우리에게 권하듯이 자유와 평등이 민주주의 문화를 구축하는 한 부분으로서 서로 불가분의 관계에 있다는 것을 인식한다면 특히 더 그렇다.[31]

여기에서 더 나아가 민주주의가 공공의 숙고와 토론을 중시하는 방식을 높게 평가하는 사람들도 있다. 학계를 떠나 지금은 애플대학Apple University에 근무하는 저명한 정치철학자 조슈아 코언Joshua Cohen은 민주주의가 사람들이 자신의 개인적 견해를 발전시키도록 하는 것 이상의 일을 한다고 지적했다. 이해관계와 가치의 다양성은 정치의 출발점이다. 자유가 허용된 사람들은 각자 헌신하는 것도, 이를 위한 방식도 다른 삶을 선택할 것이고 그 결과 최선의 삶이 무엇인지에 대한 의견의 불일치가 나타날 것이다. 밀은 이것을 '삶의 실험experiments in living'이라고 불렀고, 그런 다양성이 자유의 중요한 혜택 중 하나라고 생각했다. 하지만 개인의 삶을 사는 최선의 방법에 대해 의견의 불일치가 나타나는 것이 당연하다면, 공동체에서 함께 살아가기 위한 공통의 기반을 어떻게 찾을 수 있을까? 코언은 정치적 문제들에 대한 토론을 통해 "다른 사람들을 동등하다고 인정하고, 서로 다르지만 각자 사리에 맞는 책무를 갖고 있다는 점을 인식하고, 그들이 헌신하고자 하는 바가 무엇인지, 그리고 그것이 다른 사람들에게 설득력을 갖는 이유가 무엇인지를 찾아야 한다"[32]라고 주장했다. 바로 그런 숙고의 과정이 우리와 의견이 다른 사람들을 설득하고 우리 전체를 통치하는 기관과 책무를 공유할 수 있는 여건을 만들기 때문에 가치가 있는 것이다.

또 다른 견해는 민주주의가 비민주적 정권이라는 다른 대안보다 나은 것은 공정한 절차 때문이 아니라 혁신과 경제 성장 등의 더 나은 결과를 낳기 때문이라고 말한다. 개인의 자유를 보장하고 모든 사람들의 이익을 동등하게 고려하는 민주주의 사회는 통치자들의 전문지식에도 의존하지만 또 그만큼 국민들의 집단적 지혜에도 의존한다. 민주주의 제도는 우리가 시민들의 지식을 수집하고 종합할 수 있게 해준다. 아이디어와 토론의 자유로운 흐름은 이 주장의 핵심이다. 자유 없이는 과학의 발전이 불가능하기 때문이다. 밀은 혁신이 자리 잡기 위해서는 개인이 현상에 도전하고 새로운 아이디어를 시험해볼 수 있어야 한다고 주장했다.

드미트리 메드베데프 러시아 대통령이 2010년 스탠퍼드대학교를 방문했던 일화가 이 점을 강조한다. 메드베데프는 실리콘밸리를 둘러보면서 무엇이 혁신 경제를 이끄는지 알아보려 했다. 세계적 수준의 대학과 가까운 곳에 있어서? 벤처 자본에 접근하기가 쉬워서? 그 지역의 물리적 인프라 때문에? 이러한 것들이라면 러시아의 독재자도 모방할 수 있다. 하지만 메드베데프는 실리콘밸리의 성공이 얼마나 많은 사람들을 이 지역으로 끌어들일 수 있는가와 연결되어 있다는 이야기를 들었다. 러시아가 겪는 문제 중 하나는 명석한 러시아 과학자들이 모스크바의 억압적인 환경보다 실리콘밸리의 자유를 선호한다는 점이다. 밀은 "번영은 그것을 촉진하는 데 투입된 개인적 에너지의 양과 다양성에 비례해 더 높은 수준

에 도달하고 더 널리 확산된다"라는 말로 자유의 가치를 잘 드러내
주었다.[33]

민주주의는 경제 성장에 이바지한다. 자본가와 혁신가들의 경제
적 이익을 더 잘 보호하기 때문이다. 정부가 유효하려면 사회적 협
력과 경쟁에 대한 공정하고 안정적인 규칙을 제시하고, 다각화되
고 복잡한 경제의 성장을 촉진하는 투자에 인센티브를 제공해야
한다. 경제 성장이 없다면 번영의 창출과 확산이 어렵고 교육, 의
료, 사회보호를 위해 필요한 자원을 확보하기 힘들다. 독재자들의
문제 중 하나는 그들이 자국 경제를 개인의 돼지저금통으로 보는
경향이 있다는 점이다. 자신의 통치를 지속하고 자신과 가족을 부
유하게 하는 데 필요한 것을 빼내는 저금통으로 말이다. 지난 세기
의 가장 눈에 띄는 경제 성장 스토리가 독재정권(중국, 인도네시아, 칠
레)하에서 나왔다는 것은 의심할 여지가 없는 사실이기는 하나, 한
편으로 북한, 자이르, 짐바브웨를 비롯한 대부분의 비민주적인 정
부들은 발전의 측면에서 형편없는 성과를 보였다.

민주주의의 추상적인 장점들은 기술 지배의 측면에서 계속 등장
하는 가혹한 현실과 잘 맞아떨어지지 않는다. 감독을 제공하고 법
규를 숙고하는 부분에서 신뢰하기 힘든 선출 정치인들의 기술적
무지. 우리가 가치 있게 여기는 것이 무엇이며 어떻게 절충이 이루
어져야 하는지에 대한 심각한 의견 불일치. 개인정보 보호. 표현의
자유. 콘텐츠 관리와 자동화. 양극화된 정치 환경에서 모두가 이름
하나쯤 올리기 위해 별다른 진전이 없는 상충되는 법안을 만드는
것처럼 보이는 느리고 고통스러운 입법 행위. 민주주의 제도의 현
상 유지에 대한 강한 편견 때문에 더디고 힘겨운 정책 변화. 이런

문제들이 규제기관이 새로운 기술 발전에 유연하고 적응력 있게 대응하는 것을 힘들게 만들고 있다.

　기술의 측면에서 정치인들의 손에 얼마나 큰 힘을 쥐어주어야 하는가의 문제는 우리 모두에게 현실적인 영향을 미친다. 2015년 캘리포니아 샌버나디노에서 벌어진 테러 공격으로 14명의 사람들이 목숨을 잃었다. 그제야 정부 내부에서 수년 동안 이어졌던 논쟁이 갑자기 대중의 시야에 들어오게 됐다. 정부가 휴대전화(이 경우 용의자로 지목된 사람의 아이폰)에 있는 개인 자료에 접근할 권한을 갖는가의 문제였다. 사건 직후였기 때문에 왜 이 개인정보에 접근하는 것이 경찰과 연방 당국에 엄청나게 유용한지는 명백했다. 하지만 기술기업들의 견해는 달랐다.

그들은 개인정보 보호를 가장 우선해야 할 가치라고 주장하면서 자신들에게는 아무도, 영장을 가

기술에 대한 규제의 측면에서 민주주의가 제공해야 하는 것은 무엇일까?

진 정부조차도 개인정보에 접근할 수 없도록 하는 기술(예를 들어 암호화 기술)을 개발해야 할 의무가 있다고 주장했다. 제러미는 정부에서 그런 논란이 수년 동안 지속되는 모습을 지켜봤다. 백악관 상황실은 사회 전반에서 벌어지는 의견 충돌을 그대로 보여주는 거울이었다. 기술 전문가들은 암호화 기술을 찬양했고, 국가의 안보정책을 만드는 사람들은 기술 전문가들이 미국인들을 테러리스트들로부터 보호하는 데 전혀 관심이 없어 보이는 것에 당황스러워했다. 우리는 지금도 여전히 같은 사안을 두고 논란을 벌이고 있다. 이후의 장들에서는 이와 같은 사안들(다양한 가치가 상충하는)이 우리 시스템을 혼란스럽게 만들고 있는 여러 영역에 대해 다룰 것

이다. 우리가 실제로 살고 있는 세상, 많은 민주주의 제도가 양극화와 마비 상태에 있는 세상에서는 더 많은 기술에 대한 민주주의적 감시가 혁신을 옥죄는 위험을 무시할 수 없을 것이고, 한편으로는 기술 전문가들이 규제의 눈을 피해갈 수도 있을 것이다.

방호벽으로서의 민주주의

민주주의는 자유, 평등, 공평, 숙고를 약속한다. 하지만 현실에서의 민주주의는 이런 익숙하고 매력적인 이상보다는 느린 속도, 정보 부족, 궁극적으로 속박처럼 보일 수 있다. 기술 규제에서 우리가 직면하는 대부분의 결정에는 명확한 해답이 없다. 이성적인 사람들은 표현의 자유가 얼마나 좋은 것인지, 로봇의 손에 맡겨서는 안 되는 결정이 어떤 것인지에 대해서 각각 다른 의견을 가진다. 모든 좋은 것과 상충되는 가치가 조화를 이루는 공통의 최종적 견해를 구축할 수 있다는 것은 비현실적인 생각이다. 새로운 기술이 너무나 빠르게 온라인으로 연결되는 세상에서라면 말할 것도 없다. 그렇다면 왜 우리는 지금까지의 전력을 보면서도 선출된 정치인들이 기술을 규제할 것이라고 기대해야 할까?

그 답은 부분적으로 당신이 새로운 기술에 대한 일회성 접근법으로 빚어지는 결과를 얼마나 염려하는지에 달려 있다. "생각하지 말고 빨리 움직여라. 관습을 깨뜨려라"라는 구호에 대한 실리콘밸리의 애착은 우리의 사생활이 얼마나 보호받는지, 우리가 하는 일의 성격이 어떤 것인지, 디지털 대중 광장에서 우리가 무엇에 노출되는지 등의 문제에 실제적인 영향을 준다. 우리는 이런 효과, 즉

시스템 에러

기술 변화와 혁신의 부산물을 외부성이라고 불러왔으며, 그런 결과를 처리하는 것은 정부(정부가 정신을 차릴 수 있다면)의 역할이다.

이런 결과들은 기술 개발자들이 짐작하는 것보다 훨씬 더 중요하다는 것이 우리의 견해다. 의도치 않은 결과를 경험하고서야 그것을 완화하고 해결할 방법을 고민하는 상황이 빚어져서는 안 된다. 일이 끔찍하게 잘못되고 나서야 정부의 대응을 기대하는, 실수 중심의 문화를 고수해서는 안 된다.

민주주의가 "다른 모든 정부 형태를 제외하면 최악의 정부 형태"에 지나지 않는다는 윈스턴 처칠의 말이 옳다면 민주주의가 가장 잘하는 것으로 보이는 작지만 근본적인 과제에 초점을 맞추는 것도 의미 있는 일이다. 파멸적인 결과를 피하고 예측 불가능한 충격으로부터의 회복력과 안정성을 위해 노력하는 데 집중하는 것이다. 우리가 살고자 하는 사회가 어떤 모습인지에 대해 모두가 뜻을 같이할 수는 없더라도 개인에게 위해를 끼치고, 약자에게 잔인하고, 이류 계층을 만드는 등 최악의 결과를 피하는 데는 합의할 수 있을 것이기 때문이다.

노벨상 수상 이력을 가진 하버드대학교의 경제학자 아마르티아 센은 민주주의가 나쁜 결과들로부터 우리를 보호하는 방호벽으로서의 가치를 현대적으로 증명한다. 그는 어떤 민주주의 국가도 기근을 경험하지 않았다는 놀라운 관찰 결과에 주목했다.[34] 기근이 기후와 날씨의 변화로 인해 발생하는 자연재해라고 생각하는 사람이라면 의아할 것이다. 센은 사실 기근이 사람이 만든 정치적 재앙이고 극단적인 날씨의 영향을 받은 국토의 일부에 충분한 식량을 분배하지 못한 정부의 실패라는 것을 보여준다. 여기에서 민주주의의 미덕이 여실히 드러난다. 센이 생각하는 민주주의의 진정한 가치는 선출된 리더가 어느 정도는 시민들에게 반응하고 책임감 있게 행동해야 한다는 사실이다. 굶어 죽어가고 있을 때라면 목소리를 낼 수밖에 없다(혹은 다른 사람이 당신 대신 목소리를 낸다). 식량에 대한 접근권은 가장 기본적인 것이기 때문에, 정치인들은 기근을 막지 못하면 투표에서 패배할 수 있다는 것을 잘 알고 있다. 따라서 그들은 최악의 시나리오를 피하기 위해 열심히 노력한다. 비민주주의 정체의 사람들보다 더 열심히 말이다. 민주주의는 인간이 만든 기근을 없애는 기술로 밝혀졌다.

코로나19 대유행에 대한 미국의 대응과 같이, 민주주의 정부가 종종 무능력한 모습을 보여줄 때면 센의 결론에 의문이 들 수도 있을 것이다. 하지만 미국 대선 기간 동안 코로나19 대응을 둘러싼 논란에서 본 것처럼, 정치 상황은 상충되는 가치들(경제와 공공의 건강 중에 무엇을 우선할 것인가, 가장 취약한 사람들만을 보호할 것인가 아니면 모든 미국인들의 노출을 줄일 것인가 등)을 둘러싼 싸움이었고 정치인들은 대안적 비전들을 기반으로 유권자의 표를 얻기 위한 경쟁을 펼치고 있었다.

민주주의가 최악의 결과를 피할 수 있게 도와준다는 생각은 정치사상에서 긴 역사를 갖고 있다. 아마도 가장 열렬한 지지자는 20세기 오스트리아의 철학자 칼 포퍼일 것이다. 그는 정치철학에서 플라톤이 제시한 '지속적인 혼란'의 개념에 불만을 느꼈다. 플라톤은 "누가 통치해야 하는가?"의 문제에 집중함으로써 자신이 원하는 답, 즉 그가 선호하는 세계관에 적합한, 통치의 기술을 숙달한 가장 현명한 사람이 통치해야 한다는 답이 나오도록 판을 짜놓았

시스템 에러

다. 하지만 그와 다른 주장을 할 사람이 어디 있겠는가? 포퍼는 의문을 가졌다. 어느 누가 최악의 통치를 주장하겠는가?

포퍼가 생각하는 올바른 접근은 처음부터 나쁜 정부의 가능성을 대비하고 "어떻게 하면 나쁜 혹은 무능한 통치자가 지나치게 많은 피해를 주는 것을 막는 정치 제도를 만들 수 있을까?"라는 질문을 던지는 것이다.[35] 이로써 우리의 주의는 가장 전문적인 최고의 리더들을 찾는 데에서 벗어나 나쁜 리더를 배제하고 좋은 리더들에게 보상을 줄 수 있게 하는 규칙과 제도를 만들자는 쪽으로 움직인다. 요점은 우리에게는 단순히 좋은 통치자가 아닌 좋은 규칙이 필요하다는 것이다. 그리고 좋은 규칙은 추론 후에 고정되는 것이 아니다. 규칙은 기술 혁신을 비롯해 변화하는 사회적·경제적 조건에 적응해야 한다. 상충하는 이해의 충돌을 환영하고 정책에 대한 이의의 재검토와 수정을 허용하는 민주주의 국가라면, 현재의 상황이 해악을 낳는다는 것이 확실할 때, 사람들이 불필요하거나 불공평하게 고통을 받을 때, 노동 착취의 현장에서 일어난 화재가 오래 묵어 곧 폭발할 것 같은 문제를 일깨울 때, 규칙을 갱신하는 대응을 해야 한다.

따라서 우리가 원하는 결과를 얻기 위해 시스템을 운영하는 것은 시민인 우리 모두의 몫이 된다. 포퍼는 쉬운 말로 이렇게 설명한다. "민주주의 국가의 정치적 결점을 보고 민주주의를 탓하는 것은 큰 잘못이다. 정말로 탓해야 하는 것은 우리 자신, 즉 민주국가의 시민들이다."[36]

이는 기술 거버넌스에도 대단히 중요하다. 사회공학이라는 이상적 개념, 우리가 정치를 조직해서 사회에 최선의 결과를 이끌어낼 수 있다는 생각에 대한 신랄한 비판이기 때문이다. 그런 생각은 비현실적일 뿐 아니라 독재로 직행하는 길을 만드는 위험까지 안고 있다.

우리에게는 정치로부터 원하는 것에 대한 대안적 모델이 필요하다. 플라톤이 그린 유토피아적 사회공학이 아닌 포퍼가 말하는 '점진적 사회공학piecemeal social engineering'이 말이다. 20세기 철학자 주디스 슈클라Judith Shklar는 우리는 "모든 정치적 대리인들이 최고선summum bonum을 추구하는 것"을 거부하고 "우리 모두가 하는, 할 수 있다면 피해야 하는 최고악summum malum"에서 시작하는 민주주의 사회를 원한다.[37] 우리가 이르고자 하는 곳에 대한 청사진 없이 (그런 것을 달성하는 일이 불가능하기 때문에) 피하고자 하는 해악과 고통을 확인하고 줄이는 데 집중해야만 한다. 대규모 기아를 피하고, 핵전쟁을 피하고, 극심한 가난과 고통을 제거하는 이런 과제에서만큼은 민주주의가 전반적으로 우세하다.

이것은 민주주의가 무엇에 좋은지에 대한 최소주의적 견해다. 기술이 사회에 미치는 영향은 기근과 마찬가지로 사람이 만든 재앙이다. 기술을 만든 것도, 규칙을 만든 것도 우리다. 따라서 벌어지는 일은 궁극적으로 우리의 집단적 선택의 결과다.

전 연방통신위원회 위원장 톰 휠러는 현재를 진보시대*에 비유했다.[38] 그는 이렇게 썼다. "급격한 기술 변화의 시대에는 혁신적인 자본가들이 나서서 그들의 활동이 나머지 사람들에게 영향을 주는

---

* progressive era. 1890년대부터 제1차 세계대전까지 미국에 사회운동과 정치개혁이 널리 퍼졌던 시기.

시스템 에러

방법에 관한 규칙을 만든다. 하지만 그 후에는 이런 자기 본위의 규칙 제정이 민주적으로 표현된 공공의 집단 이익과 충돌하고, 이에 공공의 선을 보호하는 규칙이 만들어진다."

우리의 과제는 공공의 선에 수반되는 것이 무엇인지, 그것을 달성하기 위해서는 우리의 민주주의를 어떻게 이용해야 하는지 판단하는 것이다. 이를 위해서는 미래의 기술과 우리 앞에 있는 가능성에 집중해 앞으로 나아갈 다른 길을 계획해야 한다.

인류가 가진 발명의 천재성이
지난 100년간 우리에게 준 것들은
근심 없는 행복한 인간의 삶을 만들었을 것이다.
인간의 조직력도 기술을 따라잡을 만큼
발전했다면 말이다.
(…) 우리 손에 들어온 기계 시대의 성과들은
세 살 아이의 손에 있는 면도칼만큼이나 위험하다.[1]

— 알베르트 아인슈타인, 〈더네이션〉, 1932

2부

빅테크,
혁신의 배신

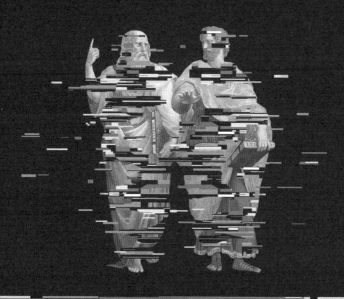

4장

누구의 편도 아닌 줄 알았던 알고리즘

1998년 몇 차례의 기업 인수와 상장 후, 아마존의 CEO 제프 베이조스는 회사의 핵심 가치를 명확히 규정하는 일에 착수했다. 그는 "인재에 대한 높은 기준"을 포함한 다섯 가지 가치를 제시했다.[1] 회사는 초기 단계에 불과했지만 그는 "세계 최대의 온라인 서점"이라는 당시의 정체성을 훨씬 뛰어넘어 "모든 것을 파는 상점"이라는 원대한 비전을 실현하려면 반드시 고성과 조직을 만들어야 한다고 생각했다. 그 이후 25년 동안 아마존은 모든 예상을 뛰어넘었다. 아마존은 셀 수 없이 많은 새로운 시장에 진출했고, 온라인 소매의 고객 경험을 변화시켰으며, 시가총액 1조 달러가 넘는 미국의 2대 상장기업이 되었다. 기업의 가치가 치솟으면서, 종업원도 늘어났다. 1998년 614명이었던 직원 수는 현재 전 세계의 정규직과 임시직을 포함해 75만 명으로 증가했다. 하루 평균 337명을 고용하며 거의 3만 개의 일자리가 사람을 기다리고 있다.

이런 확장을 생각하면 의문이 떠오른다. 아마존이 인재에 대한 높은 기준을 유지하는 것이 아직도 가능할까? 아마존의 인사책임자 베스 갈레티Beth Galetti는 그렇다고 믿고 있다. 그녀는 회사의 혜성과 같은 부상에 연료가 되었던 혁신이 인재에 대한 야심찬 접근법에도 효과적일 것이라고 생각한다. 그녀는 "한 해에 수만 명(현재로서는 수십만 명)을 고용한다면 일일이 수동으로 채용 과정을 처리할 수는 없다"라고 말했다.[2]

아마존은 2014년 이런 정신에 입각해 기술력을 새로운 도전에 적용하기 시작했다. 최고의 인재를 찾고 채용하는 일 말이다. 회사의 엔지니어들은 알고리즘을 이용해서 가장 유망한 후보를 찾는 새로운 도구를 구상했다. 그들은 강력한 머신러닝 기법으로 최고의 인재를 찾아낼 수 있기를 바랐다. 그들은 채용 모델을 보다 정확하게 만들기 위해 이전 10년간 회사가 받은 이력서는 물론 다른 내부 자료까지 이용해 새로운 시스템을 훈련시킬 계획을 세웠다. 시간이 흐르면서 이 시스템은 지원자가 아마존에서 성공하는 데 필요한 자질, 기술, 자격, 경험을 인식하는 법을 배우게 됐다. 시스템은 잠재력을 기반으로 후보자들에게 1~5개의 별을 준다. 소비자들이 소매업체 플랫폼에서 제품을 평가하는 것과 마찬가지다.

이 도구의 성공 가능성은 명확했고, 그 목적에는 설득력이 있었다. 아마존이 보다 지능적인 자동화 툴을 이용해 채용 과정을 극적으로 강화할 수 있다면, 채용 작업의 효율성을 높이고 "인재에 대한 높은 기준"이라는 오랜 약속을 더 강하게 밀어붙이는 동시에 핵심 사업에서도 이례적인 성장을 유지할 수 있을 것이다. 연간 수만 명에 달하는 지원자의 이력서를 사람이 일일이 검토하려면 큰 비용이 든다. 아마존이 고객을 위해 비용을 절약하려고 노력하는 것처럼 인사 업무에 관한 알고리즘을 구축하면 상당한 비용 절감 효과를 얻을 수 있다. 이 회사의 한 소식통에 따르면, "모든 사람이 이 성배를 원했다. 그들은 이것이 말 그대로 엔진이 되기를 원했다. 우리는 이 엔진에 100개의 이력서를 주고 그것이 내놓는 5개 이력서의 주인을 고용하면 되는 그림을 꿈꿨다."[3]

이 시도는 효율 향상 이외에도 인간의 결정이 주도하는 과정에서 알고리즘과 데이터가 중심이 되는 과정으로 전환하는 흥미로운 가능성을 보여주었다. 인간의 편견으로부터 자유로운, 혹은 최소한 편견이 있는 인간의 의사결정을 개선할 수 있는 채용 시스템을 구축하는 것이다. 오랫동안 연구자들은 인종차별과 성차별이 채용 결정에 일상적으로 영향을 주며, 의사결정을 하는 인간은 의식적으로든 무의식적으로든 여러 가지 편견에 사로잡힌다는 것을 보여주었다. 똑같은 이력서를 다른 이름(예를 들어 아프리카계 미국인의 분위기가 진하게 풍기는 이름과 백인의 분위기가 풍기는 이름)으로 채용 회사에 제출하자 인식된 인종을 기반으로 확연한 차이를 보이는 결과가 나왔다.[4] 백인 이름이 면접 요청을 50퍼센트 더 받았던 것이다. 전혀 새로운 고용 도구를 구축하면 아마존은 인간이 살아온 경험에서 축적한 편견으로부터 해방됨으로써 사회 정의를 향한 큰 진전을 이룰 수 있을 것이다. 아마존은 보다 정확하고 효율적이고 객관적인 채용 결정을 내릴 수 있다. 어느 때이든 의미 있는 성과이지만, 갈레티가 회사의 인력을 세 배로 늘릴 준비를 하고 있는 지금과 같은 때라면 더 큰 의미를 갖는다.

하지만 채용 담당자들은 이 새로운 시스템의 추천 내용을 살펴보다가 이상한 점을 발견했다. 여성에 대해 이상한 편견이 있고 남성을 훨씬 선호하는 점수가 나온 것이다. 팀은 그 결과를 자세히 조사했다. 그랬더니 알고리즘이 지원자의 미래 성공 가능성을 예측하는 중립적인 패턴만 익힌 것이 아니라 회사의 채용 전력에서 학습한 대로 남성 후보자에 대한 선호까지 증폭시키고 있다는 것을 발견했다. 드러난 바에 따르면 이 알고리즘은 "여성 축구부 주장"에서 "사업을 하는 여성"까지 모든 것을 포착해 "여성"이라는 단어가 들어간 이력서에는 감점을 했고 여자 대학을 나온 지원자의 점수를 낮췄다.[5] 엔지니어들은 성차별주의자가 아니었다. 그들은 편견을 주입하거나 적극적으로 '성차별적 알고리즘'을 프로그래밍하지 않았다. 그런데도 성 편견이 스며들었다. 팀은 편견을 중화시키기 위해 코드의 수정을 시도했지만, 그 도구에서 모든 잠재적 차별을 제거할 수는 없었다. 수년간의 노력 끝에 아마존은 그 도구에 대한 비전을 완전히 폐기하고 그것을 책임지고 있던 팀을 해체했다.

현실을 보여주는 이 아마존의 사례는 자동화 의사결정 도구들의 부상 앞에서 우리가 반드시 던져야 하는 질문을 상기시킨다. 세계에서 가장 강력한 회사가 편견에서 자유로운 알고리즘 도구를 성공적으로 만들 수 없다면, 다른 누가 할 수 있을까? 인간의 의사결정을 돕거나 대체하기 위해 새로운 기술이 채용되고 있는 이런 자동화 대체의 상황에서 우리는 어떤 객관적인 기준을 갖고 있어야 할까? 기계가 한, 혹은 기계가 정보를 제공한 의사결정에 문제가 있을 경우에는 누가 책임을 져야 할까? 애초에 이 새로운 도구를 사용할지 말지는 누가 결정해야 할까?

학습하는 기계의 시대

알고리즘 의사결정 도구는 머신러닝을 이용해서 만들어진다. 데이터에서 패턴을 찾는 필수적인 과정이다. 일자리에 지원한 후보 중 면접을 볼 사람을 결정하고 싶은가? 우선, 과거 면접을 본 지원자의 이력서들을 모으고 최종적으로 어떤 사람이 채용되었고 어떤 사람은 채용되지 않았는지를 기록한다. 다음으로 그 데이터를 머신러닝 알고리즘에 입력하면 알고리즘은 최적화를 사용해서 채용할 사람과 떨어뜨릴 사람을 가장 잘 구분할 수 있는 패턴(예를 들어 이력서에 있는 중요한 문구)을 찾는다. 알고리즘은 이런 패턴을 결정해(훈련training이라고 불리는 과정) 이후 의사결정에 사용할 모델을 만든다. 이 모델은 예측 정확도(주어진 과거 지원자들의 이력서를 바탕으로 정확한 채용 결정을 내리는 빈도가 얼마나 되는지)와 같은 일정 기준을 최적화하려고 노력하면서 데이터에서 이런 구별 패턴을 학습한 상태다. 머신러닝 모델을 훈련시킬 때, 알고리즘은 모델이 점점 실수를 줄이도록 조정을 가한다. 결정적으로 어떤 기준을 최적화할 것인가를 선택하는 것은 프로그래머다. 예를 들어 프로그래머는 알고리즘이 단순히 자격이 전혀 없는 지원자의 이력서를 차단하도록 할 수도 있고, 알고리즘이 누구를 고용해야 하는가의 문제에서 보다 미묘한 결정을 내리도록 만들 수도 있다.

그런 모델 조정에는 이력서에서 발견되는 특정 단어나 문구에 고용 가능성의 지표로서 얼마나 비중을 두느냐를 선택하는 일이 포함될 것이다. 예를 들어 제품 책임자 자리의 지원자를 가려내는 모델을 훈련시키고 있다면 그 모델은 'MBA'나 보다 구체적으로는

'와튼', '하버드 경영대학원'과 같은 단어에 더 많은 가중치를 부여하고, '트럭 운전사'라는 단어에는 낮은 가중치를 부여하거나 전혀 가중치를 부여하지 않도록 학습시킬 수 있다. 보다 복잡한 모델의 경우, 알고리즘은 '창업', '자금 조달', '수백만 달러'라는 단어들이 동일한 이력서에 함께 들어가는지를 찾는 식으로 훨씬 더 큰 의미를 가지는 단어와 문구들의 조합을 찾을 수도 있다.

모델의 예측 정확도가 높다면 사용 준비를 갖춘 것으로 판단한다. 이 모델에 새로운 이력서를 제시하고, 모델은 예측을 통해 해당 지원자의 고용 여부를 구분하는 신뢰 점수를 제공한다. 알고리즘이 반드시 고용해야 한다고 말하는 사람들의 목록을 알고리즘의 신뢰 점수에 따라 구분하면, 자 이제 당신은 알고리즘 방식으로 누구와 면접을 할지 혹은 다른 기업들이 현재 하고 있듯이 대면 면접을 건너뛰고 고용할지 결정할 수 있게 된 것이다.

물론 프로그래머들은 모델에 제약을 덧붙일 수 있다. 젠더 편견을 피하기 위해 모델이 '남성' 또는 '여성'이라는 단어를 기반으로 어떤 것도 추론하지 못하게 한다고 가정해보자. 첫눈에는 합리적인 판단으로 보인다. 그러나 모델이 여전히 고려하는 '야구' 또는 '소프트볼'과 같은 단어는 젠더와의 상관관계가 크며, 따라서 모델은 젠더 편견이 반영된 결정을 내릴 수 있다. 바로 이것이 이력서 심사 도구에서 아마존이 발견한 상황이다.

더욱이 자동화 도구로 이력서를 심사한다는 것을 알고 있는 지원자들은 시스템을 속일 방법을 얼마든지 찾아낸다. 당신이 지원자이고 이력서를 기계가 분석한다는 것을 알고 있다고 가정하자. 당신은 페이지의 흰 여백에 흰색 글자로 추가적인 문장을 복사해

제출할 수 있다. 추가된 문장은 흰색이기 때문에 온라인이나 인쇄본으로 이력서를 읽는 사람에게는 보이지 않는다. 하지만 자동화 이력서 심사 도구는 흰 종이에 검은 잉크로 쓴 것과 마찬가지로 그 단어들을 인식하고 처리할 것이다. 이 '추가' 문장에 구인 광고에서 제시한 바람직한 지원자의 모든 속성을 비롯해 당신이 지원하는 자리에 유리한 모든 단어를 담을 수 있다. 더 눈에 띄도록 하버드, 옥스퍼드, 버클리 등 유명 대학의 이름을 모두 다 추가하면 어떨까? '마장 마술 클럽', '스쿼시 팀'과 같은 과외 활동을 포함시켜 당신의 사회적 위치를 암시하는 것은? 허황한 이야기처럼 들리는가? 다시 생각해보라. 이것들은 모두 학생들이 공유한 사례들이다. 이런 종류의 속임수는 기술에 정통한 사람들이 수년 동안 써먹었던 것이고, 알고리즘 의사결정 도구가 더 광범위하게 사용될 경우 더 악화될 것이 분명하다.

요즘 언론에서는 머신러닝이 컴퓨터를 인간보다 '더 똑똑하게' 만들고 있다는 이야기를 흔히 들을 수 있다. 처음부터 그랬던 것은 아니다. 사실 학문 분야로서의 머신러닝은 1950년대부터 존재해왔다. 아서 새뮤얼Arthur Samuel이라는 연구원은 프로그래밍을 통해 컴퓨터가 체커 게임을 하도록 만들었다. 많은 게임을 진행하면서 어떤 행동이 승과 패로 이어지는지를 관찰한 컴퓨터는 곧 프로그래머를 물리칠 정도의 수준이 되었다. 하지만 이 기술, 흔히 인공지능이라고 불리는 기술이 대중에게 인식된 것은 불과 몇 년 되지 않았다. 그렇다면 왜 반세기가 넘은 분야가 이제야 갑자기 기술기업과 언론으로부터 관심을 받게 된 것일까?

지난 10년간 머신러닝이 연구실에서 벗어나 러시아 대통령 블라디미르 푸틴이 "인공지능의 선도자가 되는 자가 세상의 지배자가 될 것이다"라고 선언하는 지점까지 오게 한 세 가지 일이 일어났다. 첫째로, 컴퓨터 속도가 빨라졌다. 훨씬 훨씬 더. 그들은 이제 '클라우드' 안에 연결되어 한 대의 기계가 아닌 수천 대의 컴퓨터가 연산의 하모니를 만들면서 정말 큰 문제를 해결할 수 있게 되었다. 둘째, 사용할 수 있는 디지털 데이터의 양이 급속도로 많아졌다. 점점 더 많은 사람이 온라인으로 쇼핑을 하고 광고를 클릭하고 친구의 소셜미디어 게시물에 "좋아요"를 누르고, 가족사진을 올리고, 온라인으로 건강 검진 기록에 접근하고, 인터넷에서 오락거리를 찾으면서, 데이터 흐름을 만들어내고 있다. 이들 데이터는 사람들의 관심사, 행동, 기호 등을 학습하는 데 이용할 수 있는 보물창고나 다름없다. 셋째, 머신러닝을 연구하는 사람들이 엄청나게 늘어난 연산 능력과 데이터를 활용해 강력한 알고리즘을 개발했다. 현재의 알고리즘은 특정한 사람이 좋아할 만한 영화가 무엇인가에서부터 그 사람에게 정신적인 문제가 있는가에 이르기까지 훨씬 더 정확한(그리고 훨씬 더 복잡한) 예측이 가능한 모델을 구축할 수 있다. 사람 얼굴이 들어 있는 사진과 그렇지 않은 사진으로 머신러닝 알고리즘을 훈련시키면 새로운 사진에서 얼굴을 인식할 수 있는 모델을 만들 수 있다. 전문의가 진단했던 암 발병 부위의 엑스레이 사진과 그렇지 않은 부위의 엑스레이 사진으로 훈련을 시키면 새로운 엑스레이에 암이 있는지 예측하는 모델을 구축할 수 있다. 가능성은 무궁무진하다.

이런 발전을 한층 심화한 것은 머신러닝 알고리즘에 훨씬 큰 규모의 데이터를 입력할 수 있는 데이터 기술의 개발이었다. 예를 들어 여러 후보들 가운데 유력한 후보를 판별하는 과거의 머신러닝 방법에서는 인간이 모델을 훈련시키는 데 사용되는 각 이력서를 보고 고용되었던 사람인지 특정 일자리에 지원한 사람인지를 구분해 태그를 붙여야 했다. 마찬가지로 안면인식을 위해서는 인간이 각 사진에서 얼굴이 있는지, 어디에 있는지를 표시해야 했다. 이런 식으로 라벨이 설정된 자료를 '감독supervised' 데이터라고 한다. 훈련을 받는 모델이 예측할 수 있는 라벨로 데이터에 태그를 붙이는 데 인간의 감독이 필요하기 때문이다. 온라인에는 아무도 태그를 붙이지 않은 수백만 장의 이력서와 온라인 사진첩과 소셜 네트워크에 담긴 수십억 장의 가족사진들이 있다.

결국 연구자들은 라벨이 붙지 않은('무감독unsupervised') 데이터를 자유롭게 이용할 수 있는 효과적인 방법을 찾았다. 이용할 수 있는 적은 양의 감독 데이터로 모델을 구축한 뒤 그 모델을 사용해 많은 양의 무감독 데이터 포인트에 대한 라벨을 예측하는 것이다. 이제 라벨을 단 새로운 대량 데이터로 무장한 프로그래머들은 그 과정을 반복해서 라벨이 붙지 않은 훨씬 더 많은 데이터에 라벨을 붙일 수 있게 되었다. 웹에 넘쳐나는 혹은 우리가 온라인에서 하는 거의 모든 행동을 추적하는 구글과 페이스북 같은 회사는 수집한 라벨이 붙지 않은 데이터 포인트들을 이용해서 이 일을 반복할 수 있다. 수천 대의 컴퓨터가 이 과정을 고속으로 처리한다. 이렇게 역량의 혁명이 촉발되어 여전히 성장을 계속하고 있다.

물론 라벨이 붙은 데이터가 이런 식으로 계속 늘어나는 과정에서 모델이 끔찍하게 잘못된 방향으로 흘러갈 가능성도 있다. 과정의 초기에 예측이 잘못될 경우 거기에 계속해서 이후의 예측이 가중되기 때문이다. 아프리카계 미국인 소프트웨어 개발자 재키 알시네Jacky Alciné는 2015년 구글의 포토 앱이 그가 여자 친구와 함께 찍은 사진에 '고릴라들'이라는 라벨을 붙였다며 구글을 비난하는 글을 트위터에 올렸다.[6] 구글의 한 엔지니어는 재빨리 트위터에 "세상에… 이건 정말 옳지 않은 일이군요"라는 답변을 올리며 공개적으로 사과하고 문제의 해결을 약속했다.[7] 하지만 피해는 이미 발생했고 문제를 고치는 것은 쉬운 일이 아니었다. 몇 년 후 구글이 내놓은 해법은 이미지 은행에서 고릴라와 침팬지를 전부 삭제하는 것이었다.[8] 머신러닝은 복잡한 문제를 해결하는 엄청난 가능성을 갖고 있지만 한편으로 끔찍한 실수를 저지를 가능성 역시 갖고 있다.

기계가 처음 체커를 배운 1950년대 이후 큰 발전이 있었다. 이제 아마추어 체커 선수를 이기는 정도로는 아무도 놀라지 않는다. 그 대신 숙련된 의사보다 암 진단을 잘하는 능력(실제로 지난 몇 년 동안 이루어진 발전)을 가진 컴퓨터가 신문 헤드라인을 장식하고 있다. 여러 면에서 머신러닝의 부상은 지속적인 컴퓨터의 속도 향상과 대단히 많은 인간 활동이 디지털 영역에서 이루어지게 된 상황의 불가피한 결과다. 이 기술은 최적화 사고방식과 결합되어 실수가 많은 의사결정 절차를 개선할 수 있는 새로운 방식을 개발해낼 것이다. 물론 알고리즘을 훈련시키는 데이터 자체가 우리들, 즉 실수가 많고 편향되어 있으며 일관성이 부족한 인간들에게서 나온다는 심각한 문제점이 있다. 머신러닝 알고리즘에 주어지는 이력서에 인간이 "고용했다", "안 했다"라는 표시가 되면 알고리즘은 그런 데이터를 만들어낸 인간 의사결정의 패턴(결함이 있건 없건)을 학습하게 된다.

머신러닝 모델이 인간의 결정을 흉내 내기 위해 애쓰고만 있다면 어떻게 인간 의사결정자보다 더 나은 머신러닝 모델을 만들 수 있을까? 그 답은 많은 영역에서 인간의 판단이 개입되지 않은 데이터를 이용할 수 있다는 데 있다. 사법제도에서 재판을 기다리는 피고에게 보석을 허가할지 여부를 결정한다고 생각해보자. 목표는 알고리즘이 인간 판사의 결정을 모방하도록 하는 것만이 아니다. 여러 연구가 인간 판사의 결정이 매우 가변적이고 오류가 발생하기 쉽다는 것을 보여주고 있다. 알고리즘을 훈련시키는 데 사용되는 데이터에는 보석으로 풀려난 피고인들이 나중에 재판에 출두했는지 여부(또는 보석으로 풀려난 동안 또 다른 범죄를 저질렀는지 여부)도 포함된다. 따라서 이 알고리즘은 지금의 혐의는 물론 전과가 있는지, 직장이 있는지, 결혼을 했는지, 자녀가 있는지 등의 다른 다양한 요소들에 근거해 피고인의 어떤 특성이 재판 출석 여부에 영향을 주는지 학습한다. 인간의 판단은 필요하지 않으며, 더욱이 바람직하지도 않다.

또한 이런 식으로 만들어진 알고리즘은 일관된 결과를 내놓는다. 뉴욕의 법원에서 사용하든 알래스카의 법원에서 사용하든 동일한 알고리즘 도구는 동일한 위험 점수를 내놓을 것이다. 이것은 사법적 문제뿐 아니라 담보 대출을 받아야 할 사람이 누구인지, 어떤 의료 절차를 환자에게 승인해야 하는지 등 다양한 영역에서 이루어지는 위험성이 큰 의사결정에서 인간의 편견을 제거하는 좋은 방법이다.

공정성을 어떻게 정의해야 할까?

아마존의 실패한 실험이 빗나간 알고리즘의 유일한 사례였다면 걱정할 이유가 없을 것이다. 하지만 아마존의 채용 도구에만 문제가 있는 것이 아니다. 때문에 우리는 이 실패에 주목해야 한다. 알고리즘이 우리가 깨닫지도 못하는 방식으로 우리 삶의 많은 부분에서 작용하고 있기 때문이다. 기업 채용 외에도 알고리즘은 여러 측면에 영향을 준다. 온라인 데이트 서비스에서는 우리의 연애 상대를, 우리가 받는 의료 서비스와 거기에 지불하는 돈을, 우리가 대출받을 자격이 있는지를, 우리가 주거 수당을 비롯한 복지 혜택을 받을 자격이 있는지를, 우리가 온라인으로 보게 되는 것을, 또는 학교에서 배우게 되는 것을 결정하는 것이다. 그들은 조기에 정신 건강 문제에 대한 경고를 보내고, 세금 회피의 가능성을 찾고, 피고를 교도소에 보낼지 아니면 보석으로 석방할지 결정하는 것을 돕고, 복역 기간을 결정하고, 수감자가 가석방 자격이 있는지를 판단한다. 사랑, 일, 건강, 교육, 재정, 기회 등은 누구나 삶에서 매우 중요하게 생각하는 것이다. 온라인에서 시청하게 되는 표적 광고의 뒤에 있는 것도 알고리즘이다. 많은 기술기업은 이런 광고의 반응에 따라 사업 모델을 추진한다. 알고리즘이 좋은 성과를 내고 있다고 해도 우리는 예측 정확도라는 기술적 문제를 뛰어넘는 여러 중요한 문제들에 대해서도 생각해보아야 한다.

엔지니어들이 공정한, 세상을 더욱 공정하게 만드는 알고리즘을 설계해야 하는 일이 그 어느 때보다 중요해졌다. 공정성은 시대를 초월한 보편적인 정의를 내릴 수 없는 문제이므로 특정한 사회적 맥락에서 공정성이 어떤 의미인지에 주목하는 것이 필요하다.

당신이 에릭 루미스의 입장이 되었다고 상상해보자. 위스콘신 출신의 이 34세 남성은 2013년 2월 총격에 사용됐던 도난 차량을 운전하다 체포됐다. 그는 경찰의 체포에 불응하고 주인의 동의 없이 차량을 이용했다는 공소 사실을 인정했다. 두 가지 모두 복역이 필요한 혐의는 아니었다. 그렇지만 판사는 선고에서 COMPAS라는 알고리즘 방식의 위험 평가 도구를 이용했다.[9] COMPAS는 루미스의 재범 가능성이 대단히 높다는 판단을 내렸다. 판사는 루미스의 보호관찰 요청을 기각하고 징역 6년을 선고했다. 판사도 변호사도 루미스도 COMPAS가 어떻게 작동하는지 알지 못했다. 그들은 알고리즘으로부터 위험 점수라는 결과만 받았을 뿐이다. 이 기술을 개발해 위스콘신주에 판매한 노스포인트Northpointe는 알고리즘 모델을 지적 재산으로 취급해 작동 기제에 대한 공개를 거부했다.[10] 루미스의 변호인은 항소를 준비하면서 그가 받은 위험 점수에 대한 설명을 요구했지만 아무도 이를 설명해줄 수 없었다.[11] 루미스는 적법절차 원칙을 위반했다며 위스콘신주를 상대로 소송을 제기했다. 그는 법원에서 자신에게 불리하게 사용한 증거에 대해 이의를 제기할 권리가 있다고 주장했다. 위스콘신주 대법원은 그의 항소를 기각했고, 이에 그와 다른 형사 피고인들은 구속 여부를 결정하는 중요한 문제에 대해서 설명을 듣지 못하는 부조리한 상황에 처하게 됐다. COMPAS 위험 평가도 아마존의 알고리즘 채용 도구처럼 공정성에 대한 우리의 감각에 반한다.

엔지니어들이 공정한, 세상을 더욱 공정하게 만드는 알고리즘을 설계해야 하는 일이 그 어느 때보다 중요해졌다. 일부에서는 이런 문제를 알아차리고 이 주제를 전문으로 다루는 새로운 학문 분야를 만들기도 했다. 스플리딧Spliddit이라는 자신감이 충만한 웹사이트는 아파트 임대료를 나눠 내거나, 조별 과제에 대한 기여의 정도를 분배하거나, 상속인들에게 재산을 분할하거나, 사람들 사이에서 잡무나 근무 시간을 나누는 등의 문제에 대해 "입증 가능한 공정한 해법"이라는 것을 내놓는다. 이 비영리 벤처는 이 방법이 "반론의 여지가 없는 공정성을 보장"한다고 자랑하고 있다. 하지만 더 자세히 들여다보면, 이 해법을 만든 사람들은 "공정성을 보장한다는 것은 수학적 사실을 말하는 것"이라고 설명하고 있다. 이 컴퓨터과학자들은 공정성이 단순하게 수학 공식으로 환원될 수 있다고 믿는 모양이다. 공정성을 달성하는 일이 그렇게 간단할 줄이야!

다른 결론에 이른 학자들도 있다. 그들은 알고리즘 의사결정에서 문제를 발견하고 FAccT/ML이라는 그룹을 조직했다. FAccT/ML이란 머신러닝Machin Learning에서의 공정성Fairness, 책임성Accountability, 투명성Transparency이란 의미다. 그들이 명시한 목표는 알고리즘 결정이 인종, 성별, 종교 등과 같은 인구 특성에 차별적이거나 부당한 영향을 주지 않도록 하는 것이다.

매우 촉망되는 진전으로 보일 것이다. 하지만 심각한 문제가 바로 드러난다. 공정성을 어떻게 정의해야 할까? 이 부분을 조명하기 위해 이 그룹은 2018년 연례 콘퍼런스에서 프레젠테이션을 통해 공정성에 대한 21가지 명확한 정의를 제시했다.[12] 각각의 정의는 각 개념에 대한 별개의 수학적 공식을 암시했다. 하나의 정의는 젠더 공정성을 위해서는 알고리즘이 젠더에 구애를 받지 않아야 한다(젠더 확인이 인풋으로 사용되어서는 안 된다)고 명시하고 있다. 그러나 또 다른 정의는 여성에 대한 역사적 편견을 극복하기 위해 젠더를 인풋으로 사용해야 한다고 말한다. 또 다른 정의는 공정성이 프로그래밍 모델이 여성의 경우에 저지르는 오류의 비율이 남성의 경우와 같은 것을 의미한다고 말한다. 즉 모델이 이력서 심사에 사용될 경우, '부적합'으로 잘못 분류된 여성의 비율은 똑같이 잘못 분류된 남성의 비율과 동일해야만 하는 것이다. 다른 연구자들은 공정성의 여러 세부 항목들이 하나의 버전을 극대화할 경우 다른 버전이 저하되어 양립이 불가능하다는 것을 보여주었다.[13] 결국 공정성은 우리 모두가 합의하는, 시대를 초월한 보편적인 정의를 내릴 수 없는 문제다. 대신 특정한 사회적 맥락에서 공정성이 어떤 의미인지에 주목해야 할 것이다.

대부분의 사람들은 공정과 불공정에 대해 공통의 이해가 존재한다고 생각한다. 하지만 공정성은 쉽게 정의 내릴 수 없다. 다음의 예를 생각해보자. 어떤 교육청에서 학생들에게 최고의 교육을 제공하기 위해 자금을 지원하는 방법을 결정하려고 한다. 일부에서는 공정성을 위해서 모든 학생을 똑같이 대우해야 한다고 말한다. 이런 정의에서라면 모든 학생은 똑같은 액수의 자금을 지원받아야 한다. 남학생, 백인 자녀, 종교인, 원주민 학생에게 평등하지 않게 자금을 지원한다는 것은 여학생, 소수민족, 무신론자, 이민자를 차별하는 것이고 따라서 불공정한 처사다.

일부에서는 어떤 학생들은 특별한 학습 지도가 필요할 수 있다는 점을 지적한다. 난독증, 시각장애인, 청각장애인 학생들이 있다. 인지적·신체적 장애를 가진 학생도 있다. 이 아이들의 학습에 필요한 특수교육 서비스를 제공하려면, 특히 그들에게 눈이 보이고 귀가 들리는 아이들과 견줄 만한 것을 배울 기회를 주려면, 더 많은 돈이 들 것이다. 특별히 훈련된 교사를 고용해야 하고, 특별한 장비를 구입해야 하고, 그들을 수용할 수 있는 교실을 만들어야 할 것이다. 그렇다면 그 특성에 따라 특별한 도움이 필요한 학생에게 더 많은 돈을 쓰는 것이 공평하지 않을까?

어느 쪽이 옳을까? 공정성을 위해서는 동일한 대우가 필요할까, 다른 대우가 필요할까? 공정성에 대한 두 견해 모두 타당성이 있다.

공정성의 문제는 우리의 개인 생활에서도 일상적으로 나타난다. 부모인 당신은 자녀들을 공정하게 대하려고 노력한다. 하지만 공정하다는 것이 실제에서 어떤 의미일까? 자녀 각각에게 악기를 배울 기회를 주고 싶다. 하지만 한 자녀는 기타를 치고 싶어 하고, 다른 자녀는 피아노를 치고 싶어 한다면? 기타보다 피아노가 훨씬 비싸다면 당신은 불공정하다고 생각하게 될까? 자녀들에게 주는 용돈은 어떤가? 당신은 똑같은 액수의 용돈을 지급하는가 아니면 차등을 두는가? 아마 나이가 중요한 기준이 될 것이다. 그렇다면 성인 자녀에게 돈을 주는 경우라면 어떤가? 당신은 동일한 액수를 주는가? 이런 경우에 공정성이 요구하는 바는 명확하지 않다.

공정성은 우리가 개인은 물론 집단에도 적용하는 개념이다. 이 때문에 상황은 더 복잡해진다. 채용 알고리즘을 생각할 때는 공정성을 개인적 속성으로 해석한다. 따라서 같은 기술과 경험을 가진 모든 지원자는 알고리즘에 의한 심사에서 동일한 예상 점수를 받아야 한다. 하지만 공정성은 집단의 속성으로 해석할 수도 있다. 채용 평가를 받는 소수자 그룹 구성원의 비율은 다수자 그룹 구성원의 비율과 같아야 한다. 공정성에 대한 두 개념 모두 중요하고 합리적으로 보인다. 하지만 알고리즘을 설계할 때는 동시에 두 개를 모두 채택하기가 쉽지 않다.

따라서 알고리즘 설계에서의 공정성은 쉽게 정의하거나 실행할 수가 없다. 맥락에 따라 다르고 관련된 상황에 대한 우리의 집단적인 이해에 좌우된다.

그럼에도 불구하고 희망이 전혀 없는 것은 아니다. 공정성은 수학 공식으로 일관되게 환원할 수 없고 사회적 맥락마다 조금씩 달라지기도 하지만 그렇다고 그것이 주관적이라는 뜻은 아니다. 이 철학적 이상에 도달하고 그것을 이용할 수 있다. 사실 우리는 그렇게 할 수밖에 없다. 인간은 이미 공정성이 내재된 상태로 진화한 것처럼 보이기 때문이다. 유치원 아이들에게 스티커나 사탕을 나눠줘 보라. 어떤 아이에게 사탕을 더 많이 줬다면 아이들, 특히 적게 받은 아이들은 불평을 할 것이다. 더 많이 받은 아이들은 자기 것을 포기하지는 않더라도 불공평하다는 것을 인식한다. 여러 다른 나라의 연구들도 12개월밖에 되지 않은 어린아이들조차 공정성에 대해서 이해하고 또래, 부모, 연구자들로부터 다른 대우를 받았을 때 분노를 표현한다는 것을 보여준다. 그들은 불공평한 결과에 강한 반감을 보이며 공정한 방식으로 공유하는 것을 거부한 사람들을 위협하거나 그들에게 제재를 가한다.

연구자들이 최후통첩 게임이라고 부르는 것이 있다. 여기에서는 놀라울 정도로 일관된 결과가 나온다. 수십 개 국가의 다양한 사람들이 참가한 최후통첩 게임은 무척 간단해서 친구들과도 쉽게 시도해볼 수 있다. 한 명의 제안자에게 일정액의 돈이 주어진다. 예를 들어 100달러라고 가정해보자. 그는 그 돈을 원하는 대로 어떤 식으로든(50:50, 55:45, 100:0 등) 두 번째 사람, 응답자와 나누어 가져야 한다. 응답자는 그 제안을 받아들이거나 거부할 수 있다. 그가 제안을 수용하면 두 사람은 돈을 나누어 갖는다. 그가 제안을 거부하면 두 사람 모두 돈을 받지 못한다. 제안자는 돈을 어떻게 나누어야 응답자가 제안을 받아들일지 알아내야 한다. 경제학 상식에 따르자면 응답자는 어떤 제안이든 받아들이는 것이 합리적이다. 단돈 1달러라도 받는 것이 돈을 전혀 받지 못하는 것보다는 낫기 때문이다. 하지만 전 세계의 모든 응답자들이 불공평한 제안을 거절하는 경향을 보였다. 심하게 불공평한 제안은 거의 항상 거절했다. 불공정한 태도를 보인 제안자를 벌주기 위해 자신의 이익을 희생한 것이다. 이 연구에서 광범위하게 인정받는 결론은 인간에게는 공정한 처우를 받고자 하는 뿌리 깊은 본능이 내재되어 있다는 것이다.

다른 종들조차 공정성에 대한 확고한 기준을 갖고 있는 듯하다. 세라 브로스넌Sarah Brosnan과 프란스 드 발Frans de Waal의 유명한 연구가 있다. 이들은 흰목꼬리감기 원숭이에게 이 아이디어를 실험했다.[14] 두 마리 원숭이가 서로 인접한 우리 안에 앉아 있다. 그들이 간단한 과제를 해내면 사육사가 그 보상으로 음식을 제공했다. 사육사가 과제에 성공한 두 원숭이에게 오이를 제공하자 원숭이들은 기꺼이 보상을 받아들이고 오이를 먹었다. 하지만 사육사가 한 마리에게 포도(훨씬 더 달고 원숭이가 선호하는 음식)를 제공하고 다른 한 마리에게는 오이를 주자, 상대보다 보상을 적게 받은 원숭이가 우리를 흔들고 오이를 사육사에게 내던지며 반항했다.

알고리즘 의사결정에 대해 생각할 때는 두 종류의 공정성, 실질과 절차를 구분하는 것이 도움이 된다. 실질적 공정성은 결정의 결과에 집중한다. 절차적 공정성은 그 결과를 낳는 과정에 집중한다. 과정이 공정하게 여겨지면 우리는 결과를 걱정할 필요가 없다. 공정한 알고리즘은 실질과 절차를 모두 고려해야 한다.

공정성에서 가장 중요한 문제는 의사결정 과정에서 도덕적 연관성이 있는 고려 사항이 무엇인지 결정하는 것이다. 아리스토텔레스까지 거슬러 올라가, 공정성에 대한 가장 오랜 정의는 같은 경우를 똑같이 취급하고 다른 경우는 다르게 취급하는 것을 의미했다. 당신의 머리카락 색깔은 채용 알고리즘이 당신을 고용해야 하는지, 사법제도의 위험 점수가 당신을 보석으로 석방하는 대신 교도소에 보내라는 추천을 해야 하는지, 교육청에서 학생들에게 동일한 자금 지원을 해야 하는지의 문제와는 도덕적 연관성이 전혀 없다. 이것은 쉬운 사례다. 그렇다면 젠더, 인종, 종교는 어떨까? 채용, 사법제도, 교육 기회와 같은 중요한 문제에 대해서 생각할 때 이런 특성들은 도덕적 연관성을 가질까? 이 질문에 답을 구할 때는 정의에 대한 이론, 법, 도덕적 양심을 참고할 수 있을 것이다. 그러나 우리의 이해가 시간이 지나면서 진화하며 사회적 맥락에 따라 달라질 수도 있다는 점도 고려해야 한다. 과거 미국 헌법은 노예를 온전한 인간으로 보지 않고 백인의 5분의 3에 해당하는 것으로 헤아리고, 여성에게 선거권을 주지 않은 상태에서 출발했다. 아프리카계 미국인과 백인, 여성과 남성 사이에는 도덕적으로 현저한 차이가 있는 것으로 여겨졌다. 법에 존재하는 그런 차이를 뒤집기 위해서 오랜 사회적 투쟁이 필요했으며, 평범한 시민들의 마음속에는 여전히 그런 차이가 존재하고 있다. 오늘날 미국에서 인종은 법률가들이 '혐의자 분류suspect classification'라고 부르는, 차별적 처우를 받을 수 있는 사람의 특성이다. 그런 특성이 도덕적 연관성을 갖는가 하는 문제가 공정성을 실현하기 어려운 이상으로 만들고 있다.

이런 어려움 때문에 절차적 공정성이 매력적으로 보인다. 주관적으로 공정한 결과로 여겨지는 것에는 이론의 여지가 있기 때문에, 공정한 절차에 집중하는 것이 우리에게 구원이 될 수도 있는 것이다. 생일 케이크를 공평하게 나누어서 각자에게 똑같은 양을 주어야 하는 경우라면 어떨까? 공정한 접근법은 한 사람에게 케이크를 나누게 한 뒤 자기 몫을 마지막으로 선택하게 하는 것이다. 하지만 이런 표면적인 공정성도 주관적 공정성을 기반으로 결정할 필요를 모두 없애지는 못한다. 다이어트를 하는 사람은 작은 조각을 더 좋아할 수 있고, 하루 종일 아무것도 먹지 못한 사람은 큰 조각을 원할 것이다. 이런 것들이 적절한 고려 사항이라면 공정한 과정만으로는 기대에 부합하는 결과를 낼 수 없을 것이다.

하지만 절차적 공정성에 집중하면 알고리즘 의사결정을 비롯한 의사결정 과정의 정의에 대해 생각할 때 특히 중요하게 고려되어야 할 사항들을 알 수 있다. 작고한 철학자 존 롤스는 '공정성으로서의 정의'라고 부르는 정의 이론을 개발했다. 공정한 의사결정 과정은 힘이 있는 사람들이 약한 사람을 이용하는 것, 부유한 사람이 가난한 사람을 지배하는 것, 다수 집단이 소수 집단을 투표로 이기는 것을 허용하지 않는다. 이런 사고방식을 포착하기 위해 그는 사회에 영향을 미치는 결정은 '무지의 베일veil of ignorance' 뒤에서, 즉 의사결정권자가 자신의 개인적 상황이나 사회경제적 지위를 알지 못하는 상태, 자신의 개인적 이해관계(그들이 알지 못하는)에 이익이 되는 결정을 내릴 동인이 없는 상태에서 내려져야 한다고 말했다. 그들의 유일한 목표는 사회 전체에 이익이 되는 결정을 내리고 그 결정에서 가장 부정적인 영향을 받을 사람들에게 특히 주의를 기울이는 것이다. 자신의 힘에 대해 알지 못하는 그들은 부정적인 영향을 받는 사람 중의 하나일 수도 있기 때문이다.

알고리즘에 있어서도 롤스가 말하는 무지의 베일과 공정한 절차에 집중하는 것이 유용할 수 있다. 당신이 어떤 의사결정 절차의 대상이라면, 예를 들어 어떤 치료를 받을 자격이 있는지, 수천 명의 지원자 중에서 채용 추천을 받을지에 대한 결정의 대상이라면, 알고리즘 모델에 대해 무엇을 알아야 그 모델이 당신을 공정하게 대우하리라고 확신할 수 있을까? 당신은 그 알고리즘 모델을 훈련시킨 데이터가 채용과는 무관한 인간의 편견으로 얼룩지지 않았는지 확인하고 싶을 것이다. 그 모델이 어떻게 작동하는지 이해하고 싶을 것이다. 그것이 어떤 요인을 고려하고, 어떤 것을 무시하는지를. 당신은 알고리즘 프로그래머가 도덕적 연관성이 있는 것과 그렇지 않은 것에 대한 중요한 문제를 다루는 데 있어 자신의 직관에만 의존한 것이 아니라 보다 광범위한 사회적 이해를 염두에 두고 코딩을 했다는 확신을 원할 것이다. 그러나 고급 머신러닝 알고리즘의 블랙박스*식 결정에 직면하면, 프로그래머조차 그 결과를 쉽게 설명하지 못할 것이고 당신은 공정성에 대해 의문을 가질 것이다. 중요한 것은 당신에게 답을 요구할 자격이 있다는 점이다.

---

* 기능은 알지만 작동 원리를 이해할 수 없는 복잡한 기계 장치.

알고리즘이 판사보다 낫다는 생각

알고리즘의 의사결정 능력은 이 시스템이 달성해주기를 바라는 것에 대한 합의를 도출하는 우리의 능력보다 훨씬 앞서가고 있다. 아마존의 채용 알고리즘은 업계에 존재하는 빙산의 일각일 뿐이다. 알고리즘에 대한 열광은 민간 부문에 제한되지 않는다. 정부도 게임에 뛰어들고 있다. 필수 사회 서비스를 어떻게 분배할 것인지, 가정에서 아이를 분리해야 하는지, 학교에서 어린이들에게 무엇을 가르쳐야 하는지와 같이 기계의 접근이 금지되어야 마땅하다고 생각했던 영역들까지 말이다. 각각의 경우, 누군가는 알고리즘이 최적화해야 하는 것과, 공정성을 어떻게 달성할지를 결정해야 하며 이런 결정은 사실상 눈에 보이지 않는다.

공정성에 대한 논란이 가장 치열하게 벌어지고 있는 곳은 사법 제도의 영역이다. 캘리포니아를 예로 들어보자. 2018년 8월 캘리포니아 주지사 제리 브라운Jerry Brown은 보석 제도의 전면 개편에 서명하면서 큰 갈채를 받았다. 브라운 주지사의 말대로 "부자나 가난한 사람이나 똑같이 공정한 대우를 받도록" 하기 위한 노력의 하나로 현금 보석 제도를 폐지한 것이다.[15] 새로운 법제에 따르면 지방 법원은 체포 및 범죄로 기소된 사람을 재판 때까지 구금할지 방면할지를 결정해야 한다. 폭력성이 없는 경범죄의 경우, 기본은 12시간 내 방면이다. 하지만 그런 경우가 아니라면 각 사법권의 법원이 만든 알고리즘을 기초로 결정한다. 이 알고리즘은 재판 당일에 출석할 가능성, 범죄의 심각성, 재범의 가능성에 따라 개별 피고인을 평가한다.

이 법률 제정의 막후에 있는 사람들에게 동기를 부여한 것은 현금 보석 제도의 불공정성이다. 그들이 목표로 하는 바는 쉽게 알 수 있다. 보석 제도는 가난한 취약계층의 사람들에 대한 체계적인 차별이다. 심리 전에 누군가를 구금해야 하는지의 결정은 보석금을 낼 수 있는 능력이 아니라 그 사람이 공동체에 미치는 위험을 근거로 내려져야 할 것이다. 로레나 곤잘레즈 하원의원은 이를 이렇게 표현했다. "수천 명의 성범죄자, 강간범, 살인자들이 돈이 있다는 이유만으로 풀려난다. 그런데 이런 제도를 유지함으로써 우리는 얼마나 안전해지는 것일까?"[16] 이 법안을 공동 발의한 로버트 허츠버그Robert Hertzberg 상원의원은 이를 "개인 재산에 가치를 두는 것에서 공공의 안전을 보호하는 것으로의 큰 전환"이라고 표현했다.[17]

이 법안의 열렬한 지지자들을 움직인 또 다른 요인이 있다. 미결 구금에 대한 알고리즘적 접근법이 그런 결정을 판사에게 맡기는 접근법보다 낫다는 증거다. 알고리즘을 사용하면 유죄 선고를 받기 전에 감금되는 사람들의 수는 감소하면서도 재판 전의 재범률이 감소한다! 그런데 우리가 이것을 어떻게 알 수 있을까? 코넬 대학교의 컴퓨터과학자 존 클라인버그Jon Kleinberg와 그의 동료들은 알고리즘 예측의 효과를 실제 인간 판사와 비교하기 위해 100만 건 이상의 보석 보증금 심리를 검토했다. 그들이 발견한 것은 실수를 저지르기 쉬운 인간 판사에 대한 사람들의 불안을 더욱 커지게 했다. 알고리즘 예측을 사용한 결정의 경우, 방면된 피고인의 범죄율은 25퍼센트 감소했다.[18] 더 많은 사람을 교도소에 보내지 않고서도 말이다. 더욱이 방면된 피고인의 재범률은 현재와 같은 수준을 유지하면서도 구금된 사람의 수는 42퍼센트 감소했다. 달리 표현해, 형사소송 절차의 보석 단계에서 사람들을 구금하지 않음으로써 그들의 인간적 행복을 크게 증진하면서도 사회의 안전에 위험을 가중시키지 않게 되는 것이다. 인간의 의사결정보다 알고리즘의 의사결정에 훨씬 높은 점수를 주는 윈-윈 명제다. 클라인버그와 그 동료들은 대개의 판사들이 알고리즘이 특히 위험성이 높다고 파악한 많은 사람들을 방면하는 경향이 있으며, 한편으로 지나치게 완고한 판사들은 위험도에 관계없이 사람들을 구금시키는 경향이 있다고 주장한다. 그들은 미국에서 매년 체포되는 사람이 1200만 명에 이르는 상황에서 알고리즘 도구를 채용한다면 수감자가 최대 수십만 명 줄어들 것이라고 추측한다. 믿을 수 없을 정도로 비용이 적게 드는 것도 장점이다. 상당한 행정 데이터와 판결 기록, 통계 분석만 있으면 된다! 판사와 달리 알고리즘은 피곤해지는 법도 없고 한밤중까지 일을 할 수 있고 모닝커피도 필요하지 않다. 형사재판에서 인간의 의사결정에 불복하는 경우가 계속 늘어나고 있다. 최근의 한 연구는 날씨가 더울 경우 판사들이 이민 판결에서 신청자의 손을 들어줄 가능성이 훨씬 낮다는 것을 보여주었다.[19] 이로써 인간의 의사결정이 그가 응원하는 축구팀이 주말 경기에서 이겼는지(재임자를 선출할 가능성이 더 높아진다)와 같이 도덕적 연관성이 전혀 없는 일에 좌우될 수 있다는 보다 일반적인 증거들이 추가된다.

그렇지만 이론상 나무랄 데가 없어 보이는 아이디어도 심각한 장애에 부딪혔다. 시민의 자유를 옹호하는 여러 단체가 이런 개혁이 차별을 없애는 것이 아니라 오히려 고착시킬 것이라면서 마지막 순간에 지지를 철회한 것이다. 미국시민자유연합American Civil

시스템 에러

Liberties Union은 상정된 법안이 "공판 전의 정의와 인종 평등을 위한 모델이 아니다"라는 우려를 표현했다.[20] 지역 시민단체 실리콘밸리 디벅Silicon Valley De-Bug의 대표는 "현금 보석을 폐지하라는 우리의 구호를 이용해서 우리가 사랑하는 사람들을 더 위협하고 범인으로 취급하고 구금하려 한다"라며 입법권자들을 강하게 비난했다.[21] 일부 시민운동가들은 예상을 뒤엎고 3000명에 이르는 캘리포니아주 보석 보증업자들과 연대해 새로운 법안을 반대하고 나섰다. 무모한 보석 제도 철폐에 반대하는 캘리포니아인 연합이 결성되었고 70일 만에 57만 5000명 이상으로부터 2020년 11월 이 법안을 주민투표에 부치자는 서명을 받아냈다. 현금 보석의 부당성을 개탄하는 지지자들과 알고리즘에 존재하는 인종 편견의 망령을 부각시키는 비판자들의 격렬한 선전 공방 속에서 시민들은 새로운 법안에 반대표를 던졌다. 이제 현금 보석 제도는 계속 시행될 것이고 알고리즘의 위험 점수는 뒤로 밀려났다. 적어도 캘리포니아에서는 말이다.

비판자들은 뭔가를 알고 있었다. 알고리즘 위험 점수를 통해 재판 전 구금 여부를 결정하는 것이 일정 기준에서는 더 나아 보일지 모르지만 그것이 더 공정한가에 대해서는 많은 논란이 있다. 프로퍼블리카ProPublica의 플로리다 브로워드카운티의 재판 전 구금에 대한 조사를 통해 그런 맥락에서 사용된 알고리즘이 "대단히 신뢰하기 어려워"서 대부분의 경우 동전 던지기보다 나을 것이 없는 수준이라고 결론지었다.[22] 알고리즘은 재판 전에 석방할 경우 피고인들이 또 다른 범죄를 저지를 가능성(재범 가능성이라고 알려진)이 있는지를 예측하는 데 사용됐다. 표면적으로는 알고리즘이 흑인과 백인 피고인을 어느 정도 비슷하게 대우하는 것처럼 보였다. 백인 피고인의 경우 재범률을 59퍼센트, 흑인 피고인의 재범률을 63퍼센트로 예측한 것이다. 오히려 백인 피고인들에게 불리하게 편향되어 있다는 결론을 내릴 수도 있다. 하지만 이 알고리즘의 예측을 좀 더 자세히 들여다보면 심각한 인종차별의 증거가 드러난다. 또 다른 범죄를 저지르지 않을 흑인 피고인들을 미래의 범죄자로 잘못 분류한 비율이 백인 피고인의 경우보다 두 배(흑인의 경우 45퍼센트, 백인의 경우 23퍼센트) 높았다. 또한 재범의 가능성이 있는 백인 피고인이 저위험군으로 분류된 경우가 흑인 피고인에 비해 70퍼센트 많았다.

이런 조사 결과가 나오자 프로퍼블리카가 공정성에 대한 타당한 정의를 이용하는 적절한 통계적 수단을 채용했는지, 다른 경감 요인들을 무시하고 너무 강도 높은 주장을 한 것은 아닌지 등에 대해 학계에서 치열한 논쟁이 벌어졌다. 논란은 계속되고 있지만 그 향방에 관계없이 알고리즘 의사결정에 인종적 편견이 있다는 서사가 자리 잡았다.

후속 연구들은 그런 우려를 더욱 증폭시켰다. 켄터키주에서는 알고리즘 의사결정을 체계적으로 도입하기 전, 백인과 흑인 피고인이 거의 같은 비율로 무보석 석방되었다.[23] 그렇지만 켄터키주 의회가 2011년 판사들이 결정을 내릴 때 알고리즘을 참조해야 한다는 법을 통과시킨 후에는 오히려 백인 피고인을 흑인 피고인보다 훨씬 더 자주 무보석 석방하기 시작했다. 이런 결과를 보면 알고리즘 도구를 훈련시키는 데 어떤 유형의 데이터가 사용되는지, 모델이 어떻게 만들어지는지, 판사들이 그 결과를 어떻게 해석하는지 등의 세부 사항에 주의를 기울이지 않을 수 없다. 이런 사안들이 심각하게 여겨지면서 이제 에릭 루미스 사건에 대한 대응으로 위스콘신 대법원이 알고리즘 위험 점수에 경고 라벨을 부착해 판사들에게 '한계'가 있음을 상기시키고 '주의'를 촉구하도록 하는 대법원령이 나올 정도에 이르렀다.[24]

캘리포니아의 보석 제도 개혁에는 해결해야 할 세부적인 사항들이 많이 남아 있다. 나름의 알고리즘 의사결정 도구를 개발하는 일은 캘리포니아주의 58개 카운티 각각에 달려 있다. 각 카운티는 캘리포니아주 대법원의 감독 아래 어떤 데이터를 사용할지, 어떤 모델을 구축할지, 위험 점수를 사법 절차에 어떻게 적용할지 등을 결정할 것이다. 카운티는 알고리즘을 직접 개발할 수도 있고 업체로부터 알고리즘 도구를 구매할 수도 있다. 이 새로운 접근법은 시행 4년 후인 2023년까지 완벽한 평가가 이루어지지 않을 것이고 감사의 세부 사항은 이후에야 결정될 것이다. 2020년의 투표 결과 덕분에 캘리포니아에서 한동안 이 문제가 논점으로 부각되기는 했지만, 알고리즘 의사결정의 사용이 계속 진행되면 다른 영역에서도 비슷한 문제들을 해결해야 할 것이다.

사실 대부분의 사람들은 사법제도의 알고리즘 의사결정에 직면할 가능성이 없다. 하지만 우리는 일상생활의 다른 많은 면에서도 알고리즘의 문제와 씨름하게 될 것이다. 이런 문제에 직면하는 사람은 사회의 가장 취약한 계층, 역사적으로 부당함과 체계적 불평등에 시달린 사람들이 될 것이다. 수학과 교수에서 데이터 과학자로 전향한 캐시 오닐Cathy O'Neil은《대량살상수학무기》라는 책에서 이 점을 강조하면서 알고리즘 의사결정 모델은 "우리 사회의 가난하고 억압받는 사람들을 처벌하는 반면, 부유한 사람은 더 부유하게 만들 가능성이 있다"라고 적고 있다.[25] 그녀는 사법제도는 물론 신용 점수, 대학 입학, 채용 결정과 같은 많은 다른 영역에서도 이런 현상을 언급하고 있다. 프린스턴대학교의 루하 벤저민Ruha Benjamin 교수는 이런 역학을 '뉴 짐 코드New Jim Code'라고 부르면서 알고리즘 모델이 기존의 인종 체계를 악화한다고 강조했다.[26] 보다 자동화된 결정이 함께하는 미래를 수용할 수밖에 없다면, 그 미래는 우리 모두가 확신을 가질 수 있는 것이어야 한다. 우리는 어떻게 알고리즘 의사결정의 장래성을 이용하면서도 공정성에 대한 사회의 헌신을 보호할 수 있을까?

짐 크로법은 1876년부터 1965년까지 시행됐던 미국의 법으로, 공공장소에서 흑인과 백인을 분리하도록 규정한 법이다. 오늘날에는 흑인과 백인을 차별하는 법률을 망라하는 용어로 쓰이고 있다.

정확성과 유효성

첫 단계는 도구를 적절히 사용하도록 하는 것이다. 알고리즘 모델의 설계자가 직면하는 첫 번째 결정은 어떤 결과를 예측할 것인가이다. 아마존의 경우 베스 갈레티와 그녀의 팀이 회사에서 '성공적인' 직원이 어떤 의미인지 결정했다. 이런 맥락에서 성공을 어떻게 정의해야 하는가는 확실치 않다. 어떤 직무 범주에서는 성공을 효율이나 컴퓨터 코드의 질과 같은 측면에서 성공을 가늠할 수 있겠지만 제품 관리자나 고위 임원으로 고용된 사람에게는 이런 잣대를 적용할 수 없다. 직원들이 높은 성과 평가 점수를 받거나 승진을 하는지에도 주목할 수 있겠지만 이들은 실제적인 직무 성과에만 약한 연관성이 있을 뿐 후보에 대한 면접관의 평가와는 관련이 없을 수 있다. 구글의 인사 부문 수석 부사장이었던 라즐로 복Lazzlo Bock은 회사의 내부 연구를 회상했다. 이 연구는 수만 명의 면접 과정과 결과를 살펴 누가 면접을 진행했는지, 후보는 어떤 점수를 받았는지, 마지막으로 그 후보의 최종적인 성과가 어떤지 확인했다. 그는 "우리는 아무런 연관성도 발견하지 못했다"라고 말했다.[27]

공공 부문에서는 최적의 결과를 어떻게 정의해야 할지가 더 명확하지 않다. 사법제도의 이야기로 돌아가 보자. 알고리즘은 재판 기일에 출석하지 않을 가능성을 낮추도록 최적화해야 할까? 아니면 재판 전에 범죄를 저지를 가능성을 낮추도록 최적화해야 할까? 장래에 범죄를 다시 저지를 가능성을 최소화하도록 하는 최적화가 필요할까? 이렇게 서로 다른 시나리오에 맞춘 최적화는 누구의 보석 신청을 기각해야 하는지에 상당한 영향을 줄 것이다. 캘리포니아주가 각 카운티에 알고리즘을 개발하도록 맡긴다면 카운티마다 피고인들이 불평등한 대우를 받게 될 것이 거의 확실하다. 그리고 법원도, 선출직 공무원도, 심지어는 시민들 자신도 그런 결정을 어떻게 내려야 하는지에 대한 지침을 주지 못하고 있다. 캘리포니아의 이야기는 좋은 도구의 첫 번째 요소가 어떤 것이어야 하는지를 보여준다. 좋은 도구는 사람들이 정당한 목표로 받아들일 수 있는 명확하고 적절히 측정된 결과를 가져야 한다.

결과가 선택되면, 그 모델이 정확하고 유효한지 알아야 한다. 하지만 현실에서는 예측 정확도만으로는 충분치 않다. 그 모델이 이용 가능한 최선의 대안에 비해 얼마나 정확한지 알아야 한다. 아마존의 경우 그 알고리즘이 기존의 면접 절차보다 인재를 찾는 일을 더 잘하는지 알아야 할 것이다. 사법제도에서는 보석 중에 자취를 감추거나 재판 전에 또 다른 범죄를 저지를 위험이 가장 높은 피고인을 찾아내는 판사의 능력과 비교해야 할 것이다.

모델은 그 예측이 우리가 실제로 세상에서 관찰하는 결과와 꽤 잘 연관될 때 유효한 것으로 여겨진다. 문제는 어떤 맥락에서 정확한 예측이 다른 맥락에도 잘 적용된다는 보장이 없다는 점이다. 아마존 풀필먼트* 센터의 직원을 뽑을 때 그 성공 가능성을 예측하는 모델을 개발하려 하고 있다면, 아마존 본사에 있는 직원들로부터 얻은 자료로 그 모델을 훈련시켜서는 안 될 것이다. 2019년 미국에서 피고가 보석으로 풀려난 상태에서 범죄를 저지를 가능성을 예측하는 모델을 개발한다면, 스웨덴의 데이터나 심지어는 캐나다 국경 지역에 사는 45세 이상의 사람 등 다른 하위 집합의 데이터를 기반으로 모델을 만들어서는 안 될 것이다. 또 다른 요인은 불완전한 데이터 품질이다. 재범 예측의 맥락에서는 이것이 정말 어려운 문제다. 우리는 문제의 개인이 실제로 범죄를 저질렀는지 알 수가 없다. 우리가 아는 것이라고는 그 사람이 어떤 범죄 혐의로 체포되었다는 사실뿐이기 때문이다. 따라서 좋은 도구의 두 번째 요건은 그 도구가 반드시 정확하고 유효해야 한다는 것이다.

도구를 적절히 사용한다는 것은 편향의 위험에 주의를 기울인다는 의미이기도 하다. 현실에서 편향의 문제는 정확성이나 유효성과 쉽게 분리할 수 없다. 예측에서 나타나는 편견은 불완전한 데이

---

* fulfillment. 일괄 물류 대행.

터의 품질, 빈약한 대리 변수, 표본에서의 문제, 기타 다른 요소들의 결과일 수 있다. 예를 들어 아마존의 경우에 과거의 승진 제도가 남성이 지배하는 환경에서 좋은 성과를 내는 직원에게 유리했다면, 그 모델이 명시적으로 젠더를 고려하지 않는다고 해도 여성의 면접률이 떨어지는 것을 관찰할 수 있을 것이다. 마찬가지로 사법제도의 맥락에서는 수입, 친구가 체포된 적이 있는지와 같은 생활환경의 특성을 측정하는 변수가 인종과 긴밀하게 연관되기 때문에 모델 안에 인종이 명시적으로 포함되지 않더라도 인종 집단 간에 다른 결과가 나올 수 있다. 편견을 없애기 위해 엔지니어들이 사용할 수 있는 유일한 현실적 전략은 편견을 체계적으로 측정하고, 그것을 완화할 조치를 취하며, 공정성에 대한 어떤 정의를 최적화의 목표로 삼고 있는지 명확히 하는 것이다.

자동화 시스템을 속일 수 있는 인간

도구를 적절히 사용하는 것만으로는 충분하지 않다. 우리는 도구가 인간과 어떻게 상호작용하는지에도 주의를 기울여야 한다. 이상적으로라면, 캘리포니아주가 그랬듯이 도구를 광범위하게 적용하기 전에 말이다. 인간이 알고리즘의 권고를 무시하거나 자동화 시스템을 속일 수 있다면 컴퓨터과학자들이 연구실에서 예상했던 놀라운 결과를 달성하지 못할 것이기 때문이다.

도구의 정확성이 세상에서의 효과를 보장하는 것은 아니다. 대부분의 맥락에서 최종적인 의사결정의 권한은 여전히 인간에게 있기 때문이다. 따라서 효과를 이해하기 위해서는 인간이 알고리즘 예측과 어떻게 상호작용을 하는지 관찰할 필요가 있다. 한 가지 방법은 일종의 실험을 진행하는 전략을 사용하는 것이다. 가장 이상적인 것은 일련의 카운티를 선택해 임의적으로 절반(실험 집단)의 보석 결정은 알고리즘 예측에 의존하게 하고 나머지 절반은 판사의 결정에 의존하게 하는 무작위적 대조 실험이다. 카운티의 수가 충분하다면 두 집단의 피고가 법정에 출두할 가능성과 다시 범죄를 저지르는 비율을 추적할 수 있다. 실험 집단의 피고에게서 높은 출석률과 낮은 범죄율을 관찰한다면 그 도구의 효과에 대한 상당히 설득력 있는 증거를 얻게 된다.

캘리포니아주의 입법자들도 주 전체에 거쳐 알고리즘 의사결정을 채택하기 전에 그런 실험을 원하지 않았을까 하는 생각이 들겠지만, 사실 그들은 그런 실험 없이 일을 진행했다. 실험이 진행 중이긴 하지만 이 글을 쓰고 있는 현재로서는 아직 완성된 것이 없다. 때문에 알고리즘 의사결정, 최소한 사법제도에서의 알고리즘 의사결정은 실제 효과에 대한 체계적 증거 없이 비약적으로 성장했다. 알고리즘을 이용하자는 결정은 순진한 옹호론자들에게 신비의 약처럼 취급되는 경우가 많다. 인공지능이라는 말로 포장되었을 때라면 특히 더 그렇다. 하지만 그것은 희망 사항에 불과하다.

실험이 없어도 우리는 일이 틀어질 수 있는 단계를 파악할 수 있다. 바로 인간 의사결정권자가 알고리즘의 권고를 받아들이고 무엇을 해야 할지 결정해야 하는 시점이다. 일부 관찰자들은 인간이 자동화된 결정의 정확성을 무비판적으로 수용하는 경향, 즉 자동화 편향이 있다는 우려를 내놓았다.[28] 하지만 현실에서 인간은 조언을 받은 결정을 무시한다. 일부 집단에는 조직적인 피해를 주고 다른 집단에는 그렇지 않은 방식으로 말이다. 알고리즘 위험 점수를 사법적 의사결정에 통합하라는 켄터키주의 조치를 생각해보라. 이로써 흑인 피고보다 백인 피고들의 재판 전 방면 비율이 크게 높아졌다. 판사들이 백인과 흑인의 경우에 같은 비율로 권고를 따르고, 물론 알고리즘 위험 점수가 피고들의 서로 다른 위험 수준을 정확히 포착한 결과일 수도 있다. 하지만 또 다른 연구는 판사들이 백인 피고보다 흑인 피고에 대한 권고를 무시할 가능성이 더 높다는 것을 발견했다.[29] 보석 신청자의 위험성이 낮은 경우에도 마찬가지였다. 걱정스럽게도 이런 영향은 백인 인구가 많은 카운티에 더 집중적으로 나타났다. 이는 판사가 시스템을 신뢰하지 않을 뿐 아니라(권고의 3분의 2를 무시했다) 자신의 편견을 강화하는 방향으로 권고와 상호작용했다는 것을 보여준다.

판사들이 자동화 의사결정 도구를 전면 수용한다고 해도 현실에서는 연구소에서의 예측만큼 효과적이지 않을 수도 있다. 아마도 가장 큰 원인은 인간이 환경의 변화에 예측 가능한 방식으로도 반응하지만 예측 불가능한 방식으로도 반응한다는 데 있을 것이다. 자동화 알고리즘이 면접을 볼 이력서에 표시를 한다면, 알고리즘이 어떻게 작동하는지 아는 사람은 대가를 받고 지원자에게 조언해서 시스템을 속일 수도 있다. 친구나 동료의 취직을 돕고 싶은 아마존 직원은 개인 네트워크를 이용해 자신이 도우려는 지원자를 더 강력하게 밀어붙임으로써 자동화 이력서 심사 도구를 우회하는 방법을 찾을 수도 있다. 이렇게 되면 도구의 전반적 효과는 떨어질 것이다. 마찬가지로 사법제도에서도 피고인이 자동화 의사결정 도구를 유리하게 이용하기 위해 정보를 제공하거나 숨길 수 있을 것이다. 변호사가 연행되는 피고인에게 경찰에게 진술해야 할 것과 그렇지 않은 것에 대해 조언해서 재판 전 구금을 피할 수도 있을 것이다.

완전히 다른 배경인 미국 공군사관학교에서 1학년 생도의 스터디그룹을 알고리즘으로 조직하는 실험이 진행됐다.[30] 이런 실험을 하게 된 것은 머신러닝 알고리즘이 과거의 데이터로부터 성적이 낮은 학생들이 성적이 높은 학생들과 스터디그룹을 형성했을 때 더 좋은 성과를 거둔다는 것을 발견했기 때문이다. 그렇지만 정보가 퍼지자 곧 파벌이 생겼다. 점수가 높은 생도와 점수가 낮은 생도는 서로 어울리고 싶어 하지 않았고, 성적이 낮은 학생은 뒤처졌다. 알고리즘은 집단을 최적화하려는 전략적 노력이 오히려 집단의 협력을 도모하는 일의 가치를 완전히 훼손하는 방식으로 불화를 일으키리라는 점을 예상하지 못했을 것이다.

이런 사례들은 대규모로 알고리즘을 채용하기에 앞서 도구가 효과가 있는지, 알고리즘 의사결정의 "피해를 주어서는 안 된다"라는 원칙이 지켜지는지 알아보는 일이 대단히 중요하다는 것을 강조한다. 이렇게 인간이 알고리즘 권고를 어떻게 받아들이는지에 대한 체계적인 연구는 유아기에 불과한데도 그 사실은 열렬한 지지자들의 열기를 꺾지 못했다.

알고리즘을 어떻게 통제하는가

공정성이 우리가 상호 합의해야 하는 것이라면, 민간 부문에서든 공공 부문에서든 알고리즘 의사결정 도구의 이용을 어떻게 통제해야 할까? 지금은 우리 대부분이 우리 삶에 영향을 주는 결정이 언제 자동화 도구를 통해 내려지고 있는지조차 모르고 있다. 이것은 중요한 문제인데, 사람들은 자신이 이해할 수 없는 의사결정 과정을 자연스럽게 불공정하다고 인식하기 때문이다. 불공정성, 특히 공공 부문에서 이루어지는 결정이 불공정하다는 인식은 적법성에 대한 심각한 위협이 된다.

전 세계의 민주주의 국가들이 자동화 의사결정 알고리즘의 사용 방법을 통제하는 조치를 도입하고 있다. 그 선두에 선 것은 전국적인 알고리즘 영향 평가를 채택한 캐나다 정부다. 유럽연합이 발한 명령에도 비슷한 조항이 포함되어 있다. 미국에서는 몇 년 전 뉴욕시 의회의 유명 의원 한 명이 이 사안에 정면으로 맞서기로 결정했다. 정부에서 마지막 임기를 보내고 있는 제임스 바카James Vacca는 너무 많은 공적 결정이 불투명한 알고리즘 시스템을 기반으로 이루어지고 있는 점을 우려하고 있다.[31] 예를 들어 그가 시를 상대로 지역구의 일부 경찰서에 경찰 인력이 충분하지 않다고 항의하자, 뉴욕시 경찰국은 시 전체에 걸쳐 인력을 배치하는 방법을 결정하는 공식이 있다는 답변을 내놓았다. 아이가 6지망 공립고등학교에 배정되었다는 어느 학부모의 불평을 들었을 때도 바카는 교육부의 불가사의한 학교 배정 알고리즘을 언급하는 것 외에는 할 수 있는 일이 없었다.

바카는 뉴욕이 데이터를 이용한 서비스 전달 문제를 개선하는 일에 앞장서고 있다는 면에서는 지지를 보낸다. 하지만 결정을 받아들이는 쪽이 그 결정이 어떻게 이루어졌는지 궁금하거나 결정이 잘못되었다고 느낄 때, 어떻게 이의를 제기할 수 있는지조차 모른다는 점에서는 깊은 불안감을 느꼈다. 바카는 시 소속 기관들이 모든 알고리즘의 소스 코드를 공개하고 대중이 자신의 데이터를 제출하고 결과를 받는 식으로 직접 검증해볼 수 있게 하는 법안을 발의했다. 2017년의 위원회 청문회에서 그는 자신이 제안한 법안을 디지털 시대 민주주의의 열쇠라고 규정했다. "시의 기관들이 언제, 왜 알고리즘을 채용하는지가 투명하지 않다. 알고리즘을 채용할 경우에도 그 알고리즘이 어떤 가정을 기반으로 하는지, 그들이 어떤 데이터를 고려하는지도 명확하지 않다. (⋯) 정부 기관이 불명확한 알고리즘을 활용할 때, 민주적 책임성이라는 우리의 원칙은 훼손된다."

바카의 발의안은 미국 전체에서 유례를 찾아볼 수 없는 법안이다. 그 법안이 위원회를 거치면서 얼마나 복잡한 과제인지가 여실히 드러났다. 알고리즘을 중심으로 한 투명성은 어느 정도라야 적절한가? 소스 코드를 공개할 경우 알고리즘을 속일 위험에 대해서는 어떻게 대처해야 하는가? 소스 코드를 시험하고 품질을 평가하는 책임을 누가 맡을 것인가? 놀랍게도 그는 시장 직속 데이터 분석국의 고위 관리들조차 그와 동료들이 특정 알고리즘에 대해 제기한 문제에 답변을 하지 못한다는 것을 발견했다. 선출직 공무원들조차 뉴욕 시민들의 삶에 중요한 결정을 내리는 알고리즘에 관해 정보를 얻을 수 없는 것이 지금의 현실이다.

최종적으로 바카는 자동화된 결정이 어떻게 사용되는지 진단하는 대책위원회를 구성했다. 2년간의 작업 끝에 이 대책위원회는 최종 권고안을 발표했다. 지역의 비영리 조직과 시민 자유 단체로 구성된 연합체가 시의 조사 결과와 동시에 '그림자 보고서'를 발표하면서 시에 압력을 가하는 한편, 알고리즘 책임성에 대한 뉴욕시의 리더십이 "현재 글로벌 정책 논의에 큰 영향을 미칠 것"이라고 주장했다.[32]

이들 보고서는 알고리즘 의사결정의 통제에서 핵심이 되는 세 가지 구성 요소를 지적하고 있다. 첫 번째는 투명성이다. 이것은 식품 포장의 공시 의무에 상당하는 것으로 생각할 수 있다. 사람들은 자신에게 직접적으로 영향을 미치는 결정에 자동화 의사결정 시스템이 사용되는 때가 언제인지 알아야 한다. 사람들은 알고리즘이 가동 중이라는 사실을 아는 것 외에도, 알고리즘 예측이 어떻게 사용되는지, 알고리즘을 어떻게 설계하는지, 실제에서 알고리즘이 어떻게 작동하는지, 영향의 측면에서 어떤 평가를 받았는지 등을 드러내는 관련 정책과 기술 정보에 접근할 수 있어야 한다.

하지만 공시 자체의 가치를 순진하게 생각해서는 안 된다. 많은 알고리즘의 경우 코드 자체가 특정한 결정에 관해 말해주는 것이 거의 없는 데다 대중(시민 자유 단체나 정부 감시 단체라 할지라도)이 자동화 도구의 세부 사항을 완벽하게 감시하는 것은 현실적으로 불가능하다. 하지만 존 클라인버그와 그 동료들이 주장했듯이, 적절한 공시가 있다면 알고리즘 시스템의 차별 가능성은 인간의 차별 행동보다 훨씬 눈에 잘 띌 것이고 공정성과 정의를 향한 진보의 발걸음을 내딛게 될 수도 있다.[33]

두 번째 핵심 구성 요소는 감사 가능성이다. 가능할 때마다 편견에 대한 명시적 확인을 비롯해 알고리즘을 독립적으로 시험하고 타당성을 입증해야 하며, 그 결과를 대중에게 공개해야 한다. 민간 부문에서는 감사 가능성에 대한 약속이 달성하기 훨씬 어려운 과제다. 알고리즘 자체를 독점하고 있을 수 있고 차별의 혐의가 드러나지 않는 한 기업에게는 내부의 의사결정 도구를 대중이 감사할 수 있게 공개할 법적 의무가 없다. 그렇지만 공공기관의 경우에는 독립된 감독 기구에 권한을 부여하고 자원을 제공하는 것이 전혀 어려운 결정이 아니다. 이런 확인 과제를 시민에게만 맡길 수는 없고, 뉴욕시의 경우에서 보았듯이 시의 관리나 선출된 의회 의원들도 이런 일을 맡기에는 적합하지 않다. 전문지식이 필요하며 이런 전문가를 조직하고 활용하는 것은 이들 시스템이 가져다주는 효율 증가의 혜택을 누리기 위해 치러야 할 비용 중 하나가 될 것이다.

마지막 구성 요소는 적법 절차에 대한 약속이다. 개인과 단체는 자동화 도구의 도움을 받은 결정에 이의를 제기하는 방법은 물론, 그 절차, 요청이나 불만이 접수된 후 응답까지 걸리는 시간 등을 알아야 한다. 다시 강조하지만 법원, 학교, 경찰서, 복지 담당 사무소, 세무서 등의 공공기관에서는 이 점이 특히 중요하다. 이런 도구를 사용하는 기업(예를 들어 대출 결정이나 보험료 산정의 경우)도 적절한 절차 기제를 개발해야 하는 것이 당연하다. 이런 기제는 자동화 의사결정 도구가 여성이나 유색인종과 같은 특정 인구 집단에 미치는 차별적 영향에 대한 우려를 해소하는 데 특히 중요하다.

투명성, 감사 가능성, 적법 절차가 알고리즘 시스템을 통제하는 데 필요한 원칙이라는 점에 대해서는 광범위한 합의가 이루어져 있지만, 누구나 짐작할 수 있듯이 세부적인 부분에는 여전히 문제가 많다. 이런 세부적인 문제의 해결은 평범한 사람들이 관여할 일이 아니다. 하지만 선출직 관리들이라면 알고리즘이 사법제도와 같이 새롭고 민감한 영역에 시스템이 대대적으로 채용되기 전에 마땅히 이 문제를 해결하기 위해 나서야 한다. 바카 선거구의 유권자들 대부분은 그가 무슨 일을 하고 있는지 아마 몰랐을 것이다. 하지만 그가 이룬 일들은 기존의 민주적 기관을 이용해서 이 새로운 알고리즘의 시대에 공정성이 요구하는 규칙을 얼마나 효과적으로 지킬 수 있는지 보여주었다.

　뉴욕시 의회의 다른 의원들은 바카의 노력을 이어가고 있다. 로리 컴보Laurie Cumbo가 2020년에 내놓은 발의안은 특히 채용 결정에 사용되는 자동화 도구에 초점을 맞추고 있다.³⁴ 이 법안은 이런 도구를 사용하는 고용주들이 구직자에게 이 사실을 고지하고 이 도구들이 지원서 심사에 어떻게 사용되었는지를 지원자들에게 알려야 한다고 명시하고 있다. 또한 그런 도구들에 편견이 없는지에 대해 연례 감사를 받도록 요구하고 있다. 이 법안에 대한 반응은 엇갈리고 있다. 이것을 의미 있는 첫걸음이고 알고리즘 의사결정 도구에 대한 대화에 더 많은 대중을 끌어들일 수 있는 방법이라고 보는 사람들이 있는가 하면, 그 법률이 감사 요건에 관해 충분한 세부 사항을 제시하지 않으며, 도구를 엄격하게 평가하지 않은 상태에서도 공급 업체가 '공정'하다는 허가를 받고 소프트웨어를 판매할 가능성이 있다고 우려하는 사람들도 있다. 논쟁은 계속되고 있고, 그것은 이 법안만으로 끝나지 않을 것이다.

'블랙박스'를 열다

알고리즘 투명성이 가능하기는 하냐고 의문을 갖는 사람들이 있다. 현재 만들어지고 있는 많은 '딥러닝deep learning' 모델에는 수백만 개의 매개 변수가 포함된다. 이 모든 것이 모델의 의사결정에 어떤 영향을 미치는지 파악하는 것은 대단히 복잡한 일이다. 하지만 모델 구조의 기반은 해결하려는 문제에 대한 엔지니어들(모델을 만든)의 이해다. 따라서 엔지니어들에게 모델에 대한 상세한 명세를 만들도록 할 수 있을 것이고 그 명세를 통해 제작자가 코딩이 어떤 식으로 이루어져야 한다고 생각했는지 알 수 있을 것이다. 이는 다양한 유형의 민감도 분석을 통해 강화될 수 있다. 민감도 분석이란 의사결정 과정에 젠더, 인종, 사회경제적 지위가 영향을 미치지 않는지 평가하는 것이다. 이런 감사를 통해 우리는 알고리즘이 여러 공정성 조치에 걸쳐 신뢰성이 보장되는지 파악할 수 있을 것이다.

연구자들은 사람들이 해석하기 쉬운 보다 간단한 모델을 만드는 등의 아이디어를 제안해왔다. 정확성을 약간 포기하고 쉽게 이해할 수 있는 모델을 얻는다면 예측 정확도와 투명성이라는 두 가치 사이에서 보다 나은 균형을 꾀할 수 있을 것이다.

하지만 인간 의사결정의 과정 역시 불투명하다는 것을 기억해야 한다. 누군가가 결정을 내릴 때 그 사람의 머릿속에서 어떤 일이 일어나는지를 사찰할 수는 없는 일이다. 그것이 불가능하다고 해서 인간의 결정을 막을 수는 없다. 우리의 목표는 알고리즘의 의사결정을 신뢰하기 위해 완벽한 투명성이나 신뢰성을 요구하는 것이 아니다. 우리에게 필요한 것은 결과를 만든 의사결정 과정과 평가에 대해 그 모델이 다른 대안에 비해 더 낫고 더 공정한 결정을 내린다고 믿을 수 있을 정도의 이해다.

물론 전반적인 수준에서의 투명성만으로는 부족하다. 알고리즘 모델이 당신의 보석 신청을 기각했고 그 모델이 전반적으로 젠더

시스템 에러

와 인종에 대해 '공정'하다는 평가를 받았더라도 당신은 여전히 그 결정에 이의를 제기할 권리를 갖는다. 결정에 불복할 개인의 권리, 특히 사법제도에서의 이 권리는 알고리즘이 어떤 결정을 내리든 반드시 행사할 수 있어야 한다. 그런 항소 절차를 가능하게 할 한 가지 방법은 알고리즘이 내놓은 답의 정당성을 입증하거나 장점이 부족한 것으로 판명될 경우 결정을 뒤집는 책임을 맡는 인간을 두는 것이다. 이로써 모델 설계자는 모델을 가능한 한 투명하고 이해하기 쉽게 만들 유인이 생긴다. 이는 자동화 의사결정 제품을 만드는 사람들에게 법적 책임을 지워 모델을 철저히 감사하고 보다 투명하게 만드는 데 더 많은 노력을 기울일 더 큰 유인을 주는 방향으로의 진전도 촉진한다. 공정한 의사결정 시스템을 구축하는 책임이 그 결정의 대상이 되는 개인에게 전가되어서는 안 된다. 규제를 통해 개발자들이 시스템을 더 이해하기 쉽게 만들도록 해야 한다.

알고리즘 의사결정 시스템에 대해서도 투명성과 감사를 요구하는 것이 비현실적이라고 생각할지도 모르겠다. 그렇다면 아마존의 이력서 심사 사례로 돌아가 보자. 수백만 장의 이력서를 심사하는 일에 폭넓게 이용되어 세계적인 대기업의 채용에 젠더 편견을 영구화하는 결과를 빚을 수도 있었던 알고리즘이 존재했다. 그러나 내부 감사를 통해 이 모델이 실제로 젠더 편견을 가지고 있다는 것이 드러났다. 이에 결함을 이해하고 수정하려는 시도가 뒤를 이었다. 결함을 고칠 수 없다는 것이 명확해지자 알고리즘을 도입하려던 계획은 보류됐다.

이력서 심사 모델은 실패했다. 하지만 모델을 분석하고, 수정을 시도하고, 결국 퇴출한 과정은 실패가 아니었다. 사실 그것이야말로 알고리즘 의사결정 시스템을 다루는 방법을 제대로 보여주었다. 더구나 알고리즘의 심사 과정은 기존 채용 관행에서 젠더와 관련한 심각한 문제를 부각시켜 시스템을 훈련시키는 데 사용된 데이터 자체에 편견이 있음을 드러내주었다. 정말 섬뜩한 대안은 모델을 개발하고, 감사도 거치지 않은 채, 승복하지 않고 이용하는 것이다. 그렇다면 엔지니어들이 알고리즘 편견을 확인하려 하지 않고 그것을 의사결정에 채용하게 될 가능성도 크지 않을까?

우리는 이 문제를 기업과 정부 기관의 선한 의지에 맡길 수만은 없다. 대중의 시선 밖에서도 알고리즘을 감사하고 다듬기 위해 노력할 것이라고 믿어서는 안 된다. 알고리즘 책임성의 새로운 시대를 살고 있는 우리는 그들이 투명하게 그런 일을 해내도록 요구해야 한다. 우리의 삶에 영향을 주는 많은 결정들이 거기에 좌우될 것이기 때문이다.

시스템 에러

5장

한 번의 클릭으로 우리는
무엇을 포기했나

테일러 스위프트와 그래미상을 수상한 그녀의 음악과 그녀의 히트 곡에 영감을 준 수많은 연애사는 많은 사람들에게 잘 알려져 있다. 그러나 그녀가 스토커들의 끊임없는 위협에 시달리고 있다는 것을 아는 사람은 많지 않다. 그녀의 말에 따르면 스토커들은 "내 집에 나타나고, 우리 어머니 집에 나타나고, 나를 죽이거나, 납치하거나, 나와 결혼할 것이라고 위협한다."[1] 한 남성은 2018년 뉴욕에 있는 스위프트의 집에 침입해서 욕실을 사용하고 그녀의 침대에서 잠을 잤다. 가택 침입으로 복역을 마친 후 보호관찰 기간 중에. 그는 트라이베카에 있는 그녀의 집에 들어가기 위해서 창문을 깼고 이어 경찰에 체포됐다. 그는 세 번이나 스위프트의 집에 들어가려는 시도를 했다.

ISM커넥트ISM Connect는 최신의 안면인식 기술을 "보안 강화와 브랜드를 위한 광고 및 인구 통계 데이터 수집"에 이용하는 회사다.[2] 스위프트는 스토커로부터 자신을 보호하기 위해 2018년 투어 기간 중에 ISM커넥트와 계약을 맺었다. 이 회사는 그들의 트레이드 마크인 팬가드FanGuard 기술을 이용해 스위프트 공연장의 '셀카 코너'라고 표시된 키오스크 뒤에 카메라를 설치했다. 이 셀카 코너는 스위프트의 굿즈와 무대 뒤의 모습을 담은 영상으로 콘서트를 찾은 관객들을 끌어들였다. 팬들이 콘텐츠와 상호작용을 하는 동안, 숨겨진 카메라는 그들의 얼굴을 촬영했다. 보안 계약 담당자가 〈롤링 스톤〉과의 인터뷰에서 밝힌 바에 따르면, 이후 이 자료들은 내슈빌에 있는 중앙지휘팀으로 보내져 스위프트 스토커로 알려진 사람들의 데이터베이스와의 대조 작업에 사용됐다.[3] ISM커넥트는 그 외에도 데이터를 활용할 기회를 놓치지 않는다. 그들은 스마트 스크린으로 인구 통계 정보와 지표를 포착해 브랜드 홍보 담당자들이 마케팅 방향을 정하는 데 도움을 준다.

이 새로운 기술의 위험 요소에 대해 생각해보자. 팬들은 일종의 꼬임에 빠져 자신의 정면 얼굴을 카메라에 보여줬고 그 사진은 기록, 저장되어 보안·마케팅 회사로 전송됐다. 회사는 표지판을 통해 사람들에게 "촬영될 수 있다"고 고지했다는 점을 강조한다. 하지만 사람들의 동의를 받지 않았고 관객들은 자신의 사진이 어떻게 사용되는지 전혀 통제할 수 없었다. 더구나 테일러 스위프트의 콘서트를 찾는 관객 중에는 10대와 어린이도 있다. 당연히 그들의 얼굴도 촬영된다.

테일러 스위프트를 스토커들로부터 보호한다는 아이디어는 이해할 수 있다. 하지만 안전은 이미 개인 경호원을 고용하고 있는 유명인만이 아니라 우리 모두가 원하는 것이다. 전 세계의 도시들은 범죄자 검거율을 높이고 잠재적 범죄를 단념시키기 위해서 폐쇄 회로 카메라, 항공 감시, 안면인식 기술들을 혼합해서 사용하고 있다. 볼티모어가 좋은 예다.[4] 범죄율이 높고 경찰 인력이 편견, 지나친 무력 사용, 부패로 정밀 감사를 받고 있는 상황에서, 일단의 시민들이 항공 감시 시스템 도입을 위한 로비를 벌이고 있다. 이 기술 뒤에 있는 아이디어는 간단한다. 비행기가 도시 상공을 돌면서 이미지의 일정한 흐름을 포착하고, 이를 연결해 지상에서 일어나는 활동을 초 단위로 보여준다. 이런 식의 영상 정보는 치안 유지에 혁명이 될 수 있다. 경찰관들은 더 이상 용의자를 파악하거나, 용의자의 알리바이를 추적하거나, 체포 영장을 신청하기 위해 범죄 현장에 있는 단편적인 증거에 의존할 필요가 없다. 이런 항공 데이터와 거리의 카메라들을 통해 범죄의 순간을 특정하고, 그 시간 전후 현장에 있던 사람과 차량을 추적하고, 그 지역에 있었던 용의자들을 확인하고 위치를 파악할 수 있다.

물론 안면인식 기술에는 우리가 4장에서 보았던 것과 동일한 알고리즘 편견의 문제가 있다. 알고리즘정의연합Algorithmic Justice League의 창립자이자 MIT의 연구원인 조이 부올람위니Joy Buolamwini와 블랙인AIBlack in AI의 공동 창립자이며 윤리와 인공지능 분야의 대표적인 연구자인 팀닛 게브루Timnit Gebru는 마이크로소프트, IBM, 중국 플랫폼 페이스++의 안면인식 시스템이 보여주는 결과에 젠더, 인종 간 큰 격차가 있다고 밝혔다.[5] 그들의 연구는 이 시스템들이 여성과 피부색이 어두운 사람들의 경우 잘 작동하지 않으며 특히 피부색이 어두운 여성의 경우에는 오류가 더 심해진다는 것을 보여준다. 이 결과를 제공받은 회사들은 시스템이 전체 집단에 보다 공정하게 수행되도록 조치를 취했지만 차이는 여전히 존재한다. 법 집행기관이 범죄 행위에 연루된 사람을 찾는 일에 안면인식 시스템을 채용하는 데 관심을 보이고 있다는 점을 고려하면, 그런 시스템들이 만드는 오류는 무고한 사람을 범죄자로 만드는 데 그치지 않고 인종 불평등까지 심화할 수도 있을 것이다.

그러나 감시 기술에는 범죄 예방 이외의 장점이 있다. 2020년 초 신종 코로나 바이러스가 나타나면서 기술자들은 입을 모아 디지털 질병 감시의 신속한 혁신을 요구했다. GPS 장치, 이동전화 기지국, 블루투스 연결, 인터넷 검색, 상거래 등 디지털 기술을 이용한 대규모 추적이 가능한 상황에서 의료 종사자들이 감염자의 동선을 감시하는 시대에 뒤떨어진 수동 접촉자 추적 모델을 고수할 이유가 있을까? 기술 낙관론자들은 코로나 바이러스에 대한 한국의 성공 사례를 지적한다. 한국은 광범위한 검사와 함께 감염자와 접촉자의 이동을 추적하는 데이터 중심 접근법을 적용해 코로나19 감염률을 급격히 낮추는 결과를 얻었다. 이동 경로 추적에 현대적인 접근방식을 도입하기 위해, 구글과 애플은 낮은 수준의 블루투스 신호를 사용해 지난 2주 동안 감염자 근처에 있었던 모바일 기기의 주인에게 경고 메시지를 보내는 접촉자 추적 앱을 개발하는 데 협력하겠다는 전례 없는 움직임을 보였다. 그러나 파트너십이 시작되면서 데이터 접근권, 소유권 및 보호 등의 문제가 대두됐다.

영국의 철학자이며 사회개혁가인 제러미 벤담이 18세기에 바람직한 사회 통제의 도구로 제안한, 죄수들을 어디에서나 감시하는 '팬옵티콘panopticon'이 더 이상은 철학자의 상상이 아니다. 그러나 매 순간 추적당하는 삶을 원하는 사람은 없다. 우리 삶의 복잡한 세부 사항이 취합되어 기업이나 정부가 영구적으로 검토할 수 있게 되는 상황을 아무도 바라지 않는다. 근처에 카메라가 작동하고 있음을 알리는 표지만으로는 우리가 우리 삶에 대한 자료가 수집되는 것에 동의한 것도, 그런 데이터가 어떻게 이용되는지를 완전히 이해하고 있는 것도 아니다.

감시 기술의 사례는 개인정보 보호와 개인의 안전, 국가 안보, 연구와 혁신, 편의성 사이의 광범위한 긴장관계를 드러낸다. 지난 10년 동안 대부분의 사람들은 조항을 자세히 읽어보지도 않은 채 여러 앱과 디지털 상품의 서비스 약관에 동의하는 세상을 받아들이게 되었고, 따라서 기술기업들은 우리가 디지털 활동을 통해 만들어내는 엄청난 데이터의 흐름을 독차지하는 자유를 얻게 됐다. 기술기업들은 정유업계와 마찬가지로 추출을 업으로 삼는다.

데이터의 축적과 분석이 엄청나게 다양한 디지털 도구와 상품을 우리에게 가져다주었다는 점은 인정해야 한다. 도로 상황을 알려주고, 더 빠른 경로를 제안하고, 키보드를 몇 번 두드리면 우리가 찾고 있는 것이 무엇인지 예측하고, 다음에 우리가 듣고 싶거나 보고 싶어 하는 것을 놀라울 정도로 정확하게 추천해준다. 우리는 우리의 데이터를 주는 대가로 이런 무료 서비스를 통한 편의를 얻는다. 인터넷에 접근할 수 있는 누구나 구글 검색을 이용할 수 있다. 애플 워치는 당신의 심박 수를 기록해서 그 데이터를 주치의와 공유하게 해줄 뿐 아니라 그 정보를 데이터의 바다로 흘려보내 인간의 건강에 대해 더 많이 알고자 하는 연구자들이 이용할 수 있게 한다.

이렇게 해서 우리는 딜레마에 직면한다. 우리가 어디로 가고, 누구를 만나고, 무엇을 읽고 보며, 누구와 소통을 하고, 잠을 얼마나 자는지에 대한 정보와, 안면·지문·심박 수와 같은 생체 데이터는 우리가 사적인 정보라고 생각하는 것들이다. 하지만 그 동일한 정보는 다른 사람의 손에 들어가면 개인 맞춤형 서비스의 편의성, 미래에 여러 사람의 목숨을 구할 수 있는 의료 혁신, 국내외 위협으로부터의 시민 보호 등 놀라운 가능성의 기반이 된다. 훌륭한 혜택인 것은 분명하다. 그러나 이 모든 것들이 우리 사생활에 대한 심각한 침해 없이는 실현될 수 없어 보인다. 데이터는 예상치 못한 방식으로 이용될 수도 있다. 클리어뷰AI Clearview AI와 같은 회사는 인터넷에서 수십억 명의 사진을 수집해 실시간으로 거의 누구든(당신도 포함될 가능성이 매우 높다) 신원을 알아낼 수 있는 안면인식 시스템을 구축했다. 이 회사의 잠재 투자자인 억만장자 존 캐치마티디스John Catsimatidis는 우연히 그의 딸(성인인)이 데이트하는 장면을 목격하고 이 앱을 이용해 남자의 신원을 알아냈다.[6] 사법 당국도 2021년 1월 미국 국회의사당 침입에 가담한 폭도들을 식별하는 데 이 앱을 사용했다.

우리가 오늘날 '국가'라고 생각하는 것이 시작된 이래 정부와 시민들은 데이터를 두고 끊임없는 줄다리기를 해왔다. 달라진 점이 있다면 지금은 우리 스스로 개인정보를 기꺼이 민간 기업에 넘겨 그들이 거의 아무런 제약 없이 정보를 수집하도록 함으로써 하버드대학의 쇼샤나 주보프Shoshana Zuboff 교수가 '감시 자본주의surveillance capitalism'라고 적절히 이름 붙인 정치경제 상황을 만들어냈다는 것이다.[7] 반면 민주 정부는 개인 사생활 보호에 있어 훨씬 더 제약이 많다. 그들은 개인의 자유에 가치를 부여하며 따라서 정보를 수집하고 이용하는 자신의 능력에 제한을 두기 때문이다. 테

시스템 에러

일러 스위프트는 콘서트 팬들의 얼굴을 인식하는 시스템의 설치를 경찰에 의뢰하지 않았다. 그녀는 민간 기업에 그 일을 의뢰했다. 민간 기업은 어떤 종류의 정보를 수집하는지, 그 정보로 무엇을 할 수 있는지에 대한 제한이 훨씬 적기 때문이다.

이런 현실로 인해 우리는 개인정보 보호에 대해 몇 가지 어려운 질문을 던져야 한다. 우리는 개인정보를 보호받을 자격이 있는가? 개인정보 보호가 반드시 필요한 경우는 언제인가? 안전, 혁신, 편의를 위해서 기꺼이 타협해야 하는 상황은 언제인가? 사생활을 희생하는 일에 있어서 주주의 수익 극대화를 목표로 하는 민간 기업과 공익을 수호하는 사명을 가진 정부에 각기 다른 감정을 가져야 할까?

나도 모르는 또 다른 내가 존재한다

디지털 시대의 사생활 보호권을 둘러싼 논란이 미국 언론의 집중적인 조명을 받은 것은 1990년대 중반 백악관이 클리퍼 칩Clipper Chip의 도입을 발표하면서부터였다. 전화 대화를 법 집행기관이 감청하는 것을 막는 암호화 기술이 국가 안보를 위협할 가능성이 커지자 정부는 감청 능력을 무효화하지 못하게 하는 수단을 만들고자 했다. 정부가 개발한 클리퍼 칩을 소비자 가전에 탑재해 법원의 명령하에 법 집행기관이 개인의 대화를 청취할 수 있는 '뒷문'을 마련하고자 한 것이다. 클리퍼 칩은 격렬하고 즉각적인 반응을 이끌어냈다. 산업, 시민사회, 학계의 많은 개인과 단체들이 이 프로그램을 비난했다. 비밀리에 개발되었고, 사회적·기술적 안전장치가 부족하며, 보안이나 사생활 보호가 정부나 소비자들이 기대하는 수준에 미치지 못한다는 것이 이유였다. 미국시민자유연합과 보수 성향의 토크쇼 진행자 러시 림보Rush Limbaugh를 비롯해 노선이 다른 많은 사람들이 논쟁의 같은 편이 되었다. 비난이 거세지자 클린턴 행정부는 몇 년 만에 클리퍼 칩 계획을 폐기했다.

9·11 테러 공격 이후, 미국 정부는 또다시 통신 감청의 필요성을 느끼게 됐다. 이번에는 단순한 법 집행의 문제가 아니었다. 어떤 대가를 치르더라도 향후의 테러 공격을 막아야 한다는 광범위한 우려가 정당성을 부여했다. 일명 미국애국자법USA PATRIOT Act을 통해 정부는 전화와 기타 디지털 통신 기록의 전면적인 수집을 위한 프로그램을 만들었다. 사법 당국의 허가 없이도 미국 내의 거의 모든 사람에게 적용할 수 있는 프로그램이었다. 국가안전보장국 요원이었던 에드워드 스노든Edward Snowden이 2013년에 유출한 문서를 통해 이 프로그램이 알려지면서 정부의 사생활 침해에 대한 격렬한 반응이 이어졌다. 문제의 프로그램에 대한 검토가 이루어졌고, 끔찍한 형태의 데이터 수집을 줄이는 여러 개혁 방안이 채택되었다. 하지만 피해는 이미 발생한 뒤였다. 대중은 정부가 개인 사생활에 대한 기본적인 기대를 무너뜨릴 위험이 있다는 것에 훨씬 민감해진 상태였다.

정부 감시 프로그램과 더 강력한 규제 요구에 대한 대중의 우려는 대단히 크지만 민간 기업의 정보 수집에 대해서는 면밀한 검토가 이루어지고 있지 않다. 사실 최근까지는 민간 기업이 자신들의 제품 및 시스템 사용자로부터 정보를 수집하고 처리하는 데 거의 규제가 존재하지 않았다. 구글과 페이스북 등은 광고 표적화 역량을 높이기 위해 검색 질의, 플랫폼을 통해 사용자가 방문한 웹페이지, 친구 연결, '좋아요' 등 사용자 상호작용 정보라는 보물을 수집해왔다. 외과 수술에 버금가는 정밀도로 광고 표적화를 최적화하는 능력은 바로 이들 회사가 막대한 매출을 올리게 하는 원동력이 되었다. 구글은 대규모 머신러닝 알고리즘을 채택해 광고 표적화 기능을 타의 추종을 불허하는 수준으로 끌어올린 결과 2019년 1300억 달러가 넘는 광고 수익을 올렸다.[8]

반면 광고 표적화 기술이 없는 기업들은 기술 부문의 '낙오자'로 전락했다. 인터넷 초기의 선도 기업이었던 야후는 래리 페이지와 세르게이 브린이 아직 대학원생일 때 구글의 검색 기술을 인수할 수 있는 기회를 놓쳤다. 2017년에 야후는 버라이즌Verizon에 인수됐다. 매각 금액은 45억 달러로 구글이 같은 해 올린 광고 수익 950억 달러의 20분의 1에도 미치지 못했다.

정부의 감시에는 그렇게 민감하게 반응하면서 민간 기업에 대해서는 그렇지 않은 이유가 무엇일까? 양쪽 모두 많은 개인정보를 이용하고 있다는 점을 생각하면 영문 모를 일이다. 정부는 우리의 안전을 보장하는, 특히 외국의 테러리스트들과 같은 외부적 위험으로부터 우리를 지킬 책임이 있다. 그렇다면 정부에 더 큰 자유를 주어야 하는 것이 아닐까? 그러나 정부 감시의 대부분은 보이지 않는 곳에서 진행된다. 테러 계획을 막았다는 사실을 우리가 듣지 못한다면 사생활의 침해가 테러를 막기 위해 필요한 조치였다는 사실을 이해하기 어려울 것이다.

민간 기업이 정보를 모으는 방식은 훨씬 눈에 잘 띈다. 기술기업들은 우리의 소통을 모니터하는 외에도 우리의 관심사를 드러내는 상호작용(우리가 무엇을 검색하고, 어떤 것을 클릭하고, 어디에서 '좋아요'를 눌렀는지)에 대한 데이터를 수집하는 경향이 있다. 이들 기업은 그 대가로 이메일 계정, 정보에 대한 접근권, 친구들과 보다 쉽게 연락할 수 있는 능력, 더 많은 정보를 공유할 수 있는 앱 등 직접적이고 눈에 보이는 혜택을 제공한다. 그것도 종종 무료로 말이다. 이런 플랫폼의 범위가 넓어지면서 우리는 인스턴트 메시지, 이메일, 이미지, 동영상, 음성 명령 등을 통해 더 많은 개인정보를 공유하게 되었다. 더 이상은 플랫폼 사용의 목적이 단순히 정보를 얻고 빨리 메시지를 전달하는 데 국한되지 않는다. 플랫폼은 점차 우리가 가족, 친구, 낯선 사람들과의 사이에서 정보를 만들어내고 배포하고 소비하는 방식, 지배적인 의사소통 수단으로 진화하고 있다.

다른 사람들과의 다양한 접촉이 기술에 의해 가능해졌다는 것을 인식하면 우리가 기꺼이 제공하는 그 정보에 어떤 종류의 안전장치가 존재하는지 의문이 생긴다. "미국 소비자들을 보호하는 기관"이라고 자처하는 연방거래위원회는 '고지와 선택'(혹은 '고지와 동의')을 원칙으로 내세운다. 데이터를 수집하는 회사들이 소비자들에게 정보 수집 사실을 고지해야 한다는 것이다. 즉 잠재 사용자에게 어떤 정보가 수집될 수 있는지, 정보가 어떻게 사용될 수 있는지, 해당 정보의 장기 저장에 관한 회사의 정책이 무엇인지 알려주어야 한다. 이러한 고지는 '서비스 약관'이나 '개인정보 보호 정책'(이해하기 어려운)에 포함되어 있다. 사용자는 해당 조항에 동의하고 제품을 사용할지 아니면 거부할지를 선택할 수 있다. 거부는 대체로 제품에 접근하지 못하거나 앱을 설치할 수 없음을 의미한다.

우리 모두 이런 것에 익숙해져 있다. 웹사이트에 가입하거나 앱

　　　　　　　　　　　　　시스템 에러

을 설치하고 싶을 때 읽고 동의 표시를 하라고 펼쳐지는 긴 법률 문서를 모르는 사람이 있을까? 자, 당신은 방금 고지를 받았다. 이 문서를 다 읽고 해독하는 대신 '동의'를 눌렀다면 당신은 선택을 한 것이다. 당신만 그런 것이 아니다. 딜로이트Deloitte는 2017년 모바일 앱 사용자들을 대상으로 한 설문조사에서 대다수의 사용자가 "약관을 읽지 않고 동의한다"는 결과를 얻었다고 발표했다.[9]

여기서 드는 첫 번째 의문은 "우리가 무엇을 포기했는가?"이다. 다음은 2021년 봄 페이스북의 서비스 약관에서 발췌한 내용이다.

> 특히 회원님이 당사 제품에 또는 당사 제품과 관련하여 지적 재산권의 적용을 받는 콘텐츠를 공유, 게시 또는 업로드할 때, 회원님은 (회원님의 개인정보 보호 및 앱 설정에 따라) 회원님의 콘텐츠를 호스팅, 이용, 배포, 수정, 실행, 복사, 공개적 이용 또는 표시, 번역 및 2차 저작물 제작이 가능한 비독점적이고 양도 가능하며 재실시될 수 있고 로열티 없는 전 세계 통용 라이선스를 당사에 부여합니다(회원님의 설정에 따라).[10]

당신이 페이스북에 사진을 업로드할 때, 그것은 다른 사람에게 잠재적으로 사진을 수정하거나 파생 작품을 만드는 권리를 양도한다는 뜻이다. 당신이 올린 가족사진은 역기능 가족에 대한 뉴스에 훌륭한 재료로 쓰일 수 있다. 물론 이는 당신의 개인정보 보호나 앱 설정과 일치하는 경우에만 가능하다. 다만 우리는 서비스 약관에서와 마찬가지로 이런 설정들을 고려하지 않을 가능성이 높다. 이것은 이런 식의 사진 재사용이 실제로 이루어진다는 말은 아니다. 단순히 우리가 앱을 사용하기 위해 '선택'을 할 때 우리가 생각하는 것보다 훨씬 더 많은 것을 포기하는 것일 수도 있다는 점을 상기시키려는 것이다. '고지와 선택'의 체계에서 개인정보 보호 책임은 전적으로 소비자에게 있다. 정보에 대한 접근권을 잃지 않기 위해 또는 사회 공동체에서 소외되지 않기 위해 법률 페이지를 해독하거나 복잡한 개인정보 보호 설정(기본적으로 거의 항상 개인정보 보호에 반하는)을 거치거나, 부담스러운 서비스 약관을 수용하거나 개인정보 설정을 탐색해야 하는 일을 수반하는 경우에도 말이다.

2019년 스탠퍼드에서 우리가 개최한 공개 토론회에서, 개인정보 보호 문제의 상황이 변화하고 있음이 뚜렷이 드러났다. 전자 프런티어재단(EFF)의 감시 소송 책임자인 제니퍼 린치Jennifer Lynch 는 미미한 제한을 받는 민간 기업에 비해 정부 데이터 수집 기제의 책임성을 높게 평가하는 전 국가안보국(NSA) 부국장 릭 레젯Rick Ledgett의 의견에 사실상 동의했다. 클리퍼 칩의 시대에 전자프런티어재단과 국가안보국은 정부 규제가 개인정보 보호 문제에 접근하는 방식에 대해 상반되는 견해를 가질 수밖에 없었다. 지금도 두 기관 사이에는 입장 차이가 존재한다. 그럼에도 양측은 역시 패널로 참가한 페이스북의 개인정보 보호 담당 부책임자 롭 셔먼Rob Sherman이 대표하는 기술기업 정책의 많은 부분에 대해서 우려를 공유했다. 페이스북이 사용자 정보 보호의 문제를 어떻게 보느냐는 질문을 받자 그는 "사용자 정보 보호를 최우선에 두고 있다"라는 말로 청중의 웃음을 이끌어냈다.

페이스북은 유일한 사례도 아니고 최악의 사례는 더더욱 아니다. 사용자 정보 보호에 관한 결정이, 자신이 수행하는 작업의 광범위한 영향력을 인식하지 못한 채 사용자의 이익을 도모하는 것을 만들고 있다고 믿는 소프트웨어 엔지니어와 제품 관리자들에게 맡겨지는 경우도 있다. 그들은 다양한 사용자 기반의 사생활 문제를 고려하지 않고, 자신들이 보는 세상과의 상호작용 방식에 따라 최적화 작업을 하고 있다. 이런 근시안적 관점은 2010년의 구글 버즈Google Buzz 출시에서 확연히 드러났다. 구글 버즈는 소셜 네트워킹과 이메일의 결합을 목표로 한다. 그들은 구글 버즈를 통해 사용자들이 다양한 매체에 걸쳐 정보를 공유할 수 있다고 알렸다. 기본적으로 구글 버즈는 사용자들이 가장 자주 이메일을 보내거나 채팅을 하는 사람들의 목록을 공개하게 만든다. 상품을 만드는 사람들에게는 그들이 접촉했던 모든 사람들의 목록에 더 많이 접근하는 좋은 수단이 될 수도 있다. 하지만 자신을 학대한 전남편이 목록에 들어 있는 사용자라면 어떨까? 전남편이 그녀의 현재 위치나 직장은 물론 남자 친구에게 쓴 댓글에도 접근할 수 있다면? 그녀는 '동의' 버튼을 누르는 '선택'을 하기 전에 서비스 약관을 꼼꼼히 읽거나 이해하지 않고 넘어가는 대다수 사용자의 하나일 확률이 높다. 그녀의 정보가 어떤 범위까지 사용될지, 누가 사용할지가 확실치 않을 수도 있다. 어떤 경우이든 기존에 수용되는 고지와 선택 체계가 우리가 온라인 세상에서 필요로 하고 요구해야만 하는 종류의 개인정보 보호를 제공하지 않는다는 것을 보여주는 또 하나의 사례인 것만은 분명하다.

디지털 팬옵티콘: 사라진 사생활

유니버시티칼리지 런던의 공용 로비에서는 특이한 것을 발견할 수 있다. 방부 처리가 된 제러미 벤담의 시신이다. 그가 좋아하는 검은색 양복을 입고 지팡이를 쥔 채로 의자에 앉아 있다. 전면에 유리가 끼워진 나무 상자에 '오토 아이콘AUTO-ICON'이라는 명패가 붙어 있다. 그 안에서 그는 매일 자신 앞을 지나는 수백 명의 사람들을 지켜보고 있는 것 같다. 이런 방식으로 주검이 전시된 것은 18세기 영국 철학자를 기리고자 하는 일부 사람들의 섬뜩한 바람 때문이 아니다. 벤담 자신이 1832년의 유언장에서 표현한 바람이었다.[11] 벤담은 자신의 몸을 오토 아이콘으로 만드는 세부적인 방법 외에도 친구와 제자들이 대학에 모여 공리주의에 대해 토론하는 경우에는 그 상자를 토론이 벌어지는 방으로 옮겨 그가 토론에 참여하는 것처럼 상자를 배치해야 한다고 명시하고 있다. 철학자는 죽음 후에도 이렇게 이상할 수 있다.

벤담은 공리주의의 창시자로 알려져 있다. 공리주의는 최대 다수의 최대 행복을 옹호하는 철학이다. 본질적으로 공리주의는 윤리를 도덕 수학의 한 체계로 본다. 벤담은 공리주의의 추상성을 제거하려 한 철학자였을 뿐 아니라 중요한 사회개혁가였다. 그는 공리주의 사상을 광범위한 진보적 정책 변화를 정당화하는 데 사용했다. 그는 정책 토론에 참여했고, 20세기 경제학자들과 21세기 기술자들이 채택하게 될 도덕 체계와 사회에 엄청난 혜택을 줄 의도로 대단히 급진적인 일련의 정책 제안을 후손들에게 물려주었다.

그런 제안들 중에 가장 유명한 것이 팬옵티콘이란 아이디어다.[12] 팬옵티콘은 원형을 이루는 감방 건물 중앙에 감시탑이 있는 감옥 설계를 말한다. 감시탑 중앙에서 밖으로 밝은 조명을 비춰서 간수가 감옥에 있는 모든 죄수들을 감시할 수 있다. 그런 설계를 왜 팬옵티콘이라고 부를까? 그것은 벤담이 모두pan- 보이는optic 기제라는 뜻에서 만든 단어다. 수감자가 감시를 당하고 있는지 모르는 상태에서 간수가 수감자를 감시할 수 있는 새로운 구조다.

감옥은 위험하고 더러운 곳이었다. 벤담은 감옥을 팬옵티콘으로 만들자는 자신의 제안이 보다 깨끗하고 안전하고 효율적인 수감 시스템을 위한 큰 진전이라고 생각했다. 감시가 쉽기 때문에 보안은 개선되면서도 간수가 덜 필요하므로 비용은 낮아지고 결과는 나아진다. 수감자의 모든 사생활은 개선된 보안이라는 이름 앞에 희생되었다. 이 아이디어를 세상에 소개한 그의 짧은 논문 〈팬옵티콘〉의 서문에는 그의 영리한 '감시의 집inspection-house'에서 얻을 수 있는 사회적 혜택이 나열되어 있다.[13] 수감자가 교화되고, 건강을 지킬 수 있으며, 산업이 활성화되고, 대중의 부담이 경감된다.

벤담은 팬옵티콘의 강력한 힘을 확신하고 있었다. 수감자들을 심리적으로 통제하는 대단히 혁명적인 방식이라고 생각한 것이다. 그는 팬옵티콘을 "학대 없이 그런 힘을 가지기로 선택한 사람에게는 전례가 없는 정도로 확실히 정신을 지배하는 힘, 그것도 전례가 없는 엄청난 힘을 주는 새로운 방식"이라고 묘사했다.[14] 감시가 잘될수록 수감자들을 더 잘 통제할 수 있으며, 간수들이 부담해야 할 위험은 거의 없다. 그는 이렇게 적고 있다. "이런 환경에서는 감시를 받고 있다고 느끼는 사람이 많을수록, 설립의 목적이 보다 완벽하게 달성될 것이다."

20세기 교도소 개혁가들은 벤담의 제안을 채택해서 그의 팬옵티콘 설계를 기초로 한 많은 감옥을 지었다. 그렇게 지어진 감옥 중 하나로 마지막까지 남아 있었던 일리노이 스테이트빌 교정 센터의 F-하우스는 2016년까지 운영됐다(2020년 코로나19에 감염된 재소자를 격리하기 위해 일시적으로 운영을 재개했다).[15] 하지만 이 개념은 계속해서 로스앤젤레스 트윈타워 형무소 등 미국의 다른 교도소와 프랑스, 네덜란드, 쿠바를 비롯한 전 세계 여러 국가의 교도소 설계에 영감을 주고 있다.

오늘날에는 팬옵티콘의 아이디어가 진보적인 감옥 개혁이 아니라 디스토피아적 사회 통제와 감시의 상태를 나타내는 데 소환되고 있다. 프랑스의 철학자 미셸 푸코는 1970년대에 현대 감시 기술의 발달로 감시가 일상화된 상황을 묘사하기 위해 벤담의 아이디어를 언급했다.[16] 우리는 고용주, 경찰, 국경 경비대 등의 감시의 눈초리에 익숙하다. 시민들은 자신의 존재, 자신의 활동, 자신의 소유물을 등록해야 한다. 여러 기관에서 자동차, 운전면허, 학교, 법원, 공원에 들어가기 위한 허가를 받아야 하며, 심지어 시위를 하는 것도 승인을 받아야 한다. 역설적이게도 감시의 증가는 그 존재를 더욱 은밀하게 만들었다. 푸코는 현재의 감시 수준이 사회적 통제의 거대한 팬옵티콘에 이르렀다고 생각했다. 우리는 그런 상황에 익숙해져 있고, 그 힘에 적응하고 순응한다. 감시는 실제로는 계속 존재하지 않을지라도 영구적인 효과를 낸다. 시민들에게 감시를 당할 수 있고, 감시를 받고 있을 가능성이 높다는 믿음을 내면화하면 되기 때문이다. 결국 사생활 침해를 통해 우리의 자유는 줄어든다.

이런 이야기를 듣고 나면 자연히 이런 의문이 든다. 현대의 기술을 생각할 때, 지금 우리는 사생활의 거의 모든 영역이 침해되고 있는 디지털 팬옵티콘에 살고 있는 것인가? 우리는 디지털 기술이 도래하기 전보다 100만 배는 더 많은, 벤담 시대에는 상상조차 할 수 없을 만큼 많은 관찰을 당하고 있다. 팬옵티콘 감옥은 현재의 기준에서는 무척이나 예스럽다.

지금까지 살펴본 것처럼 기술기업의 데이터 수집은 과거의 비관적 사회 비평가가 상상할 수 있었던 것을 훨씬 뛰어넘는 수준에 이르렀다. 모든 클릭, '좋아요', 웹 검색의 자동 수집은 우리 행동에 대한 디지털 감시라는 빙산의 아주 친숙한 일각에 불과하다. 우리가 말하는 것을 수집하는 음성인식 서비스('알렉사'와 '시리')가 있고, 우리 얼굴을 분석하는 안면인식(당신과 당신 가족, 친구들을 태깅하는 모든 디지털 사진 서비스), 공항 검색대를 빠르게 지나가거나 디지털 기기에 접근하게 해주는 생체인식(지문, 망막, 걸음걸이), 우버나 리프트를 부르거나 운전을 할 때 길을 찾는 데 도움을 주는 스마트폰의 위치 추적이 있다. 비디오 초인종, 디지털 온도계, 건강 추적기, 직장이나 집을 오가는 동선을 추적하는 디지털 카드 판독기도 있다. 불과 10년 만에 어디에나 존재하게 된 이 모든 기술의 개가는 연산 능력과 머신러닝, 데이터 이용 가능성의 엄청난 진보를 동력으로 한다. 그것은 자기강화 루프로 당신의 관점에 따라 선순환일 수도 악순환일 수도 있다. 더 많은 데이터 수집은 알고리즘의 보다 정확한 예측 능력을 강화하고, 이는 새로운 알고리즘 모델과 새로운 디지털 도구의 개발로 이어지며, 이로써 다른 영역에서 다른 목적으로 사용이 확장되면서 더 많은 데이터를 수집할 수 있게 된다.

유니버시티칼리지 런던에서 최근 학생들이 만든 장난스러운 프로젝트는 이런 상황을 더없이 잘 포착하고 있다. 그들은 현대 기술을 이용해 로비에 두 개의 웹캠을 설치했다.[17] 하나는 벤담의 오토아이콘을 향하는 것이고, 다른 하나는 상자 안에 있는 그의 시신이 멍하니 바라보는 행인들을 향해 오토 아이콘 꼭대기에 설치되었다. 이 '팬옵티-캠Panopti-Cam'은 벤담을 바라보는 행인과 행인을 바라보는 벤담의 시선을 세상 누구에게나 생중계한다. 당신은 벤담이 다른 사람들을 지켜보는 것을 집에서 편하게 지켜볼 수 있다. 그 집이 어디에 있든 말이다.

디지털 팬옵티콘에 대한 생각은 모든 것이 관찰되는 세상에서 잃고 있는 것이 무엇인지 고통스러울 정도로 명확하게 부각시킨다. 우리는 사생활을 잃고 있고 그와 함께 우리의 자유를 훼손하고, 친밀한 관계의 가능성을 낮추며, 다른 사람들이 우리에 대해 아는 것을 통제할 수 있는 우리의 역량을 위태롭게 하고 있다. 벤담이 명확하게 이해했듯이, 감시는 사회 통제의 수단이며, 다른 사람들이 우리에게 힘을 행사할 수 있는 기회다.

사생활이 없다는 것이 나쁜 일이라는 것이 명백한 경우가 있다. 낯선 사람이 우리 침실을 들여다보는 것을 원치 않는 것과 마찬가지로 우리는 알렉사가 침실에서 우리에게 귀를 기울이는 것을 두려워할 충분한 이유가 있다. 의료 서비스를 제공하는 사람들이 우리의 진료 기록을 다른 사람과 공유하는 것은 허용하지 않으면서 피트니스 트래커가 우리의 건강 정보를 다른 사람과 공유하는 것은 왜 허용해야 할까?

그렇지만 사생활이 보장되지 않는 것을 왜 걱정해야 하는지가 명확하지 않을 때도 있다. 사생활이 뭐 그리 중요해? 당신은 이렇게 생각할 수도 있다. 죄를 짓지 않았다면 다른 사람에게 아무것도 숨길 필요가 없지 않은가. 혹은 사생활은 당신 집 안에서 일어나는 일에 해당하지 공공장소에서 일어나는 일은 해당하지 않는다고 생

시스템 에러

각할 수도 있다.

하지만 사생활의 가치는 남들이 당신이 하는 위법행위나 다른 사람이 알게 된다면 당황스러울 만한 것들을 보지 못하게 하는 데 있지 않다. 우리가 의료 기록을 비공개로 하는 이유는 고용주나 건강보험회사나 제약회사가 우리의 병력을 알 경우 불이익을 당할 수 있기 때문이다.

사생활의 가치는 침실이나 집과 같은 내밀한 공간 훨씬 너머까지 확장된다. 사생활은 공공장소에서도 중요하다. 우리 학생 중 하나가 우리에게 들려준 이야기를 생각해보자. 교사인 그녀의 어머니는 표창을 받게 되었고 다른 교사들과 시상식이 열리는 백악관에 초청을 받았다. 하지만 백악관 입구에서 신분증을 제시했을 때 입장을 거부당했다. 당연히 이유를 물었고, 그녀는 트럼프 대통령 반대 시위에 참석한 사람들의 데이터베이스에 자신의 얼굴이 있다는 것을 알게 되었다. 반대 시위에 가담한 사람들은 환영받지 못했다.

그녀는 잘못한 것이 없었고 숨겨야 할 것도 없었다. 그녀가 공개된 장소에서 적법한 행위를 하고 있는 동안 그녀의 얼굴이 녹화됐고, 그 기록은 정부 데이터베이스에 입력됐다. 감시를 통해 집회의 자유나 표현의 자유와 같이 민주 사회의 본질적 자유가 침해될 가능성이 있는 것이다. 2019년 홍콩의 시위자들이 마스크를 쓴 것은 우연이 아니다. 그것은 코로나 바이러스로부터 자신을 지키기 위함이 아니었다. 그때는 아직 그 바이러스가 등장하기 전이었다. 어디에나 있는 감시 카메라로부터 자신의 얼굴을 가려서 중국 당국이 그들의 행동을 녹화하고 국가의 적으로 등록하지 못하게 하기 위해서였다.

사생활권의 본질은 자신과 사진의 정보에 대한 통제의 중요성에 있다. 사생활권은 사랑하는 사람들과의 관계, 타인과는 상관없는 그런 관계를 다른 사람의 눈으로부터 가림으로써 모든 삶의 핵심적인 부분인 내밀한 경험을 보호한다. 사생활권은 대가를 치를 수 있다는 두려움 없이 이의를 제기하거나 시위를 할 수 있는 자유를 행사할 능력을 부여한다. 사생활권은 의사와 같은 특정 상대에게 정보를 공유하고 고용주와는 공유를 차단할 수 있게 해준다.

사생활권의 중요성은 시간이 지나면서 변화해왔다. 미국 헌법에서는 사생활에 대한 명시적 언급을 찾아볼 수 없다. 하지만 몇 개주의 헌법과 최근의 여러 국제 인권 문서에는 사생활권이 등장한다. 이것은 우연이 아니다. 감시 기술을 통한 사회적 통제의 증가는 사생활권의 가치를 부각시켰다. 그 중요성을 인식하고는 있지만, 안전(테일러 스위프트를 생각해보라), 편의(스마트폰의 공짜 앱을 생각해보라), 혁신(개인화된 의료를 생각해보라)과 같은 다른 혜택을 얻기 위해서 사생활을 기꺼이 포기하는 순간이 있다. 그러나 이들 중 어떤 것도 사생활권이 가치가 없다고 말하는 것은 아니다. 디지털 팬옵티콘의 시대가 도래했다고 해서 사생활권의 비중이 낮아지는 것은 아니다.

이런 견해를 보여주는 일이 이미 20여 년 전에 있었다. 선마이크로시스템스의 스콧 맥닐리Scott McNealy는 1995년 기자에게 이렇게 말했다. "당신에게는 사생활이 전혀 없습니다. 극복하도록 하세요." 이 발언은 진실을 말하는 예언자나 기술계의 악당을 보여주는 사례로 맥닐리를 오랫동안 따라다녔다. 맥닐리의 말에 보다 미묘한 견해가 들어 있다는 것을 깨달은 사람은 많지 않다. 그는 소비자 개인정보 보호가 과대평가되어 있으며 차라리 사라지는 것이 나을 수도 있다고 생각했다. 2015년에 그는 이렇게 말했다. "구글과 AT&T가 나에 대한 정보를 가지고 있다고 해도 나는 신경 쓰지 않는다. 나는 언제든 다른 서비스 제공자에게 갈 수 있기 때문이다. 우버가 내 정보를 가지고 장난을 친다면 나는 리프트를 이용할 것이다."[18] 하지만 하나의 가치관으로서의 사생활권은 민주 정부의 핵심 중의 핵심이다. 국가가 사생활을 침해한다면 그는 쉽게 나라를 바꿀 수 있을까? "국가안보국이나 국세청이 내 개인적인 삶이나 내가 누구에게 투표를 하는지 안다면 정말 무서울 것이다."

월드와이드웹의 창시자인 팀 버너스-리도 맥닐리와 같은 감정을 갖고 있다. 하지만 그는 정부를 위해 감시 기술을 구축하는 데 기꺼이 협조하는 기업에도 일정 부분 책임이 있다고 주장한다. 그는 웹이 자신이 만든 초기 버전에서 크게 벗어난다는 데 유감을 표한다. 에드워드 스노든의 폭로 이후 그는 웹 시작 28주년을 기념하는 공개서한에서 이렇게 적고 있다.

> 정부가 기업과의 협력(혹은 기업에 대한 강압)을 통해 온라인에서 이루어지는 우리의 모든 움직임을 주시하고 우리의 사생활권을 짓밟는 극단적인 법을 통과시키는 일이 늘어나고 있다. 억압적인 체제에서는 그것이 야기할 수 있는 폐해가 쉽게 드러난다. (…) 그러나 시민의 최선의 이익을 염두에 두고 있다고 믿는 정부가 있는 국가에서조차 모든 사람을 감시하는 상황까지 와 있다. 그것은 표현의 자유에 냉각 효과를 만들어내고 웹이 민감한 건강상의 문제, 젠더, 종교 같은 중요한 주제를 탐색하는 공간으로 이용되는 것을 막는다.[19]

디지털 시대가 우리에게 디지털 팬옵티콘 기술을 전달한 상황에서는 사생활권의 가치를 온전히 제물로 바쳤다고 걱정할 만한 이유가 충분하다. 탈출구가 존재하기는 하는 것일까?

종단간 암호화: 팬옵티콘에서 디지털 블랙아웃으로

2009년 스탠퍼드 졸업생 브라이언 액턴Brian Acton과 그의 친구 얀 쿰Jan Koum은 왓츠앱WhatsApp을 개발했다. 현재 이 앱은 전 세계에서 가장 인기 있는 메신저 앱이다. 왓츠앱의 중심이 되는 신조는 앱을 통해 전달되는 모든 메시지를 암호화해 사용자의 사생활을 보호하는 것이다. 암호화의 본질은 수신자 이외의 다른 사람이 메시지를 읽을 수 없게 만드는 것이다. 암호의 이용은 로마 황제 율리우스 카이사르의 시대까지 거슬러 올라간다. 그는 개인적인 소통에 간단한 형태의 암호를 이용했다. 그때 이후 암호 해독자들, 암호를 비롯한 정보 보안 수단을 연구하는 사람들은 커뮤니케이션의 프라이버시 보호를 위해 인상적인 수학적·기술적 진보를 이뤄왔다. 1990년대에 미국 정부는 강력한 형태의 특정 암호(무기로 여겨지는 특정한 수학적 형태의 암호)를 군수품으로 분류하고 외국으로의 수출을 금지했다.

전형적으로 암호화에는 메시지를 보내는 사람이 암호화 '키'를 사용해서 메시지(평문cleartext이라고 부른다)를 암호해독 키가 없는 사람은 읽을 수 없는 형태(암호문ciphertext)로 전환하는 과정이 포함된다. 암호해독 키를 가진 사람만이 그것을 이용해서 암호문을 평문으로 다시 바꿀 수 있다. 카이사르의 시대에는 만든 사람의 이름을

시스템 에러

붙인 '카이사르 암호'를 사용해 메시지를 암호화했다. 메시지의 각 철자를 알파벳의 세 칸 뒤에 있는 철자로 바꾸는 방식이다. 암호해독 과정은 암호문의 각 철자를 알파벳의 세 칸 앞에 있는 철자로 바꾸어서 평문을 얻는 것이다. 오늘날에는 친구에게 '비밀' 편지를 쓰기 위해 초등학생이나 쓸 법한 방법이다. 디지털 커뮤니케이션 세상의 기술자들은 고급 수학을 기반으로 훨씬 더 강력하고 안전한 암호화 기법을 만들었다. 이 기술은 컴퓨팅 분야에서 대단히 중요해서 최근에는 여러 암호학자들이 암호화 기술을 진전시켰다는 공로로 튜링상을 받기도 했다.

왓츠앱은 종단간 암호화end-to-end encryption라고 알려진 시스템을 이용해 암호를 전송한다. 메시지의 내용이 송신자의 기기에서 암호화되고 수신자의 장치에 도달했을 때만 암호가 해독되는 것이다. 그 결과 메시지가 인터넷으로 전송되어 왓츠앱 서버를 통해 암호화되는 동안 송신자와 수신자 이외에는 누구도, 왓츠앱도, 인터넷 서비스 제공 업체도, 통신망을 도청하려는 어떤 사람도 메시지를 읽을 수 없다. 왓츠앱조차 메시지를 해독하는 데 필요한 암호해독 키를 알지 못한다. 암호해독 키는 사용자의 기기에서 생성되고 저장되기 때문이다. 법 집행기관이 왓츠앱 본사에 시스템을 통과하는 메시지의 해독을 요청해도 접근권을 얻을 수 없다. 정책적 결정 때문이 아니라 기술적인 장애 때문이다.

2014년 페이스북은 당시에는 들어보지도 못한 놀라운 금액(190억 달러)으로 왓츠앱을 인수했다.[20] 지배적인 온라인 메신저로서의 위치를 굳히기 위한 조치였다. 자연스럽게 당시 왓츠앱의 4억 5000만 활성 사용자(대부분이 외국에 있는)들은 페이스북의 영향력 아래로 들어가게 됐다. 몇 년 만에 액턴과 쿰은 사용자 개인 정보 보호와 페이스북이 왓츠앱 사용자 기반을 이용해 수익을 창출하려는 행태에 우려를 표명하면서 페이스북을 떠났다. 케임브리지 애널리티카 사건의 여파로 개인정보 보호에 대한 관심이 높아지자 그 문제로 고심하고 있던 마크 저커버그는 2019년 결국 페이스북 메신저와 인스타그램 다이렉트를 비롯한 모든 메신저 서비스에 종단간 암호화를 제공하겠다고 발표했다.[21]

　개인정보 보호에 주의를 기울이고 있는 사람이라면 이런 것들이 매우 흥미롭고 매력적으로 느껴질 것이다. 미국 주요 도시를 공격하려는 동조자를 추적하는 FBI 국장이거나 선거 이전에 암호화 통신 기술을 이용해 반이슬람 폭력 사태를 일으키려는 정치 폭력 조직을 발견한 인도의 인권운동가가 아닌 한은 말이다. 이 문제의 심각성을 강조하기 위해 이런 예를 들어보기로 하자. 미국 의회 점거와 트럼프 대통령의 플랫폼 퇴출 이후, 종단간 암호화 앱의 다운로드가 폭발적으로 증가했다. 반란을 계획하는 사람들이 규모는 작지만 사생활이 완벽하게 보장되는 통신 플랫폼으로 옮겨가면서 국내 테러리스트들의 활동을 추적하고 방해하는 일이 훨씬 더 어려워졌다. 사생활권의 가치와 다른 중요한 혜택의 경중을 어떻게 가려야 할까? 기술자들이 통신을 보호하는 암호화 도구를 가져다줄 수 있다면, 사생활에 대한 관심과 안보나 안전에 대한 욕구 사이의 균형을 꾀할 수 있는 다른 기술도 제공할 수 있지 않을까?

기술만으로는 우리를 구할 수 없다

벤담의 완전히 투명한 세상과 왓츠앱의 완전히 불투명한 세상이라는 두 극단 사이에서 일정한 정도의 사생활이 보장하는 동시에 개인과 사회 양쪽 모두에 이익이 되는 상황에서는 데이터를 사용할 수 있는 기술적 해법을 상상해볼 수 있다. 예를 들어 생의학 연구에서는 질 좋은 의료 기록에 접근하기 힘들다는 점이 가장 큰 장애물이다. 1996년에 제정된 '건강보험 정보 이전과 그 책임에 관한 법'과 같은 법제 아래에서는 환자의 신원을 확인할 수 있는 개인 의료 정보를 보호하는 안전장치들이 존재한다. 만성적인 건강상의 문제, 복용하는 약, 유전자 서열의 구성 등 현재의 건강 상태나 진료 이력에 관한 정보를 공개하고 싶지 않은 것은 당연한 일이다. 그러나 연구자들은 그런 정보를 수집하고 분석해야 환자의 경과를 기반으로 치료의 효능과 생활습관이 건강에 미치는 영향을 더 잘 판단할 수 있고 개인화된 약물을 만들 수도 있다. 건강 정보를 보다 광범위하게 사용할 수 있다면 사회에(어쩌면 당신 개인에게도) 엄청난 잠재적 혜택이 돌아가는 것이다.

그렇다면 이런 상충하는 목표들 사이에서 어떻게 방향을 잡아야 할까? 가장 많이 취하는 접근법은 '익명화'다. 다른 사람에게 공유되기 전에 이름, 사회보장 번호, 주소, 개인 식별 정보 등의 모든 데이터를 지우는 것이다. 이론상으로 공개된 데이터는 익명의 사람에 대한 것이 되고, 데이터를 근거로 개인을 식별할 수 없다. 연구자는 이런 데이터를 이용해서 여러 치료가 환자의 건강에 어떤 영향을 주는지 연관성을 찾는다. 예를 들어 코로나19 중증 환자에게 기존의 약물 혹은 새로운 약물이 어떤 효능을 내는지 판단할 수 있는 것이다. 연구자는 그 데이터가 본래 누구의 것인지 알지 못한다.

이런 아이디어는 추상적으로는 설득력이 있다. 하지만 익명화를 효과적으로 실천하는 것은 대단히 어려운 일이다. 현재 하버드 대학교에 교수로 재직 중인 라타냐 스위니Latanya Sweeney가 MIT 대학원 시절에 이 점을 확연히 보여주었다. 조지타운대학교의 법학 교수인 폴 옴Paul Ohm은 그 사건에 대해서 이렇게 말한다. "매사추세츠 주에서는 단체보험위원회라는 정부 기관이 주 소속 공무원들을 대신해 건강보험에 가입한다. 1990년대 중반의 어느 시점에 단체보험위원회는 주 정부 공무원들의 의료 기록을 요약한 13만 5000개의 기록을 원하는 모든 연구자들에게 무상으로 양도하기로 결정했다.[22] 이름, 주소, 사회보장 번호 등 '명시적인 식별 정보'를 제거한 단체보험위원회는 환자의 개인정보를 보호하는 적절한 조치를 취했다고 생각한 것이다." 당시 매사추세츠 주지사 윌리엄 웰드William Weld는 이런 익명화가 개인정보 보호에 도움을 줄 것이라는 공개적인 언급까지 했다.

스위니의 생각은 달랐다. 그녀는 웰드가 MIT가 있는 매사추세츠 케임브리지에 살고 있다는 것을 알고 있었다. 그녀는 케임브리지의 유권자 명부를 구입했다. 일반인도 20달러도 안 되는 가격에 구입할 수 있는 문서였다. 그 명부에는 유권자의 이름과 주소는 물론 생일과 젠더 등 단체보험위원회 데이터와 대조할 수 있는 속성들이 포함되어 있었다. 케임브리지에는 웰드와 생일이 같은 사람이 6명뿐인 것으로 드러났다. 6명 중 3명이 남성이었다. 그중 한 명이 웰드와 같은 우편번호를 가진 곳에 살고 있었다. 스위니는 단체

시스템 에러

보험위원회 데이터에서 웰드의 의료 기록을 특정할 수 있는 방법을 갖게 된 것이다. 그의 생년월일, 젠더, 우편번호와 일치하는 기록(익명화되었다고 하는)을 찾기만 하면 되었다. 그녀는 웰드의 개인 의료 기록을 그의 사무실로 보냈다.

데이터의 재식별(역익명화) 과정이 드문 상황에만 적용된다는 사람들의 생각을 뒤집기 위해 스위니는 다른 사례를 보여주었다. 전체 미국인의 87퍼센트는 우편번호, 생년월일, 젠더, 이렇게 단 세 가지 속성만으로 특정할 수 있다.[23] 그녀가 하버드대학교에 설립한 데이터개인정보연구소Data Privacy Lab는 사람들이 자신이 이 세 가지 속성으로 특정될 수 있는지를 직접 확인해볼 수 있는 웹사이트를 마련했다.[24] 익명화는 우리의 개인정보를 보호하는 안전한 수단이 아니다.

'차등 정보 보호differential privacy'라고 알려진 최근의 유망한 기술은 개인정보를 더 강력하게 보장하는 동시에 데이터를 분석에 사용할 수 있게 하는 것을 목표로 한다. 하버드대학교의 신시아 드워크Cynthia Dwork가 2006년에 처음으로 제안한 이 기술은 두 개의 데이터 세트가 가진 차이가 특정 개인에 대한 데이터를 포함하는가의 여부뿐이라면, 하나의 데이터 세트를 이용한 질문(컴퓨팅 통계학 형태의)을 던졌을 때 두 데이터 세트에서 얻은 결과들이 구분하기 힘들 정도여야 한다는 것을 전제로 한다.[25] 달리 표현하면, 특정 개인의 기록이 데이터에 포함되어 있는지의 여부와 상관없이 그 데이터를 기반으로 하는 통계적 결과는 그런 통계를 누가 요청하든 거의 구분할 수 없어야 한다는 것이다. 차등 정보 보호에서는 누구도 기본 데이터에 직접 접근할 수 없다. 대신 데이터를 사용하려는 사람(예를 들어 의학 연구를 하는 사람)은 데이터 세트를 통해 계산된 특정 통계만을 요청할 수 있다.

차등 정보 보호는 '노이즈noise'라고 불리는 작은 오류를 데이터 세트를 통해 계산된 통계에 주입하는 방식을 사용한다. 좀 더 구체적으로 알고 싶다면, 무작위 응답이라고 불리는 전통적인 설문 설계 기법을 생각하면 된다. 이는 차등 정보 보호의 한 예로 볼 수 있다. 우리가 사람들에게 세금 신고를 할 때 부정을 저지르는가와 같은 민감한 질문을 하고 싶다고 가정해보자. 당연히 이후의 영향을 걱정하는 사람들은 이런 질문에 솔직하게 답하려 하지 않을 것이다. 따라서 우리는 사람들이 질문에 대답하는 방식에 약간의 '노이즈'를 집어넣어서 그들에게 진술 거부권과 유사한 것을 부여한다. 자신의 긍정적(부정적) 답변이 진실이 아니고 이 무작위적 노이즈 때문이라고 주장할 여지를 주는 것이다. 이런 식이다. 세금 신고에 관한 질문을 던지고 답을 얻기 전에 그 사람에게 동전을 던지라고 요청한다. 앞면이 나오면 반드시 솔직하게 대답을 해야 한다. 뒷면이 나오면 동전을 다시 던져 뒷면이 나오면 '아니요', 앞면이 나오면 '예'라고 대답을 해야 한다. 우리는 동전 던지기의 결과가 어떤지, 동전을 몇 번 던졌는지 알지 못한다. 따라서 그 사람에게 실제로 세금 신고에서 부정을 저질렀는지 진실을 공개하는 것이 아니라도 '예'라고 대답할 기회를 주는 것이다. 답변에는 그들의 이름이 공개되지 않을 것이라고, 답으로 얻은 '예'와 '아니요'의 수만을 헤아린다는 말까지 덧붙이면 사람들은 상당히 신뢰성 있게 이런 설정을 따른다.

많은 수의 사람들에게서 이런 정보를 수집할 수 있다면 데이터에 무작위적인 노이즈가 포함되어 있더라도 우리가 얻은 '예'와 '아니요'의 총수로 간단한 통계적 기법을 적용해 '실제로' 세금 신고에서 부정을 저지른 사람의 비율이 어느 정도인지 예측할 수 있다.

오늘날의 차등 정보 보호는 무작위 응답보다 보다 정교한 기술을 사용하지만 기본적인 원리는 동일하다. 현대적 차등 정보 보호의 목표는 데이터를 통한 개인 식별을 차단하는 일과 다양한 분석과 응용에 사용할 수 있는 총체적 정보를 만드는 것 사이의 균형이다. 세금 신고에서 부정이 있었는지를 묻는 대신에 의료 서비스 제공자들에게 다양한 치료의 보급에 대해 혹은 그가 직접 경험한 결과에 대해 물어볼 수 있다. 이제 우리는 의료 기록의 개인정보를 침해할 가능성이 낮은 상태로 의료 분석을 수행할 수 있다. 환자의 입장에서 우리는 개인 의료 기록이 드러나는 것을 원치 않더라도, 연구자들이 질병에 대한 더 많은 효과적인 치료법을 찾을 수 있도록 차등 정보 보호를 이용해 다른 데이터들과 종합한 형태로 정보를 제공하는 데에는 동의할 수 있다.

기술계에서 애플과 구글은 제품에 이 기술을 채용하고 있다. 예를 들어 아이폰 사용자들의 활동 정보(입력한 글자, 방문한 웹사이트 등)는 특정한 양의 노이즈와 함께 개인 식별 속성이 없는 상태로 애플에 전송될 수 있다. 이후 애플은 이런 데이터를 이용해서 누가 그 글을 입력했는지, 누가 그런 사이트에 방문했는지 모르는 상태로 자동 교정 기능을 향상시키거나 어떤 웹사이트들이 브라우저 충돌을 일으킬 가능성이 높은지 판단할 수 있다. 마찬가지로 구글은 누가 광고를 클릭했는지 식별하지 않고 여러 광고의 클릭 확률을 판단할 수 있다.

차등 정보 보호는 개인정보 보호라는 까다로운 문제를 해결하는 동시에 데이터 수집과 분석을 통해 혁신의 효과를 누리게 해주는 훌륭한 기술적 해법으로 보인다. 그러나 차등 정보 보호라고 해서 단점이 없는 것은 아니다. 대답에서 추세를 분석하기 위해서는 시스템에 정보 조각에 질문을 반복해서 해야 하는데 여기에서 문제가 발생한다. 세금 신고 사례를 다시 생각해보자. 임의적 응답을 사용한 질문을 단 한 번만 한다면 많은 양의 정보를 얻을 수 없을 것이다. 하지만 그 사람에게 여러 번 질문을 한다면 '예' 혹은 '아니요'라는 대답의 장기적인 추세를 확인할 수 있다. 그것으로 그 사람의 진짜 답이 무엇인지를 알아낼 수 있을 것이다. 마찬가지로 시스템에 차등 정보 보호를 채용한 질문을 반복하면 예상한 것보다 더 많은 정보가 드러나고 실제로 우리의 개인 데이터가 모호하고 사적이라는 생각이 틀렸음을 보여줄 것이다. 스위니의 재식별에 대한 연구가 보여주듯이, 여러 정보원의 데이터를 결합하면 차등 정보 보호 같은 기법이 채용된 경우라도 개인정보를 더 많이 추출할 수 있을지도 모른다.

기술적 해법이 개인정보 보호를 위한 여러 수단을 제공하기는 하지만 유감스럽게도 기술적 해법만으로는 모든 상황에서 우리의 개인정보 보호 문제를 해결할 수 없다. 더욱이 기술의 존재 자체가 그것이 사용자에게 가장 좋은 방향으로 활용되리라는 보장을 해주지 못한다. 사적 선호와 정부 규제라는 보다 큰 범위에서 기술의 역할에 대해 고찰해볼 필요가 있다.

　　　　　　　　　　　　　　시스템 에러

시장도 믿을 수 없다

개인정보와 안전, 개인정보와 혁신 사이의 타협을 관리하는 가장 좋은 방법은 여러 업체가 제품을 내놓는 시장을 만드는 것이다. 남들보다 개인정보에 가치를 더 많이 부여하는 사람이 있기 때문에 우리는 사기업이 다른 정도의 개인정보 보호를 제공하는 제품과 옵션을 개발하는 경쟁적 시장을 만들기 위해 노력해야 한다. 이 아이디어는 개인정보의 가치에 대한 한 가지 사고방식, 즉 자신에 대한 정보에 통제력을 행사할 개인의 권리를 추구하는 사고방식과 자연스럽게 맞아떨어진다. 이는 최소한 이론상으로는 사람들이 데이터 수집을 허용할 것인가에 대해 사안에 따라 개별적으로 결정할 수 있게 하는 고지와 선택의 원리를 지지하는 기존 법과도 방향을 같이한다. 물론 고지와 선택에는 개인이 동의할 경우 거의 모든 개인정보의 수집, 이용, 공개가 가능하다는 문제점이 있다.

시장이 개인정보 보호의 권리를 다른 가치들과 현명하게 조화시킬 수 있으려면 세 가지 조건이 충족되어야 한다. 우선 시장은 개인정보 보호 설정을 달리하는 비슷한 상품을 다양하게 공급할 수 있어야 한다. 둘째, 개인이 각기 다른 개인정보 보호 정책의 혜택과 비용에 대해 정보에 입각한 합리적 선택을 할 수 있어야 한다. 셋째, 얼마만큼의 개인정보 보호를 원하는지에 대해 각자가 개별적으로 결정함으로써 우리의 사적 목표와 사회적 목표를 동시에 달성할 수 있어야 한다. 이 설득력 있어 보이는 아이디어가 문제가 부딪히는 것이 바로 이 부분부터다.

경쟁적 시장이라는 아이디어에서 시작해보자. 개인정보 보호에 집중하는 기존 빅테크 기업으로 눈에 띄는 곳은 애플이다. 실제로 이 회사의 CEO 팀 쿡은 개인정보 보호를 위한 싸움을 통해 애플을 기술계의 다른 대기업과 차별화하는 것을 자기 리더십의 대표적인 특징으로 삼고 있다. 개인정보 보호에 대한 애플의 접근법, '개인정보 보호 중심 디자인Privacy by design'은 어떤 경우에든 개인정보 보호를 최우선에 둔다. 이 회사는 사람들이 원하는 서비스를 제공하기 위해 필요한 개인정보만을 수집한다('데이터 최소화data minimization'). 애플의 알고리즘은 데이터를 이용한 작업을 당신 기기에서 하기 때문에 다른 사람들이 당신의 정보를 볼 수가 없다('기기 지능on-device intelligence'). 애플은 당신의 정보가 정확히 어떻게 사용되는지를 알리고, 소비자는 언제든 정보 제공을 거부할 수 있다('투명성과 통제transparency & control'). 각 기기의 정보는 암호화된다('데이터 보안data security'). 데이터를 기기에서 애플 서버로 이동해야만 할 때는 개인 식별 정보를 확인할 수 없게 한다('신원 보호identity protection').

개인정보 보호에 대한 헌신은 연방 기관의 테러 방지를 위한 수사 협조 요청을 거절할 정도다. 사생활권을 둔 이 싸움이 대중에게 드러난 것은 2016년 캘리포니아 샌버너디노에서 발생한 총격 사건으로 14명이 목숨을 잃은 뒤의 일이었다. 미국 법원은 애플에 FBI가 ISIS 동조자로 짐작되는 용의자의 아이폰을 잠금 해제할 수 있도록 특화된 소프트웨어를 개발하라고 명령했다. 그 아이폰은 FBI가 해제할 수 없는 네 자리 암호로 잠겨 있었다. 법 집행기관은 그 전화기에 공격을 가능하게 한 사람들은 물론 미국 내 다른 ISIS 네트워크의 구성원들에 대한 정보까지 들어 있을 것으로 추정했다. FBI는 애플이 적절한 법적 허가 아래 잠금 설정된 기기에 담긴

시스템 에러

정보에 접근할 수 있도록 '뒷문'을 만들어주길 바랐다. 회사의 입장에서는 클리퍼 칩 논란의 망령을 다시 만난 듯했을 것이다.

팀 쿡은 이후 "회사의 운명을 거는 결정"이라고 불린 조치를 취했다. 소프트웨어 제작을 거절한 것이다.[26] 애플은 기꺼이 FBI와 협조해 전화의 잠금 해제를 위해 노력했지만 공식적인 뒷문, 정부가 물리적 소유권을 가진 모든 아이폰의 잠금을 해제할 수 있도록 하는 소프트웨어는 만들지 않을 것이라고 밝혔다. 애플은 이 '뒷문'의 이용을 법원이 허가한 합법적인 상황으로 제한하기 어려울 것이라고, 뒷문이 만들어지면 전 세계의 해커들이 진입을 시도해 모든 아이폰의 안전을 저해할 수 있다고 생각했다. FBI는 애플의 도움 없이 그 전화기의 정보에 접근하는 데 성공했지만, 회사와 법 집행기관 사이의 이 싸움은 쿡이 개인정보 보호를 위해 어디까지 할 수 있는지를 보여주는 계기가 되었다.

물론 이렇게 개인정보 보호를 국가 안보보다 우선시하는 것은 애플의 사업 모델이 구글이나 페이스북과 같은 다른 회사들처럼 개인정보의 수익화가 아닌 고가 제품(휴대전화, 컴퓨터, 노트북)의 다량 판매에 의존하기 때문에 가능했다.

많지는 않지만 개인정보 보호를 중요하게 생각하는 다른 사례들도 있다. 덕덕고DuckDuckGo는 미국을 기반으로 하는 검색 엔진으로 우리 대학생들에게는 인기가 높지만 대부분의 인터넷 사용자들에게는 잘 알려져 있지 않다. 덕덕고의 설립자 가브리엘 와인버그Gabriel Weinberg는 회사의 목표를 비교적 간단한 말로 표현했다. "우리의 목표는 구글을 넘어뜨리는 것이 아니다. 우리의 목표는 개인정보 보호 옵션을 선택하고자 하는 소비자들이 그 일을 쉽게 할 수 있도록 하는 것이다."[27]

와인버그의 검색 알고리즘은 400개 이상의 소스를 통합하고 있다. 검색 결과는 위키피디아, 애플 맵스, 트립어드바이저TripAdvisor, 덕덕고 자체의 웹 크롤러와 함께 마이크로소프트 빙에 주로 의지한다. 그러나 그 회사의 USPunique selling point(고유의 강점)는 개인정보 보호에 대한 헌신이다. 덕덕고는 사용자의 행동이나 개인 식별 정보를 추적하지 않는다.

2010년 이래 덕덕고는 느리지만 꾸준히 성장했고, 개인정보 보호에 대해 증가하는 우려가 성장의 원동력이 됐다. 비록 시장 점유율은 낮지만 회사는 추적이 되지 않는 광고와 제휴 프로그램에서 매출을 올리면서 수익을 내고 있다. 그렇지만 수익의 규모는 개인정보 보호의 대가를 잘 보여준다. 사용자들로부터 캐내는 풍부한 행동 정보를 침해하지 않는 광고 모델은 수익성이 그리 높지 않다. 덕덕고는 2020년에야 처음으로 매출 1억 달러를 넘어선 반면, 구글은 같은 해 1분기에만 410억 달러를 벌었다.

검색 시장 점유율을 높이기 위해 노력하는 덕덕고가 직면한 어려움은 규제 없이 시장의 힘만으로 많은 사람들이 바라는 개인정보 보호 기술을 얻을 수 없는 중요한 이유 중 하나(시장 지배력)를 드러낸다. 2018년 유럽연합 집행위원회는 구글이 안드로이드 플랫폼을 이용해서 모든 트래픽을 구글 서치로 돌리는 불법적인 행동을 했다고 결론지었다.[28] 구글이 이런 일을 한 방식은 매우 공공연했다. 예를 들어 구글 플레이 앱스토어의 사용 승인을 얻고 싶은 기기 제조업체는 미리 구글 서치와 크롬 앱을 설치해야 했다. 구글은 모바일 네트워크 운영 업체와 전화기 제조업체에 직접 돈을 지불하고 구글 서치를 미리 설치하게 했다. 유럽연합의 반독점 조치에 따라 구글은 유럽 시장의 사용자들에게 안드로이드 기기에서 어떤 검색 엔진을 사용할지 고를 수 있는 선택권을 주는 데 동의했다. 이는 덕덕고 트래픽에 큰 영향을 줄 것이다. 하지만 한편으로 이것은 소수의 대기업에 힘이 집중된 상황에서 시장 경쟁에 의존해 개인정보 보호 옵션을 제공하는 것이 얼마나 어려운지를 보여주는 사례이기도 하다.

개인정보 보호의 역설

두 번째 문제는 디지털 시대에 개인정보 보호의 방향을 찾는 데 어려움이 있다는 점이다. 고지와 선택이 개인정보 보호의 권리와 다른 상충되는 가치들 사이의 균형을 찾기 위한 전략으로 작용하려면, 사람들은 자신이 원하는 개인정보 보호의 정도에 대해서 정보에 입각한 선호도를 갖고 있어야 하며 그런 선호도에 따라 행동할 수 있어야 한다. 많은 증거가 사람들은 자신의 선호도를 알지 못하며 선호도에 따라 행동할 수도 없다는 것을 보여주고 있다.[29]

　밝혀진 바와 같이, 개인정보 보호에 대해 신중하고 논리 정연한 접근법을 마련하는 것은 누구에게나 대단히 어려운 일이다. 더구나 개인정보 보호의 포기에 따르는 잠재적 피해가 무형적이거나 심지어는 사람들의 눈에 잘 보이지 않는 것일 수도 있다. 신원을 도둑질하는 일은 대출 회사에서 계속 걸려오는 전화처럼 피해가 직접 느껴지는 경우도 있지만, 개인 데이터를 광고 표적 설정이나 알고리즘 상품 추천에 사용하는 때라면 당신에게 직접적이거나 눈에 보이는 비용을 부과하지 않는다. 페이스북, 인스타그램, 스냅챗, 틱톡으로 일상의 활동이나 생활상을 공유하는 것 역시 친구나 가족과 연결해주기 때문에 단기적으로는 긍정적인 감정을 불러일으킨다. 하지만 당신에게 미치는 잠재적 사생활 피해는 파악하기가 어렵고, 따라서 소셜미디어에 자유롭게 사진이나 글을 게시하는 사람들은 그 문제를 진지하게 생각하는 경우가 거의 없다.

개인정보 보호에 대한 결정의 결과를 완벽하게 예측할 수 있다 해도 사람들은 여전히 일관된 선호도를 만들거나 그에 따라 행동하는 데 어려움을 겪을 것이다. 우리 학생들은 이런 역학이 뚜렷하게 드러나는 사례를 제공했다. 300명의 학생이 들어찬 강의실에서 개인정보 보호에 관심을 갖고 있는지를 물으면 거의 모든 학생이 손을 든다. 하지만 자신이 사용하는 검색 앱이나 소셜미디어 앱에서 개인정보 보호 설정을 검토하거나 바꾼 사람이 있느냐는 다음 질문을 던지면 손을 드는 사람이 거의 없다. 이는 학생들에 제한되지 않는 보다 광범위한 추세로 보인다. 페이스북 개인정보 보호 설정에 대한 한 연구는 "콘텐츠의 36퍼센트가 기본 공유 설정으로 남아 있다"라고 말한다. 그들은 "전반적으로 개인정보 보호 설정이 사용자의 기대와 부합하는 것은 37퍼센트뿐이고 그렇지 못할 경우에는 거의 항상 사용자가 예상한 것보다 많은 콘텐츠를 노출시킨다"는 것도 발견했다.[30]

스탠퍼드대학교의 동료인 수전 애시Susan Athey는 MIT 학생들과 개인정보 보호의 가치에 대한 보다 체계적인 탐색에 나섰다.[31] 그녀는 캠퍼스 전체에 걸쳐 비트코인 사용을 장려한다는 명목으로 학생들의 개인정보 보호에 대한 선호도를 조사했다. 대학에서는 학생들에게 비트코인을 관리하는 다양한 온라인 '지갑'을 제공했다. 각각의 지갑은 개인정보 보호의 정도가 달랐다. 놀랍게도 학생들은 개인정보 보호의 선호도와는 상관없이 선택할 수 있는 지갑이 나열된 순서대로 선택을 했다. 이후 애시는 여기에서 한 걸음 더 나아가 작은 장려책이 개인정보 보호에 대한 학생들의 결정에 영향을 줄 수 있는지 조사했다. 그녀와 동료들은 한 집단의 학생들에게 친구 3명의 개인 이메일 주소를 공유하면 무료 피자를 제공하겠다고 제안했다. 대학생을 둔 부모들에게는 그리 놀랍지도 않겠지만 그들은 전반적인 개인정보 보호의 중요성에 얼마나 민감한지에 상관없이 개인정보보다는 피자를 선택했다.

사회과학자들은 이를 '개인정보 보호의 역설privacy paradox'이라고 부른다. 개인이 개인정보 보호의 중요성에 대해 말하는 것과 그들의 실제 행동 사이에는 엄청난 괴리가 있다. 이것은 당신이 원하는 것과 당신이 행동하는 방식을 일치시키는 문제가 아니다. 대단히 많은 무형의 혹은 가시적이지 않은 결과를 고려하면, 우리가 실제로 원하는 개인정보 보호의 정도를 고려하는 것 자체가 어려운 일이다.

우리가 강의실에서, 그리고 애시가 캠퍼스에서 관찰했던 것은 새로운 일이 아니다. 컬럼비아대학교의 공법 교수였던 앨런 웨스틴Alan Westin의 연구는 설문에 대한 응답을 기초로 개인정보 보호의 정도에 따라 대상자를 개인정보 근본주의자, 개인정보 실용주의자, 개인정보 무관심자의 세 집단으로 나누었다. 직접적으로 질문을 받았을 때는 대부분의 사람들이 자신을 개인정보 근본주의자에 포함시키면서 자기 정보의 통제에 강한 의욕을 보였다. 하지만 그들의 행동은 매우 다른 것으로 드러났다. 예를 들어 인간과 비슷한 컴퓨터 중개상이 참가자들에게 다양한 할인 제품을 제시했다. 중개상은 다른 제품이 제공될 때마다 점점 더 민감한 질문을 했다. 여기에서 대답을 거절하는 사람은 거의 없었다. 자신의 개인정보 보호에 강한 의욕을 보인 경우에도 마찬가지였다. 쇼핑 앱을 설치했거나, 우수 고객 프로그램에 가입했거나, 해당 브랜드의 신용카드를 받아본 사람은 알겠지만 우리는 쿠폰 몇 개나 월말의 얼마 안 되는 캐시백 서비스를 받는 대가로 쇼핑과 관련된 개인정보를 기꺼이 내어준다.

자기 자신이 개인정보 보호에 얼마나 신경을 쓰는지조차 파악하기 어려운 세상이다 보니 개인의 선택은 여러 상황이나 맥락에 영향을 받을 수밖에 없다. 하지만 이렇게 개인정보 보호의 선호도가 맥락에 의존하며 영향을 쉽게 받는다는 사실은 고지와 선택의 한계에 대해 걱정해야 할 또 다른 이유가 된다.

9·11 테러 이후 개인정보 보호에 대한 미국 대중의 견해를 예로 들어보자. 테러 직후 몇 년 동안 시민들은 정부가 시민의 자유를 지나치게 우선하며 또 다른 테러 공격으로부터 국가를 보호하기 위한 정부의 조치들이 충분치 않다고 걱정했다. 그러나 에드워드 스노든의 대량 감시에 대한 폭로는 하룻밤 사이에 여론을 뒤집었다. 6개월 만에 대테러 조치의 일환인 정부의 전화와 인터넷 데이터 수집을 지지하던 미국인의 비율이 가파르게 하락했다.

우리는 코로나19 대유행 동안에도 비슷한 역학이 펼쳐지는 것을 목격했다. 미국 대중(70퍼센트 이상)은 개인정보의 안전을 걱정하고 상황이 점점 나빠지고 있다고 느끼면서도, 2020년 5월 질병

이 급속하게 확산되자 정부가 휴대전화 앱을 이용해 감염자의 위치를 추적하는 데 지지를 보냈다.[32]

개인정보를 얼마나 공개해야 하는가에 대한 사람들의 결정은 다른 사람들이 말하는 것이나 하는 일로부터도 영향을 받는다. 페이스북에 가족의 현재 사진을 올리고 다른 사람들에게도 그렇게 하

> 많은 기술기업의 사업 모델이 개인정보를 수집해 수익을 올리는 구조다. 이들 기업은 대부분의 사람들이 기본 설정을 바꾸지 않는다는 점을 이용해, 개인정보 공개 범위를 자신들에게 유리하게 설정해 놓는다.

도록 권하는 것처럼 비교적 해가 되지 않는 경우도 있다. 문제는 많은 기술기업의 사업 모델이 개인정보의 수집에 의존해서 높은 수익을 올리는 것이라는 데 있다. 이들 기업은 사람들의 모호한 개인정보 보호 선호도를 예측 가능하고 체계적인 방식으로 이용하는 경우가 많다. 기본 설정이 좋은 예다. 개인정보 공개의 기본 설정이 최대로 되어 있어도 대부분의 사람들은 설정을 바꾸지 않는다. 자신의 개인정보 보호에 대한 선호도와 상관없이 말이다. 때로는 어떻게 설정을 바꾸는지, 심지어는 설정을 바꿀 수 있다는 사실도 모른다.

인간의 취약성을 이용하는 더 치명적인 전략들도 있다. 개인정보 보호 정책을 이해하기 어려운 용어로 써놓거나, 사용자의 설정 변경을 방해하기 위해 기능을 악의적으로 디자인하거나, 사람들이 더 많은 정보를 공개하게끔 통제에 대한 우리의 인식을 조작하는 것이다.

사람들이 자신이 무엇을 공유하고 있는지, 그것이 어떻게 이용될 수 있는지조차 모르는 세상에서라면 기존의 고지와 선택 관행

은 무의미하다. 그에 대한 정보가 있을 때에도 자신의 개인정보를 얼마나 보호하고자 하는지 합리적 판단을 하는 데에는 어려움이 있다. 더구나 기업이 사람들이 공개하는 개인정보를 조작할 강력한 유인을 갖고 있다면 개인이 이런 상황을 혼자 헤쳐 나갈 가능성은 더 낮아진다.

사회의 이익을 위한 개인정보 보호

세 번째 문제는 개인에게 직접 자신의 개인정보에 대한 결정을 내리게 하면 우리가 중요하게 생각하는 다른 것들을 희생시킬 수 있다는 점이다. 조지워싱턴대학교 법학과 교수인 대니얼 솔로브Daniel Solove에 따르면, 우리가 내리는 개인적 결정의 사회적 결과를 고려할 때 개인정보 보호의 혜택과 비용은 "점증적, 전체론적"[33]으로 평가해야 한다.[34]

공익에 기여하는 데이터 수집에 관해서라면 특히 더 그렇다. 공공기관이 개인 데이터에 접근해서 그 데이터로부터 정보를 얻어야 하는 경우가 있다. 공정신용정보보호법, 건강정보 이전 및 그 책임에 관한 법률, 가족 교육권 및 개인정보보호법 등 복잡한 이름을 가진 여러 법률들은 정책 결정권자들이 개인정보 보호 그리고 신용·의료·교육 기록 등의 개인정보에 대한 정부의 접근 필요성 사이에서 균형을 맞추는 일이 얼마나 까다로운지 보여준다.

코로나19 대유행으로 이런 문제들의 심각성이 크게 두드러졌다. 효과적인 유행병 감시 전략은 100년 만에 찾아온 공중보건의 위기에 직면한 우리 모두에게 혜택이 될 가능성을 갖고 있다. 하지만 중국 정부는 수월하게 국민의 개인정보에 대한 접근을 명령한 반면, 민주국가에서는 디지털을 이용한 접촉자 추적의 강화가 공중보건의 혜택과 사생활 보호에 대한 우려 사이의 균형에 좌우된다.

코로나19 추적 기술을 개발하기 위한 애플과 구글의 작업은 이런 주의 깊은 균형 찾기가 어떻게 진행되고 있는지 보여준다. 이 시스템에 가입하면 당신이 바이러스 양성 반응이 나온 사람에게 노출되었는지를 알려준다. 단 그 사람도 해당 앱을 설치하고 자신의 건강 상태를 솔직하게 업데이트했다는 전제하에 말이다. 이는 전통적인 접촉자 추적 방식, 즉 양성 반응이 나온 사람들의 목록을 수동으로 만든 뒤에 집을 찾아가는 느리고 인내심이 필요한 방식에 대한 혁신적인 대안이다.

많은 사람들이 기술기업을 신뢰하지 않는다는 점을 잘 알고 있는 애플과 구글은 접촉자 추적 앱에 개인정보 보호 기능을 탑재해서 법 규정을 준수하는 노력을 기울이고 있다.[35] 예를 들어 이 기술은 어떤 위치 정보도 수집하지 않는다. 당신의 휴대전화에서 어떤 다른 정보도 이용하지 않고 블루투스를 통해서 수집된 근접 데이터에만 의존한다. 이 시스템은 바이러스에 노출되었던 사람과 마주쳤었다는 사실을 알려주지만 휴대전화에 들어 있는 정보를 보호하고 그 정보를 구글, 애플, 정부 기관과 공유하지 않는다. 이런 개인정보 보호를 위한 노력은 많은 사람들이 디지털 접촉자 추적에 이름을 올리게 하는 효과를 발휘했지만, 추적의 성공 여부는 결국 사람들이 등록을 하고 자신의 건강 상태를 업데이트하느냐에 달려 있다.

때로는 공개의 사회적 이익이 너무 커서 자신의 개인정보를 공유하려는 사람들의 의지에만 맡겨둘 수 없는 경우가 있다. 이런 역학이 가장 두드러지는 곳이 국가 안보의 영역이다. 테러리스트들이 국가의 안전을 지키기 위해 자발적으로 개인정보를 공개하기를 바랄 수는 없는 일이다. 대신 민주국가는 누가 어떤 합법적 권한으로 사람들의 개인정보를 침해할 수 있는지, 안전과 안보를 위해 수용할 만한 위협이 있는 때란 언제인지를 규정하는 엄정한 사법 절차를 만들었다. 사생활 보호가 무엇보다 우선되는 지금의 세상에서도 가능한, 심지어는 심화되고 있는 아동 포르노, 인신 매매, 사이버 범죄, 지적 재산권 침해 및 기타 사회적 병폐와 맞서기 위한 노력도 마찬가지다.

사생활권과 다른 사회적 목표들 사이의 균형을 찾는 데 시장이 도움이 될 것이라고 보기 힘든 이유는 여러 가지가 있다. 설득력이 있는 아이디어이긴 하지만 개인이 자신의 개인정보 보호 선호에 대해서 정보에 입각한 적절한 판단을 하고, 개인정보 보호의 정도가 다른 다양한 상품 중에서 선택을 하는 데 좌우되는 접근법의 성공은 상상 속에서나 가능하다. 시장의 성격, 인간 의사결정의 한계, 개인정보에 대한 접근에 따르는 명확한 사회적 혜택을 생각하면 개인정보 보호를 규제하는 기존의 접근법은 불완전하며 심지어 부적합하다. 우리에게는 새로운 방향이 필요하다.

GDPR: 디지털 시대의 권리장전

개인정보보호규정General Data Protection Regulation(GDPR)이라는 말은 이야기 상대에 따라 다른 의미로 받아들여진다. 완전히 빗나가버린 정부 규제를 나타내기도 하고, 21세기 디지털 시대 버전의 민권운동의 전형적인 예가 되기도 한다. GDPR은 개인정보를 둘러싼 싸움에 질서를 가져오기 위한 유럽연합의 시도다.

유럽은 미국에 비해 데이터 보호에 많은 관심을 보여왔다.[36] 과거 독재 정부를 겪은 탓일지도 모르겠다. 나치 독일과 소비에트연방이 반대의 목소리를 누르고, 시민을 억압하고, 끔찍한 범죄를 저지르기 위해 감시와 정보 통제와 같은 기제를 이용했던 기억이 사람들의 뇌리에 여전히 남아 있는 것이다. 1930년대에 독일의 인구조사국 직원들은 집집마다 찾아다니며 거주자의 국적, 모국어, 종교, 직업 등의 자료를 수집했다. 정부는 IBM 독일 계열사에서 제작한 기계들을 이용해서 이 정보를 분석하고 유대인과 소외 계층을 대상으로 홀로코스트를 계획하고 실행하는 데 사용했다.

전쟁 중에도 동독과 철의 장막 뒤에 있는 여러 국가에서 정부의 감시가 이어졌다. 오스카상을 받은 〈타인의 삶〉이라는 영화를 통해 널리 알려진 전술이 있다. 비밀경찰은 침실과 욕실에 도청 장치를 설치하고, 우편물을 읽고, 아무런 예고도 없이 집을 수색하고, 사적 생활과 공적 생활 사이의 구분을 없앴다. 이런 역사를 생각할 때 1983년 독일 연방헌법재판소가 '개인정보에 대한 자기결정권'을 기본권이라 선언한 것(1989년 베를린 장벽 붕괴 후 동독까지 확장되었다)은 놀라운 일이 아니다.

정보 보호 규제를 갱신하려는 최근의 추세는 보다 현대적 뿌리를 갖고 있다. 에드워드 스노든이 국가안보국의 기밀을 폭로하자 유럽은 격분했다. 미국은 휴대전화를 통해 독일 총리 앙겔라 메르켈 등 122명의 세계 고위 지도자들에 대한 첩보 활동을 펴고, 전화

통화와 이메일을 이용해 7000만 프랑스 시민을 감시한 것을 비롯해 수많은 불법행위를 저지른 혐의를 받고 있었다. 하지만 유럽인들을 가장 불안하게 만든 것은 애플, 야후, 구글을 비롯한 민간 기술기업이 정부의 압력으로 미국과 영국의 정보기관에 사용자 정보를 넘겼었다는 점이다.

그 폭로에 뒤이어 30세의 유럽 의회 독일 의원인 얀 필리프 알브레히트Jan Philipp Albrecht는 자신을 스노든의 '동지'라고 선언했다.[37] 전술은 달랐지만 알브레히트는 자신도 같은 싸움에 나섰다고 생각했다. 미국 정부의 감시에 맞서는 전투에 말이다. 이 무명의 녹색당원은 이전의 정책 지시 각서를 바탕으로 유럽 시민들을 대규모 염탐으로부터 보호하고 사용자의 동의 없이 정보를 수집하거나 넘기는 민간 기업에 엄청난 과징금을 부과하는 일련의 새로운 규칙을 제안했다. 엄격한 규칙은 스노든의 폭로 이전에도 격렬한 논쟁의 주제였지만, 이번에는 유럽이 온라인 데이터에 새로운 안전장치를 전면적으로 적용하는 데 반대하는 정치적으로 현명치 못한 일을 할 입법자가 존재하지 않았다. 알브레히트는 유럽에서의 정보 보호가 "자기결정권과 존엄성"의 일부라고 주장했으며, 이 새로운 규칙은 토론이 벌어지고 단 두 시간 후에 열린 예비 투표를 통과하면서 긴 여정을 시작한 끝에 2016년 GDPR의 채택에 이르렀다.

GDPR은 '고지와 선택'이라는 미국의 접근법과는 상당히 다르다. 이 규정은 개별 사용자가 자신이 동의하고자 하는 조항과 조건에 대해서 스스로 정보에 입각한 결정을 하는 데 의존하지 않고, 개인정보 수집에 뚜렷한 법적 기준을 적용하며 유럽연합 시민들에게 서비스를 제공하는 모든 회사를 구속하는 일련의 확정적 소비자 권리를 정의한다. 예를 들어 개인정보를 합법적으로 수집할 수 있는 조건은 동의가 있거나, 서비스 실행에 필요한 경우 외에도 "데이터 주체나 다른 개인의 삶에 필수적인 이해관계를 보호"하거나 공익을 위해 수행되는 과제에 필요한 경우다.[38] 이로써 정부는 개인정보를 수집하거나 그에 대한 접근권을 가질 수 있다. 다만 그것은 반드시 필요한 경우로 제한된다.

더 중요한 것은 유럽연합 시민들에게 일련의 새로운 디지털 권리가 주어진다는 점이다. 기업들은 사용자에게 그들의 데이터가 수집되고 있다는 사실과 그 데이터가 수집되는 목적, 데이터를 공유할 대상을 알려야 한다. 사용자는 자기 데이터의 사본을 얻고, 자기 데이터를 수집하고, 자기 데이터를 삭제할 권리, 그리고 자기 데이터를 한 회사에서 제거하고 그것을 다른 회사에 줄 권리를 갖는다. GDPR은 시민들에게 기업들의 데이터 이용 방법을 제한할 수 있는 권한을 부여했다. 사용자는 기업이 자신의 데이터를 가공하지 못하게 할 수 있고 자신의 고용, 경제적 상황, 건강, 복지와 관련된 결정에 자동화 도구를 사용하는 데 반대할 수 있다.

GDPR은 디지털 시대의 권리장전이다. 이것을 단순한 법률 존중주의자들의 야심으로 치부해서는 안 된다. 이 법을 발의한 사람들은 새로운 권리를 만드는 것만큼이나 그 집행에 대해 진지하게 생각했다. 실제로 위반 시 엄청난 벌금이 부과된다. 각국의 데이터 보호 기관은 해당 기업의 연간 전 세계 매출의 최대 4퍼센트를 벌금으로 부과할 수 있다. 세계적인 기술기업에 적용했을 때는 엄청난 액수가 된다.

유럽인들의 이런 대담한 조치가 낳은 충격파는 대서양 건너에까지 미쳤다. 유럽연합 시민들을 대상으로 사업을 하는 모든 기업에 초점을 맞춘 GDPR은 본사가 어디이든 상관없이 모든 대규모 기술 기업에 적용된다. 데이터 보호 기관에는 벌써 사용자들의 불만이 폭주하고 있으며(2019년 현재 유럽 데이터 보호 기관에 접수된 사건만 9만 5000건이 넘는다),[39] 페이스북, 구글, 인스타그램, 아일랜드의 왓츠앱 을 상대로 대규모 소송이 시작됐다. 미국 기술기업들도 주의를 기 울여야 했다. 2018년 GDPR이 시행되고 며칠 후, 마크 저커버그는 여기에 따르기 위한 페이스북의 계획을 언급했다. "현재 이를 해 결하기 위한 세부 작업이 진행 중에 있다. 하지만 전체적인 변화가 있어야만 가능한 일이다."[40] 심한 비난이 쏟아지자 그는 며칠 후 보 다 분명한 발언을 내놓았다. "유럽뿐만 아니라 모든 곳에서 동일한 제어 기능과 설정을 사용할 수 있도록 할 것"이라고 말했다.[41] 이렇 게 유럽연합은 기술기업을 규제하는(특히 개인정보 보호라는 사안에 있어) 위치에 서게 되었다. 하지만 그것이 그리 오래 갈 것 같지는 않다.

우리의 목적지

페이스북은 유럽뿐 아니라 미국에서도 펼쳐지고 있는 새로운 현실 에 차츰 눈을 뜨고 있다. GDPR이 시행되면서 캘리포니아주는 캘 리포니아 소비자개인정보보호법California Consumer Privacy Act(CCPA)이라 는 법 개혁을 위해 움직이고 있다.

이야기는 2016년경 부동산 재벌 알리스테어 맥태거트Alastair Mac-taggart로부터 시작됐다. 그는 구글의 소프트웨어 엔지니어인 친구

시스템 에러

에게 구글이 갖고 있는 자신의 개인정보에 대해 걱정을 해야 되는지 물었다. 그는 비행기 조종사에게 비행기 사고의 가능성을 물었을 때 듣는 종류의 안심하라는 대답을 기대하고 있었다. 그러나 친구의 대답은 그의 불안감을 크게 증폭시켰다. "우리가 그들에 대해 뭘 아는지 안다면 사람들은 눈이 돌아갈걸."[42]

실리콘밸리의 성공한 젊은 기술자들을 겨냥한 아파트 개발로 돈을 번 맥태거트는 구글, 페이스북과 같은 기업들의 성장 연료로서 데이터가 하는 역할이 무엇인지 궁금증을 갖게 되었다. 그는 곧 미국에 개인정보를 규율하는 포괄적인 법이 전혀 존재하지 않는다는 것을 발견했다. 기존의 짜깁기식 규제들은 대부분이 사람들의 개인정보 독점으로 혜택을 입고 있는 바로 그 회사들이 고안한 것이었다. 그의 불안은 더욱 커졌다. 이런 발견 과정에서 밝혀진 것이 있었다. 상품에 대해 돈을 내지 않는다면, 바로 당신이 상품이다. 많은 빅테크 기업의 진짜 소비자는 광고주들이다. 그들은 관심사, 기호, 욕구를 기반으로 소비자들을 정확히 공략하는 기술기업의 능력에 돈을 지불한다.

맥태거트는 격분했다. 그는 오바마 행정부가 2012년 '소비자 개인정보 보호 권리장전'을 제안했으나 스노든의 폭로로 정부가 데이터 보호에 대한 개혁의 추진력과 도덕적 권위를 잃었다는 것을 알게 되었다. 정부 관리들은 오바마 집권 2기에 규제의 재추진을 위해 노력했지만, 기술기업의 막강한 로비에 부딪혔다. 빅테크는 입법자들에게 법안을 파기하고 소비자 개인정보를 생득권으로 보는 아이디어에서 물러설 것을 강요했다. 그 과정의 막바지에는 소비자 보호 단체들까지 최종 법안을 지지하지 않았다. 저커버그의 발언에도 불구하고 그런 규제를 결코 원하지 않았던 기술업계는 말할 나위도 없다.

2018년으로 돌아와 보자. 맥태거트는 캘리포니아주의 독특한 직접 민주주의 절차인 주민 발의를 이용해서 기술기업의 농간을 피해가기로 마음먹었다. 우버와 리프트가 2020년 주민 발의안 22호를 통과시켰을 때 사용했던 것과 같은 절차다. 앱 기반 운송과 배달 업체들이 계약자들을 직원으로 대우해야 하는 의무를 면하게 한 그 조항 말이다. 진정인이 충분히 많은 서명을 받을 수만 있다면 이 방법으로 입법 기관을 우회해서 거의 어떤 것이든 유권자들이 직접 권리를 행사할 수 있다. 맥태거트와 그의 지지자들은 유럽의 GDPR과 오바마 정부가 추진했던 소비자 개인정보 보호 권리장전보다 범위가 좁은 주민 발의안의 초안을 마련했다. 그들은 실리콘밸리에서 은밀하게 이루어지는 개인 데이터 사용의 가장 터무니없는 측면, 개인 데이터의 수집과 제3자와의 공유를 직접 공략했다. 이 주민 발의안을 통해 캘리포니아주의 소비자들은 기업들이 어떤 개인정보를 수집하고 어떻게 사용하고 있는지를 알 권리와 데이터의 판매 및 공유를 막을 수 있는 선택권을 얻었다.

맥태거트의 발의안은 62만 9000명의 서명을 받았다. 필요한 양의 두 배였다. 2018년 페이스북이 8700만 명의 개인정보를 오용한 케임브리지 애널리티카의 스캔들에 직면하면서 이 일에 대한 열의는 더 커졌다. 그 시점에는 입법자들도 이 문제에 주목하게 되었고, 기업들은 타협에 훨씬 개방적인 상태였다. 맥태거트는 주의회가 포괄적인 개인정보 보호 법안을 개발하기를 바라며 발의안을 투표에 부치기 위한 운동을 미루는 데 동의했다.

2018년 6월 제리 브라운 주지사가 CCPA에 서명했다. 캘리포니아는 개인정보 보호의 문제에서 유럽 의회의 족적을 따르고 있었다. CCPA는 여러 면에서 GDPR만큼 대담하지는 않지만, 개인이 자신의 데이터가 이용되는 방식에 반드시 동의를 해야 하며, 기업이 자신의 데이터를 수집하거나 타인에게 팔거나 양도하는 것을 막을 수 있고, 회사에게 개인정보의 삭제를 요구할 수 있는 등의 핵심적인 요소들은 동일하다. CCPA에는 '사적 행동권private right of action'(기업으로부터 부당한 대우를 받은 개인이 법원에 소를 제기할 수 있는 권리)이라는 것을 통한 강력한 집행 기제가 포함되어 있다. 빅테크 기업들이 최종안에서 로비를 통해 이 조항을 약화시키긴 했지만 말이다. GDPR과 마찬가지로 CCPA는 캘리포니아에 기반을 둔 업체뿐 아니라 범위를 확장해 캘리포니아에서 사업을 영위하는 모든 기업에 적용된다. 개인정보 보호에 대한 인식이 높아진 캘리포니아 주민들은 2020년에 새로운 발의안을 압도적으로 통과시켰고, 법 시행을 위한 캘리포니아주 개인정보 보호국 설립을 통해 CCPA를 한층 더 강화했다.

GDPR과 CCPA에 대한 확실한 결론을 내리기는 아직 너무 이르다. 이 새로운 체제들은 법적 이의와 실행상의 문제에 직면하면서도, 디지털 시대에 개인정보 보호에 대한 사람들의 사고방식에 전면적인 개혁을 예고하고 있다. 대기업이 많은 개인정보를 수집, 분석, 판매할 온갖 유인을 갖고 있는 상황에서 자신의 개인정보를 보호하는 일을 개인에게만 맡긴다는 생각은 시대에 뒤떨어져 보인다. 고지와 선택은 과거의 유물이 되고 있다. 이제는 미국을 비롯한 다른 민주국가가 어디로 가야 할지를 결정해야 한다. 포괄적인 개인정보보호법이 정말 가능할까? 그렇다면 그 법이 달성해야 하는 목표는 무엇일까?

기술기업의 인기가 크게 떨어진 시점이다 보니 자연스레 대중들은 포괄적인 연방 개인정보 보호 입법에 압도적인 지지를 보내고 있다. 정치인들도 주목하고 있다. 상원과 하원에는 개인정보보호법 초안이 넘쳐난다. 하지만 이 제안들은 서로 다른 접근법을 취하고 있다. 어떤 법안은 미국에 GDPR이나 CCPA 같은 요건을 전국적으로 확대하고 보다 강력한 집행 기제를 만드는 방향을 취하는 반면, 제약이 훨씬 적은(따라서 기업의 문제에 보다 반응적인) 전국적인 데이터 개인정보 보호의 기준을 갖춘 주법을 먼저 마련하자는 법안들도 있다.

기술의 이점을 누리면서 개인정보를 보호하려면, 개인정보 보호를 선호 사항이 아닌 권리라고 생각하고 기업들이 어떤 정보를 수집하고 그것을 어떻게 사용하는지 알아야 한다.

세부적인 협상은 정치인들의 몫이 되겠지만, 이런 정치적 절차의 결과는 기업이나 그들의 로비스트들이 원하는 바만이 아니라 우리 시민들이 원하는 바를 반영해 다른 여러 가치와 개인정보 보호 사이의 21세기적 균형을 이루어야 한다.

첫째, 우리는 개인정보 보호를 맥락마다 달라지는 개인의 선호 사항이 아닌 권리로 취급하는 방향을 향해 적극적으로 움직여야 한다. 그것이 오바마 행정부가 소비자 개인정보 보호 권리장전을 구상할 때 의도했던 것이며, 유럽과 캘리포니아주가 거둔 입법 성과에 반영된 것이기도 하다. 그 권리를 상세히 정의해야만(그리고 거기에 수반되는 것과 그 보호 방법을 구체화함으로써), 이 법률이 기술계에서 사람들의 개인정보 사용을 지배하는 거친 사고방식을 막을 수 있을 것이다. 이 법률은 기업이 차지하고 있던 힘을 시민들에게 되돌려줄 것이고, 기술 제품의 사용자들은 자신이 제공하는 데이터와 그것이 사용되는 방법에 대한 통제력을 되찾을 것이다. 이것은 소비자에게 선택권을 준다는 우리의 약속을 포기한다는 뜻이 아니다. 이것은 무엇은 괜찮고 무엇은 그렇지 않은지에 대한 기대의 기준을 다시 설정하고, 기업에 대부분의 사람들이 읽지도 않는 서비스 조항을 통해 충분한 지식에 기반을 두지 않은 의미 없는 사용자 동의를 얻어내는 것보다 더 나은 일을 할 것을 기대한다는 의미다.

두 번째 요소는 보다 의미 있는 형태의 동의에 대한 약속이다. 그 일부는 규칙을 통해 달성할 수 있다. 더 이상은 기업이 소비자의 무지를 악용해서 최대한 많은 정보를 얻어내는 일이 있어서는 안 된다. GDPR과 CCPA 하에서와 같이 시민들은 기업이 어떤 정보를 수집하고 그것을 어떻게 사용할 것인지 알 권리를 가져야 한다. 플랫폼이 어떤 데이터를 어떻게 이용할 것인지에 대한 세부 사항을 해박한 지식이 있거나 인내심이 강한 사람이 아니라면 이해하기 힘든 방식으로 제시하는 일이 더 이상 용인되어서는 안 된다. 기업이 거의 모든 것에 대한 데이터 수집의 권한을 갖는 일이 더 이상 허용되어서는 안 된다. 대신 데이터 최소화의 원칙(필요한 것만 추출하고 그 이유를 설명하는)이 기업 행동을 지배해야 한다.

애플의 개인정보 보호에 대한 접근법이나 새로운 기술들이 보여주듯이, 기기의 설계 역시 개인정보 보호권을 고려해야 하고, 개인이 어떤 정보를 공유하고 싶은지, 어떤 정보는 개인정보로 지키고 싶은지에 대한 개인의 선호에 부합하는 행동을 할 수 있는 가능성을 높여야 한다. 예를 들어 기본 설정을 기업들이 선호하는 선택 해제 방식에서 선택 방식으로 전환한다면 사용자가 공유하는 개인정보에 큰 영향을 줄 수 있을 것이다. 이런 변화를 통해 개인정보 보호에 민감한 개인들은 자신들이 지향하는 목표를 보다 쉽게 이룰 수 있을 것이다. 하지만 이는 기업들이 서비스를 개인 맞춤화하고, 광고를 표적화하고, 제품을 개선하는 데 사용하고 있는 많은 정보를 포기해야 한다는 뜻이기도 하다. 선택 설정 방식이 더 나은 균형을 가져다줄지는 아직 지켜봐야 할 문제이며, 적극적인 실험이 필요한 문제다. 하지만 이것은 제품에 탑재되는 '넛지nudge'의 가치를 상기시킨다. 넛지는 옵션에 제한을 주거나 경제적 인센티브를 바꾸지 않으면서 사람들이 구성을 선택할 수 있게 하는 디자인 기능이다.[43]

큰 차이를 만들 수 있는 또 다른 방법은 사용자들이 개인정보 보호에 대한 자신의 선호도를 정한 뒤 그것을 플랫폼이나 사이트마다 적용하는 것이 아니라 하나의 플랫폼에서 다른 플랫폼으로 옮겨가게 하는 것이다. 표준화된 전화번호나 주소를 옮기는 것과 마찬가지로 개인정보 보호의 선호도를 반영하는 중립적인 온라인 식별자를 통해 개인정보에도 이동성을 부여하는 것이다.[44] 여러 기업가가 이 문제를 해결하기 위해 경쟁을 벌이고 있다.

예를 들어 구글의 임원이었던 리처드 휘트Richard Whitt는 사용자와 플랫폼 사이에서 매 순간에 어떤 데이터가 공유되는지를 통제하는 '디지털 신탁중개인digital trustmediary'을 만들고 있다. 인터넷의 선구자

시스템 에러

팀 버너스-리는 인럽트Inrupt라는 새로운 스타트업을 시작했다. 이 회사는 사용자 데이터를 데이터 팟data pod으로 정리해 앱이 사용자의 선호도에 따라 데이터에 대한 선택적 접근권을 갖게 한다.

셋째, 우리는 새로운 법률이 정의한 사생활권을 보호할 힘이 있고 신뢰할 수 있으며 합법적인 정부 기관을 필요로 한다. 소비자는 자동차가 운전하기에 안전한지, 음식이 몸에 해를 끼칠 가능성이 있는지 판단할 책임을 지지 않는 것처럼 개인정보 보호 설정을 세부적으로 챙길 책임도 없다. 소비자는 누군가가 그들의 개인정보를 감시하고 그런 기본권을 보호하는 합리적 기준을 만든다는 점을 알고 안심할 수 있어야 한다.

미국에서 제도 설계를 둘러싼 논란의 대부분은 연방거래위원회의 역할과 관련된다. '불공정하고 기만적인 사업 관행'에 대응할 권한을 가진 이 조직은 최근 기본적인 사생활 보호의 규제기관이 되어 기업들이 스스로 만든 개인정보 보호 약속을 지키도록 하고 있다. 연방거래위원회는 1990년대 중반부터 키즈컴닷컴KidsCom.com과 야후 지오시티즈Yahoo! GeoCities가 부모의 동의 없이 어린이들로부터 정보를 수집해서 공유하는 것을 추적하는 등 어린이의 개인정보 보호를 중심으로 하는 일련의 집행 조치들을 통해 온라인 개인정보 보호를 규제하기 시작했다. 좀 더 최근에는 개인정보 보호 정책을 변경할 때 사용자의 동의를 구하지 않은 기업들을 적발하고 있다. 연방거래위원회가 처음으로 규제한 첫 번째 불공정 사례는 게이트웨이 러닝 코퍼레이션이었다. 이 어린이 시리즈 '후크드 온 파닉스Hooked on Phonics' 제작사는 개인정보 보호 정책을 소급적으로 변경해 사용자 정보를 제3자에게 판매할 수 있게 한 책임이 있었다. 연방거래위원회는 또한 페이스북이 사용자의 페이스북 친구 정보(그 친구의 개인정보 보호 설정이 보다 제한적인 경우에도)를 제3의 앱 개발자들과 공유하면서 사용자를 속였다는 판결을 내렸다.

이런 모든 활동에도 불구하고 연방거래위원회는 "기술 수준이 낮고, 수동적이며, 무력한" 기관이라는 비난을 받고 있다.[45] 주요 소비자 단체 중 하나인 전자개인정보센터Electronic Privacy Information Center(EPIC)는 연방거래위원회가 기업이 이해하기 힘들고 거의 아무도 읽지 않는 개인정보 보호 정책 안에서 자신들의 약속을 지키도록 하는 반응적이고 사후적인 단속에 그치고 있다면서, 이런 기관은 고지와 선택이 지배하는 세상에서 많은 일을 할 수 없다고 주장했다. 즉 미국이 특별한 목적을 위한 기관을 만들고 규칙을 만들고, 이행을 감시하고, 조사를 수행하고, 사용자 개인정보 보호권을 침해하는 주체를 제재할 수 있는 힘과 자원을 부여하지 않는 한 새로운 일련의 권리는 아무런 의미를 갖지 못한다. 미국은 '수탁 관리인'이 필요하다. 수탁 관리인은 사람들의 개인정보를 보호하는 한편 사생활과 사람들이 공유하는 다른 목표들 사이의 균형을 꾀하는 일을 집행할 권한을 가져야 한다. 키어스틴 질리브랜드Kirsten Gillibrand 상원의원은 2020년 2월 개인정보 보호 기관에 대한 입법안을 발의하면서 "미국은 이 문제에 있어 다른 나라들보다 크게 뒤져 있다. 거의 모든 다른 선진 경제국은 정보 보호의 문제를 다루는 독립 기관을 이미 설립했다"라고 지적했다.[46] 미국도 선례를 따라야 할 시간이 왔다.

우리는 감시 사회에서 살고 있다. 우리가 매일 사용하는 디지털

시스템 에러

도구의 놀라운 기술 덕분에 정부와 기업은 우리가 무엇을 원하는 지, 우리가 무엇을 하는지, 우리가 무엇을 생각하는지 그 어느 때보다 많이 알고 있다. 미국인들은 정부의 정보 접근법에 대해 이미 오래전부터 회의적인 시각을 가져왔지만, 현재는 민간 기업 역시 지나치게 많은 정보를 수집하고 있다는 건전한 의심을 키워가고 있다. 기술기업들은 우리의 개인정보로부터 수익을 얻고, 개인정보에 대한 접근권을 돈이 되는 상품으로 바꾸어 부를 축적하고 있다.

사회 동원의 순간은 이런 많은 문제들을 부각시킨다. 시민들의 행진을 공중에서 감시하는 정부와 안면인식 도구를 이용해서 경찰이 비행 혐의자를 추적하는 데 도움을 주는 민간 기업들이 표현의 자유와 집회·결사의 자유를 위협하는 상황에서, 대중은 사생활권에 대한 더 많은 보호를 요구하고 있다. 그러나 이런 사생활권을 명확하게 규정하고 그들을 보호할 힘과 권위를 갖춘 기관을 만들기 전까지 우리는 고지와 선택이라는 법의 공백 속에 남을 수밖에 없다. 스스로 자신에 대한 정보 접근권을 통제하고 있다고 생각하지만 실제로는 기업이 우리의 무지와 게으름, 인지적 한계를 이용해서 우리에게서 더 많은 정보를 수집하는 그런 공백 속에 말이다. 우리는 그와는 다른 곳, 기술에 대해 뛰어난 지식이 없어도 기본적인 권리를 지킬 수 있는 곳을 목적지로 삼아야 한다.

6장

자동화의 그늘,
기술적 실업이라는
질병의 탄생

인간은 수십 년 전부터 스스로 움직이는 차라는 아이디어에 매료되어왔다. 하지만 그동안 그것은 현실과는 너무나 멀리 떨어져 있었다. 컴퓨터에서의 수많은 혁신과 마찬가지로, 획기적인 발전을 이룬 것은 미국 국방부였다.

2002년 미국 방위고등연구계획국(DARPA)은 DARPA 그랜드 챌린지를 개최하겠다고 발표했다. 모하비 사막에서 229킬로미터를 달리는 자동차 경주였다.[1] 이 경주에는 특히 흥미를 끄는 조건이 있었다. 자동차가 전자동이어야 한다는 것이다. 즉 경주가 시작되면 인간이 자동차의 작동에 개입할 수 없다. 상금은 100만 달러였고, 부상은 역사에 이름을 올리는 것이었다. 2004년 3월 13일 큰 기대를 품고 트랙에 모여든 15개 참가팀은 자동차가 연이어 궤도를 이탈해 모래 속에서 꼼짝 못하게 되는 모습을 지켜봤다. 출발선조차 지나지 못한 차들도 있었다. 이 경주에서 가장 많이 움직인 차량, 카네기멜론대학교의 경주팀이 개발한 샌드스톰이란 이름의 허머Hummer는 11킬로미터(전체 경주로의 5퍼센트에 못 미치는) 남짓을 달리고 코스에서 벗어나 갓길에 처박혔다. 경주는 실패로 돌아갔고, 아무도 상금을 받지 못했다.

하지만 DARPA 관리들은 포기하지 않았다. 그들은 다음 해 두 번째 경주를 개최하기로 했고 상금을 200만 달러로 올렸다. 2005년 DARPA 그랜드 챌린지는 완전히 다른 양상이었다. 새로운 212킬로미터의 사막 코스에 참가 자격을 얻은 팀은 23개였고, 그중 다섯 대의 차량이 코스를 완주했다. 승자는 스탠리Stanley라는 이름의 차량이었다. 컴퓨터공학과 교수 서배스천 스런Sebastian Thrun이 이끄는 스탠퍼드대학교 팀이 내보낸 차였다. 스탠리는 6시간 54분 만에 코스를 완주해 2등 차량을 11분 차이로 제쳤다.[2] 18개월 만에 엄청난 진전을 이룬 것이다. 바로 전해에만 해도 형편없는 실패로 보였던 이 경주는 엄청난 성공이라는 칭송을 받았다.

스런은 흐뭇하게 이 경주를 회상하며 말했다. "앞으로 50~60년 후면 자동차가 혼자 움직이는 것은 식은 죽 먹기가 될 것이다."[3] 그것은 지나치게 비관적인 예측이었다. 2020년 현재 30개 이상의 국가가 도로에서 자율주행차를 실험하고 있다. 캘리포니아주만 해도 50개 이상의 회사, 500개 이상의 자율주행차가 허가를 받았고 이들이 달린 총 거리는 320만 킬로미터가 넘는다.[4]

상업용 자율주행차 발전의 가장 주된 동기는 도로 안전을 개선할 수 있는 가능성이었다. 세계보건기구(WHO)는 2013년 전 세계의 교통사고 사망자가 125만 명이었던 것으로 추산하고 있다.[5] 2017년 미국에서만 3만 7133명이 자동차 충돌 사고로 사망했고, 이런 충돌 사고의 90퍼센트 이상에는 인간의 실수가 관여했다.[6] 물론 자율주행차가 상용화되기 위해서는 얼마나 안전해야 충분한가라는 의문을 가져야 한다. 통계가 말해주듯이 인간은 그렇게 좋은 운전자가 아니다. 우리는 실수가 잦고, 때로는 매우 지치거나, 문자 메시지에 정신을 빼앗기거나, 술을 마신 상태에서 자동차를 운전한다. 자율주행차의 이점에 대한 논거는 수없이 많다. 통근 시간을 보다 생산적인 시간으로 만들고(미국에서만 연간 수천억 달러를 아낄 수 있을 것으로 추정된다),[7] 자동차의 움직임을 조정함으로써 연료 소비를 줄이고, 기존 도로의 처리 효율을 높이고(자율주행차는 운전 중에 차간 거리를 넓게 유지할 필요가 없기 때문에), 심지어는 주차 공간의 필요성도 감소한다.

그렇다면 자율주행차의 단점은 무엇일까? 첫째, 우리는 자율주행차가 안전 측면에서 효과가 있는지를 파악해야 한다. 그런데 이 것은 답하기가 대단히 까다로운 문제로 밝혀졌다. 자율주행차가 도로 규칙을 준수하고 사고를 피하는 등의 낮은 수준의 결정을 내릴 수 있다는 것을 증명하는 데에서 더 나아가 복잡한 고난도의 결정을 어떻게 내리는지도 이해해야 한다. 예를 들어 운전자를 보호하기 위해 자전거 도로로 방향을 틀어야 할지 아이들과 자전거를 타고 있는 부모를 보호해야 할지와 같은 선택에 직면했을 때, 차를 움직이는 자율주행 시스템이 어떤 행동을 하도록 프로그래밍해야 할까?

1960년대 말 영국의 철학자 필리파 풋Philippa Foot이 처음 소개한 가상의 딜레마, '트롤리 딜레마Trolley Problem'에 대해 생각해보자. 이 문제는 엔지니어들에게 현실적인 문제가 됐다. 자율주행차의 맥락에서 이 문제는 길을 건너는 5명의 행인과 충돌하는 것을 피하기 위해서 도로에서 벗어남으로써 차에 탄 탑승자 1명의 목숨을 위험에 빠지게 하거나 희생하도록 프로그래밍해야 할 것인가를 묻는다. 사회 전체를 생각할 때는 자동차가 더 많은 목숨을 구하는 쪽을 선호할 것이다. 2016년 설문조사에서도 대부분의 응답자가 전체적으로 도로에서의 사상자를 최소화하도록 차량을 프로그래밍하는 쪽을 선호했다.[8] 하지만 응답자가 자율주행차의 탑승자(즉 잠재적 구매자)의 입장이 될 때는 다른 답을 얻었다. "어떤 대가가 있어도 탑승자를 보호하는 자율주행차를 선호한다"라고 답한 것이다. 사람들은 탑승자보다 행인의 안전을 우선하는 자율주행차를 구입할 가능성은 낮다고 말하면서도, 다른 사람은 그런 차량을 구입하기를 바랐다. 차량 구매에서 나타나는 사회적 선호와 개인적 선호의 차이는 나쁜 결과로 이어질 수 있다. 행인이나 자전거를 타는 사람의 입장이 될 때는 모든 사람의 복리를 우선하는 쪽을 선호하고, 잠재적인 운전자의 입장이 될 때는 탑승자의 안전을 우선하는 쪽을 선호한다. 자율주행차는 동시에 양쪽으로 프로그래밍될 수 없다. 여기에서 자유시장 접근법은 우리가 바라는 결과를 가져다줄 수 없다는 것이 드러난다.

사람들은 자율주행차의 세상이 임박했다는 것을 받아들이기 시작했다. 하지만 우리는 인간의 판단을 대체하는 것이 옳다고 생각되지 않는 다른 기능의 자동화에도 대비해야 한다. 여기에는 질병을 진단하고 당신에게 맞는 치료법을 결정하는 의사의 역할, 아이에게 필요한 것을 판단하고 그 능력을 개발하는 가르침을 주는 교사의 역할, 정치인에게 국가 안보를 지킬 방법과 같은 생사가 걸린 결정을 내릴 권한을 주는 것 등이 포함된다. 이런 역할에는 결과에

시스템 에러

대한 공감 능력이나 인적 작인*이 필요하다.

　컴퓨터가 도로에서, 병원에서, 전장에서 사람의 목숨을 구하게 될 수도 있다. 하지만 이런 가능성에는 쉽게 측정할 수 없는, 따라서 최적화할 수 없는 비용이 따른다. 삶에 대한 우리의 권한이 축소되는 미래가 다가오고 있다. 자동화의 혜택과 부담은 고르게 나뉘지지 않을 것이다. 지금 우리가 만들 수 있는 기술이 우리 자리를 차지할 수도 있다. 이제는 이런 파급효과에 대해서 깊이 생각해보아야 할 때다.

악귀를 조심하라

공상과학 소설 작가들은 오래전부터 기계가 인간보다 지능이 높아져서 인간이 새로운 로봇 지배자에게 굴종하는 세상을 그려왔다. 인공지능이 엄청나게 발전한 지금 시대에는 기계가 인간보다 높은 성과를 올리는 영역이 이미 나타났다. 하지만 이것이 우리가 걱정해야 할 일일까? 대답은 간단하지 않다. 상황이 어떻게 펼쳐질지는 우리가 기계에게 넘기는 과제의 종류와 기계와 인간 사이의 상호작용을 설계하는 방식에 달려 있다.

　인공지능의 역사를 추적하는 전형적인 방법은 여러 과제에서 인간을 물리친 성공 사례를 따라가는 것이다. 머신러닝machine learning이라는 말을 대중에게 알린 아서 새뮤얼은 1959년에 체커를 하는

---

* human agency. 행위자의 의도, 욕구 혹은 정신적 상태로 인해 일어난 행위의 발현을 의미한다.

컴퓨터 프로그램을 개발했고 컴퓨터 혼자 게임을 해서 스스로 발전하게, 즉 '학습'하는 것처럼 보이게 만들었다. 1994년이 되어서야 컴퓨터 프로그램은 인간 체커 세계 챔피언을 이길 수 있었다. 1997년에는 IBM의 딥블루Deep Blue 컴퓨터가 오랫동안 체스 세계 챔피언이었던 가리 카스파로프Garry Kasparov를 이기면서 "인류의 지배자를 자리에서 몰아냈다"라는 헤드라인이 전 세계 신문을 장식했다.[9] 2011년 TV 퀴즈쇼 〈제퍼디!〉에 참여하도록 만들어진 IBM의 인공지능 컴퓨터 왓슨Watson이 두 명의 전 우승자 브래드 러터와 켄 제닝스를 가볍게 눌렀다. 최종 점수는 러터가 2만 1600달러, 제닝스가 2만 4000달러, 왓슨이 7만 7147달러였다. 2017년 구글 딥마인드DeepMind의 과학자들이 머신러닝을 이용해서 만든 프로그램이 세계 최고의 바둑 기사 커제柯洁를 이겼다. 그때까지 많은 바둑 기사들은 체스보다 판의 구성이 훨씬 더 많은 바둑의 경우 세계 챔피언은 컴퓨터의 수준을 훨씬 넘어선다고 생각했다. 알파고AlphaGo의 성공은 많은 바둑 기사들을 충격에 빠뜨렸고, 일부 기사들은 컴퓨터의 바둑이 "완전히 다른 차원"이었다고 평가했다.[10]

놀라운 기술적 개가다. 하지만 그것은 시작에 불과했다. 인공지능과 인공지능 기반의 자동화 시스템이 급속하게 발전하면서 기계가 단순히 게임만이 아닌 여러 분야에서 인간을 능가하는 시대의 도래를 알리고 있다. 한편으로 불쾌하고, 위험하고, 지루한 반복적 작업의 자동화는 많은 사람에게 축복이라는 것이 이미 증명됐다. 반면에 우리 인간이 의미, 즐거움, 충족감을 얻는 과제의 자동화는 저주가 될 수 있고 인간이라는 존재가 지니는 의미의 변화를 예고한다.

당신은 빨래하는 것을 좋아하는가? 그런 사람은 거의 없을 것이다. 오늘날에는 빨래가 과거에 비해 훨씬 쉬운데도 말이다. 세탁기가 등장하기 전까지 옷을 빠는 것은 빨랫감을 불리고, 비누칠을 하고, 헹구고, 따로 널어 말리는, 시간이 많이 소요되는 일이었다. 세탁기는 인간 노동의 필요를 덜어주는 자동화 시스템에 지나지 않는다. 인류에게 편익을 주는 기계인 것이다. 세탁기는 빨래라는 지루한 노동 집약적 과제로부터 인간을 해방시켰을 뿐 아니라, 전 세계에 걸친 가사노동의 전형적인 분담을 생각할 때 특히 여성을 힘들고 단조로운 일로부터 해방시켰다. 빨래라는 과제에서 세탁기가 인간 노동을 대체했다고 아쉬워하는 사람이 있을까? 아마도 없을 것이다.

세탁기는 특별히 지능적이지 않다. 하지만 그것은 인간보다 더 효과적이고 훨씬 더 효율적이다. 콤바인 수확기에서 계산기까지 지금껏 개발된 다른 많은 기계들도 마찬가지다. 이전에 인간의 노동력으로 수행했던 과제의 자동화는 인공지능보다 시대를 훨씬 앞서 있다. 1800년대 말, 미국 경제의 일자리 50퍼센트 이상이 농업 부문에 있었다.[11] 1930년대에 그 비율은 20퍼센트였고, 2000년에는 2퍼센트 미만으로 떨어졌다. 이런 노동 시장의 변화는 분명 고통스러운 파괴와 사회적 격동을 야기한다. 하지만 경제학자들이 말하는 노동의 기술 대체, 쉬운 말로 기계의 도입으로 인한 경제 부문 내의 일자리 감소는 현대 사회의 친숙한 특징이다. 그것은 인공지능의 결과만이 아니다.

인공지능에 대한 논란에서 가장 문제가 되는 부분은 로봇 지배자의 부상이라는 절망적인 상상이 아니라 기계가 대체하는 일의 종류가 무엇이며, 우리가 이런 전환을 어떻게 관리해야 하는가이다. 기계가 대체하는 일이 우리의 복리에 기여하지 못한다면 우리는 인간의 일자리 상실에 대해 한탄하게 될 수도 있다.

컴퓨터로 움직이는 기계와 달리 디지털 주도의 자동화 시대에는 어떤 특별한 점이 있을까? 자동화의 초기 형태는 육체노동을 기계가 대체하는 쪽이었다. 하지만 디지털 자동화는 육체노동과 인지 노동 모두를 대체할 수 있고, 일에 대한 우리의 경험을 바꿀 수 있다.[12] 물리적 기기나 기계와 달리, 디지털 자동화는 복제하는 비용이 상대적으로 저렴하다. 디지털 자동화가 이전의 자동화 형태들보다 강력하다고 해도(인간의 사고를 대체하고 정보 처리 능력이 인간을 능가하기 때문에) 스마트 머신들이 인간의 사고와 사유에 필적할 것을 걱정할 필요는 없다. 적어도 아직은 말이다.

인간 지능과 기계 지능 사이에는 중요한 차이가 있다. 인간의 지능에는 목표에 대해 추론하면서도 그것을 달성할 수단을 생각하는 이중적인 능력이 포함된다. 인간은 아마도 모든 생물 중에 유일하게, 삶에서 가장 근본이 되는 목표가 무엇인지 생각하고 그것을 변경할 수 있다. 기계는 아무리 지능적이어도 스스로 목표를 설정하거나 그 목표가 가치가 있는지 아닌지를 숙고하지 못한다. 컴퓨터에게 체커나 체스를 하도록 프로그램화하기로 결정하는 것은 사람이다. 인간의 얼굴을 인식하는 데 컴퓨터를 사용하기로 결정하는 것은 사람이다. 기술자들은 명확한 규칙에 따라 게임의 승패가 결정되고 작동하는 스마트 머신을 만드는 데 특히 능하다. 인공지능이 만든 이정표들에 게임이 많이 관련된 것은 우연이 아니다.

정의하기가 좀 더 어려운 목표를 달성하기 위해 노력하는 지능적 기계를 만드는 것은 훨씬 더 까다로운 일이다. 예를 들어 자율주행차의 목표는 무엇인가? 기술자가 설계한 자동화 시스템이 최적화하려고 노력해야 하는 구체적인 기능은 무엇인가? 목적지에 승객을 빠르게 수송하는 것이 목표라고 말하는 사람도 있을 것이다. 승객의 안전이라고 말하는 사람도 있을 것이다. 빠른 경로보다는 경치가 좋은 곳을 지나서 승차가 좀 더 즐거운 경험이 되는 것을 선호하는 사람도 있을 것이다. 구체적인 기능이 무엇이든 자동화 시스템은 다른 종류의 길, 날씨, 외부의 밝기, 다른 차와 행인의 움직임, 공을 잡으려고 차도로 뛰어드는 어린이와 같은 장애물 등 예상치 못한, 변화하는 환경에서 길을 찾아갈 수 있어야 한다. 기계가 자신의 목표를 정의할 수 있을 때까지는 기술을 이용해 해결하고자 하는 문제(어떤 목표가 추구할 가치가 있는가)의 선택은 여전히 우리의 몫이다.

일부 기술자들이 꿈꾸는 인공지능의 개척지가 있다. 범용 인공지능artificial general intelligence(AGI)이라는 아이디어다. 오늘날 인공지능이 이룬 진전은 좁은 범위의 구체적인 과제를 완수하는 능력('약한 인공지능weak AI')을 특징으로 하는 반면, 범용 인공지능('강한 인공지능strong AI')을 만들고자 하는 야망에는 인간이 설정한 목표를 성취하는 것 외에도 스스로 목표를 설정할 수 있는 기계의 개발이 포함된다.

범용 인공지능이 가까운 시일 내에 나타날 것이라고 믿는 사람은 거의 없지만, 일부 옹호자들은 연산 능력의 기하급수적인 성장과 겨우 지난 10년 동안 인공지능 분야에서 나타난 놀라운 발전 덕분에 우리가 살아 있는 동안 범용 인공지능이 가능해질 것이라고 주장한다. 인공지능 연구자들을 비롯한 많은 사람들은 범용 인공지능이 가능성이 없거나 가능하더라도 수십 년 후의 일이라고 생각한다. 이런 논쟁은 초지능 기계superintelligent machine의 출현과 관련된 유토피아적·디스토피아적 논평으로 이어지고 있다. 범용 인공지능의 대리인이나 범용 인공지능 시스템의 목표가 인간의 목표와 일치할 것이라고 어떻게 보장할 수 있을까? 범용 인공지능이 인류를 위험에 빠뜨리거나 인간을 초지능 로봇 혹은 범용 인공지능 대리인의 노예로 만들겠다고 위협하게 될까?[13]

그렇지만 우리가 집중해야 하는 문제는 범용 인공지능과 공상과학에 가까운 것이 아니다. 우리는 인간과 사회에 대단히 중요한 문제를 제기하는 약한 인공지능 혹은 좁은 인공지능narrow AI의 급속한 발전에 대해서 생각해봐야 한다.

인간보다 똑똑한 기계의 등장?

기계들은 어떻게 그렇게 '똑똑'해져서 일부 직업에서 창조자를 대체하는 위협적인 존재가 되고, 다른 과제에서는 인간의 역량에 의심을 갖게끔 만드는 것일까? 어떻게 인공지능이 이런 급진적인 전환의 시점까지 치닫게 된 것인지, 그 이유가 무엇인지 이해하려면 제2차 세계대전 이후의 시대로 돌아가야 한다. 발전의 경로는 매끄럽지도 점진적이지도 않았다.

인공지능(AI)이라는 용어는 1956년에 처음 만들어졌다. 컴퓨터 공학이 하나의 학문 분야로 막 자리를 잡는 중이었고 컴퓨팅이 가능하게 하는 미래는 끝이 없어 보였다. 아서 새뮤얼의 체커 프로그램이나 인간 의사보다 혈액 감염을 더 잘 진단할 수 있는 마이신MYCIN이라는 이름의 '전문가 시스템' 등 1950년대에서 1970년대 사이에 나타난 AI 연구의 초기 발전은 인공지능이 성취할 수 있는 것들에 대단히 긍정적인 시각을 갖게 만들었다. 연구실에서의 높은 열의는 비즈니스 세계에서의 과장 광고로 이어지는 경우가 많았고, 인공지능은 갖가지 문제의 사업적 해법이 될 가능성이 있다고 알려지게 되었다. 그러나 그런 문제들은 대부분 당시의 기술로는 해결할 수 없는 것이었다.

초기 AI 연구의 대부분은 "모든 개는 다리가 네 개다"와 같은 논리적 규칙을 통해 인간 의사결정과 연역을 모델로 만들고자 했다. 하지만 그런 규칙 기반 시스템은 불안정하다. 다리를 절단한 혹은 다리가 세 개뿐인 개를 만났을 때 당신의 논리에는 어떤 일이 일어나겠는가? 규칙 기반 시스템은 그것이 개가 아니라고 추론할 것이다. 더 심각하게는 전혀 추론을 할 수 없는 모순 상태에 빠질 수도 있다. 기존의 규칙과 일치하지 않는 정보가 주어졌기 때문이다. 그런 시스템의 규칙을 재빨리 수정하려는 시도는 예외를 해결해야 하는 끝없는 세부 사항에 파묻힐 것이다. 다리가 세 개뿐인 개가 의족을 끼고 있다면? 그 개의 의족이 실제로는 바퀴라면? 그런 규칙 기반 시스템은 복잡해지고, 느려지고, 실패하기 쉽다. 다리를 절단한 개의 사례가 중요한 문제로 보이지 않는가? 그렇다면 부적절한 규칙 기반 시스템이 제철소의 용광로를 관리하는 것과 같은 위험한 상황에 사용된다면 어떨까? 추론 능력의 문제가 훨씬 심각한 결과로 이어질 가능성이 있다.[14]

AI 시스템에 대한 과장과 그에 못 미치는 성과는 1970년대와

1980년대, 수십 년에 걸친 'AI의 겨울'로 이어졌다. 인공지능의 산업적 이용은 눈에 띄게 감소했고, 학계의 자금 지원은 말라붙었다.

이 시기가 끝나가면서, 보다 현대적인 AI 시스템이 좀 더 유연하고 종종 더 복잡한 시스템 개발을 통해 규칙 기반 시스템의 취약성을 극복했다. 여기에는 신경망, 인간 두뇌가 세상의 불확실성을 다루는 방식에서 영감을 얻은 머신러닝 알고리즘의 출현이 포함된다. 절대 규칙은 수(종종 확률과 가능성을 나타내는)로 대체되었고, 시스템이 추론 능력을 완전히 잃는 일 없이 예상치 못한 상황을 다루게 해주는 견실한 방식과 수학적 결합을 이루었다.

오늘날의 AI 시스템은 세상에 대한 모형을 만들고 추론하는 방식에 있어서 훨씬 유연하고 강력하다. AI 시스템은 자동차가 도심을 달리게 만들고, 사진 속의 얼굴을 인식하고 신원을 확인할 수 있게 만들고, 세계 챔피언을 이길 정도의 수준으로 게임을 할 수 있다. 하지만 새로 발견된 이런 시스템의 힘에는 복잡성이라는 대가가 따른다. 이들 AI 시스템은 너무나 복잡해서 그것을 설계한 인간조차 기계가 왜 그런 결정을 내렸는지 파악하기가 힘들다. AI 시스템은 많은 데이터들 가운데에서 인간이 식별할 수 없는 패턴을 확인할 수 있고, 따라서 보다 정확한 예측을 할 수 있는 가능성이 크다. 하지만 종종 그런 시스템들은 특정한 결과를 산출한 이유를 설명하지 못하는 블랙박스가 된다. 시스템을 만든 과학자들도 항상 결과를 설명할 수 있는 것이 아니기 때문에 결정은 불가해성을 띠게 된다.

딥러닝deep learning은 그것이 깊이 있는 식견을 내놓기 때문에 붙여진 이름이 아니다. AI 시스템의 구조를 공간에 빗대어 말한 것일 뿐이다. 딥러닝은 시스템에 들어온 인풋을 이용해 일련의 단순한 패턴을 만들고, 이전 층의 패턴들을 결합시켜 보다 복잡한 다음 층을 만든다는 아이디어를 기반으로 한다. 딥deep(깊다)은 그런 시스템이 불과 10년 전보다 훨씬 많은 층을 갖고 있다는 사실에서 나온 이름이다. 예를 들어 안면인식 시스템의 인풋은 보통 사진('페이스프린트faceprint'), 좀 더 구체적으로 말하면 이미지를 구성하는 픽셀 그리드다. 이 시스템의 첫 번째 층에서는 기본 픽셀로부터 선('에지edge')을 인식한다. 다음 층에서는 이 선들이 단순한 형상으로 결합되고, 다시 눈·코·입과 같은 얼굴의 특징을 나타내는 후속 층으로 결합된다. 마지막 층은 이런 특징들을 정확한 위치에 배열한다. 아주 간단해 보이지만, 실제로 그런 시스템을 구축하는 것은 엄청난 작업이며 머신러닝 기법을 이용해야만 달성할 수 있다. 페이스북의 안면인식을 위한 딥페이스DeepFace 시스템은 "9개 층의 심층 신경망을 사용한다. 이 딥 신경망에는 1억 2000만 개 이상의 변수가 포함된다."[15] 그것이 2014년의 일이다. 그때 이후 마이크로소프트, 구글, 엔비디아NVIDIA 등의 기술계 대기업들은 '수백억' 개의 변수를 가진 모델들을 만들어왔고 그 숫자는 해마다 늘어나고 있다. 그런 모델은 약 1000억 개의 뉴런이 있는 인간 두뇌의 복잡성에 접근하기 시작했다. 심층 신경망의 연산 능력은 관련된 모든 변수를 이해하는 능력에서는 인간을 훨씬 앞지른다.

AI 시스템의 힘은 우리 삶 속에 다양한 응용물들을 만들어내는 원동력이 되었다. 그중에는 어쩌면 우리도 모르는 사이에 수년 동안 사용해온 것도 있다. 이메일에서 스팸을 걸러내거나 신용카드 구매에서 사기 거래를 찾아내는 방법은 이미 20년의 역사를 갖고 있다. 신용카드 회사로부터 당신 카드에서 수상한 활동의 정황이 포착되었다는 전화를 받는다면 감사의 인사는 그것을 발견한 인공지능에게 돌아가야 마땅하다. 스팸 필터링이나 신용카드 사기와 같은 경우에는 거래의 양이 인간이 처리할 수 있는 능력을 훨씬 넘어선다. 이런 기술은 노동자를 대체한 것이 아니다. 그 과제가 애초에 인간이 따라잡을 수 없는 것이기 때문이다. 문제는 인간이 찾을 수 없는 데이터 시스템 깊숙한 곳에 있다.

인공지능은 패턴 인식 능력에서 큰 성장을 보이면서 좀 더 복잡한 과제에 더 눈에 띄는 방식으로 적용되었다. 자율주행차는 시작에 불과하다. 이런 응용물 중에는 메이커셰이커Makr Shakr의 로봇 바텐더와 같은 참신한 것들도 있다. '토니'나 '브루노' 같은 이름을 가진 이 로봇 바텐더들은 지난 몇 년 동안 런던에서부터 두바이에 이르는 여러 지역의 바에서 칵테일을 제조해 260만 잔 이상의 음료를 서비스했다!

번역가와 같은 틈새 직업은 여러 언어들을 놀랄 만큼 정확하게, 그것도 실시간으로 번역하는 기계의 능력 때문에 위협을 느끼게 됐다. 코로나19 대유행 동안 줌 화상 회의를 사용해본 사람이라면 여러 나라 언어를 자동으로 번역하는 오디오 채널과 함께 제공되는 자동 자막 서비스가 매우 편리하다고 느꼈을 것이다.[16] 일부 분석가들은 이 영역의 미래 풍경이 인간 번역가가 기계의 작업 결과를 바탕으로 대화체로 바꾸고 보다 정확하게 다듬는 '인간 참여형human on the loop' 모델에 가까워질 것이라고 전망한다. 그렇다면 많은 번역가가 필요할까? 작은 업계에서 그런 전문화된 기술이 필요할까?

자동화 고객 지원의 영역에서는 음성인식과 자연언어 이해를 결합한 AI 시스템(아마존 알렉사와 구글 홈Home과 같은 스마트 스피커에서 사용되는 것과 아주 비슷한)이 고객과 상호작용을 하는 최전방에서 활약하게 되었다. 시스템이 당신이 필요로 하는 도움을 줄 수 없을 때에만 인간이 개입한다. 이러한 상황에서는 고객 서비스 직원의 수를 줄일 가능성이 크다.

금융계는 어떤가? 인공지능이 그 어느 때보다 정교한 주식, 선물, 파생상품 거래 모델을 운영하는 데 이용되고 있다. '퀀트 헤지펀드quantitative hedge fund'라는 시스템은 주로 머신러닝 모델을 통해 구동되는 알고리즘 기법을 사용해 애플 주식에서 아연 선물에 이르기까지 모든 거래를 단 몇 초 만에 처리한다. 이 분야의 선구적 업체 중 하나인 르네상스 테크놀로지스Renaissance Technologies는 수학 박사인 짐 사이먼스Jim Simons가 설립했다. 그는 국가안보국에서 암호 해독 업무를 했다. 이는 약간 다르긴 하지만 마찬가지로 정량적 형태의 패턴 인식이다. 르네상스의 메달리언Medallion 펀드는 회사가 설립된 1982년 이래 1000억 달러가 넘는 수익을 냈다. 기술 발전의 결과로 금융 서비스 업체들이 고객 관리에 집중하고 정량적 기술을 활용하는 민간 펀드에 접근하면서 금융계는 변화하고 있다. 금융계는 인공지능 같은 첨단기술을 채택할 기회가 무르익은 분야다. 느리고 실수가 잦은 사람들로 가득할 때의 시장이 비효율적이라면, 인공지능을 이용해서 패턴 식별을 최적화하고 인간이 할 수 있는 것보다 훨씬 빠르게 비효율을 개선하지 않을 이유가 있을까? 그 때문에 투자 회사의 고용이 줄어들까? 이 문제에 대해서는 찬반 양쪽이 팽팽히 맞서고 있다.

그렇다면 의사는 어떨까? 의사가 인공지능에 위협을 느끼게 될까? 한때 기술이 정복할 수 없다고 여겨지던 직업들이 이제는 면밀한 검토의 대상이 됐다. 유방암 진단을 예로 들어보자. 구글의 연구팀은 "AI 시스템이 유방암 예측에서 인간 전문가를 능가할 수 있다"라고 발표했다.[17] "여섯 명의 방사선과 전문의들을 대상으로 한 개별 연구에서, AI 시스템은 모든 인간 유방 조영상 판독자들보다 좋은 성과를 냈다." 마찬가지로 스탠퍼드의 연구팀은 "흉부 엑스레이를 통해 현직 방사선과 의사들을 능가하는 수준으로 폐렴을 진단할 수 있는 알고리즘"을 개발했다.[18] 신경망과 딥러닝 분야의 선구자이자 2018년 튜링상 수상자로 이 분야의 발전을 주도한 제프 힌턴Geoff Hinton은 이렇게 말했다. "이제는 방사선과 의사에 대한 교육을 멈추어야 한다. 5년 내에 딥러닝이 방사선과 의사보다 더 좋은 성과를 내게 될 것이 확실하다."[19] 이때가 2016년이었다.

그때 이후 방사선과 의사와 다른 전문의들이 하는 일은 엑스레이 판독보다 훨씬 광범위하다는 점이 주목을 받고 있다.[20] 환자들의 검사를 준비하고, 조직 검사 등 다른 정보원으로부터 정보를 수집해야 할 필요를 판단하고, 그 결과를 분석해 최종 진단을 내리는 데에는 많은 일이 관련된다. 더 중요한 점은 인적 요소가 있다는 것이다. 환자들은 기계가 아닌 사람과의 상호작용을 원한다. 목숨을 위협하는 일 앞에서는 특히 더 그렇다. 법적 책임의 문제도 잊어서는 안 된다. 기계가 실수를 하면 누구를 고소해야 할까? 의사가 개입되어 있다면 좋든 나쁘든 그 답을 훨씬 쉽게 찾을 수 있다.

AI 기술이 의사와 같은 고숙련 전문직을 어느 정도까지 위협하게 될지는 지켜봐야 할 문제다. 2019년 영국의 한 연구는 "우리의 검토에 따르면 딥러닝 모델의 진단 성과는 의료 전문가들의 그것과 동등했다"[21]라고 연구 결과를 요약하면서도 다음과 같은 결론을 내렸다. "딥러닝 연구에서는 잘못된 보고가 많고, 그 사실은 보고된 진단의 정확성에 대한 신뢰성 있는 해석을 제한한다." 달리 말하면, 딥러닝 모델은 엑스레이 진단과 같은 제한적인 과제에서는 인간에 필적하는 성과를 올릴 수도 있다. 하지만 위와 같은 딥러닝 연구는 실제 의료 환경을 배경으로 한 것이 아니다. 따라서 연구 대상 모델의 예측이 실제 환자에게 더 나은 결과를 가져다줄 것이라고 판단할 근거는 없다. 또한 그들은 알고리즘 진단의 뒤에 있는 추론을 이해하는 일의 중요성이 "알고리즘의 결정을 조사하거나 설명할 수 없는 딥러닝의 블랙박스와 같은 성격과는 근본적으로 양립될 수 없다"는 점에 주목하고 있다.

인공지능은 1950년대에 지능을 가진 기계라는 개념이 등장한 이래 비약적인 발전을 이뤘다. 과거에는 인공지능이 거의 눈에 보이지 않는 방식으로 우리 삶에 영향을 주었다면, 지금 우리는 더욱 눈에 띄고 광범위한 혁명을 앞두고 있다. 인공지능은 많은 혜택을 가져다줄 것이 분명하다. 그렇지만 그 과정에서 우리가 잃을 수 있는 것은 무엇일까?

자동화는 인류에게 좋은 것인가

자동화가 육체노동자와 사무직 종사자 모두의 일자리를 위협하고 있을지 모르지만, 아주 좁은 직업 분류, 즉 철학자에게만은 인공지능의 발전이 호재로 밝혀지고 있다. 지난 10년 동안 인공지능과 윤리의 문제를 다루는 연구가 활기를 띠었다. 기술기업들은 최고윤리책임자의 채용을 고려하고, 비정부단체들은 팀에 기술 윤리학자를 포함시키고, 대학은 물론 싱크탱크들은 윤리와 기술의 교차점에 있는 새로운 자리를 마련하고 채용 공고를 내곤 한다. 그 결과 적어도 지금까지는 개별 기업, 비정부기구, 정부 협의회, 블루리본 위원회가 내놓은 AI 윤리, 원리, 지침, 체계가 넘쳐나고 있다. 최근의 조사에 따르면 지난 10년 동안 80여 개의 AI 윤리 문서가 발표되었고 그 대다수는 2016년부터 등장했다고 한다.[22]

　AI 윤리를 위한 기업의 노력은 모호하고 진부한 말, 주로 홍보 목적의 '윤리를 통한 이미지 세탁'에 그치는 경우가 많다. 2019년 구글은 회사의 책임 있는 인공지능 개발을 인도하고 감시하는 외부 전문가 자문위원회, AI 윤리위원회의 창설을 발표했다. LGBTQ* 인권에 반대한 위원과 인간이 만든 기후변화에 이의를 제기하는 연구를 지원한 위원을 둘러싸고 논란이 일자, 구글은 일주일도 안 되어 위원회를 해산시키고 새로운 위원회 구성을 시도하지 않았다.

　좀 더 진지한 협약들도 공허한 일반론을 내놓는 경우가 많다. AI 시스템이 반드시 정의를 촉진하고, 공정하고, 편견이 없고, 개인정보를 보호하고, 책임성이 있어야 한다는 일반원칙을 내세우는 윤리 선언은 사실상 지침의 역할을 하지 못한다. 앞서 살펴보았듯이 공정성이 무엇인지, 알고리즘에 공정성을 포함시키는 것이 가능한지, 만약 가능하다면 공정성을 보장하기 위해서 무엇을 포기해야

---

* 레즈비언Lesbian, 게이Gay, 양성애자Bisexual, 트랜스젠더Transgender, 자신의 성정체성에 의문을 품은 사람Questioner을 합쳐 부르는 말.

하는지 등 보다 심층적이고 어려운 문제를 파고들자면 더 흥미로운 사안들이 부각된다. 물론 사생활은 소중한 것이다. 하지만 사생활권 보호에 대한 헌신을 굳게 약속하는 AI 원리는 우리가 사생활과 안전 사이에서 어떻게 균형을 찾아야 할지에 대해서 아무것도 알려주지 않는다.

인공지능에 있어서 우리의 중심 과제는 스마트 머신이 인간의 번영 가능성 자체에 어떤 영향을 주는지 이해하는 것이다. 우리는 스마트 머신이 개인과 사회의 번영 역량을 강화하는지 진단하고, 인공지능과 인공지능을 통제하는 정책 개발에 적용할 최대의 잠재력을 활용하고 리스크를 최소화할 수 있는 접근법을 찾기 위해 노력해야 할 것이다. 이 과정에서 반드시 던져야 할 질문들이 있다. 첫째, 인공지능의 비약적인 발전이 인간의 힘을 약화시키고 인간이란 무엇인가라는 생각에 이의를 제기하는 위협이 되는 환경은 어떤 것일까? 둘째, 자동화의 증가가 일자리를 빼앗기거나 일자리에 변화가 생긴 노동자들의 물질적 행복에 어떤 영향을 줄까?

경험 기계: 우리는 환상 속에 사는 것이 아니다

스마트 머신과 인적 작인의 가치 사이의 상호작용을 이해하기 위해서는 철학자 로버트 노직Robert Nozick이 1974년에 고안한 가상의 시나리오를 검토해보는 것이 유용할 것이다. 자, '경험 기계experience machine'가 무엇인지 살펴보자.

무엇이든 당신이 바라는 즐거운 경험을 제공해줄 기계를 사용할 수 있다고 상상해보자. 롤러코스터를 타거나, 아이스크림을 먹거나, 좋아하는 음악에 맞춰 춤을 추는 것처럼 대수롭지 않은 것일 수도 있다. 아니면 사랑에 빠지거나, 사랑하는 이의 사랑을 받거나, 음악을 작곡하고 연주하거나, 세계 평화를 이루게 하는 등의 심오한 것일 수도 있다. 당신의 상상만으로 부족하다면 문학 작품, 영화, 여행을 기반으로 하는 다양한 선택지들을 볼 수 있다. 경험 기계는 내면에서 비롯되는 듯한 감정을 온전하게 느끼도록, 모든 것을 현실처럼 느끼도록 만들어준다. 당신에게 익숙한 즐거움을 프로그래밍할 수도, 가장 큰 꿈을 프로그래밍할 수도 있다. 그것을 오늘, 내일, 다음 달, 남은 평생 계속할 수 있다고 상상해보라. 이 기계의 전원을 켜기만 하면 영원히 행복한 경험을 할 수 있다.

노직은 경험 기계를 만들기 위해 '최고의 신경물리학자'를 이용하는 것을 상상했다. 오늘날에는 뇌 과학자 대신 VR(가상현실) 장치 뒤에 있는 컴퓨터과학자를 상상하면 된다. 경험 기계라는 가상의 사례가 아닌 페이스북이 만든 끝내주는 VR 고글, 오큘러스 리프트Oculus Rift를 상상하면 된다. 생각보다 그렇게 터무니없거나 상상하기 어려운 것도 아니다. 오큘러스의 공동 개발자 팔머 럭키Palmer Luckey는 가상현실에서 게임을 하는 경험을 염두에 두면서도 인터뷰를 통해 훨씬 큰 야심을 표현했다. 그는 대중에게 VR을 이용할 수 있게 함으로써 부유하거나 지리적으로 혜택을 받은 사람 이외에도 에게해의 일몰, 루브르의 모나리자, 세렝게티의 대이동, 뉴저지에서 열리는 브루스 스프링스틴의 공연 등 좋은 것들을 경험할 수 있게 해주어야 한다는 "도덕적 의무"를 언급했다. 그는 이렇게 말했다. "모두가 행복한 삶을 원합니다. 그리고 가상현실은 어디에 있는 누구나 이런 경험을 할 수 있게 해줍니다."[23]

VR 경험 기계의 전원을 켤 수 있다면, 당신은 그렇게 하겠나? 그렇게 해야만 할까? 럭키는 기자로부터 이런 질문을 받고 "당연히" 전원을 켤 것이라고 답했다. "가상현실 업계에 있는 누구든 똑같은 대답을 할 것입니다."

노직은 아무도 경험 기계의 전원을 켜지 않을 것이라고 생각했다. 그는 이렇게 적었다. "우리는 내면에서 시작된 느낌 이상의 것에 관심을 가진다. 인생에는 즐거움을 느끼는 것보다 더 많은 것이 있다."[24]

노직은 철학자에게만이 아니라 삶의 목적에 대해 생각하는 사람들에게도 친숙한 단순하고 근본적인 의문을 제기했다. "행복, 구체적으로 행복의 경험이 삶에서 유일하게 중요한 일일까?" 이 질문에 부정의 답을 한 그는 공리주의, 제러미 벤담이 처음 내세운 철학적 신조를 염두에 두고 있었다. 공리주의는 삶의 최고선이 즐거움의 경험으로 이해되는 행복이며, 모든 사람의 행복을 극대화하는 것, 즉 최대 다수의 최대 행복을 지향하는 것이 개인이 추구해야 할 도덕적으로 올바른 행동이라고 주장한다. 그렇다면 기술자들의 도덕적 과제는 행복을 극대화하는 최선의 수단을 찾는 것이다.

노직은 경험 기계에 대해 읽은 사람은 누구도 전원을 켜지 않을 것이라고 말하면서 우리 스스로의 작인作因, 우리 스스로의 노력과 재능을 파악하는 것의 중요성이 우리가 삶에서 갖는 경험과 연결된다고 지적했다. "우리는 환상 속에서 사는 것이 아니라 현실과 의미 있게 연결되는 것을 원한다."[25] 경험 기계의 문제는 전원을 켜기로 결정하는 것 이외에 우리 스스로의 노력이 우리의 경험과 인과적 연관성을 갖지 않는 데 있다. 진정한 행복은 즐거움이나 행복을 스스로 불러올 때 달성되는 것이지 아무런 대가 없이 그 복제품을 얻을 때 달성되는 것이 아니다.

놀라운 VR 장치가 매력적으로 보일 수는 있다. 하지만 상상할 수 있는 최대의 즐거움이 보장된다고 해서 영원히 그 기계의 전원을 켜두고 싶은가? 대부분의 사람들에게 그 답은 "아니요"다. 우리가 삶에서 찾는 의미는 즐거움과 고통 그 사이의 어떤 것에 대한 느낌에서 얻는 것이 아니다. 완벽하진 않을지라도 우리의 행동, 우리의 의도와 노력이 우리가 경험하는 것과 직접적·인과적으로 연결된다는 것을 아는 데에서 비롯된다.

재런 러니어Jaron Lanier는 가상현실 분야의 선구자 중 한 명으로 과거 10년간의 기술 발전에 대한 가장 예리한 비평을 내놓고 있다. 페이스북이 흑자로 전환되기 전인 2010년에 러니어는《당신은 기계가 아니다You Are Not a Gadget: A Manifesto》라는 책에서 오늘날의 기술로 인해 사생활권을 남용하는 여러 관행이 매우 친숙해질 것이라는 점을 예견했다. 또한 디지털 기술의 어떤 특징들이 "우리 각자가 개인으로서 존재하는 방식을 점진적으로 저하시키는 생활 패턴으로 우리를 끌어들이는 경향이 있다"라는 놀라운 주장을 했다.[26] 달리 말해 기술이 우리에게 어떤 영향을 미치는지 주의를 기울이지 않는다면 우리는 인간성을 잃을 수 있다는 것이다.

인간이 일상에서 의미와 동인을 찾는 사회를 유지하는 데 관심이 있다면, 기계로 대체되길 원하지 않는 노동의 형태들이 분명히 존재할 것이다. 기계가 특정 과제에서 인간을 능가한다고 해도 우리는 그 과제를 직접 하거나 인적 상호작용을 유지하는 방식으로 기술을 개발하기로 결정할 수 있다. 우리 삶에서 이루어지고 있는 자동화의 속도를 고려할 때, 특정 사례의 인적 작인과 노동의 중요성만을 판단할 것이 아니라 인적 작인을 한 번에 조금씩 천천히 그러나 꾸준히 기계에게 아웃소싱하는 문제에 주의를 기울여야 할 것이다. 우리 삶 속 스마트 머신의 증가와 서서히 난도질을 당하는 인적 작인의 문제는 우리가 직면한 더 은밀하고 교활한 문제다.

인적 작인이라는 아이디어를 과장하려는 것도, 인간 노동의 중요성을 낭만적으로 묘사하려는 것도 아니다. 삶에 의미를 주는 것, 개인의 행복을 증진하는 것에 관한 한 우리가 기계에게 기꺼이 넘겨야 하는 과제(컴퓨팅 스프레드시트와 같은)들이 적지 않다. 우리는 지루하고, 착취적이고, 위험하고, 인간을 소외시키는 형태의 노동은 반드시 자동화해야 한다. 하지만 우리의 행복과 인간성이라는 감각 자체에 필수적인 부분에서는 인적 작인을 대체하는 것이 아니라 증강시키는 스마트 머신을 개발하는 노력을 기울여야 할 것이다. 여기에는 기술과 기술의 사용을 규제하는 정책의 설계가 포함된다. 스마트 머신은 점차 인간의 역량을 넘어서고 생산성을 더욱 끌어올릴 것이다. 하지만 인간의 번영은 근본적으로 자동화할 수 없다.

인간 빈곤으로부터의 대탈출

인간의 번영에 필수적인 또 다른 요소는 물질적 복리다. 모든 사람들이 기본적 욕구를 충족하고 불행과 예측 가능한 다양한 질병으로 사람을 파멸시키는 빈곤의 비참함에서 벗어나기 위한 최소한의 물질적 복리가 필요하다. 동물이 충분한 음식을 필요로 하고 식물이 자라기 위해서 영양이 가득한 땅을 필요로 하는 것처럼, 인간은 가치 있는 삶을 살아가기 위해 역량을 발휘할 수 있게 해주는 충분한 자원이 필요하다.

지구상의 우리 이야기에서 대단히 충격적인 사실이 있다. 역사 거의 내내 인류의 대다수가 극심한 빈곤의 상황에 처해 있었다는 점이다. 경제학자 그레고리 클라크Gregory Clark에 따르면, "1800년에 살았던 평균적인 사람들의 삶은 기원전 10만년에 살았던 평균적인 사람들의 삶보다 그리 나을 것이 없었다."[27] 최근에야 계몽주의와 산업혁명의 동력이 된 과학적 발견과 기술적 혁신의 여파로, 많은 사람이 전적인 빈곤에서 벗어났다. 하지만 오늘날에도 많은 사람들이 하루 2달러 이하로 생활하는 극심한 빈곤 상황에 처해 있다. 노벨상을 수상한 경제학자 앵거스 디턴Angus Deaton은 지난 200년의 역사를 빈곤으로부터의 '대탈출'이라고 묘사하면서 건강의 개선이 부의 증가와 연결되어 있다는 것을 강조했다.[28] 눈에 띄는 진보의 지표 중 하나가 있다. 1916년에 평균적인 미국 남성은 49.6세, 평균적인 미국 여성은 54.3세까지 살 것으로 예상되었다. 어떤 좋은 것도 일단은 살아 남아야 의미가 있지 않겠는가?

우리는 20세기를 충격적인 세계대전이 두 번이나 일어났고 지구를 몇 번이고 파괴할 수 있는 원자폭탄이 개발된 시대로 기억하곤 한다. 하지만 20세기는 수억 명의 사람들이 기본적 욕구를 충족시키는 데 충분한 물질적 부를 얻은 시대이기도 하다. 최근 인도와 중국의 경제 성장은 수십억 명 이상을 극심한 빈곤에서 구해냈다. 국가들이 부유해지면서 국민들은 고통과 장애에서 벗어났고, 지능지수가 상승했고, 영양 상태의 개선과 기아와 기근의 큰 감소로 사람들의 키가 커졌다. 물질적 복리의 수준이 높아진다고 행복이나 번영이 보장되는 것은 아니지만, 물질적 복리가 행복과 번영의 전제조건인 것만은 분명하다.

어떤 수준의 물질적 복리가 필요할까? 하루 2달러라는 극심한 빈곤의 기준을 반드시 넘어야 한다. 부유한 국가의 경우 의식주와 같은 기본적인 욕구와 의료·교육 접근권을 갖기 위해서는 소득 수준이 훨씬 더 높아야 한다. 여기에서 의미 있는 기준은 균등과 대조되는 충분성이다. 기본적인 물질적 욕구의 충족이 용이한 사회라고 해서 모두의 소득과 부가 균등해야 하는 것은 아니다. 사회는 모든 사람이 충분한 물질적 부를 누리도록 보장해야 한다.

자동화는 이 기준을 달성하는 모든 사람의 능력에 어떤 영향을 줄 수 있을까? 지금까지 기술 혁신은 경제 성장의 가장 중요한 엔진으로서 많은 인류를 가난에서 구원했다. 일터에서의 효율을 높이는 스마트 머신의 시대는 경제 성장과 생산성에 있어 역사의 새로운 장을 쓰게 될 것이다. 물론 하방 리스크downside risk도 크다. 자동화 시대가 직장에서 많은 수의 인력을 대체한다면, 많은 사람이 수입원을 잃고 물질적 복리에 위협을 받게 될 것이다.

빅데이터가 경제의 새로운 원유라면, 인공지능은 전기라는 말이 있다. 선구적인 인공지능 연구자인 앤드루 응Andrew Ng은 인공지능이 "강력한 자동화"를 낳고 우리가 알고 있는 모든 산업을 변화시킬 것이라고 말한다. 자동화 증가의 혜택은 쉽게 눈에 띈다. 하지만 비용이 집중되는 경우가 많고 때로는 정확하게 밝히기가 어렵다. 그 비용의 일부는 힘과 부의 불평등을 낳는다. 승차 호출 서비스 업체의 CEO와 주주들은 수백만 대의 자율주행차를 채용해서 막

대한 부를 얻지만 직장을 잃은 택시, 버스, 트럭 운전사들은 그들이 전혀 통제할 수 없는 기술의 결과와 씨름해야 한다. 물질적 복리의 측면에서만 보면 스마트 머신의 시대는 일부에게는 엄청난 행운이지만 다른 사람들에게는 생계를 위협하는 존재가 될 것이다.

자유는 당신에게 어떤 가치를 갖는가

자동화의 잘 드러나지 않지만 중요한 비용은 자신이 원하는 삶을 살 수 있는 자유를 약화할 수 있다는 점이다. 자율주행차의 사례로 돌아가 보자. 자율주행차는 미국에서만 10년에 30만 명의 목숨을 구할 수 있다. 한 기자가 "21세기 공중보건 최대의 개가"가 될 잠재력을 가지고 있다고 말했을 정도다.[29] 그러나 이런 이동 수단의 변화로 많은 것을 잃을 수 있다. 많은 사람들이 운전이라는 행위에서 큰 즐거움을 얻는다. 탁 트인 도로, 뒷자리에 있는 아이들, 라디오에서 흘러나오는 음악, 핸들을 쥔 당신. 운전면허를 따는 것은 10대들이 거치는 통과의례다. 원하는 시간에, 원하는 속도로, 어디든 가고 싶은 곳으로 스스로 갈 수 있는 자유는 운전이 주는 소중한 경험이다. 파페르그뉘겐Fahrvergnügen이라는 단어가 있다. 1990년대 폭스바겐 광고로 유명해진 이 말은 '운전하는 즐거움'이라는 뜻이다. 자율주행차가 파페르그뉘겐을 전달할 수 있을까? 우리는 회의적인 입장이다. 우리만 그렇게 생각하는 것은 아니다. 비밀경호국 요원들이 운전을 해줄 수 있는데도 조지 W. 부시 전 대통령은 텍사스 목장에서 직접 운전을 하고 다닌다. 운전을 즐기기 때문이다. 미국의 전 대통령은 보안상의 이유로 일반 도로에서 운전을 할

시스템 에러

수 없기 때문에 더 그렇다. 운전의 자동화가 주는 혜택을 온전히 누리기 위해 우리는 우리가 즐기는 주체적 행위의 일부를 포기하고 이 활동에서 우리가 얻는 즐거움을 기꺼이 희생해야 한다.

자신의 힘을 행사해서 어떤 것을 성취했다면 그 일에 어떻게 가치를 부여해야 할까? 비용은 물질적인 관점에서 생각하는 것이 보통이다. 우리는 양을 측정하거나 셀 수 있는 것들의 비용을 생각하는 데 익숙하다. 소득이나 부가 그토록 자주 행복의 대용물로 받아들여지는 이유도 여기에 있다. 하지만 경험 기계의 사례가 보여주듯이 많은 사람들에게는 행복과 즐거움을 어떻게 달성했는지, 우리 스스로의 노력으로 행복과 즐거움을 얻는 데 기여했는지가 중요하다.

하지만 인적 작인에 가치를 부여하는 것은 간단하지 않은 일이다. 이것은 아마르티아 센이 경제 발전의 목적을 재인식하기 위한 과정에서 제기한 문제다.[30] 그는 아리스토텔레스의 유명한 금언, "부는 우리가 추구하는 선이 분명히 아니다. 그것은 다른 것을 얻는 데에나 유용하다"를 출발점으로 삼았다.[31] 센은 국가가 부유한지 가난

자동화로 인해 소득이 유지되고 심지어는 더 높아진다고 하더라도, 우리 스스로가 어떻게 살 것인지 선택할 수 있는 자유와 자신이 가진 역량을 발휘할 수 있는 기회는 포기할 수 없는 가치다.

한지만을 측정하고 싶지 않았다. 그는 물질적인 부가 어떤 것을 불러오는지, 즉 어떤 국가의 국민이 바라는 대로 살고 자신의 취미와 재능을 발전시키고 활용할 자유를 갖고 있는가에 주의를 집중하고 싶었다. 센에게 경제 발전에서 가장 중요하고 우선적인 것은 자유를 얻고 인간의 역량을 발휘하게 하는 것이다. 이런 관점은 일반적

인 복리 개념에 이의를 제기한다. 이 관점은 우리에게 부만이 아니라 의미 있는 삶을 영위하게 해주는 핵심 요소들, 즉 긴 수명, 깨끗한 물과 음식, 의료 접근권, 정치적 자유와 시민적 자유를 고려하게 한다.

유엔개발계획(UNDP)은 센의 제안을 진지하게 받아들여 복리를 가늠하기 위해 GDP(국내총생산)를 측정하는 세계적 관행에 이의를 제기하고 있다. 유엔개발계획은 사람들의 역량을 보다 잘 포착하기 위해 인간개발지수(HDI)라는 새로운 지표를 만들었다. 여기에는 소득 외에도 교육 햇수와 수명이 포함된다. 인간개발지수는 여전히 측정하기 어려운 대용물이긴 하지만 자신의 목표와 포부를 추구하고, 개인과 사회의 일원으로 번영하는 능력을 포착하는 데 훨씬 가까워졌다.

이 생각을 세계에 적용하면 사람들의 삶의 질에 존재하는 극단적인 차이가 바로 드러난다.[32] 예를 들어 적도기니와 칠레는 1인당 국민소득이 거의 비슷한 수준이지만, 인간개발의 질은 칠레가 훨씬 높다. 마찬가지로 소득 수준이 더 낮더라도 상당한 차이가 있을 수 있다. 르완다, 우간다, 세네갈과 같은 개발도상국은 교육 기회와 의료 접근권을 보장하는 데 총력을 기울이기 때문에, 소득 수준이 비슷한 다른 나라들보다 국민들에게 훨씬 다양한 기회를 제공한다. 이런 접근법이 주체적 행위자로서 인간의 가치를 완벽하게 표현하는 것은 아니다. 하지만 자동화로 인해 소득이 유지되고 심지어는 더 높아진다고 하더라도 중요한 다른 것들, 어떻게 살지를 선택할 유연성과 자유를 잃어버리는 세상에 대해 생각해보게 한다.

적응의 비용

물론 자동화가 사람들의 고용 기회와 소득을 낮출 수도 있다. 이에 대한 두려움이 언론에 부각되기는 하지만 실제로 이를 측정하기란 극히 어렵다. 한 가지 방법은 위기에 처한 특정 직업들을 확인하는 것이다. 옥스퍼드대학교의 일단의 경제학자들은 미국 노동부가 분류한 903개의 세부 직업군을 검토해 해당 직업에 필요한 지식과 기술은 물론이고 자동화의 발전이 인간 노동의 필요성을 대체할 가능성까지 평가했다.[33] 이 보고서는 미국에 있는 직업의 거의 50퍼센트가 2030년까지 자동화 기술에 의해 대체될 위험이 높은 것으로 추정했다. 반면 파리에 본부를 두고 있는 경제협력개발기구(OECD)의 경제학자들은 비슷한 연구를 통해 실제로 위협을 받고 있는 것은 직업의 9퍼센트뿐이라는 예측을 내놓았다.[34]

이런 실증적 연구 결과의 불일치는 새로운 기술 변화의 물결에 항상 수반되는 것처럼 보이는 과장된 수사의 방증이다. 1930년대에 영국의 경제학자 존 메이너드 케인스는 "우리는 독자들이 이름도 아직 들어보지 못한, 하지만 앞으로는 엄청나게 많이 듣게 될 새로운 질병을 앓고 있다. 바로 기술적 실업이다"라고 우려했다.[35] 20년 후 하버드대학교의 경제학자 바실리 레온티에프Wassily Leontief는 "새로운 산업이 일자리를 원하는 모두를 고용할 수 있을 것이라고 보지 않는다"라는 의견을 내놓았다.[36] 하지만 많은 사람이 대량 실업을 걱정하는 한편에는 좀 더 낙관적인 입장을 취하는 사람들도 있다. 현재 구글의 수석 경제학자인 할 배리언Hal Varian은 인공지능으로 인한 고용 손실의 가능성을 이렇게 평가했다. "'더 많은 일자리의 대체'가 '지루하고 반복적이고 불쾌한 일을 제거한다'라는 의미인지 묻는다면 그 답은 '그렇다'이다."[37]

자동화가 노동자의 물질적 복지에 어떤 영향을 줄 것인가의 문제에는 명확한 답이 없다. 어떤 직업은 다른 직업보다 큰 영향을 받을 것이다. 이런 면에서 치과의사와 성직자는 비교적 안전한 반면, 고객 서비스 담당자, 텔레마케터, 회계사, 부동산 중개인은 우려가 된다는 것이 전문가들의 의견이다.[38] 자동화는 어떤 직업군을 완전히 없애기보다는 사람들이 일하는 방식을 바꾸어놓을 가능성이 훨씬 높다. 스마트 머신은 반복적이고 지루한 과제를 맡고, 인간은 인지 능력과 창의력을 더 많이 요구하는 일에 집중하는 것이다.

예를 들어 자율주행차 운행이 늘어나면서 사회에 미칠 영향을 모두가 똑같이 느끼지는 않을 것이다. 어떤 사람에게 자율주행차는 나를 데리러 와서 목적지까지 빠르게 데려다주는 수단일 것이다. 장애인이나 노약자에게는 저비용의 이동 수단으로서 상황을 크게 바꾸어주는 존재일 것이다. 하지만 어떤 사람들에게 운전은 단순히 장소를 이동하는 수단이 아닌 직업일 것이다. 트럭 운전사로 고용되어 있는 미국인은 거의 350만 명에 달한다. 그 외에도 525만 명이 화물 업계에서 일한다. 이들 중 40퍼센트가 소수자이며 대부분이 중서부와 남부를 비롯해 평균 소득이 낮고 공공복지 혜택이 적은 주에서 살고 있다.[39] 운송업에 전혀 관여하지 않는 우리 같은 사람들에게는 채소와 과일이 자동화 차량으로 배달되는지 인간이 운전하는 트럭으로 배달되는지는 아무런 문제가 되지 않는다. 하지만 이런 전환은 노동력에 큰 영향을 줄 것이고, 생계가 심각하게 위협을 받는 새로운 계층의 사람들이 생겨날 것이다.

자동화가 경제에 미치는 총체적 효과는 측정하기가 더 어렵다. 노동자의 대체 가능성이라는 비용이 따를 것이 분명하지만, 자동화는 경제에 이로운 효과도 가져다줄 것이다.[40] 예를 들어 농업 분야에 새로운 기술이 등장해 동일 면적의 수확량을 크게 늘린 것처럼 자동화는 직장의 생산성을 끌어올릴 가능성이 높다. 자동화가 진전된 세상에서는 새로운 직업군과 특화된 기술을 가진 사람을 원하는 수요도 높아질 것이다. 보다 자동화된 미래를 만드는 데에는 상당한 자본 투자가 필요할 것이다. 따라서 특정 산업이나 개인은 심각한 대체를 경험한다 할지라도 사회 전체적으로는 자동화가 전반적인 물질적 복리를 개선할 것이다.

일단의 경제학자들이 미국의 최근 데이터를 사용해 이런 전반적인 효과를 정량적으로 분석하는 일에 착수했다. 그들은 1990년부터 2007년까지 산업 로봇의 사용이 어떻게 변화했는지 검토하면서 컴퓨터 지원 기술의 채택이 전반적인 고용과 임금에 영향을 준 방식을 살폈다.[41] 그들은 로봇의 증가가 고용과 임금 모두의 감소와 연관되는 것을 발견했다. 그들의 추정에 따르면 해당 지역에 로봇 한 대가 추가될 때 노동자 고용이 6.2명 감소한다. 크지만 타당해 보이는 영향이다. 하지만 지역들은 별개로 움직이는 것이 아니기 때문에 이런 영향이 경제 전체에 걸쳐 어떻게 누적되는지는 파악하기가 어렵다. 로봇의 사용으로 생산비가 하락하고, 다른 부문에서 경제적 활동이 한층 더 커질 수도 있다. 이런 상쇄 효과를 고려한다면, 자동화가 고용과 임금에 미치는 영향은 훨씬 작아질 것이다.

따라서 우리는 인적 작인의 상실을 넘어서서 자동화의 결과가 어떻게 분배되는가에 관심을 가져야 한다. 자율주행차로 인해 생계를 위협받는 트럭 운전사와 마찬가지로, 자동화의 위험은 직업과 소득 집단에 따라 고르지 않게 분배된다.[42] 한 추정치에 따르면, 시간당 20달러 이하의 수입을 올리는 사람들은 자동화 대체의 가능성이 83퍼센트에 달하는 반면, 소득이 시간당 40달러 이상인 사람들은 영향을 받지 않는다. 실업의 비용, 가족에게 미치는 영향, 새로운 기술을 배워야 하는 필요성은 앞으로 상당할 것이다. 이 단계에서 기술기업은 자동화 심화의 혜택을 누리면서도 자동화에 직면한 노동자들의 이행을 도울 공식적인 책임은 없다. 그 비용은 정부에게 전가되고 있다.

예를 들어 애리조나는 자율주행차 실험의 시작점이지만 일부 주민들은 이를 반기지 않는다. 그들은 자율주행차의 타이어에 구멍을 내고, 자율주행차에 돌을 던지고, 자율주행차를 도로에서 달리지 못하게 하려 했다. 우리는 주위에서 현대판 러다이트 운동이 시작되는 것을 목격하고 있다. 19세기 섬유 노동자들은 기계가 언젠가 자신들의 일자리를 빼앗을 것이라고 생각해 기계를 부쉈다. 뉴욕 등 대도시에서는 택시 운전사들이 공유자동차 업체의 자율주행차 도입에 반대하는 조직적 활동을 벌이고 있다. 바르셀로나에서는 접객 업계를 유지하고 도심 젠트리피케이션을 막기 위해 에어비앤비를 단속한다. 노벨상을 수상한 경제학자 폴 로머Paul Romer는 기술기업을 향한 분노가 커지면서 데이터센터 폭파라는 결과를 낳을 수도 있다고 경고했다. 하지만 러다이트의 전술이 산업화를 막겠다는 목표를 이루지 못한 것처럼 컴퓨팅 기계의 파괴를 목표로 하는 폭력은 자동화의 거대한 힘을 막지 못할 것이다.

절대 자동화하지 말아야 할 것

절대 자동화하지 말아야 할 것이 있을 수 있다. 세계 최고의 컴퓨터과학자 중 한 명으로 캘리포니아대학교 버클리 캠퍼스 교수이며 1400개 이상의 대학교에서 사용하는 인공지능 분야의 대표 교과서를 저술하기도 한 스튜어트 러셀Stuart Russell은 특정한 영역은 반드시 구분을 지어야 한다고 생각한다. 2015년에 그는 인공지능과 로봇 연구자 들을 대표해 자동화 무기 사용에 항의하는 성명서를 발표했다.[43]

자율무기는 "화약과 핵무기 이후 전쟁의 세 번째 혁명"으로 일컬어진다.[44] 이들 무기는 인간의 개입 없이 표적을 선택하고 교전을 벌일 수 있다. 자율무기는 원격으로 조종하는 드론이나 크루즈 미사일과 달리 표적을 선정하는 데 인간이 개입하지 않는다. 자율무기를 사용하는 군대는 미리 표적의 기준을 정한 뒤 무기를 배치해 인간이 완전히 배제된 상태로 임무를 수행할 수 있다.

이 성명서에서 러셀은 AI 무기에 대한 세계적인 군비 경쟁의 가능성을 우려했다. "자율무기는 암살, 정부 와해, 군중 진압, 특정 인종 집단의 선택적 살해와 같은 임무를 수행하는 데 이상적이다"라고 경고했다.[45] 그는 AI가 더 안전한 전투 가능성 등 인류에게 상당한 혜택을 제공한다고 인정하면서도, "인간이 통제할 수 없는 공격용 자율무기"의 금지를 요구했다.

러셀이 공개서한을 발표한 이래 3000개가 넘는 조직과 개인이 자율무기 금지에 대한 지지를 표명했고, "치명적인 자율무기의 개발, 제조, 거래, 사용"을 지지하지 않겠다는 서약서에 서명했다.[46]

서명자에는 일론 머스크(스페이스X, 테슬라), 제프 딘(구글 AI 대표), 마사 폴락(코넬대학교 총장) 등 기술계 주요 인사와 구글 딥마인드 등 유력 기관이 포함되어 있다. 살인 로봇 금지 운동은 세계로 확산되어 유엔의 30개 회원국이 금지 요구에 대한 명시적인 지지를 밝혔다. 미국은 동참하지 않았다. 중국과 러시아도 마찬가지다.

자율무기는 자동화에 엄격한 제한을 둘 수 있는 비교적 쉬운 사례일 수도 있다. 기계가 생살여탈권을 가져서는 안 된다는 생각에는 반대하기가 어렵다. 인간의 목숨을 앗아갈 수 있는 일이라면 반드시 인간이 그런 중대한 결정에 책임을 져야 한다. 하지만 자율주행차가 내리려 하는 생살여탈에 관한 결정도 자율무기의 경우와 크게 다르지 않다. 다시 강조하지만, 인간의 결정을 완전히 배제하는 것은 너무나 위험한 일이다. 인간이 반드시 핵심적인 역할을 해야 한다.

인적 작인의 완전한 상실을 절대 수용할 수 없는 다른 영역들도 있다. 기계는 학교 수업 계획을 최적화할 수는 있지만, 가르치는 일은 기계적 역량 이상의 것이 필요한 일이다. AI 시스템이 불안해하는 학생을 안정시키거나 학생이 인상적인 일을 해냈을 때 눈을 반짝여줄 수 있을까? 스마트 머신이라면 음악, 미술, 건축 작품을 더 빠르고 흠 없이 만들어낼 수 있겠지만 우리가 이런 작품의 완성에 부여하는 가치는 돌이킬 수 없이 훼손될 것이다. 우리 인간은 결과에 기여한다는 사실로부터 뭔가를 얻기 때문이다. 특히 그 결과물이 초인적 경지에 이르는 것처럼 보일 때 더욱 그렇다.

물론 기계가 더 효율적으로 할 수 있는 일이 있지만, 우리는 일을 하는 데에서 얻는 즐거움과 의미 때문에 그 일을 스스로 할 수

시스템 에러

있는 권리를 놓지 않으려 한다. 멋진 코딩을 하거나, 복잡한 수학 문제를 풀거나, 새로운 직원을 고용하는 일을 말이다. 우리가 인적 작인에 부여하는 가치를 인식한다는 것은 인간의 의사결정을 우선해야 하는 경우와 인간의 개입을 완전히 배제하는 것을 원치 않는 경우를 파악한다는 것을 의미한다.

인간이 자리할 곳은 어디일까?

이런 문제를 헤쳐 나가는 데 채용할 수 있는 한 가지 체계는 AI가 인간을 대체하게 하는 대신 AI가 인간에게 제안을 하고 인간이 최종 결정을 내리면서 AI가 인간의 역량을 증대시키도록 하는 데 집중하는 것이다. 이를 인간 참여형human in the loop이라고 부른다.[47]

어떤 경우에는 자동화 시스템에게 세상에서 직접 행동할 권한을 주고 인간은 필요할 때만 감독을 한다. 인간 감독형human on the loop이라고 불리는 이 두 번째 모델에서는 기본적으로 자동화 시스템이 작업을 수행하지만 필요한 경우 인간이 개입하거나 AI를 무효화할 수 있다. 자율주행차라는 배경에서, 테슬라의 오토파일럿 시스템은 특정 도로 조건에서는 자율주행을 할 수 있지만 운전자가 계속 주의를 기울여야 하고 위험한 상황이 벌어졌을 때는 인간이 운전을 맡아야 한다.

아무런 강제가 없는 상태에서도 CEO, 투자자, 엔지니어들이 자유에 대한 아마르티아 센의 관점이 요구하는 대로 인간 역량의 강화에 가치를 둘지는 미지수다. 기업을 경영하는 사람의 계산은 간단한다. 기존 시장의 유인은 노동자를 대체하는 AI 개발을 밀어붙인다. 자동화로의 전환이 수익을 개선한다면, 특히 주주의 이익을 확대한다면 인간 노동력을 고수하는 것은 무책임한 일이 된다. 설상가상으로 미국의 세법은 상황을 악화하고 있다. 인력에 대해서는 약 25퍼센트의 세금을 부과하면서 장비와 소프트웨어에는 5퍼센트 미만의 세금을 부과한다.[48] 기계와 소프트웨어를 구매해 인력을 자동화하도록 하는 효과적인 보조 수단이다. 노동자 자신, 그들의 가족, 실업의 결과를 처리해야 하는 정부 등 다른 이해관계자들은 이런 선택에 영향을 받는다. 의사결정 과정에서 그들이 자리할 곳은 어디일까?

시리아계 오스트레일리아인 컴퓨터과학자로 베를린의 막스플랑크 인간개발연구소 소장인 이야드 라흐완Iyad Rahwan은 컴퓨터공학과 사회의 교차점에서 오랫동안 일해왔다. 그는 사회에 광범위한 영향을 주는 AI의 사용 가능성에 직면해 있는 우리에게 '인간 참여형' 아이디어 이상의 것이 필요하다고 생각한다. 자동화의 진전이 우리 모두에게 영향을 미치는 상황에서, 우리는 기계를 설계하고 채용하는 방식에 사회의 가치가 반영되도록 해야 한다. 그는 이를 사회 참여형society in-the-loop이라고 부른다.[49]

기술 전문가가 아닌 사람들은 이것을 정치학이라고 부를 수도 있을 것이다. 라흐완은 인공지능에 대한 사회의 신뢰가 계속 약화되지 않도록 상충하는 가치들 간의 균형을 찾는 것이 프로그래머, 설계자, 경영자들의 과제만은 아니라고 주장한다. 이론상으로는 강력한 아이디어다. 하지만 일의 새로운 미래를 만들고자 노력하는 과정에서라면 그것은 어떤 의미를 가질까?

좀 더 높은 차원에서 해석하자면 그것은 노동자들에게 권한을

시스템 에러

부여하고 그들의 목소리를 키우는 일이 될 것이다.[50] 노동자의 힘과 노조의 조직력이 장기적으로 약화된다는 것은 기업의 경영진이 노동자에게 미치는 잠재적 영향을 충분히 고려하지 않고 자유롭게 우선순위를 정하고, 비용을 삭감하고, 새로운 기술에 투자한다는 의미다. 개방적인 국제무역으로 노동자 보호가 바닥 치기 경쟁을 벌이고 있는 환경에서, 일자리 상실에 취약한 사람들은 더욱더 소외될 수밖에 없다. 불평등에 맞서는 일을 최우선 과제로 삼고 있는 포드재단의 대표 대런 워커Darren Walker는 "노동의 미래에 대한 논의가 기술에 영향을 받게 될 사람들보다 기술에 초점을 맞추는 경우가 너무나 많다"라고 한탄한다.[51]

하지만 다른 방향으로의 움직임도 있다. 예를 들어 캘리포니아의 의료업체 카이저퍼머넌트Kaiser Permanente에서는 새로운 전자 건강 기록 플랫폼을 공개했다. 이 플랫폼은 일자리, 임금 보호, 교육 보장, 노동자들이 새로운 기술의 사용 방법을 정할 수 있는 통로를 확보하는 연합체다.[52] 이러한 자동화 시대에는 근로자 조직과 기업이 구조화되는 방식에 혁신을 요구하는 목소리가 커지는 것이 당연한 일이다. 기업의 반발에도 불구하고, 아마존 창고 노동자들과 구글 엔지니어들은 회사 경영진의 불균형한 권력에 대항할 필요를 인식하고 이미 노조 결성을 위한 첫걸음을 내딛었다. 노동자 협동조합의 숫자를 늘리기 위한 움직임도 진행 중이다.[53] 직원들이 소유하고 관리하는 이런 새로운 기업 모델은 운영에서 얻은 이익을 보다 공평하게 분배한다. 미국 노동자협동조합연합US Federation of Worker Cooperatives에 따르면 미국에 있는 '민주적' 작업장은 300개에 불과하다. 하지만 일부 유럽 국가들을 포함한 세계의 다른 지역에서는 민주적 작업장이 기업 환경에서 자연스러운 것으로 인정받는 특징이 되고 있다.

일자리와 임금 보호 이외에 노동자들이 요구해야 할 것은 무엇일까?[54] 자동화가 인간을 대체하는 것 이상의 일을 하는 방식에도 초점을 맞출 수 있을 것이다. 자동화는 작업 환경을 변화시켜 고용주가 아닌 직원들이 감내해야 할 새로운 위험을 부과할 수도 있다. 얼마 전까지 패스트푸드 식당과 자동차 딜러, 고객 서비스 센터, 쇼핑몰은 직원들에게 안정적이고 예측 가능한 근무 일정을 제공해야 했다. 수요가 줄어드는 상황에서 과잉 공급된 노동력에 적절한 보상을 해야 하는 사업주들에게는 부담이었다. 하지만 알고리즘 도구가 도입되어 최적의 인력 비율을 유지하고 고용주의 입장에서 효율을 개선하는 것을 목표로 직원의 근무 일정을 계획하게 되었다. '적기 공급 생산 방식'의 일정 관리 관행을 따르고 근무 일정과 근무 시간의 불확실성과 불안정성을 받아들여야 하는 직원들은 기본적인 인간의 욕구를 충족시키는 것조차 어려운 상황에 처하게 됐다.

기업 리더들 역시 기업의 바람직한 역할이 무엇인지 다시 생각하기 시작했다.[55] 큰 영향력을 가진 기업 엘리트들의 모임인 비즈니스 라운드테이블은 2019년에 181명의 CEO가 서명한 "기업 목적에 관한 성명Statement on the Purpose of a Corporation"을 발표했다. 그 성명은 주주들의 이익이 우선이라는 원칙을 재확인했지만, 직원들에 대한 투자, 공급업자들과의 공정하고 윤리적인 거래, 지역 사회 지원 등 회사의 책임성을 보다 광범위하게 보는 관점을 받아들였다. 하지만 공공정책에 큰 변화가 없다면 이런 원칙들은 공허한 약속으로 끝나고 말 것이다.

매사추세츠주의 엘리자베스 워런Elizabeth Warren 민주당 상원의원
은 2020년 대선 당시 "책임 있는 자본주의"를 친노동자 의제로 부
각시켰다.[56] 미국 기업의 변화는 기업 관리자들에게 주주만이 아닌
모든 이해관계자의 이익을 고려하고, 이사회에 노동자의 목소리
를 충분히 대변할 사람을 포함시키고, 단기주의short-termism의 의욕
을 꺾기 위해 기업 자본의 분배에 제한을 두고, 기업이 그 정치적
영향력을 사용하는 방식과 지출 방식에 노동자의 목소리를 더 많
이 반영하도록 새로운 의무를 요구한다는 것이 그녀의 입장이다.
여기에 특별히 혁명적인 아이디어라 할 만한 것은 없다. 이 논의가
벌어지는 장소가 미국이라는 것만 제외하면 말이다. 이들의 아이
디어는 소유주뿐 아니라 노동자에게도 회사가 지향하는 방향을 정
할 권한을 부여하는 유럽의 자본주의 모델을 반영한다.

AI 기술을 개발하는 방법은 매우 다양하기 때문에 정책 결정권
자들은 자신들의 영향력을 이용해 인간의 능력을 저해하기보다는
증강시키는 AI를 개발하도록 할 수 있다. AI를 인간의 노동과 인지
를 대체하는 수단으로만 생각한다면, 우리는 인적 작인과 복리의
측면에서 치명적인 대가를 치러야 할 것이다. 정치 지도자들이 연
구·개발 투자와 세금 혜택을 통해 AI 개발 방향을 바꿀 수 있다면,
즉 인간들에게 보다 생산성 높은 새로운 일감이 생기는 방향으로
발전시킬 수 있다면 AI는 생산성과 성장의 새로운 동력이 될 수 있
을 것이다.[57] 이는 교육 분야에서 개인 맞춤형 학습의 혁명을 일으
켜 가르치는 직업을 변화시키고 학생들의 성과를 개선할 수 있다.
의료에서는 엑스레이 판독 로봇으로 방사선과 의사를 대체하는 것

이 아니라 의료 종사자가 환자들에게 실시간으로 더 많은 의학적 조언과 진단, 치료를 제공할 수 있도록 권한을 부여하는 방향으로 AI 응용 설계의 초점을 전환한다는 의미가 될 수 있을 것이다.

남겨진 이들을 위한 자리

세 번째 퍼즐 조각은 자동화의 불균등한 분포가 낳게 될 결과에 대해서 무슨 일을 해야 하는가이다. 우리는 물질적 복리의 가장 중요한 공급원을 일시적 혹은 영구적으로 잃은 사람들에게 주의를 기울여야 한다.

앤드루 양Andrew Yang은 2019년 대권에 도전했을 때만 해도 완전히 무명이었다. 44세에 불과한 그는 사업을 했고 막 대학을 졸업한 사람들을 스타트업에 배치해 창업을 준비하게 하는 협력 프로그램, 벤처포아메리카Venture for America를 설립했다. 그는 주요 정당의 대선 후보 지명에 나선 최초의 아시아계 미국인이었다. 비록 첫 번째 여론조사에서 형편없는 성적을 받았지만 그의 선거운동은 특히 젊은 층의 관심을 모았다.

그의 정책 기조는 자유 배당, 즉 모든 성인 미국인에게 매달 1000달러를 지급하는 보편적 기본소득이라는 아이디어로 규정된다. 이 아이디어는 식자층과 정책 입안자들 사이에서 이미 오래전부터 회자되던 것이지만 그의 계획은 AI 시대에 맞추어져 있다. 그가 설명하듯이 "현재 미국의 발목을 잡고 있는 덫은 인공지능과 자율주행차가 등장하면서 점점 더 많은 일자리가 사라지고 그 부족분을 메울 새로운 수익을 얻을 곳은 없다는 점이다."[58] 사람들이 겪을 이런 시스템적 충격의 완충재로 조건 없는 기본소득이 필요하고, 자동화로부터 가장 많은 혜택을 누리는 기업(기술기업)이 그 비용을 대야 한다는 것이 그의 견해다. "우리가 보편적 기본소득을 확보하는 방식은 아마존의 거래와 구글 검색에 부가가치세를 매겨 그 일부를 미국 국민에게 돌려주는 것이다."

기업 리더들이 앤드루 양의 제안을 반대할 것이라고 생각하는가? 사실 빌 게이츠 역시 로봇세robot tax라는 개념을 제안했다. 노동자를 기계로 대체하는 기업에 인간 노동자와 비슷한 방식으로 기계에 세금을 부과하는 것이다. 게이츠는 이렇게 말했다. "현재 공장에서 5만 달러 가치의 일을 하는 인간 노동자가 있을 경우 그 소득에 대해서 소득세와 사회보장세 등을 내야 한다. 로봇이 같은 일을 할 경우에도 로봇에 비슷한 수준의 세금을 부과해야 한다."[59] 그는 계속해서 그런 자금을 "자동화의 확산을 최소한 일시적으로라도 늦추고 다른 유형의 고용에 자금을 지원하는 데" 사용할 수 있을 것이라고 주장한다. 그 자금을 보편적 기본소득을 지원하는 데 사용하지 말란 법도 없다.

보편적 기본소득의 재원을 어떻게 마련할 것인가는 중요한 문제다. 예상 비용이 엄청나기 때문이다. 초당파적 싱크탱크인 예산·정책우선순위센터Center on Budget and Policy Priorities는 미국에서 연간 1만 달러(앤드루 양의 제안보다 2000달러 적은)의 기본소득을 지급하려면 정부에 매년 3조 달러가 필요할 것으로 추산했다. 2018년 회계연도에 미국 정부 최대의 복지 프로그램인 사회보장에 들어간 비용은 9880억 달러였다.

보편적 기본소득이라는 미래상을 발전시키는 일에 있어서 앤드루 양과 뜻을 같이하는 사람은 대단히 많다. 보편적 기본소득 지지자의 명단에는 기술계의 거물인 마크 저커버그와 잭 도시, 민권운동가 마틴 루서 킹 박사를 비롯한 진보 정책 개혁의 지지자들, 세계서비스직종사자연합의 대표 앤드루 스턴Andrew Stern, 전국가사노동자연합 이사인 아이젠 푸Ai-jen Poo, 전 재무장관 조지 슐츠와 제임스 베이커를 비롯한 저명한 정치가, 밀턴 프리드먼과 마틴 펠드스타인 같은 보수 경제학자 등이 포함된다.

하지만 보편적 기본소득을 자동화의 폐해를 줄이기 위한 정책 해독제로 여기고 추진하는 것은 다소 부적절해 보인다.[60] 오바마 대통령의 경제자문위원회 의장이었던 제이슨 퍼먼Jason Furman은 2016년의 연설에서 이렇게 말했다. "문제는 자동화가 인구의 대다수를 실직 상태로 만들 것이라는 점이 아니다. 자동화로 인해 고임금의 좋은 일자리가 생겨난다고 해도, 그 자

> 자동화가 불러올 수 있는 혼란을 헤쳐 나가는 데는 사람들이 미래의 일자리를 준비할 수 있도록 교육과 훈련을 지원하는 전방위적인 접근이 필요하다.

리에 적절한 기술과 능력을 갖춘 노동자가 많지 않다는 것이 문제다."[61] 그는 사람들이 영구적으로 실직 상태에 있는 세상을 위한 계획을 세워서는 안 된다고 말한다. 대신 사람들이 자동화로 야기된 혼란을 헤쳐 나가도록 돕고, 생산적인 고보수 일자리를 얻는 데 필요한 기술 및 교육 지원을 촉진하는 데 집중해야 한다고 주장한다.

보편적 기본소득의 추진이 자동화의 결과를 처리하는 데 더 많은 투자를 하려는 의도를 반영하는 것이라면, 공공 자원을 사용하는 다른 방법도 있다. 미국 정부는 사회 안전망을 크게 확대해서 취약계층이 넉넉한 실업급여와 영양 지원, 적절한 가격의 의료 서

비스, 아동 보육 지원을 통해 일시적인 실직 상태를 이겨내도록 도울 수 있다. 또한 정부는 교육과 재교육에 상당한 투자를 함으로써 기존 노동자들과 다음 세대의 노동자들이 자동화되는 경제에서 번영하도록 도울 수도 있다. 자동화의 사회적 비용이 기업이 내린 결정의 부산물이라는 것을 생각할 때, 이런 결과를 감당하는 데 기업이 큰 역할을 해야 한다는 주장이 타당해 보인다. 게이츠의 로봇세는 유럽의 디지털 서비스 세금안과 마찬가지로 새롭게 생긴 이런 상당한 비용을 지원하는 한 가지 방법이다. 세금 부과 이외의 다른 아이디어들에 대해서도 활발한 토론이 이루어지고 있다. 예를 들어 기업이 자동화의 결과를 해결하기 위해 인공지능으로부터 얻는 우발이득을 기부하기로 구속력 있는 약속을 해야 한다는 아이디어도 있다.[62]

일부 관찰자들은 이런 논란을 보면서 크고, 비효율적이고, 온정주의적인 정부 프로그램에 대해 우려하기도 한다. 하지만 이념을 제외하고 평가할 때, 유럽에는 사람들을 빈곤으로부터 보호하고 보다 큰 기회와 사회적 상향 이동을 촉진하는 대단히 효과적인 사회 안전망들이 있다. 대부분의 미국인들은 그것들이 실제로 얼마나 강력한지 알지 못한다.

정부 자원의 측면만 보더라도, 유럽 국가들은 사회적 지출에 훨씬 더 많은 투자를 한다. 2019년 미국은 사회보장 프로그램에 GDP의 약 18.7퍼센트를 사용한 반면 유럽의 평균은 25퍼센트를 웃돌았다.[63] 더 중요한 것은 세금 우대 조치까지 포함할 경우, 미국은 연금, 의료, 가족 지원, 실직, 주거 지원 등 사회적 지출에 훨씬 더 많은 자원을 쓴다는 점이다.[64] 이런 추가적 지출은 민간 부문에서 건강보험, 연금 부담금 등 일정한 사회적 혜택을 제공할 경우 세금 우대 조치로 보상해준 결과다. 미국인들이 사회적 지출에 개인적으로 사용하는 돈까지 합친다면, 미국은 다른 대부분의 경제 선진국보다 많은 돈을 쓰고 있다. 다만 그런 지출의 효율이 몹시 떨어질 뿐이다.

의료는 가장 명백한 범인이다. 미국인들은 의료에 대단히 많은 돈을 쓰면서도 긍정적인 결과의 측면에서는 얻는 것이 거의 없다. 대부분의 국가에서는 지출의 증가와 함께 조기 사망률에서 개선된 결과가 나타난다. 이 부분에서 미국은 이상치outlier다. 미국의 조기 사망률은 의료 지출이 미국의 10분의 1 수준인 국가들의 조기 사망률과 같다. 영아 사망률도 마찬가지다.[65]

사회적 이동성에서도 똑같이 실망스러운 결과를 보여주고 있다. 계층의 이동성은 미국이란 나라를 규정하는 정체성의 중심이 되는 부분이다. 하지만 현실은 다르다. 소득 하위 20퍼센트 계층에서 태어난 유럽인이 소득 상위 20퍼센트로 상승할 가능성은 미국인의 거의 두 배다.[66] 하버드 경제학자 라지 체티Raj Chetty에 따르면, 미국보다는 캐나다나 여러 스칸디나비아 국가에서 성장하는 것이 아메리칸 드림을 이룰 확률이 더 높다.[67] 효과적인 사회적 지출은 이런 일을 할 수 있다.

자동화가 불러올 수 있는 혼란을 헤쳐 나가는 데는 미국의 접근법이 효과를 발휘할 것 같지 않다. 보편적 기본소득도 그 일을 해낼 것 같지 않다. 우리에게는 일시적인 실직의 결과를 완화하고 사람들로 하여금 미래의 일자리에 준비하도록 하는 교육과 훈련 시스템을 추구하는 전방위적인 접근법이 필요할 것이다. 여기에는

시스템 에러

급진적인 정책 기제가 필요하지 않다. 필요한 것은 사회 안전망의 전면적인 수용이다. 현재 미국이 쓰는 것보다 많은 돈이 들 수도 있겠지만, 유럽인들이 보여주듯이 차이를 만드는 것은 지출하는 돈의 액수만이 아니고 그 돈을 사용하는 방법이다.

실리콘밸리는 자율주행차 설계와 실험의 중심지이기 때문에 신호 대기 중에 바로 옆 차선에 있는 자율주행차를 보게 되는 경우가 있다. 차의 천장 위에 설치된 감지기가 눈에 띈다. 대부분의 사람들에게 자율주행차의 모습은 흥분을 야기하고 상상력을 자극한다. 하지만 우리 앞에 기다리고 있는 막대한 양의 자동화를 고려하면 우리가 직면하게 될 중요한 결정을 외면하기가 쉽지 않다.

기술의 변화는 우리가 일하고 살아가는 방식을 변화시킬 것이다. 이런 전환에서 두각을 나타내는 사람도 있을 것이고, 뒤처지는 사람도 있을 것이다. 그렇지만 자동화가 우리 사회에 영향을 주는 방식은 미리 정해져 있지 않다. 그것은 언제 어느 부분에서 인간의 판단을 따를 것인지, 인간 역량의 증대와 대체 중 어느 것을 우선할 것인지, 어떤 역할과 직업이 영원히 사라지거나 혹은 우리가 상상할 수도 없는 일이 벌어지는 상황에서 서로를 어떻게 도울 것인지에 대한 우리의 선택에 달려 있다.

7장

표현의 자유와
민주주의 사이의 저울질

2021년 1월 6일, 프랑스령 폴리네시아에 있는 개인 소유의 섬에서 휴가를 보내던 트위터의 CEO 잭 도시는 측근으로부터 급한 전화를 받았다.[1] 플랫폼에서 트럼프 대통령의 활동을 일시적으로 정지시키는 문제에 대해서 결정이 필요했다. '선거 조작'에 대한 역정보에 자극을 받은 트럼프 지지자들이 미국 의회로 몰려갔다. 경영진은 그의 계정에 12시간 정지 처분을 내리기로 결정했다.[2] 하지만 정지 조치가 해제되자마자 곧 전 대통령이 될 트럼프는 계속해서 선동적인 글을 게시했다. 1월 8일 트위터는 트럼프의 계정을 영구 정지시키고 대중의 눈앞에서 제거하기로 결정했다. 이 결정의 정당성을 설명하는 게시 글에서 트위터는 "청중이 대통령의 진술을 폭력 사태를 선동하는 등의 일에 동원할 수 있다"라고 밝혔다.[3] 도시는 이후 그 결정을 방어하는 글을 발표했다. "온라인 발언의 결과로 일어난 오프라인의 피해가 명백하게 현실적이었으며, 다른 무엇보다 그 점이 우리의 정책과 그 시행을 이끌었다."[4]

미국의 현직 대통령을 플랫폼에서 추방하는 결정은 곧바로 전 세계에서 뜨거운 반응을 불러일으켰다. 위험한 역정보의 원천을 막는, 이미 한참 전에 내려졌어야 할 조치라는 평과 그러한 결정은 검열이며 좌익 편향이라는 열띤 주장이 맞부딪쳤다. 이 사태의 중심 사안은 소셜미디어 플랫폼이 혐오 발언, 역정보, 허위정보를 담은 일간 수백만 개의 게시 글을 실제로 어떻게 다루는가의 문제였다. 트럼프의 계정을 차단하기로 한 트위터의 결정은 이 회사가 수년 동안 씨름해온 문제에 대응하기 위한 가장 눈에 띄는 불가피한 시도였을 뿐이다. 그것은 유명 정치가나 관심을 끄는 명사들만이 아닌 훨씬 많은 사람에게 영향을 미치는 문제다. 대형 소셜 네트워크(트위터, 페이스북, 페이스북 소유의 인스타그램·왓츠앱, 구글 소유의 유튜브, 스냅챗, 틱톡)는 매일 어떤 문자, 오디오, 사진, 동영상의 게시와 공유가 허용되는지를 결정해야만 한다. 때로 그런 결정은 예상을 벗어난다.

2017년 가을, 미투(#MeToo) 운동이 호응을 얻고 있을 무렵, 서맨사 비Samantha Bee가 진행하는 심야 토크쇼의 작가 니콜 실버버그Nicole Silverberg가 온라인에 "남성들이 더 잘할 필요가 있는" 일들의 목록을 게시했다. 곧 그녀에게 여성 혐오 발언이 쏟아졌다. 그녀가 페이스북 페이지에 이런 혐오 발언의 일부를 공유하면서 그녀의 친구들도 그 끔찍한 욕설을 볼 수 있었다. 실버버그의 게시물에 많은 사람들이 댓글을 달았다. 코미디언 마르시아 벨스키Marcia Belsky는 "남자들은 쓰레기"라고 적었다.

페이스북이 벨스키의 발언을 삭제하고 30일간 그녀의 플랫폼 사용을 정지시키자 여성들은 충격을 받았다. 여성 혐오 발언을 게

시스템 에러

시하는 것은 허용되고 "남자들은 쓰레기"라고 글을 올리는 것은 안 된다는 데 격분한 벨스키는 여성 코미디언들로 이루어진 대형 페이스북 그룹을 찾아냈다. 알고 보니 그 그룹에 속한 몇 명의 사람들 역시 "남자들은 돼지", "남자들은 쓰레기"라는 식의 비슷한 언급이 있는 글을 삭제당한 경험이 있었다. 그들은 힘을 합쳐 같은 날 저녁 "남자들은 쓰레기"라는 발언을 수십 건씩 게시하기로 결정했다. 그 문장은 페이스북 커뮤니티의 기준에 저촉되는 것이 분명했다. "남자들은 쓰레기"라는 말이 혐오 발언인가? "남자들은 쓰레기"라는 언급이 특정한 남성을 대상으로 하는 집단 괴롭힘의 한 형태인가? 어떤 맥락에서는 혐오 발언이나 집단 괴롭힘이고, 어떤 배경에서는 그렇지 않은가? 이는 빅테크 기업들이 끝없이 직면하는 질문들이다. 그들이 내리는 결정은 수십억 명의 사람들에게 영향을 미친다.

28억 명 이상의 활성 사용자를 거느린 페이스북의 수장인 마크 저커버그는 세계에서 가장 큰 나라인 중국 인구의 거의 두 배에 달하는 인구가 만드는 정보 환경의 실질적 관리자다. 이를 제대로 이해한 저커버그는 이렇게 말한다. "많은 면에서 페이스북은 전형적인 기업이라기보다는 정부에 가깝다."[5] 하지만 페이스북은 민주주의 정부가 아니다. 저커버그는 왕, 혹은 그의 관점에 따르자면 비민주적인 페이스북 국가에 군림하는 독재자다. 결국 기업이란 수정 헌법 1조나 표현의 자유에 대한 어떠한 보편적인 선언에도 지배를 받지 않는 사적 독립체다.

콘텐츠에 대한 페이스북의 통제력은 무시무시한 힘이다. 비판자들은 빅테크가 지나치게 큰 통제력을 행사하고 있으며 너무나 많은 것을 금지하거나 삭제한다고 불평한다. 그들이 자유민주주의 사회에서 염원하는, 여러 인권 선언의 중심이 되는 표현의 자유라는 이상을 방해한다고 말이다. 물론 삭제하는 콘텐츠가 너무 적다, 의도적으로 혐오 발언이나 거짓말을 허용한다, 역정보나 허위정보 또는 기타 유해한 콘텐츠를 통제할 능력이 없다는 등 완전히 반대 방향의 비난도 있다. 게다가 그들의 알고리즘은 때로 극단적인 콘텐츠를 증폭시켜 진실성보다는 바이럴리티virality(이미지 혹은 동영상이 급속하게 유포되는 상황)를 촉진하는 것처럼 보인다.

2019년, 뉴질랜드 크라이스트처치의 이슬람 사원에 대한 테러 공격은 그 뚜렷한 사례였다.[6] 범인은 51명의 이슬람교도가 사망한 이 사건을 의도적으로 실시간 생방송으로 꾸몄다. 끔찍한 동영상이 여러 플랫폼을 타고 바로 퍼져나갔다. 페이스북은 이 온라인 생방송 영상의 시청 횟수가 생방송 도중에는 200회였고 삭제되기 전까지 총 4000회였다고 밝혔지만 공격 이후 단 24시간 동안 150만 회 이상의 업로드 시도가 있었다. 테러 공격 직후 페이스북은 플랫폼의 모든 생방송을 중단시켰다.

해당 동영상이 그것이 게시된 기술기업들의 콘텐츠 기준을 어겼다는 것은 자명하다. 하지만 기업들은 그런 영상이 퍼져나가는 것을 막을 능력이 없었고, 그 결과 세계적 규모의 백인 우월주의자 공동체의 성장에 자양분을 제공했다. 그렇다 하더라도 크라이스트처치 동영상은 제거가 용이한 사례다. 이보다 덜 극단적인 사례에서는 콘텐츠에 조정을 가하는 문제에 답을 찾기가 훨씬 더 어렵다.

극단주의자에게 힘을 실어주는 혐오 발언도 미국에서는 표현의 자유에 의해 보장받는다. 나치 동조자들은 스코키(시카고 인근의 유대인 마을)에서 시위를 벌이고 극우주의자들은 샬러츠빌에서 집회를 연다. 하지만 많은 사람들은 혐오 발언이 온라인 세상에서 금지되고 줄어들기를 바란다. 좀 더 온건한 형태의 정치적 소통은 어떤가? 기술기업들은 2020년 미국 대선에서 사람들이 주장한 대로 정적들에 대한 조작 영상을 삭제해야 할까? 선거 부정이나 사기에 대한 사실 무근의 추측은 어떨까? 프로퍼블리카의 2020년 조사를 통해 페이스북은 유권자 억압*을 반대하는 정책을 갖고 있음에도 불구하고, 해당 플랫폼에는 투표를 억압하는 역정보가 넘치고 우편투표를 통한 조작이나 부정선거 음모론을 담고 있는 게시 글이 큰 호응을 얻고 있다는 것이 드러났다.[7] 그러나 한 사람에게 허위정보 선거운동은 다른 사람에겐 공격 광고**이며, 정치판보다 표현의 자유가 신성시되는 곳은 없다.

결과적으로 우리는 현재 삼중고에 직면해 있다. 세 가지 중요한 가치가 긴장관계를 이루고 있는 것이다. 첫 번째는 표현의 자유라는 가치다. 검열 없이 말하고 들을 수 있는 이 인격권은 다양하고 광범위한 사상이라는 혜택을 가져다준다. 하지만 디지털 시대에 표현의 자유에 지나치게 몰두하는 것은 두 번째 가치인 민주주의를 위험에 빠뜨린다. 표현의 자유라는 이름으로 사용자가 만드는 콘텐츠를 거의 제한하지 않는 기술기업의 결정 때문에 많은 민주사회의 선거에 적대적인 외국인들이 개입하고 갖가지 사안에 대한

---

* voter suppression. 특정 집단의 사람들이 투표하지 못하게 막거나 방해함으로써 선거 결과에 영향을 주는 전략.

** attack ad. 자신의 정치적인 견해를 긍정적으로 홍보하기보다는 경쟁 후보를 비판하는 것에 초점을 두는 광고로 주로 선거철에 일어난다.

역정보와 허위정보가 판치는 선거운동이 되었다. 2016년 미국 선거 기간 주에 마케도니아 10대들과 러시아 인터넷 리서치 에이전시Internet Research Agency가 올린 정치적 게시 글도 표현의 자유에 의해 보호받아야 하는 것일까? 선출직 공직자나 공직에 출마한 후보들의 발언은 일반 시민의 발언과 다르게 취급되어야 할까? 그만큼이나 중요한 것이 또 있다. 우리는 민주주의의 건전성을 위협하는 양극화, 극단주의, 사회적 신뢰 저하를 조장하는 필터 버블로 사용자를 나누는 알고리즘에도 맞서야 한다. 디지털 시대에 언론의 자유에 대한 확고한 헌신은 세 번째 가치인 개인의 존엄성을 위협할 수 있다. 인터넷 덕분에 니콜 실버버그가 직면했던 것과 같이 온라인에서 여성 혐오 발언의 폭격을 맞는 일이 가능해졌다. 개인의 존엄성을 위협하는 사이버 공격, 집단 괴롭힘, 신상 털기doxxing(전화번호, 집 주소와 같은 개인정보를 인터넷에 악의적으로 게시하는 것)도 가능하다. 이 모든 것이 인간의 존엄성을 위협한다.

페이스북의 주도로 100개 이상의 민권 조직과의 협의를 통해 구성된 독립 감사팀은 2020년 여름 해당 회사가 차별과 혐오 발언에 대한 제한보다 표현의 자유를 우위에 두었다는 지적을 내놓았다. 20명의 주 검찰총장들이 이 감사 결과를 인용해 페이스북 지도부에 위험하고 위해의 가능성이 있는 발언의 확산을 막고 "폭력과 디지털 남용을 비롯해 위협과 괴롭힘의 피해를 당하는 사용자들에게 보상을 해주는 새로운 조치들을 취해달라"고 요청하는 공개서한을 보냈다.[8] 역설적이게도 주 검찰총장들에게는 차별과 혐오 발언이 공개된 장소에서나 시위 중에 나오는 것일 경우, 폭력을 선동하는 것이 아닌 한 수정헌법 1조에 따라 그런 발언조차 보호할 의무

시스템 에러

가 있다.

이런 모든 내용을 파악하고 그에 대해 무엇을 해야 할지 결정하기 위해서는, 오늘날의 디지털의 표현 환경과 디지털 시대 이전의 표현 환경 사이에 큰 차이가 있음을 이해해야 한다.

표현 과잉의 결과

1992년 스탠퍼드 법학대학원 1학년생이던 키스 라보이스Keith Rabois가 강사이자 연구생인 데니스 매티스Dennis Matthies의 집을 찾아가 "이 호모새끼야! 에이즈에 걸려 죽어버려! 빨리 죽어버렸으면 좋겠네, 이 호모자식!"이라고 욕을 했다.[9] 이런 언어 공격을 많은 사람들이 들었다. 이 사건은 대학 관계자들에게 보고되고 학생 신문에 자세히 보도되었다. 그 이후 논란은 폭풍처럼 번져나갔다. 여러 학생 단체와 대학 대표들이 라보이스를 비난했고, 일부는 대학의 혐오 발언 규정에 따른 처벌을 요구했다. 그러나 라보이스가 관심을 끌기 위해 의도적으로 벌인 일이라는 것이 드러났다. 그는 당시 그런 말을 하긴 했지만 데니스 매티스에게 한 말이 아니라는 글을 신문에 발표한 것이다. 라보이스는 다문화적 가치에 대한 헌신이 자신의 눈에는 지나치게 강박적으로 보였고, 이에 다른 사람들이 이의를 제기하기를 바라는 마음에서 "신입생들을 대단히 공격적인 발언에 노출시킨 것"이라고 말했다.[10] 대학 당국은 어떠한 조치도 취하지 않았고, "이 잔인한 비난은 표현의 자유로 보호받아야 한다"라는 결론을 내렸다.[11] 라보이스는 결국 스탠퍼드를 떠나 하버드에서 법학 학위를 마쳤다. 현재 그는 유명한 벤처투자가다.

라보이스가 지금 온라인 소셜미디어에서 똑같은 발언을 할 경우, 그의 발언이 표현의 자유로 보호받을 가능성은 매우 낮다. 한 가지 이유는 당시 그가 재학 중이던 캘리포니아주의 사립대학은 수정헌법 1조에 구속되지만 근처에 자리한 페이스북, 구글, 유튜브, 트위터 구내에는 그 조항이 적용되지 않는다는 데 있다. 민간 기업들은 개인의 발언을 통제하는 규정을 만들고 사용자의 표현의 자유를 매우 다양한 방법으로 제한할 수 있다.

수정헌법 1조의 법적 영향을 넘어서는 더 중요한 것이 있다. 온라인 세계는 표현의 자유의 성격 자체를 근본적으로 변화시켰다.

한때는 말, 사진, 동영상을 퍼뜨리는 것이 대단히 어려운 일이었다. 인터넷은 그런 일을 아주 쉽고 하찮은 일로 만들었다. 1992년 라보이스의 '호모' 발언은 그의 목소리가 들리는 곳에 우연히 서 있었던 사람들의 작은 공동체 너머로는 퍼질 수 없었다. 세상에 충격적인 견해를 퍼뜨리고 싶은 어떤 괴짜, 기인, 전도사, 운동가, 선거운동원, 광고주가 있다면 그 사람은 표현의 자유라는 권리를 바탕으로 거리에 서서 지나가는 사람들에게 큰 소리로 자기주장을 펼쳤다. 돈이 있는 사람은 책자를 만들거나, 우편물을 보내거나, 신문·TV·라디오에 광고를 했다. 광고에 지불할 돈이 있어도 그것을 표출할 수단이 없다면 소용이 없었다. 사상과 의견을 퍼뜨리는 것의 어려움이 수정헌법 1조와 표현의 자유라는 가치의 주된 근거 중 하나다. 정부가 허용되는 표현을 규정할 힘을 가지고 있다면 그것이 검열의 역할을 하면서 문제의 아이디어가 많은 청중에게 전파되는 것을 막을 수 있었다.

하지만 인터넷과 소셜미디어가 모든 것을 바꾸어놓았다. 2020년으로 돌아와서 당신이 빌 게이츠의 코로나19 백신 지원이 접종자들에게 마이크로칩을 이식하려는 의도라는 명백하게 잘못된 견해를 알리려 한다고 가정해보자. 아니면 '부정'선거에 대한 근거 없는 주장을 반복하고 싶다고 가정해보는 것도 좋겠다. 당신은 트위터에 접속해서 당신을 팔로우하는 사람들에게 그 이야기를 하기만 하면 된다. 간단한 방법으로 음모론 영상을 만들어 유튜브에 올리고 조회 수가 올라가는 것을 지켜볼 수도 있다. 조금 더 정교한 방법으로 소셜미디어 네트워크에 자료를 수천 번씩 게시하는 봇*을 만들어볼 수도 있다. 그동안 다른 사람들은 당신의 게시물을 보고 그것을 자신의 네트워크에 공유하면서 그 내용은 바이러스처럼 더 많은 사람들에게 퍼질 것이다. 플랫폼들은 터무니없는 발언을 증폭시키는 경향이 있다. 알고리즘이 사람들의 참여를 위해 최적화되어 있고 많은 사람들이 충격적인 내용의 콘텐츠에 참여하는 것을 좋아하기 때문이다.

이것은 가상의 사례가 아니다. 버즈피드뉴스BuzzFeed News는 2016년 미국 대선에서 "19개 주요 뉴스 매체의 10대 선거 기사에 대한 페이스북의 참여도보다 가짜 선거 뉴스에 대한 참여도가 더 높았다"라고 보도했다.[12] 게이츠의 백신 음모론을 다룬 페이스북의 한 게시물은 코로나19 대유행 기간 단 며칠 만에 4만 회 이상 공유됐다. 2020년 5월의 여론조사에 따르면 전체 미국인의 28퍼센트, 공화당 지지자의 44퍼센트 이상이 그 이야기를 믿는 것으로 나타났다.[13] 백신 접종에 대한 저항이 높아지는 것은 당연하다. 게이츠

* bot. 특정 작업을 반복 수행하는 프로그램.

는 이런 견해의 확산을 어떻게 해석하느냐는 질문에 망설이지 않고 소셜미디어에 책임을 돌렸다.[14] 그는 소셜미디어를 "독이 든 성배"라고 묘사하면서 정책 결정권자들의 조치를 요구했다. "나는 개인적으로 정부가 그런 유형의 거짓말, 사기, 아동 포르노를 허용해서는 안 된다고 생각합니다."

라보이스 스타일의 혐오 발언이든 음모론을 부추기는 허위정보든, 인터넷은 누구나 세계를 청중으로 삼을 기회를 준다. 2018년 마크 저커버그는 페이스북을 만든 동기가 전 세계 사람들의 권한을 확대하는 것이라고 말했다. "많은 사람들이 기술계에 몸을 담은 이유는 기술이 사람들의 손에 권력을 쥐어줌으로써 권력을 민주화할 수 있다고 믿었기 때문이었습니다. 나는 늘 여기에 관심을 갖고 있으며 우리 회사 사훈이 '사람들에게 힘을 준다'로 시작되는 것도 그 때문입니다."[15] 그러나 상황은 이렇게도 묘사할 수 있다. 인터넷을 사용하는 모든 사람들이 자기가 좋아하는 것을 디지털 공공영역에 내놓을 수 있게 되면서 진정한 창의성과 다양한 표현 외에도 혐오 발언, 역정보, 거짓말, 괴상한 음모론이 폭발적으로 증가했다고 말이다. 저커버그는 권력의 민주화 도구로서의 기술에 매력을 느낀 것이 지나치게 낙관적인 견해였다고 말했다. 그는 "내가 배운 가장 고통스러운 교훈 중 하나는 20억 명을 연결했을 때 인류의 모든 아름다움과 더불어 모든 추악함까지 보게 된다는 것"이라고 고백했다.

인터넷과 소셜미디어가 문자, 게시 글, 소리, 사진, 동영상 등 표현의 과잉을 낳았다는 묘사야말로 이 새로운 상황을 가장 잘 설명하고 있다. 페이스북, 인스타그램, 왓츠앱에 '매일' 수십억 개의 새

시스템 에러

로운 콘텐츠가 포스팅된다.[16] 유튜브는 "매 분마다 300시간 이상의 동영상이 업로드된다"라고 자랑하고 있다.[17] 트위터는 매일 평균 5억 개 이상의 트윗이 올라온다고 말한다.[18]

이제는 표현의 자유 문제를 숙고하는 일이 신문의 편집진, 텔레비전 쇼의 제작자, 심지어 정부보다도 기술기업에 의해 더 많이 이루어지고 있다는 것은 놀랄 일이 아니다. 온라인에서는 모든 개인이 발행인이 된다. 사실상 편집자도 없다. 인터넷은 진실을 찾고, 사실을 확인하고, 전문성을 존중하는 직업 규범을 지향하는 사람 등 전통적인 게이트키퍼가 표현의 자유를 행사하고자 하는 사람들을 방해하지 못하게 함으로써 발언권의 민주화를 이루었다.

이런 극적인 전개에는 부정할 수 없는 혜택이 있다. 거의 모든 주제를 학습하고, 친구와 사진이나 동영상을 공유하고, 물리적 거리에 관계없이 공통의 관심사를 가진 사람들을 찾고, 원하는 사람이라면 누구나 대단히 다양한 관점을 경험할 수 있다. 하지만 인터넷을 사용할 줄 아는 사람이라면 누구나 누릴 수 있는 접근권에는 달갑지 않은 이면도 있다. 블로그나 전염성이 있는 소셜미디어 게시 글을 통해서 전 세계의 청중을 겨냥해 유해한 표현을 할 수 있는 능력이다. 개방된 의견 교환은 자기표현의 능력을 민주화했지만, 게이트키퍼의 부재는 민주주의의 건전한 정보 전달을 저해하고 특정한 인간의 존엄성을 침해하는 발언을 가능하게 했다. 엄청난 양의 온라인 역정보와 혐오 발언은 오프라인에서 많은 사람들이 큰 피해를 받는 상황으로 이어졌다.

이런 변화의 중요성을 살피기 위해 1768년으로 거슬러 올라가 보자. 브리태니커 백과사전이 스코틀랜드에서 처음 출판되어 곧 영어권에서 신뢰할 수 있는 정보원이란 명성을 얻었다. 저명한 작가와 학자들이 수천 쪽에 이르는 저작물의 기여자로 참여했다. 20세기 초 브리태니커는 그 이름을 생각할 때 대단히 역설적이게도 미국 회사에 인수되었고, 밀턴 프리드먼과 알베르트 아인슈타인 등 노벨상 수상자를 비롯한 기여자들을 통해 명성을 높여갔다. 인터넷의 출현으로 브리태니커가 온라인으로 옮겨간 것은 자연스러운 일이었다. 2012년에 종이책은 단종되었고, 현재는 디지털 버전만 판매되고 있다.[19]

브리태니커 출판본의 종말을 앞둔 2001년 1월 지미 웨일스Jimmy Wales와 래리 생어Larry Sanger는 오픈소스 소프트웨어 운동에 영감을 받아 유기적으로 성장하는 온라인 백과사전 위키피디아를 만들었다. 위키피디아는 브리태니커와 달리 중앙 기관의 통제 없이 사용자 커뮤니티가 만든 최신의 정보원을 무료로 제공하는 것을 목표로 했다. 통제가 없는 자유로움 덕분에 위키피디아는 유례없이 빠르게 성장했다. 2017년 위키피디아 영어판에만 390만 개의 항목이 있었다.[20] 브리태니커 백과사전에는 약 12만 개의 항목이 있었다. 위키피디아 영어판에는 현재 620만 개 이상의 항목이 있으며 전 세계적으로 매달 80억 페이지가 넘는 조회 수를 올리고 있다.[21] 조회 수를 높이는 것은 정보를 얻기 위해 곧바로 위키피디아로 온 사람들이 아니다. 위키피디아 방문자의 3분의 2는 구글과 같은 검색 엔진에서 질문을 입력하는 것으로 유입된다.[22]

물론 온라인 정보의 세계는 위키피디아를 훨씬 넘어선다. 위키피디아는 전문가나 편집자가 아니더라도 누구나 웹에 정보를 게재할 수 있다는 점과 그 정보의 대량 유통 수단을 제공하는 검색 엔진이 합쳐지면서 나온 전형적인 사례의 하나일 뿐이다. 이는 한데 얽혀 있는 결정적인 두 가지 현상으로 이어진다. 첫째, 편집 통제권(무엇보다 전문지식, 조사, 사실 확인 등)이라는 힘이 대중의 손으로 이동했다. 단 몇 년 만에 위키피디아의 항목 수가 브리태니커에 비해 30배 증가했다는 점에서 알 수 있듯이, 이로써 엄청난 양의 정보가 만들어졌다. 하지만 이는 정보의 신뢰도가 훨씬 떨어진다는 의미이기도 하다. 둘째, 검색 엔진과 소셜 네트워크가 정보 유포의 중심지가 되면서 소수 기업이 막강한 힘을 갖게 된다. 콘텐츠의 순위를 올리거나 내릴 수 있고, 콘텐츠 내용을 여과할 수 있는 기업이 사용자가 검색 결과나 뉴스 피드에서 보게 될 정보를 결정짓기 때문이다.

이제 거기에 검색 엔진 순위에서 웹사이트를 더욱더 눈에 띄게 만드는 데 도움을 주기 위해 존재하는 검색 엔진 최적화search engine optimization(SEO) 업계를 추가해보자. 검색 엔진 최적화 업체들은 검색 순위를 높이기 위해 갖가지 전술로 결과를 조직하는데, 거기에는 전적으로 비도덕적인 전술도 있다. 웹 검색 초기에는 페이지 맨 밑에 사전에 있는 모든 단어를 나열해둔 웹페이지들이 있었다. 흰 배경에 글자는 작은 흰 폰트로 적혀 있어서 사람은 읽을 수 없다. 하지만 검색 엔진은 그 웹페이지를 선택한다. 모든 검색 질의가 해당 웹페이지에 적힌 사전의 단어와 일치할 테니 말이다. '웹 스팸'이라고 불리는 그런 기법은 이메일 스팸과 유사하게 사용자 눈앞에 그 정보를 가져다놓음으로써 사용자에게 콘텐츠의 특정 부분을 읽고 특정 제품을 사게 하는 것이 목적인 경우가 대부분이다. 검색 엔진 최적화는 규모가 대단히 큰 산업이다. 2020년 이 업계에 흘러

들어간 돈은 800억 달러에 육박할 것으로 추산된다.[23] 웹 스팸의 문제를 처리하는 것은 검색 엔진 기업과 검색 엔진 순위를 조작하려는 업체 간의 군비경쟁이다. 검색 엔진 순위를 조작하려는 이들은 자신들이 홍보하려는 페이지로 연결되는 수천 개의 가짜 웹 페이지를 만들거나, 한때 인기 있었지만 이내 사라진 웹 도메인들을 사들여 새로운 링크를 만들거나, 검색 엔진 알고리즘을 역추적해 페이지의 순위를 올리는 요소를 파악하는 등 온갖 기법을 사용한다.

웹의 출현 이전에 사람들은 신뢰하는 정보원으로부터 정보를 구하곤 했다. 우리는 원하는 정보가 무엇인지 결정하고, 그것을 찾기 위해 노력했다. '당기는pull' 작업을 한 것이다. 이제 우리는 소셜 네트워킹, 기타 콘텐츠 플랫폼을 통해 정보를 얻는 '미는push' 모델을 받아들였다. 특정한 것을 찾기 위해 페이스북, 트위터, 틱톡을 이용하는 경우는 많지 않다. 대신 우리는 그들이 '흥미로운' 것이라고 우리에게 보여주는 것, 친구가 무엇을 하는지, 무엇을 읽는지, 무엇을 보고, 무슨 이야기를 하는지 구경한다. 정보가 우리에게 '밀려' 온다. 우리는 우리를 위한 정보가 어떻게 선택되는지에 대한 발언권이나 이해 없이 끝없는 게시 글 목록을 훑어본다. 정보를 소비하는 습관이 신문의 모든 면(어떤 주장과 반대 주장, 다양한 입장의 사설을 보여주는)을 읽는 것에서 지금은 주어지는 추천 내용을 받아들이는 형태로 변화했음을 생각해보라. 물론 페이스북만의 이야기가 아니다. 유튜브는 당신이 다음에 볼 동영상을 추천하고, 아마존은 당신이 살 물건을 추천하고, 도어대시는 당신이 다음 끼니에 먹을 음식을 추천한다. 우리는 적극적으로 정보를 찾는 사람에서 수동적인 정보 소비자로 변했다. 플랫폼들은 우리가 좋아하는 것을 찾아준다는 미명 아래 우리가 좋아해야만 하는 것을 결정하는 역할을 하고 있다. 그리고 우리는 어떤 대안이 있는지 생각해보지도 알지도 못한 채 그들이 추천한 것들을 소비하곤 한다.

거기에는 피드백 사이클이 작동하고 있다. 당신이 무기 휴대의 권리를 규정하는 수정헌법 2조에 따라 개인의 자유를 보호하는 게 중요하다고 주장하는 글을 읽었다면, 이후에 당신은 총기에 관한 글은 물론이고 총기 소유권을 옹호하는 글도 보게 될 가능성이 높다. 물론 당신에게 그 글을 가져다준 검색 엔진과 소셜미디어 플랫폼은 개인화된 광고를 취급하기 때문에 당신이 총기 소유권에 관한 글을 많이 읽으면 총기 제품 광고도 보게 될 것이다. 결과적으로 플랫폼이 참여와 클릭을 최대화하기 위해 노력한다면, 다른 의견이나 세계관을 보여주는 방향의 최적화는 일어나지 않을 것이다. 플랫폼은 당신이 클릭할 가능성이 높은 것, 이전에 당신이 읽은 것과 비슷하거나 그것을 강화하는 정보를 더 많이 가져다주도록 최적화를 진행할 것이다. 표현은 과잉이지만 당신은 당신과 뜻을 같이하는 부분만을 보게 될 것이다.

표현의 자유가 인간 존엄성과 충돌할 때

표현의 자유는 대부분의 사회에서 신성시되는 이상이다. 모든 주요한 인권 선언에서 표현의 자유를 적극적으로 옹호한다. 표현의 자유는 오랫동안 적절히 기능하는 민주주의 국가와 모든 개인의 자유와 번영에 필수적인 것으로 여겨졌다. 토머스 제퍼슨은 "한 나라가 무지한 채로 자유롭기를 기대하는 것은 과거에 없었고 미래에도 없는 것을 기대하는 것이다"라고 말했다.[24] 표현의 자유는 민주주의를 지탱한다. 표현의 자유가 다양한 사상의 자유시장을 만들면서 시민들에게 정보를 제공하는 데 도움을 주고 정치적으로 건전한 결정을 하는 데 필요한 토론과 숙고의 조건을 마련하기 때문이다. 이 자유는 인간의 번영에도 필수적이다. 각자가 "나는 어떻게 살아야 하는가?"라는 삶에 대한 가장 근본적인 질문에 답을 찾을 수 있도록 하기 때문이다. 표현의 자유를 가로막는 사회는 모든 사람이 자신이 믿는 바에 따라 살아갈 수 있는 자유를 약화한다.

표현의 자유를 옹호한 것으로 가장 유명한 사람은 19세기 영국 철학자 존 스튜어트 밀이다. 그가 쓴 글은 지금은 매우 친숙해진 '사상의 시장maketplace of idea'이라는 은유를 탄생시켰다. 밀은 《자유론》(1859)에서 표현의 자유에 대한 여러 가지 논거를 제시했다. 그는 진리와 사실의 추구, 개인과 사회의 계몽, 권력자에게 책임을 묻는 것, 개인 자율성의 함양이 표현의 자유에 굳건하게 헌신하느냐에 달려 있다고 믿었다. 그는 개인이 자신의 의견과 명제를 대중 앞에서 표명할 수 있게 함으로써 사상의 충돌과 소요를 허용할 때 우리가 더 바람직한 삶을 살 수 있다고 믿었다. 표현의 자유를 억압하는 것은 개인의 목을 조르고 사회를 질식시키는 것과 다를 바 없다는 것이 그의 생각이었다.

개인이 믿는 진리가 어떤 것이든 표현의 자유는 소중하다. 밀이 말했듯이 아무도 절대적인 확실성을 보장하지는 못한다. "어떤 의견이 틀렸다고 확신한다는 이유로 그 의견에 귀를 기울이기를 거부하는 것은 자신의 확실성이 절대적 확실성과 동일하다고 가정하는 일이다."[25] 스스로를 다양하고 논쟁적인 견해에 노출시키는 것

시스템 에러

은 과학 발전, 새로운 지식의 발견, 사실의 정립에 필수적이다. 이런 다양성은 모든 개인이 삶에서 최선의 길을 선택할 자유를 행사하게 해준다.[26] 밀은 말한다. "세상이 자신의 인생 계획을 선택하도록 내버려두는 사람에게는 유인원의 모방 능력 외에 다른 능력이 필요하지 않다." 표현의 자유를 부정하는 것은 "인류, 기존 세대는 물론 그 후손까지 약탈하는 짓이다."[27]

표현의 자유에 대한 밀의 옹호는 참으로 장대하다. 하지만 인터넷의 시대에는 억제 없이 표현의 자유를 고수하는 것이 민주주의를 뒷받침하기보다는 오히려 저해한다. 표현의 과잉으로 우리는 전에 보지 못했던 엄청난 크기의 사상의 시장을 갖게 되었다. 그 시장에는 익명의 화자는 물론, 실제 사용자를 가장하며 기록적인 양으로 말을 퍼뜨리는 봇들이 넘쳐난다. 그 결과 우리 모두가 알다시피, 시장은 유해한 역정보와 허위정보로 가득 차게 되었다.

밀과 같이 사상의 시장을 열렬히 믿는 사람은 표현의 양과 익명이나 봇의 존재가 문제가 되지 않는다고 여길 것이다. 결국 청자는 만날 수 있는 더 많은 사상에서 혜택을 얻으며, 화자의 정체를 아는 것과는 별개로 모든 사상의 내용을 시험할 수 있다. 나쁜 표현에 대한 적절한 반응은 그것을 제한하는 것이 아니라 좋은 혹은 더 나은 표현으로 반박하는 것이다. 그러나 우리의 디지털 광장이 진실과 지식으로 이어진다는 증거는 찾아보기 힘들다. 인터넷이 버락 오바마가 케냐에서 태어나지 않았다는 거짓말을 바로잡는 데 도움이 되었던가? 인터넷이 게이츠의 백신 음모론에 대해 사실에 근거한 반박을 이끌었던가? 반대로 기존의 소셜미디어 인프라는 이런 메시지를 확산시키고 거짓말을 믿는 사람들의 숫자를 늘리는 데 일조했다. 또한 거짓말이나 잘못된 표현으로 정보 생태계를 오염시키려는 소수의 개인에게 과도한 힘을 제공하고 만다.

페이스북, 트위터, 유튜브의 시대에는 아이디어가 바이럴되는 속도가 너무 빠르기 때문에 허위나 선전을 바로잡기가 극히 어렵다. 대법관 루이스 브랜다이스Louis Brandeis는 1927년에 이렇게 말했다. "설령 말과 글을 통해 거짓과 오류에 노출되는 한이 있더라도, 교육 과정으로 인한 폐해를 피하기 위해 적용할 치료법은 침묵의 강요가 아닌 더 많은 표현이다."[28] 하지만 인터넷의 시대에는 윈스턴 처칠이 했다고 전해지는(어쩌면 출처 불명의) 재담이 더 타당성이 높다. "진실이 신발을 다 신기도 전에 거짓말은 세상의 반대편까지 간다."

민주주의 사회의 성공에는 정보에 근거해 판단하는 유권자의 건전한 정보 생태계, 논리 정연한 대화와 숙고의 기회, 사실과 허구를 구별하는 능력, 시민 간의 그리고 시민과 지도자 간의 신뢰가 필요하다. 인터넷 시대에 표현의 자유가 이런 조건을 뒷받침하는지는 염려할 수밖에 없는 문제다. 사실 우리에게는 거대 민간 플랫폼의 해로운 외부성으로 인해 표현의 자유에 대한 민주국가의 전통적 헌신이 오히려 위와 같은 민주주의 성공의 조건들을 약화시키고 있다고 생각할 만한 근거가 있다. 제대로 기능하는 사상의 시장은 자정 작용을 하는 경향이 있다. 하지만 오바마 전 대통령은 2020년의 인터뷰에서 온라인 세상에서 허위로부터 진실을 구분할 수 있는 능력의 부재는 "민주주의를 위협하는 가장 큰 문제"이며[29] 전문가를 더 이상 신뢰할 수 없는 "인식론적 위기"와 다름없다고 말했다.

표현의 자유에 대한 열렬한 헌신이 우리의 광장에서 역정보와 허위정보를 허용함으로써 민주주의를 위협하고 있는 때라면, 개인의 존엄성도 위협을 받게 된다. 누구나 인터넷에 콘텐츠를 올리고 특정 사람들이나 집단을 표적으로 삼을 수 있다면, 우리는 개인을 위협하는 표현의 도구를 갖고 있는 것이다. 그런 표현의 가장 흔하고 염려스러운 형태는 혐오 발언이다. 하지만 인간의 존엄을 훼손하는 온라인 콘텐츠는 그 외에도 사이버 공격, 집단 괴롭힘, 신상털기, 리벤지 포르노, 도발적인 언어, 폭력 선동, 아동을 위험에 빠뜨리는 행위 등 다양한 형태를 띤다. 다른 사람의 존엄성을 해치는 발언에는 심리적 피해를 유발하는 것과 물리적 폭력으로 이어질 수 있는 것의 두 가지 형태가 있다. 물론 혐오 발언은 인터넷 이전에도 존재했다. 하지만 온라인상의 발언은 그와는 구별되는 강력한 문제를 제기한다. 익명의 가면을 쓸 수 있고, 봇들에 의해 유포될 수 있으며, 책임성이 없는 플랫폼의 알고리즘에 의해 증폭된다. 그 결과 온라인 혐오 발언의 피해는 억제하기가 훨씬 더 어렵다.

표현의 자유를 열렬히 옹호하는 사람조차 우리가 말할 수 있는 것에는 어느 정도 한계가 있다고 생각한다. 우리는 이 점을 인정해야 한다. 말, 사진, 동영상의 유포가 물리적 폭력이나 당장 피해를 입히는 위협으로 이어질 수 있다면 표현은 포기해야 한다. 전형적이지만 대단히 순화된 사례로, 당신은 사람이 많은 극장에서 "불이야!"라고 외쳐서는 안 된다. 사람들이 출구로 몰려가면서 물리적 피해가 발생할 가능성이 있기 때문이다. 마찬가지로 대법원은 폭력 선동이나 그것을 입 밖에 내는 바로 그 행위로 상해를 가하거나 치안에 방해가 되는 '도발적 언어'의 경우 표현의 제한을 허용한다.[30] 이 중 많은 부분이 밀이 제시한 비전과 일치한다. 당신의 자유는 다른 사람, 특히 정부의 간섭이 없는 넓은 영역의 자유로운 표현을 보장하지만, 다른 사람을 해치는 것은 허용하지 않는다.

대형 기술 플랫폼들은 민간 기업으로서 각 플랫폼에 부합하는 표현의 규칙을 만들 수 있다. 그들은 존엄을 훼손하는 특정 유형의 발언을 제한하기 위해 노력하고 있다. 페이스북은 페이스북과 인스타그램에 게시되는 콘텐츠에 공동체의 기준을 적용하려 노력하면서 분기별로 그에 관한 자료를 제공하고 있다. 트위터와 유튜브도 비슷한 보고서를 발표한다. 모든 주요 플랫폼은 자동 탐지, 인간에 의한 조정, 사용자 보고서를 이용해 포르노 콘텐츠, 아동을 위험에 빠뜨리는 콘텐츠, 집단 괴롭힘, 테러리스트 및 조직화된 증오 단체의 콘텐츠를 제거하기 위해 노력한다. 법적으로 허용되긴 하지만, 성인의 나체와 성행위는 가장 흔하게 삭제되는 콘텐츠 형태다. 페이스북이 2019년에 플랫폼에서 제거한 그런 형태의 콘텐츠는 1억 2000만 개 이상이다.

혐오 발언에는 어떤 조치가 취해졌을까? 크라이스트처치 테러리스트는 수년 동안 온라인 게시판을 떠돌며 백인 우월주의자들의 커뮤니티를 찾았다. 그는 학살극을 벌이기 전에 사실상 콘텐츠 제한이 없어 극단주의자들이 모여든다고 알려진 플랫폼인 에잇챈8chan에 다음과 같은 발언을 올렸다. "영양가 없이 글이나 게시하는 것은 그만두고 실제 행동에 나서야 할 때가 왔다."[31] 혐오 발언이 물리적 피해로 이어질(특히 피해의 원인이 될) 때마다 표현의 자유를 제한해야 할 강력한 논거가 생겨난다. 문제는 그 발언이 실제 폭력 행동의 원인이냐를 어떻게 판단하는가이다.

기준을 설정하기가 까다롭다. 혐오 발언을 금지하는 법을 옹호하는 사람들은 신체적 피해뿐만 아니라 정서적·심리적 피해의 경우에도 제한이 정당하다고 주장한다. 인종, 성별, 국적 등 집단의 특성을 바탕으로 사람을 겨냥하는 혐오 발언이나 인간을 동물에 비유하는 혐오 발언은 인간성을 말살하는 행위다. 그것은 고통과 트라우마를 일으킬 수 있고 개인의 존엄성을 모욕하는 것일 수 있다.

최근 들어 대형 플랫폼들은 집단 괴롭힘과 혐오 발언에 주의를 기울여왔다. 페이스북은 자동화 도구들을 통해 혐오 발언을 찾아내려는 선제적인 노력을 강화해 2020년 상반기에만 5000만 개 이상의 콘텐츠를 삭제했음에도 불구하고 혐오 발언이 너무나 다양하고, 맥락과 관련되며, 논쟁적이기 때문에 문제를 해결하기 힘들다고 말하고 있다. 페이스북은 2020년 말 현재, 사용자가 접하는 1만 개 콘텐츠 중 7~8개가 혐오 발언이라고 추산하고 있다.[32] 빅테크 기업의 자발적인 노력에만 의존하기보다 민주 정부가 나서서 기업에 규칙과 기준을 부과해야 하는 것일까?

모든 사람의 존엄을 선언하는 것으로 시작되곤 하는 인권 선언문들에서 알 수 있듯이 민주 사회는 개인의 존엄성을 보호하기 위해 노력한다. 많은 나라에서 혐오 발언 금지법을 통해 표현의 자유를 제한한다. 미국은 혐오 발언 규정이 사실상 존재하지 않는 현저한 이상치다.

키스 라보이스는 혐오의 말을 입 밖으로 내고 다시 인쇄물에서 반복하고 나서도 표현의 자유에 의해 보호를 받았다. 같은 말을 온라인에 게시했다면 상황은 달라지는 것일까? 인터넷과 소셜미디어는 혐오 발언에 확성기를 제공할 뿐 아니라 봇이나 가짜 계정을 통해 익명으로 혐오 발언을 뱉을 수 있는 인프라를 제공한다. 따라서 온라인 환경은 비용을 들이지 않고 혐오 발언을 하는 데 안성맞춤으로 보인다. 온라인에서 지속적인 괴롭힘, 플레이밍*, 신상 털기 등 특정한 사람을 대상으로 욕설과 비난을 쏟아내 그 사람을 플랫폼에서 쫓아낼 수 있다는 것은 누구나 알고 있는 사실이다. 이런 일이 일어나면 사상의 시장이라는 인터넷의 이상은 평등한 소통의 자유와 모두의 존엄을 존중하는 데 실패한 환경으로 저하된다.

온라인 발언의 오프라인 피해는 무엇일까?

2001년 하버드대학교의 캐스 선스타인Cass Sunstein 교수는 소셜미디어가 민주주의와 인간 존엄성에 해로운 영향을 미칠 수 있다고 경고했다. 그가 가장 우려하는 부분은 온라인 공간이 '고립된' 숙의enclave deliberation(기존의 견해를 수정하기보다는 그것을 강화하는 정보와 논거를 접하게 되는, 생각이 비슷한 사람들끼리의 대화)를 선호하는 경향이 있다는 점이다. 선스타인은 고립된 숙의가 본질적으로 위험한 것은 아니지만 실제에서는 집단의 양극화를 악화시켜 극단주의를 낳고 '사회 안정을 위태롭게' 하는 경향이 있다고 주장했다.[33] 극단주의 집단이 허위정보를 퍼뜨리기 위해 소셜미디어를 이용하는 방식을 생각하면 선스타인의 발견은 큰 의미를 갖는다. 그런데 그가 이런 경고를 하고 20년이 지난 지금, 어떤 증거가 드러나고 있을까?

이 질문에는 답하기가 쉽지 않다. 철학자 조슈아 코언은 이것을 "병인이 알려지지 않은 질병—바이러스 돌연변이 발생률이 높은

---

* flaming. 익명성을 이용해 모욕적인 말로 상대에게 상처를 주는 것.

환경에서 사는 의료 기록이 없는 이주 인구에게서 나타난—을 두고 역학자에게 의학적 개입의 영향을 묻는 것"에 비유했다.[34] 사회 과학자들에게는 벅찬 과제다. 공중보건 전문가들이 코로나19를 이해하기 위해 애쓰는 것을 1년간 지켜본 이후이기 때문에 그 사실이 더욱 와 닿는다.

좋은 소식이 있다. 지난 몇 년간 이 부분에 대한 학계의 연구는 폭발적으로 증가했다.[35] 다만, 아직까지는 증거가 엇갈리고 있다. 선스타인의 우려를 완벽하게 지지하지도, 플랫폼과 그들이 관리하고 유포하는 발언의 죄를 면하지도 않고 있는 것이다.

비관론자들의 가장 큰 우려부터 시작해보자. 온라인 상호작용은 사람들을 다양한 관점에 노출될 수 없게 한다. 그로 인해 사용자들은 생각이 비슷한 사람들과 필터 버블에 갇히게 되어 양극화가 더욱 심해진다. 이 견해가 맞는다면 민주주의에 있어 참혹한 결과를 낳을 것이다. 하지만 증거는 다른 방향을 가리킨다. 최근 한 분석은 "소셜미디어의 정치적 교류가 대부분 비슷한 생각을 가진 사람들 사이에서 이뤄지더라도 범분야적 상호작용이 일반적으로 생각하는 것보다 빈번하고, 다른 유형의 매체를 통해 다양한 뉴스에 노출될 기회가 많으며, 순위 알고리즘은 뉴스 소비의 이념적 균형에 큰 영향을 미치지 않는다"라는 결론을 내렸다.[36] 이것은 소셜미디어가 가장 가까운 교제 집단(동료, 다른 곳에 사는 친척, 지인) 밖에 있는, 자신과는 다르고 이념적으로 더 다양한 정보를 공유하는 개인들과 상호작용을 늘리는 것처럼 보이기 때문이다.

이 증거는 소셜미디어가 인구를 양극화하는 반향실을 만들고 있을 뿐이라는 대부분의 인식과 어색하게 공존하고 있다. 이런 사실들을 서로 조정하려면 소셜미디어에서 일어나는 많은 일에는 소수의 대단히 활동적이고 당파적 성향이 강한 사람들이 개입된다는 점을 인식하는 것이 중요하다. 예를 들어 2012년 선거를 앞둔 시기에 트위터에 올라온 당파적 성격이 짙은 콘텐츠의 절대다수는 극소수의 대단히 빈번한 사용자가 게시한 것이었다.[37] 또 다른 연구는 대다수의 사람들은 주로 중도적 웹사이트에 의존해 뉴스를 얻으며, 당파성이 가장 짙은 웹사이트를 방문하는 소수의 사람들은 적극적인 뉴스 소비자로 다른 종류의 사이트도 방문한다는 것을 보여주었다.[38]

우리가 소셜 네트워크에서 접하는 정보가 기업의 결정으로부터 큰 영향을 받는다고 할지라도, 실제로 대부분의 사람들이 이용하는 네트워크는 놀라울 만큼 다양하다. 한 연구에서는 페이스북 뉴스 피드 중에서 1000만 이상의 사용자가 있는 이념적 콘텐츠를 검토했다. 대부분의 친구 관계는 이념이 비슷한 사람들과 맺어져 있었지만 많은 친구(보수당 지지자의 20퍼센트, 자유당 지지자의 18퍼센트)는 다른 이념 집단 출신이었다. 개인 뉴스 피드의 뉴스 중 약 30퍼센트는 이념적으로 상호 교차적인 성격을 띠었다.[39] 온라인에서 일어나는 일을 다른 소통 양식과 자세히 비교해보면, 다음과 같은 결론이 불가피해 보인다. 대부분의 사람들은 실제 세상의 사회적 유대에서보다 온라인에서 더 많은 정치적 의견 불일치에 노출된다.[40]

그렇다면 정치적으로 다양한 관점에 노출되는 것이 양극화와 어떤 관련이 있을까? 스탠퍼드대학교의 매슈 겐츠코프Matthew Gentzkow를 포함한 경제학자들은 두 가지 흥미로운 방법으로 이 문제를 다뤘다. 첫째, 미국의 모든 연령 집단을 대상으로 1996년 이후 정

　　　　　　　　　　　　시스템 에러

당 투표의 범위, 다른 정당의 당원에 대해 어떻게 느끼는지 등 여덟 가지 방법을 이용해 양극화를 측정했다. 인터넷과 소셜미디어를 사용할 가능성이 가장 낮은 집단, 즉 가장 나이가 많은 사람들 사이에서 양극화가 가장 크게 심화됐다는 놀라운 결과가 나왔다.[41] 이 증거들을 바탕으로 한다면, 소셜미디어 자체가 양극화의 주요 원인이라고 단정 짓기는 어렵다.

보다 최근의 한 연구는 소셜미디어 사용과 양극화 사이의 인과관계를 확인하는 문제를 정면으로 다뤘다.[42] 겐츠코프와 논문의 공동 저자들은 창의적인 계획을 세웠다. 그들은 4주간 계정을 비활성화하는 페이스북 사용자들에게 현금 지급을 제안했다. 이런 접근방식으로 연구팀은 페이스북 접근의 감소가 사람들의 정보 획득 습관과 정치적 태도에 변화를 주는지 진단할 수 있었다. 큰 표본 집단 속에서 임의의 사람들에게 현금이 지급되었기 때문에 현금을 받은 사람과 그렇지 않은 사람들을 비교해 페이스북 사용 중지가 가져오는 효과를 파악할 수 있었다. 그들은 페이스북을 접하지 못한 사람들이 시사 문제에 대한 지식이 눈에 띄게 적기는 했지만 대부분 형태의 양극화가 소셜미디어의 사용 감소로 영향을 받지 않는다는 것을 발견했다.

데이터만으로는 소셜미디어와 양극화에 대한 우리의 심각한 우려가 입증되지 않지만, 소셜미디어가 허위정보로 넘쳐나고 극단주의와 혐오 발언의 온상이 되고 있는 것이 현실이다. 우리 사회의 양극화는 소셜미디어 외에 많은 요인들에 영향을 받지만, 허위정보와 혐오 발언의 결과는 심각할 수 있다.

정보 생태계 오염의 주원인은 역정보, "검증 가능한 사실에 대한 공통의 이해를 부정하거나 왜곡하는 주장"이다.[43] 역정보는 정치 지도자의 메시지, 출판된 기사, 블로그 포스트, 트윗, 심지어는 광고까지 대단히 다양한 방식으로 퍼진다. 허위정보는 역정보의 하위 집합으로 사람들을 속이기 위해 의도적으로 전파된다. 목표는 검증 가능한 사실에 대해 명확하게 선택하거나 판단할 수 있는 사람들의 능력을 훼손하는 것이다.

소셜미디어의 허위정보 확산에 대한 우려가 대중에게 인식된 계기는 2016년 미국 대선에 대한 러시아의 개입이었다. 마케도니아 벨레스의 10대들이 각기 한 달에 8000달러를 받고 USA데일리폴리틱스닷컴USADailyPolitics.com이라는 무해하게 들리는 이름을 단 친트럼프 가짜뉴스 사이트 약 100개를 운영했다. 러시아 인터넷연구소Internet Research Agency(IRA)라는 '트롤 팩토리'*가 허위정보를 산업 규모로 생산하는 공장의 역할을 했다. 트위터에 따르면, IRA는 3814개의 계정을 운영했고, 개인 운영자가 매일 엄청난 양의 콘텐츠를 만드는 책임을 맡았다. 한 보고에 따르면, 작업자들은 매일 뉴스 기사에 50개의 댓글을 달고, 여러 일간 게시 글을 6개의 페이스북 페이지에 올리고, 10개의 트위터 계정에 50개 이상의 일간 트윗을 올려야 했다.[44]

그들이 만든 허위정보가 실제로 사이트 이용자들에게 영향을 주었을까? 한 팀은 2016년 선거 전 5주 동안 2500명 이상의 성인을 추적했다.[45] 그 팀은 그들의 소셜미디어 소비를 조사하고 기존의

---

* troll factory. 직원에게 돈을 주고 어떤 것에 대해 호의적인 온라인 코멘트를 올리도록 하는 업체.

시스템 에러

'가짜뉴스' 목록 스토리와의 연결 구조를 파악함으로써 그 기간 동안 미국인의 4분의 1 이상이 하나 이상의 가짜뉴스에 노출되었다는 추정치를 내놓았다. 수치는 높지만 실제 가짜뉴스 사이트에의 참여도는 상당히 낮다. '하드 뉴스'* 사이트 방문의 비율과 비교하면, 가짜뉴스 기사에 대한 참여도는 2퍼센트 미만이었다.

더 문제가 되는 것은 온라인에서 잘못된 정보를 접하고 공유할 위험이 훨씬 더 높은 사람들이 있다는 점이다. 가짜뉴스 공유 행위의 가장 중요한 예측 변수는 연령이다. 나이 든 사람들은 가짜뉴스 이야기를 친구들에게 전해줄 가능성이 훨씬 더 높다.[46] 러시아의 IRA는 특히 이 취약성을 이용하는 데 초점을 맞췄다. IRA의 계정은 당파성이 짙은 미국 시민을 사칭했고 허위정보의 공유 비율은 20퍼센트에 불과했다. 그런 계정들이 게시한 대부분의 내용은 지역 뉴스에서 나온 실제 자료로,[47] 해당 계정에 대한 신뢰를 구축하고 그들이 사칭하는 당파적 정체성 특유의 관심사와 가치관을 부각시키는 데 유용했다.

공격적인 콘텐츠의 문제에서와 마찬가지로 역정보와 허위정보는 그 처리 방법이 항상 명확하게 드러나지 않는다. 아마도 허위정보가 감지되었을 때 더 정확한 정보가 전달되어야 할 것이다. 하지만 사람들에게 정확한 정보를 제공한다고 해서 그들의 생각이 항상 바뀌는 것은 아니다. 심지어 역효과가 나는 경우도 있다. 일련의 연구를 통해 자신의 정치적 신념과 모순되는 교정된 사실이 제

---

* hard news. 공적 영역에서 나온 뉴스. 정보의 중요성과 사회적 영향성을 분석적으로 담고 있는 뉴스를 의미하며, 경성 뉴스라고도 한다.

시된 경우, 사람들은 기존의 오해에 오히려 더 열성적이 된다는 것이 발견됐다.[48] 심리학자들은 이 충격적인 발견이 '동기화된 논증motivated reasoning'에 기인한다고 본다. 사람들은 세상에 대한 새로운 사실을 그들의 궁극적인 목표와 일치하는 방향으로 해석한다는 것이다. 역효과들이 얼마나 강한지에 대해서는 논란이 있지만, 사람들의 오해를 바로잡으려는 노력만으로 해묵은 역정보를 뒤집게 하기는 어렵다는 증거들이 있다.

이것은 실제적인 위험이다. 개인이 역정보로 인한 신념을 갖고 있는 경우 그것은 큰 규모의 정치적 결과에 영향을 줄 수 있다. '데스 패널'•이라는 근거 없는 믿음은 자주 반복되는 역정보의 한 예로 2009년 의료개혁 논쟁에 영향을 미쳤다. 한 전문가가 요약했듯이, 정보가 부족한 시민도 이상적이라고 볼 수 없지만 그보다 위험한 것은 허위정보를 믿는 시민이다.[49]

역정보와 허위정보가 그렇듯, 혐오 발언은 주류 소셜미디어 플랫폼에서 구미에 맞는 환경을 발견했다.[50] 하지만 혐오 발언은 온라인에 게시되는 내용의 극히 일부에 지나지 않는다. 연구팀은 2015년부터 2017년까지 정치권 인사의 트윗 7억 5000만 건과 미국인 무작위 표본의 트윗 4억 건을 분석했다.[51] 해당 기간 트윗의 0.001~0.003퍼센트에 혐오 발언이 포함됐는데, 이는 미국 트위터 사용자가 생성한 콘텐츠의 극히 일부분이다. 물론 이 회사들은 누

• death panel. 진료를 받을 환자와 방치할 환자를 결정하는 가상의 위원회를 지칭한다. 오바마 행정부가 제시한 의료개혁 법안 중 '사전의료상담'이란 조항이 논란이 되면서 생긴 말이다.

구의 눈에도 띄기 전에 적극적으로 그런 게시물들을 삭제하기 때문에, 실제로 게시된 혐오 발언의 양은 이보다 많을 것이다. 페이스북은 사용자가 신고하기 전에 혐오 발언 정책을 위반하는 게시물의 89퍼센트를 삭제한다고 주장한다.[52] 하지만 적은 양의 혐오 발언이 게시된다고 해서 그것이 보이지 않는다는 것을 의미하지는 않는다. 사실 15세에서 30세 사이의 인터넷 사용자들을 대상으로 한 전국적인 설문조사에서 미국인들 중 절반 이상이 온라인에서 혐오 발언을 접한 적이 있다고 보고했다. 핀란드(48퍼센트), 영국(39퍼센트), 독일(31퍼센트) 등 다른 나라도 노출도가 높았다.[53]

혐오 발언을 적극적으로 전파하는 사람은 소수이지만 그들은 매우 공격적으로 활동한다.[54] 그들은 더 자주 트윗을 하고, 매일 더 많은 사람들을 팔로우하며, 서로의 콘텐츠를 리트윗하는 경향이 있는 다른 혐오 발언 생성자들의 네트워크에 포함되어 있다. 그들도 처음부터 여성 혐오적이고 인종차별적인 혐오 발언을 하는 것은 아니다. 여러 증거가 보여주는 것처럼 그들은 온건하고 간접적인 게시물부터 올리다가, 보다 극단적인 사회 네트워크에 참여하고 나서 사회적 낙인에 대한 우려를 버릴 때에만 치명적인 언어를 사용하기 시작한다.[55] 이런 네트워크들은 집중도가 대단히 높기 때문에 한 연구팀은 2015년 이슬람교도의 파리 테러 공격 이후 반이슬람 트윗을 게시할 사용자를 정확하게 예측해냈다.[56] 그전에는 트윗에서 무슬림이나 이슬람교를 언급한 적이 없더라도 말이다.

이것은 더 우려할 문제다. 온라인 발언은 소셜미디어를 지배할 정도의 힘을 갖지 않아도 오프라인에서 실제적인 영향력을 행사할 수 있다. 적은 수의 게시물이라도 현실 세계에 살고 있는 사람들의 복리에 막대한 결과를 가져올 수 있다. 그런 발언들이 피해를 끼칠 의도를 가진 소수 개인들의 집단에 힘을 실어주거나 그들을 선동하거나 동원한다면 특히 더 그렇다.

2015년 사우스캐롤라이나주 찰스턴의 이매뉴얼 아프리칸 감리교회에서 9명을 살해한 백인 우월주의자 딜런 루프Dylann Roof는 급진 기독교 단체가 공유한 온라인 콘텐츠에서 영감을 얻었다. 2018년 피츠버그 생명의 나무 유대교 회당 습격 사건의 범인은 극우주의 소셜미디어 플랫폼 갭닷컴Gab.com의 혐오 콘텐츠에 노출되었다. 2019년 뉴질랜드 크라이스트처치에서 발생한 이슬람 사원 총격 사건 역시 온라인에서 급진화된 것으로 알려졌다. 이들 사례에서 범인들이 온라인 콘텐츠에 노출되면서 견해의 변화를 겪었는지, 이런 노출이 어떤 식으로든 행동과의 인과관계가 있는지는 확실히 알 수 없다. 하지만 소셜미디어가 극단적 발언을 공유하고 긍정적인 피드백을 받을 수 있는 공간을 마련했다는 사실은 논란의 여지가 없다.

여러 연구를 통해 온라인상의 혐오가 실제 폭력의 원인이 될 수 있다는 것이 드러나기 시작했다. 독일의 한 연구는 온라인에서 반反난민 정서가 두드러진 시기에 페이스북 이용률이 높은 지역에서 난민 혐오 범죄가 불균형적으로 증가했다는 것을 보여주었다.[57] 해당 효과는 특정 지역에서 인터넷 장애나 서비스 중단 사고가 발생했을 때 사라졌다. 둘 사이에 인과관계가 있음을 암시한다. 마찬가지로 미국에서는 2016년 트럼프의 선거운동이 시작된 후 높은 트위터 이용률과 반이슬람 혐오 범죄의 증가가 연관성을 보였다.[58] 특히 트위터의 얼리어답터였던 지역에서 연관관계가 뚜렷했다. 혐오 발언은 전반적으로 확산되는 일은 드물지만 특정 집단 사이에 집중되며 그로 인해 심각한 결과를 초래할 수 있다. 이는 정보 생태계의 오염을 해결하는 데 있어 무엇이 중요한지를 강조한다.

대단히 힘든 상황이 아닐 수 없다. 우리에게는 표현의 자유, 민주주의, 인간 존엄성을 중시해야 할 충분한 이유가 있지만, 이 세 가지 모두를 동시에 극대화할 수는 없다. 우리는 기술자들이 구축한 세상에서 균형을 찾는 대단히 어려운 문제에 직면했다. 2016년 대선과 케임브리지 애널리티카에 대한 폭로 이후 기술자들은 문제를 파악하고 긴장 상태를 인식했다고 말했다. 그들은 사과를 하고 문제를 바로잡기 위해 열심히 노력하고 있다고 우리를 안심시켰다. 하지만 2020년 대선은 후보자에 대한 고의적인 중상, 조작된 동영상, 선거 부정에 대한 역정보의 유포 등 갖가지 새로운 문제를 드러낸 난장판이었다. 일부 역정보를 적발하는 일에서는 기술기업의 성과가 2016년보다 크게 높아졌지만 대다수의 역정보에 대해서는 그렇지 못했다. 선거 이후 의사당 점거 사건은 역정보와 혐오 발언이 개인뿐 아니라 민주주의의 진실성을 훼손하는 얼마나 실제적인 위험인가를 상기시켜주었다. 민주주의를 저해하고 인간 존엄성을 훼손하는 유해 콘텐츠의 문제에 기술적 해법이 존재할까?

인공지능은 콘텐츠의 맥락을 파악할 수 있을까?

기술 플랫폼이 강력한 AI 알고리즘으로 콘텐츠의 순위를 올릴 수 있다면, 비슷한 기술을 이용해 유해 콘텐츠를 적발하고 그 순위를 내리거나 완전히 삭제할 수 있지 않을까? 실제로 구글, 유튜브, 페이스북, 트위터는(그리고 다른 기술 플랫폼들도) 바로 이런 방법을 사용한다. 매일 수십억 개의 새로운 텍스트, 사진, 동영상이 업로드되기 때문에 알고리즘을 사용할 수밖에 없다. 이 콘텐츠의 바다에서는 알고리즘을 통한 조정이 플랫폼의 핵심 기능이라는 주장도 있다.[59] 대부분의 대형 플랫폼의 경우, 자동화 검토가 콘텐츠 조정의 첫 방어선으로서 음란, 아동 착취, 테러, 혐오 발언, 집단 괴롭힘과 같은 유해 자료를 식별하기 위한 시도를 하고, 이후 인간 모더레이터moderator(조정자)가 이를 검토한다. 마크 저커버그는 "우리 커뮤니티의 콘텐츠를 검토하는 페이스북 콘텐츠 조정팀이 내놓는 모든 보고의 약 3분의 1이 AI에 의해 이루어지고 있다"라고 썼다.[60]

대부분 우리가 앞서 논의한 딥러닝과 같은 형태에 기반을 둔 이들 시스템의 내부 요소들은 보통 공개되지 않는다. 시스템의 약점이 악용될 것을 우려하기 때문이다. 하지만 페이스북은 투명성을 높인다는 명목으로 커뮤니티 표준 시행 보고서를 제공한다.[61] AI와 인간 모더레이터로 이루어진 내부 시스템을 사용해 표준을 위반하는 콘텐츠를 찾아 그 결과를 통계로 보고하는 것이다. 이 보고서는 사용자가 신고하기 전에 시스템에서 몇 퍼센트의 문제 있는 콘텐츠를 발견했는가 식의 경쟁 체계로 되어 있다. 항목별로 정리된 이 보고서는 일부 기준 위반 사항이 다른 기준보다 적발이 쉽다는 것을 보여준다. 2021년 2월의 보고서에 따르면 페이스북은 '성인 나체와 성행위' 기준을 위반한 콘텐츠의 99퍼센트를 사용자가 신고하기 전에 발견했다.[62] '자살과 자해'의 경우 수치는 92퍼센트로 떨어졌다. '집단 괴롭힘'의 경우에는 약 50퍼센트에 불과했다. 이러한 성능의 변동성은 평가하는 자료의 주관성과 뉘앙스를 반영한

시스템 에러

다. 나체를 감지하는 것은 노골적으로 사진에 맨살의 픽셀이 충분히 있고 성적인 단어가 동반되는가를 찾으면 되는 문제다.

혐오 발언을 식별하는 것은 좀 더 어렵다. "남자들은 쓰레기"라는 진술에 조치를 취해야 할지 결정하려면 맥락과 문화를 판단해야 한다. 이 특정한 경우에 대한 페이스북의 조치와 달리, 특정 단어가 게시물에 등장했는지 여부만이 아니라 그 단어들이 의미하는 바가 무엇인지, 누가 그런 말을 했는지, 그들이 겨냥하는 대상이 누구인지까지 분석해야 한다. 그런 결정에는 보통 인간의 이해력이 필요하므로 완전히 자동화된 시스템에는 심각한 도전이 된다. 어떤 맥락에서는 사람을 바퀴벌레라고 묘사하는 것이 카프카의 단편소설 《변신》을 언급하거나 암시하는 것일 수 있다. 르완다에서는 이것이 비인간적인 모욕이며 1994년 대학살의 공포를 언급하는 것이다. 집단 괴롭힘의 상황은 더 복잡하다. 콘텐츠의 기준이 맥락과 관련된 개인에 따라 더 다양해지기 때문이다. 페이스북도 이 점을 선뜻 인정하고 있다. "집단 괴롭힘은 그 속성상 대단히 사적인 것이기 때문에, 대개의 경우 누군가 우리에게 이 행위를 보고해야만 확인하거나 제거 조치를 취할 수 있다."[63]

AI는 장래에도 계속 발전하겠지만 그것은 방어의 제1선에 불과하다. 이런 플랫폼상의 엄청난 정보에 맞서려면 엄청난 수의 인간 콘텐츠 모더레이터가 필요하다. 2017년 유튜브의 CEO 수전 보이치키Susan Wojcicki는 유튜브가 다음 해 1만 명의 콘텐츠 모더레이터를 고용할 것이라고 발표했다.[64] 다음 해 마크 저커버그는 "커뮤니티 기준 정책을 집행하는 임무를 맡는 팀은 약 3만 명의 인원으로 구성되며 (…) 그들은 매일 200만 개 이상의 콘텐츠를 검토한다"라고 밝혔다.[65] 콘텐츠 조정과 대규모 콘텐츠 모더레이터 인력을 고용한 점에 대해서는 빅테크 플랫폼의 공로를 인정해야 한다.

하지만 콘텐츠 모더레이터가 되는 데에는 대가가 따른다. 한때 페이스북에서 콘텐츠 모더레이터로 일했던 셀레나 스콜라Selena Scola는 2018년 회사를 상대로 소송을 제기했다. 그녀는 직무 스트레스로 인해 외상 후 스트레스 장애(PTSD)를 얻었다고 주장하고 있다. 소장에는 그녀의 직무에 "강간, 자살, 참수, 기타 살인 장면을 담은 고통스러운 사진과 동영상"을 보는 일이 포함되었다는 내용이 담겨 있다.[66] 이 소송은 비슷한 경험을 하고 "페이스북이 그들에게 안전한 직장을 제공하는 데 실패했다"[67]라고 주장하는 다른 전직 콘텐츠 모더레이터의 소송과 병합되었다. 2020년 5월 페이스북은 5200만 달러의 거금을 들여 전현직 콘텐츠 모더레이터들과 합의를 했다. 그들 각각에게 1000달러를, 정신 장애 진단을 받는 사람들에게는 추가금을 지급하기로 한 것이다.

대단히 유해한 콘텐츠는 빠르게 식별할 수 있다 하더라도 가치관이 상충하는 곤란한 문제의 경우 콘텐츠를 어떻게 처리해야 할지 난감할 수밖에 없다. 스탠퍼드대학교의 너새니얼 퍼실리Nathaniel Persily는 이를 처리하는 방법으로 삭제deletion, 강등demotion, 고지disclosure, 지연delay, 희석dilution, 우회diversion, 억제deterrence, 디지털 문해력digital literacy의 'D' 분류 체계를 제안했다.[68]

삭제는 플랫폼의 규칙을 위반한 모든 콘텐츠에 취하는 가장 손쉬운 방법으로 보인다. 하지만 이 방법은 그 콘텐츠를 게시한 사람이 그 사실을 깨닫고 다른(혹은 수정된) 글, 사진, 동영상을 다시 게시하게 할 수 있다. 검색 엔진 최적화와 비슷하게 유해 콘텐츠를 제거하려는 플랫폼과 그 콘텐츠를 유포하려는(때로는 봇을 사용해서) 악의적인 사용자 사이의 군비경쟁이 될 수도 있다. 저커버그는 이 현상을 정확히 언급했다.[69] "우리는 콘텐츠 조정에서 꾸준한 진보를 이루었음에도 불구하고 막강한 자금력의 지원을 받는 정교한 적들과 마주하고 있다. 그들은 포기하지 않을 것이고 계속 진화할 것이다." 딥페이크deep fake, 즉 복잡한 머신러닝과 이미지 처리 기법으로 만들어진 가짜 사진과 동영상의 등장은 그 한 예에 불과하다. AI를 이용해서 역정보와 유해 콘텐츠를 걸러낼 수도 있지만 반대로 새로운 형태의 역정보와 유해 콘텐츠를 만들어낼 수도 있다. 이는 알고리즘과 인간 모두에게 큰 도전이 된다.

강등과 지연은 또 다른 일반적인 접근법으로 콘텐츠 제작자가 탐지하기가 좀 더 어렵다. 유해 콘텐츠의 순위를 떨어뜨리면 피드에 여전히 올라오기는 하지만 사람들이 그 콘텐츠를 찾기 위해서는 스크롤을 한참 더 내려야 한다. 그 결과 "게시물은 허위로 평가를 받고 향후 조회 수는 평균 80퍼센트 떨어진다."[70] 여기에서 AI가 특히 중요한 역할을 한다. 인간에 의한 최종 삭제 결정이 내려질 때까지 재빨리 콘텐츠의 순위를 낮추거나 공개를 제한할 수 있기 때문이다. 이는 선거를 앞둔 시기에 큰 차이를 만들 수 있다.

고지와 우회는 다른 가능성을 제시한다. 유해 콘텐츠의 공급원을 식별하거나 원래의 게시물과 함께 대안적인 정보를 제공해 사용자들이 보다 정보에 입각한 판단을 내리도록 돕는 것이다. 물론 이것은, 이런 방식으로 태그가 붙은 콘텐츠가 실제로 사용자의 평가를 변화시키며, 호기심 많은 사용자에게 의도치 않게 부적절한 콘텐츠를 강조하는 결과를 낳지 않는다고 가정한다. AI의 약진에도 불구하고 최소한 가까운 미래에는 기술적 해법만으로는 충분하지 않을 것 같다. 콘텐츠에 대한 미묘한 결정을 내리는 데 필요한 정보(작성자의 맥락, 시청자가 이미지에서 도출할 수 있는 암시, 현실에서 진행 중인 사건)의 양은 머신러닝 모델이 적절성을 정확하게 판단할 만한 충분한 인풋이 없다는 것을 의미한다. 이런 결정들은 인간에게도 어려울 수 있다.

코로나19 대유행 초기에 AI만으로 문제를 해결할 수 없다는 것이 여실히 드러났다. 유튜브, 트위터, 페이스북은 콘텐츠 모더레이터를 비롯해 사무실에 나오는 직원의 수를 제한하고자 했다. 사용자 개인정보 보호에 대한 우려는 가정 컴퓨터와 네트워크에서 오는 데이터에 접근하는 데 장애로 작용했다. 회사 지침은 콘텐츠 모더레이터가 회사 사무실의 안전한 위치에서만 일을 하도록 규정하는 경우가 많다. 트위터는 2020년 3월 게시물에서 "악의의 소지가 있고 조작적인 콘텐츠에 광범위한 조치를 취하기 위해 머신러닝과 자동화 사용을 늘리고 있다. 우리는 시스템의 일관성 보장을 위해 노력하지만 우리 팀이 맥락을 적용하지 못해서 실수가 발생할 수 있다는 점을 밝혀두고 싶다"라고 말하며, 콘텐츠 조정에서 AI 의존도가 높아지면서 이것이 플랫폼에 영향을 줄 수 있다는 점을 인정했다.[71] 유튜브 역시 비슷한 언급을 했다. "정상적으로라면 인간 검토자들이 할 일을 돕기 위해 일시적으로 기술에 더 많이 의존하게 될 것이다. 이는 자동화 시스템이 인간의 검토 없이 일부 콘텐츠를 제거할 것이란 의미다. (…) 이에 따라 사용자와 크리에이터는 정책을 위반하지 않은 동영상을 비롯해 동영상 삭제가 증가하는 것을 경험하게 될 수도 있다."[72]

대부분의 유튜브 사용자들은 자신이 업로드하려는 동영상이 AI에 의해 실수로 삭제된다는 것을 절대 알지 못할 것이다. 페이스북의 경우 상황이 훨씬 더 가시적이었다. 사용자들이 자신의 게시물(종종 코로나19와 관련된 합리적인 콘텐츠)이 "회원님의 게시물은 스팸에 관한 커뮤니티 규정을 위반합니다"라는 메시지와 함께 삭제된 시점을 쉽게 알 수 있었기 때문이다. 사용자들은 분통을 터뜨렸다. 일부는 페이스북의 당파적인 검열을 비난했고, 또 일부는 어떤 부분 때문에 자기 게시물이 삭제되었는지 알고 싶어 했다. 결국 페이스북의 건전성 부문 부사장 가이 로즌Guy Rosen은 "폭력적인 웹사이트의 링크를 제거하는 자동화 시스템의 문제로 인해 다른 게시물들도 잘못 제거되었다"라는 글을 남겼다.[73] 악의적인 의도가 있는 것은 아니었지만 이런 시인은 콘텐츠 조정 문제의 해결을 위해 기술에 전적으로 의존할 때의 취약점을 보여준다.

페이스북의 '대법원'?

빅테크 기업들은 세상을 더 나은 곳으로 만들겠다는 원대한 비전을 사명으로 내세운다. 하지만 양극화, 역정보, 혐오 발언의 문제들이 드러나면서 모든 기업이 온라인 콘텐츠 플랫폼의 역할을 수행하는 데 따르는 잠재적 위험을 인식하게 되었다. 그들의 사명 선언은 바뀌지 않았지만 말이다.

결과적으로 이 기업들은 콘텐츠 조정에 대한 내부 정책을 계속 발전시켜왔다. 이런 '커뮤니티 표준'은 허용되거나 허용되지 않는 사용자 생성 콘텐츠와 행동을 정의하는 것을 목표로 하며, 표준에 위배되는 콘텐츠를 게시하는 사용자에게 취할 수 있는 다양한 조치를 개술한다. 지적 재산권 침해, 범죄행위 조직 등 실정법을 어기는 콘텐츠들 외에 대부분의 콘텐츠 조정은 엄밀히 말해 기존 미국의 법률 원칙에 의해 요구되는 것이 아니다. 대부분의 외설물은 법에 저촉되지 않으며, 혐오 발언, 역정보, 허위정보도 마찬가지다. 사실 수정헌법 1조와 1996년의 통신품위법은 사용자 생성 콘텐츠를 호스팅하는 민간 기술 플랫폼에 상당한 자율성과 법적 면책권을 부여하고 있다. 하지만 막대한 사용자 기반을 성장시키고자 하는 경제적 유인과 보다 광범위한 사회적 영향을 염두에 두고 플랫폼을 관리해야 하는 기업의 책임성에 대한 인식이 결합되면서 모든 기업이 콘텐츠 감시에 상당한 자원을 할애하고 있다. 법학자 케이트 클로닉Kate Klonick의 주장대로, 이들 기업은 표현의 자유의 새로운 민간 통치자가 되었다.[74] 수억 수십억 사용자를 거느린 커뮤니티에서 '커뮤니티 표준'을 만들고 집행하는 소수의 사람들은 세상에서 가장 큰 권력을 가진 이들에 속한다. 결과적으로 최근에는 대기업이 그들이 행사하는 힘에 대해 보다 많은 적법성을 획득하는 방편으로 좀 더 책임 있고 투명한 자세를 가져야 한다는 압력이 거세지고 있다.

2018년 페이스북은 회사가 커뮤니티 표준을 근거로 내린 삭제 결정을 검토할 수 있는 독립적인 감독 기구, '대법원Supreme Court'을 만들겠다고 발표했다. 마크 저커버그는 이렇게 적고 있다. "표현의 자유와 우리 자신의 안전을 위한 많은 중요한 결정들을 페이스북이 내려서는 안 된다는 생각이 강해지고 있다."[75] 2020년 페이스북은 감시위원회의 첫 40명 구성원을 발표했다. 전 세계의 학자, 시민단체 지도자, 전 고위 관리들이 명단에 올랐다. 위원회의 운영 자금은 페이스북이 설립한 독립 신탁으로부터 조달되기 때문에 위원회는 회사로부터 독립된 지위를 가질 수 있다. 감시위원회는 실제 미국 대법원과 마찬가지로 항소를 받아들일지 여부를 결정하는 권한을 갖는다. 현재의 헌장에 따르면, 페이스북은 이 독립 기구의 결정에 구속된다. 따라서 사용자가 위원회에 항소해 이기면 페이스북은 콘텐츠를 복구해야 한다.

위원회는 2020년 말 회의를 시작했고, 2021년 초에 첫 결정을 발표했다. 감시위원회는 5건 중 4건에서 페이스북의 콘텐츠 삭제 결정을 뒤집으며 플랫폼에 이의를 제기하고 외부 검토 권한을 확립하겠다는 의지를 알렸다. 이어 세계적 파장을 불러온 사례, 페이스북이 2021년 1월 6일 미국 의사당 폭동에 뒤이어 도널드 트럼프의 계정을 무기한 정지시킨 것이 정당했는지를 심리하기로 합의했다. 2021년 늦은 봄, 위원회는 트럼프의 계정을 유예시킨 페이스북의 결정을 지지하면서도 무기한 이용 정지는 거부했다. 페이스북에 6개월의 시간을 주고 이 조치를 재검토하고 지속적인 이용 정지에 대한 명확하고 공개적인 기준을 제시하도록 했다. 이런 솔로몬식 결정을 어느 쪽도 반기지 않았고, 권력은 다시 페이스북에게 돌아갔다. 페이스북이 플랫폼에서 허용되는 발언의 수위를 결정하는 데 무소불위의 힘을 휘두르지 못하게 하는 것이 감시위원회의 목적이라는 점을 생각하면 이상한 결정이 아닐 수 없다.

페이스북의 '대법원'이 성공할지는 아직 지켜봐야 할 일이다. 하지만 그것이 민간 플랫폼의 거버넌스에 대한 보다 광범위한 대중적 논의를 자극하는 역할을 할 수 있는 새로운 책임성 및 투명성

기제를 만드는 데 중요한 첫 단계인 것만은 틀림없다. 가장 중요한 점은 감시위원회가 여전히 자율규제 조치라는 것이다. 운영의 독립성을 갖고는 있지만 첫 감시위원들을 페이스북이 선정했고, 위원회 헌장 역시 페이스북이 만들었으며, 위원회의 결정도 다른 업체가 아닌 페이스북에만 적용된다. 더구나 위원회의 역할은 상당히 제한적이다. 구성원의 자리는 상근직이 아니기 때문에 그들은 전체 항소 사건 중에 극히 소수에만 귀를 기울일 수 있을 뿐이다. 위원회의 결정은 콘텐츠에 대한 조치만을 다루고, 커뮤니티 표준 정책의 기본이 되는 광범위한 원칙은 그들의 권한 밖이다. 회의론자들은 그것이 독점 금지법과 개인정보 보호 등 페이스북의 다른 문제들에 대한 관심을 흩뜨리기 위한 우회 전술이라고 생각할 수도 있을 것이다. 위원회의 창설이 콘텐츠 삭제에 대한 불평을 감시위원회의 탓으로 돌리려는 편법에 지나지 않는다고 생각하는 사람들도 있을 것이다. 그러나 페이스북의 결정을 뒤집는 초기 판결이 보여주듯이 위원회는 독립성을 확보하고 있다. 아마도 시간이 지나면 페이스북의 희망처럼 다른 회사들의 본보기 역할을 하면서 더 큰 정당성을 획득할 것이다. 전 영국 부총리이자 현재 페이스북의 글로벌 정세 및 커뮤니케이션 부문 부사장인 닉 클레그Nick Clegg의 말에 따르면, "어떤 형태로든 정부가 위원회에 협조할 수도 있을 것"이다.[76]

자율규제 너머로

마크 저커버그와 잭 도시가 소셜미디어 발언의 중재자가 되려 하지 않는 이유는 쉽게 이해할 수 있다. 트위터와 페이스북이 코로나 19와 대선 관련 콘텐츠를 규제하기 위해 노력하면서 직면했던 문제는 그들이 해야 하는 판단이 얼마나 어려운지를 드러내주었다. 그렇다면 정부가 발언의 규제에 참여하는 것이 타당할까?

대부분의 미국인들은 그런 생각에 몸서리를 칠 것이다. 사실 수정헌법 1조는 이보다 더 명확할 수 없이 "국회는 표현의 자유를 약화하는 법을 만들 수 없다"라고 규정하고 있다. 이런 한계에도 불구하고 일부 플랫폼은 사용자와 광고주 기반을 만족시키는 경제적 유인이든 기업의 책임감이든 그들의 특정한 가치관 때문이든 간에 온라인 콘텐츠를 관리하려고 진심으로 노력하고 있다. 이들은 페이스북의 독립적인 감시 기구 실험이 보여주는 것처럼 콘텐츠에 대한 자기결정의 정당성을 진지하게 고민하고 있다. 그러나 온라인 콘텐츠의 영향을 관리하는 이런 접근방식에는 아킬레스건이 있다. 이 방식은 우리 모두가 심층적인 이해관계를 공유하는 것, 즉 민주주의의 건전성을 보호하기 위해 일련의 이익 주도 기업들에 권한을 부여하는 조치들에 의존하기 때문이다. 건강한 공공권公共圈의 미래가 오로지 소수의 힘 있는 기업의 손에 좌우되는 것은 타당하지 못하다. 정부가 반드시 참여해야 하고, 그렇게 함으로써 표현의 자유의 중요성과 다른 필수적인 목표들 간의 균형을 맞춰야 한다.

첫 번째 문제는 정부가 반드시 금해야 하는 특정한 발언의 형태가 있느냐이다. 대부분의 민주 정부는 표현의 자유에 대한 의미 있는 규제를 꺼려왔다. 표현의 자유가 민주주의의 번영에 너무나 중요하기 때문이다. 세계적으로 민주주의 성장의 밑거름이 된 사람들은 군주, 독재자, 성직자, 군벌이 부과하는 규제에 (위험을 무릅쓰고) 이의를 제기한 정치적·사회적 혁명가들이었다.

미국에서 '위험한 발언'에 대한 답은 언제나 더 많은 발언이었다. 정부의 개입으로부터 표현의 자유를 보호하는 것은 표현의 자유가 가져올 수 있는 잠재적인 해악보다 거의 항상 우선한다. 대법원은 표현이 "임박한 무법 행위의 선동과 양산을 초래하고, 그러한 행위를 선동·양산할 가능성이 있는" 경우와 같은 한정된 일련의 예외를 규정하고 있다. 그러나 실제로 법원은 이러한 예외들조차도 엄격하게 제한하고 있다. 아마도 이 문제에 관한 가장 유명한 사건은 법원이 1964년 오하이오 집회에서 정치개혁을 이루기 위한 폭력을 옹호한 쿠클럭스클랜Ku Klux Klan 단원의 유죄 판결을 뒤집은 경우일 것이다. 무장한 KKK 단원들의 공개 행사에서 이 KKK 단원은 "우리 대통령, 의회, 법원이 계속해서 코카서스 백인을 억압한다면 복수에 나설 가능성이 있다"[77]라고 말했지만 법원은 납득하지 못했다. 재판부는 수정헌법 1조는 견해의 옹호와 임박한 폭력 행위의 선동을 구분할 필요가 있다는 결론을 내렸다. 다른 대법원의 결정들은 미국 법이 인종, 젠더, 종교를 기반으로 사람을 공격하거나 폄하할 의도를 가진 발언까지 보호한다는 것을 분명히 보여주었다. 결과적으로 미국에서는 임박한 폭력의 선동과 설득력 있게 연관되지 않는 한 거의 어떤 발언도 불법이 아니다.

미국은 표현의 자유에 대한 절대적 헌신에 있어서 이상치다. 가장 인내심이 강한 민주국가들 사이에서도 말이다. 독일은 대안적 접근법을 보여주는 가장 유명한 사례다. 나치주의와 광범위한 반유대주의에 의해 야기된 참상 이후, 독일 정부는 특정 유형의 발언

시스템 에러

에 대한 검열을 중심으로 강력한 사회적 합의를 구축하기 시작했다. 인종주의와 반유대주의 수사가 목록의 맨 위에 자리했지만 홀로코스트 부정, 외국인 배척 정서, 심지어는 모욕과 신성 모독도 빠지지 않았다.[78] 혐오 발언은 징역형으로 처벌을 받을 수 있고 정치인에게 거짓말쟁이라고 하는 것은 명예훼손 소송을 부를 수 있다. 독일인들은 이런 제약에 익숙해져 있고, 대부분 그것을 그들이 "방어적 민주주의wehrhafte Demokratie"라고 부르는 것의 일부로 받아들이고 있다.

독일만이 아니다. 캐나다에서 혐오 발언 금지법의 최우선 관심사는 차별을 막는 것이다. 따라서 표현의 자유를 소중히 여기지만 자유롭게 표현할 권리에 제약이 필요할 때가 있다는 것을 인식하고 있다. 자유로운 표현이 평등한 대우를 받을 권리를 훼손하기 때문이다. 이는 캐나다 법이 표현의 검열에 대해 훨씬 더 관대한 기준을 갖고 있다는 것을 의미한다. 발언이 꼭 공공질서를 위협하거나 폭력을 초래하지 않더라도 식별 가능한 집단에 대한 혐오나 차별을 선동한다는 점을 보여주는 것만으로 충분하다. 시행에는 차이가 있지만 유럽연합은 물론 영국, 아일랜드, 브라질, 인도 등의 국가들 역시 폭력 사태를 초래할 수 있다는 증거가 없더라도 증오와 차별에 대한 선동을 제한하고 있다.

소셜미디어 플랫폼은 이미 이런 법의 차이에 대응하고 있었지만, 온라인상의 표현과 관련된 새로운 독일 법 제정으로 이 문제에 더욱 주의를 기울이고 있다. 2018년에 통과된 이 법은 혐오 발언을 비롯한 '명백하게' 불법적인 콘텐츠를 24시간 이내에 삭제하지 않은 기업에게 법인과 '개인'에 대한 벌금을 부과하도록 규정하고 있다. 이런 변화로 인해 페이스북을 비롯해 독일에서 영업을 하는 기업들은 정부의 공세에 직면하지 않기 위해 콘텐츠 조정 역량을 두 배로 강화해야 하는 상황이다. 오스트리아와 영국을 비롯한 다른 국가들도 비슷한 조치에 대한 논의를 시작했다.

혐오 발언의 허용 가능성에 대한 당신의 견해가 어떤 것이든, 스탠퍼드 인터넷 관측소Stanford Internet Observatory의 르네 디레스타Renee DiResta가 말하듯 표현의 자유를 믿는다고 해서 그 사람에게 도달의 자유까지 보장되는 것은 아니다.[79] 표현의 자유에 대한 헌신은 개인에게 마음껏 표현할 수 있는 자유를 주지만 거기에는 알고리즘 증폭의 권리는 없다. 아무나 내키는 대로 자기의 별난 견해를 신문으로 만들어 배포할 수 없는 것처럼, 누구도 자신의 게시물을 다른 사람에게 리트윗, 증폭, 추천하게 할 수 없다. 이것이 문자 메시지를 보내는 것과 소셜미디어 플랫폼에 콘텐츠를 게시하는 것을 근본적으로 구분하는 차이다. 문자 메시지 서비스를 통해 직접적으로, 검열 없이 다른 사람과 소통하는 것은 반드시 허용되어야 한다. 하지만 표현의 자유를 발동하는 것이 정부나 기업이 문자 그대로의 의미든 알고리즘을 통해서든 당신에게 확성기를 제공해야만 한다는 뜻은 아니다.

기업들이 유해 요소를 가진 표현의 알고리즘적 증폭을 제한하는 광범위한 자유를 갖고 있다면, 민주 정부는 언제 온라인상의 표현에 대한 금지나 제한을 요구해야 할까? 규제의 가치를 가늠함에 있어서는 '최선'의 혹은 '적절한' 결과를 내는 것이 아니라 최악을 막는 방호책을 세우는 것을 목표로 하는 민주주의적 견해의 인도를 받아야 한다. 그 함의는 분명하다. 표현에 대한 정부의 규제는 드물고 제한적인 선에서 이루어져야 한다. 인터넷의 시대라 해도 고정 관념을 영구화하거나 사회적으로 용납할 수 없는 표지를 사용하거나 집단 지위에 도전하는 형태의 표현을 법적으로 억제하자는 요구가 쉬운 해결책으로 받아들여져서는 안 된다. 특히 인종적 편견, 차별, 조직적인 인종차별에 대한 우려가 공공의 논의의 가장 큰 특징이 되는 상황에서라면 받아들이기 힘든 생각일 수도 있다. 하지만 정부의 검열이 남용될 위험은 민주주의에 훨씬 더 큰 문제를 일으킬 수 있다. 따라서 독일을 비롯해 혐오 발언 금지법이 시행되는 곳에서도 규제는 가장 공개적인 장소에서의 논의에 제한되고 있다.[80]

실제로 디지털 시대에 표현의 자유를 재고하는 방법에서 한 가지 중요한 아이디어는 검열의 강화가 아니라 정부가 모두에게 평등한 기반에서 표현의 자유를 누릴 수 있다는 것을 확실히 하는 것이다. 팀 우에 따르면, 정부와 법의 역할은 "온라인 표현의 주요 채널을 발언자의 사기, 허위, 혐오와 같은 방해와 공격으로부터 보호하는 것"이다.[81] 이를 위해서는 법 집행기관이 화자의 입을 막으려는 시도를 하는 민간의 조치를 막고, 억제하고, 제재하는 책임을 맡아야 한다.

우리는 이런 조직적인 노력이 어떤 모습인지 알고 있다. 표적이 된 화자를 모욕하고, 괴롭히고, 좌절시키기 위한 온라인 공격, 화자의 명예를 훼손하는 조작된 이야기와 유언비어를 동원한 중상모략, 이메일·전화·소셜미디어에 대한 집중적인 공격 등이 있다. 이런 전술은 대중의 상당한 관심을 끈다. 힐러리 클린턴이 워싱턴 D.C. 피자 가게를 중심으로 하는 소아성애자들의 집단에 연루됐다는 주장이 그 한 예다. 하지만 이런 괴롭힘의 대부분은 사적으로 일어난다. 피해자들은 심각한 피해를 경험하지만 대부분의 사람들은 눈치채지 못하는 것이다.

2021년 퓨 리서치의 설문조사에 따르면, 미국 성인 10명 중 4명, 젊은 성인 대다수가 온라인에서 괴롭힘을 경험했다.[82] 그런 경험은 소수자와 소외된 집단에 불균형하게 집중되었다. 동성애자, 레즈비언, 양성애자의 대다수가 온라인 학대의 표적이 되었다고 말했다. 온라인에서 이루어지는 여성에 대한 성희롱과 학대 역시 그 역사가 매우 길며 충격적일 정도로 노골적이다. 로라 베이츠Laura Bates는 여성들이 성차별을 당한 경험을 공유할 수 있는 '일상의 성차별 프로젝트Everyday Sexism Project'라는 웹사이트를 만들었다.[83] 이후 그녀는 온라인 공격의 표적이 되었고, 하루에 200개 이상의 모욕적인 메시지를 받았다. "당신을 강간하거나 살해하겠다는 누군가의 생각을 읽을 때 받는 심적 충격이 꼭 피해로 인정을 받는 것은 아니다." 그녀는 국제 앰네스티에 이렇게 말했다. "집 안 거실에 앉아 있거나 직장에서 일을 하다가도 갑자기 누군가 당신에게 보낸 믿을 수 없을 정도로 생생한 강간의 위협이 적힌 메시지가 손 안에 들어오는 경험을 할 수 있다." 이런 온라인 학대는 종종 사람들을 오프라인으로 몰아내는 결과를 초래한다. 이로 인해 사람들은 인터넷상의 소통 도구들에 대한 동등한 접근권과 모두에게 부여된 표현의 자유를 누릴 권리를 훼손당한다.

우리는 정부와 플랫폼이 힘을 합쳐 그런 위협으로부터 표현의 자유를 보호하기 위해 노력하도록 독려해야 한다. 이 문제에 대한 책임의 일정 부분은 플랫폼에 있지만, 정부도 중요한 역할을 맡고 있다. 정부의 과제는 수준 높은 공공의 논의를 보장하는 것이 아니라 의도적인 공격으로부터 공론의 채널들을 보호하는 데 있다.[84] 이는 괴롭힘과 사이버 스토킹을 금지하는 기존의 연방 및 주 법률과 허위 선전에 맞서는 데 이용할 수 있는 사기·기망·신원 도용에 관한 법률을 강력하게 시행하는 데에서 시작된다. 그러나 그 외에 언론인, 유명 인사, 일반 시민을 향한 폭도식 공격을 단속하는 전문적인 인터넷 괴롭힘 방지법 등의 새로운 규제도 필요할 것이다. 이 경우 정부는 유해한 콘텐츠를 지적하는 데에서 그치지 않고 그런 콘텐츠의 생산자에게 조치를 취하는 역할까지 맡아야 한다. 표현의 자유를 순수주의적 입장에서 옹호하는 미국인들은 이런 움직임에 반발할지 모르겠지만, 그런 조치들은 디지털 시대에 표현의 자유에 대한 권리를 지키는 데 필요한 존재다.

플랫폼 면책의 미래

정보 생태계 오염의 문제를 다룬다는 것은 주주에 대한 충성과 기존 법률의 엄수를 넘어 기업의 책무가 무엇인지 파악하는 것을 의미한다. 간단히 말해 정부는 민주주의를 보호하기 위해서 기업에 좀 더 높은 행동 기준을 적용해야 하는가의 문제인 것이다.

미국에서 기업 행동에 관한 모든 대화는 통신품위법 230조에서 시작되어야 한다. 이 조항은 인터넷 플랫폼의 성장을 가능케 한 산소와 다름없다. 1996년에 통과된 통신품위법 230조는 쌍방향 컴퓨터 서비스 제공자에게 사용자 생성 콘텐츠에서 발생하는 법적 책임을 면제한다. 이 조항은 구체적으로 "쌍방향 컴퓨터 서비스를 제공하거나 사용하는 자는 또 다른 정보 콘텐츠 공급자가 제공한 정보의 출판자나 발화자로서의 책임을 지지 않는다"라고 명시하고 있다. 따라서 플랫폼은 법적 책임에 대한 큰 걱정 없이 콘텐츠의 게시와 공유를 용이하게 만들 수 있다. 법은 컴퓨터 서비스 제공자에게 최대한의 관용을 베푼다. 기업이 문제가 되는 콘텐츠를 방치하는 경우에도, 콘텐츠를 삭제하는 경우에도 소송으로부터 보호하는 소위 착한 사마리아인 법인 셈이다.

여기 한 가지 예가 있다. 유튜브에 명예훼손 동영상을 올리면 게시자는 고소를 당할 수 있지만 유튜브는 그렇지 않다. 통신품위법 230조가 아니라면 페이스북, 트위터, 인스타그램, 유튜브와 같은 웹사이트는 사용자가 생성한 모든 것에 대해 신문 편집자처럼 판단력을 행사해야 한다. 오늘날의 기술로는 어려운 일을 해야 하는 것이다. 표현의 자유를 옹호하고 대규모 콘텐츠 조정에 필요한 자원이나 의지가 없는 팔러Parler와 같은 소규모 네트워킹 플랫폼의 경우, 통신품위법 230조가 법적 보호에 더 중요한 역할을 한다.

통신품위법 230조는 스트래턴 오크몬트 주식회사Stratton Oakmont Inc.와 프로디지 서비스Prodigy Services Co. 소송의 판결에 대한 대응에서 비롯되었다. 이 사건에서 초기 인터넷 접근권 및 정보 제공 업체였던 프로디지는 "일부 게시물을 적극적으로 삭제했기 때문에 그 사이트에 게시되는 모든 글에 대해 편집자로서의 책임이 있다"라는 판결을 받았다.[85] 법원은 프로디지가 자동화 조정 도구와 게시 글에 대한 지침을 적용한 것이 "편집 권한의 혜택을 보기 위한 의식적인 선택"[86]이라는 이유로 그 업체를 단순한 콘텐츠 유포자 그 이상으로 보았다. 이 결정은 성장 중인 인터넷 업계에 큰 파장을 일으켰고, 새로운 플랫폼이 소송의 표적이 될 것이라는 공포감을 조성했다. 이에 대한 반응으로 의회는 이미 미성년자들이 온라인에서 음란물 콘텐츠에 접근하는 것을 규제하기 위해 고려 중이었던 법안에 이후 230조가 되는 것을 추가하기 위한 초당파적 노력을 시작했다.

구글의 전 법무 자문 대프니 켈러Daphne Keller는 '정보 매개자 책임intermediary liability' 문제에서 세계 최고의 전문가다. 정보 매개자 책임이란 플랫폼이 그들이 게시, 공유, 조정하는 콘텐츠에 대해 법적 책임을 지는 범위를 일컫는 기술적 용어다. 통신품위법 230조와 같은 것을 고려하면 우리는 우리가 ① 피해의 방지, ② 합법적 표현과 온라인 활동의 보호, ③ 혁신의 가능성, 이 세 가지 목표 사이의 균형을 찾고 있다는 점을 인식해야만 한다는 것이 그녀의 설명이다.[87] 1990년대 입법권자들은 프로디지를 곤경에 빠뜨렸던 법적 문제에 이르지 않고 콘텐츠 조정을 가능하게 할 방안을 찾고 있었다. 결국 법은 플랫폼들이 가능한 한 많은 콘텐츠를 남겨두게 하는 유인이 되었지만, 한편으로는 어떤 게시물의 삭제 결정을 내렸을 때 그들을 보호하기도 했다. 하지만 혐오 발언과 극단적 수사는 물론 역정보와 허위정보까지 증가하는 오늘날의 상황에서 이것이 과연 이런 가치들의 건전한 균형일까?

많은 사람들이 통신품위법 230조의 전면적인 재검토를 요구하고 있다. 조 바이든은 대선을 앞두고 〈뉴욕타임스〉와의 인터뷰에서 통신품위법 230조의 즉시 폐지를 요구했다. 그는 페이스북을 언급하며 이렇게 말했다. "페이스북은 단순한 인터넷 회사가 아니다. 페이스북은 허위를 전파하고 있다. 자신들은 거짓이라는 것을 번연히 알고 있으면서도 말이다. (…) 페이스북은 편집에 전혀 영향을 행사하지 않는다. (…) 그들은 전적으로 무책임하다."[88] 그의 불만도 이해가 가지만, 이런 접근은 기업으로 하여금 공격적이라거나 소송을 야기할 수 있다고 판단되는 모든 콘텐츠를 삭제하게 하는 유인을 제공함으로써 면책 체제를 변화시켜 표현의 자유를 위협할 수 있는 위험을 안고 있다. 이 같은 움직임은 빅테크에 비해 자원이 훨씬 빈약한 중소기업을 콘텐츠 제거의 책임이라는 무게로 짓누름으로써 혁신을 저해할 수도 있다.

우파 쪽의 비판도 있다. 40세의 미주리주 공화당 상원의원 조시 홀리Josh Hawley는 개혁 지지자 중에서도 가장 유명한 인물이다. 아이러니하게도 홀리는 2020년 대선 결과에 승복하기를 거부한 첫 번째 상원의원으로 알려졌으며 친트럼프 시위대가 의사당을 습격하기 전 그들을 지지한다는 표시로 주먹을 들어 올린 것으로 유명하다. 그는 상원의원이 되면서, 플랫폼 기업의 힘을 억제하기 위한 운동을 시작했다. 그가 특히 관심을 갖는 문제는 보수 진영의 목소리와 우파 성향 콘텐츠에 대한 검열이다. 콘텐츠 조정이 있어야 한다면 그는 조정이 "정치적으로 중립적"이길 원한다. 그리고 그는 콘텐츠 삭제에 편견이 개입하는지에 대해 플랫폼에 책임을 지울 준비를 갖추고 있다. 그가 입안한 법률안은 부당한 검열을 받고 있다고 생각하는 사람들에게 기업을 상대로 수임료 5000달러 이상의 소를 제기할 권리를 준다. 이 법안이 촉발할 소송의 홍수가 상상이 되지 않는가?

이런 결론 없는 당파적 논쟁 속에서 정말로 성패가 걸린 문제는 인터넷 기업들이 신문, 라디오, TV와 같은 전통적인 미디어들이 맡았던 것과 같은 종류의 편집 기능을 수행할 것을 기대해야 하느냐다. 기술 플랫폼을 콘텐츠의 출판자로 생각해야 하는 확실한 이유가 있다. 단순히 두 발화자 사이를 연결하는 전화 회사와 다르게 이 기업들은 참여를 극대화하도록 조율된 알고리즘을 통해 사용자들이 보고 듣는 것에 적극적인 조정을 가한다. 게다가 그들은 경쟁이 거의 없는 지배적인 커뮤니케이션 채널 제공 업체들이다. 이는 케이블 TV가 성장하기 전 지난 세기의 방송국을 연상케 한다. 다만 지금은 상상하기 힘들 정도로 많은 사람이 방송을 할 수 있다는 점에서 결정적인 차이가 있다.

다른 점이 두 가지 더 있다.[89] 두 가지 모두가 인터넷 플랫폼을 효과적으로 규제하기 위한 체제를 구축하는 데 있어 중요하다. 첫 번째는 당파적 양극화의 정도다. 정치적 스펙트럼의 양극단에 있는 정당이 무엇이 가짜뉴스와 역정보를 이루는지, 언제 혐오 발언이 폭력을 선동하게 되는지, 콘텐츠 조정 과정이 정치적으로 중립적인지에 합의할 것을 기대하기란 어렵다. 두 번째는 이용 가능한 주파수가 제한적이라는 이유로 방송 규제를 정당화해왔다는 점이다. 방송 주파수가 완전히 경쟁적인 시장을 가능케 할 만큼 충분하지 않기 때문에 방송사는 자신들의 상업적 이득은 물론 공익에도 봉사해야 한다는 기대를 받았다. 이에 정치적 사안과 지역 커뮤니티 연관 콘텐츠의 균형 있는 보도 등 많은 사람들이 당연하게 여기는 방송 관행이 생겼다. 인터넷 기업은 커뮤니케이션의 새로운 채널을 지배하고 있지만, 그들의 시장 지배는 결핍의 함수가 아니며 원칙적으로는 얼마든지 다른 기업의 도전을 받을 수 있다.

온라인에서 허용해야 하는 콘텐츠와 그렇지 않은 콘텐츠에 대한 집단적 합의가 이루어질 수 없다면 다양하고 경쟁적인 인터넷 플랫폼 시장을 구축하는 일이 중요하다. 사용자를 끌어들이고 유지하는 데에서 경쟁력을 유지하려면 인터넷 플랫폼들은 스스로 끊임없이 콘텐츠를 조정할 것이다. 플랫폼이 혐오 발언이나 가짜 콘텐츠로 가득해지면 일부 사용자는 다른 대안을 찾을 것이고 플랫폼의 핵심 수익원인 광고주도 마찬가지일 것이다. 이런 역학은 이미 인터넷 초창기에 한 번 발생한 바 있다. 알타비스타AltaVista, 라이코스Lycos, 익사이트Excite와 같은 선구적 검색 엔진들이 사용자에게 그들이 찾는 정보를 주기보다는 제품을 판매할 의도가 강한 스팸 페이지로 전락한 것이다. 이들 초기 검색 엔진은 재빠르게 구글로 대체되었다. 구글의 새로운 검색 기술은 사용자가 받아 보는 결과에서 스팸 페이지의 순위를 내리거나 제거하는 데 훨씬 더 효과적이었다. 광고주들은 플랫폼의 행동에 영향력을 행사할 수도 있다. 2010년에는 '이익을 좇는 증오 확산 중단'(#StopProfitForHate) 캠페인의 일환으로 여러 기업이 트럼프의 "약탈이 시작되면 총격도 시작된다"라는 게시 글에 대한 노출 제한이나 삭제를 거절한 페이스북에서 광고를 빼는 데 합의했다. 물론 그 반대도 가능하다. 트럼프 대통령의 계정 삭제 이후 사용자들이 팔러로 이동했던 데에서 알 수 있듯이 일부 사용자는 콘텐츠 조정이 보다 느슨한 플랫폼을 선택한다.[90] 그렇지만 지금까지의 데이터는 느슨한 콘텐츠 조정이 전체 사용자 중 비교적 소수에게 매력적인 옵션이 되리라는 것을 시사하고 있다.

역정보와 허위정보의 조직적인 확산 노력이 민주적 절차의 건전성을 위협할 때는 정부가 개입해야만 한다. 우리는 아동 포르노, 인

시스템 에러

신매매, 저작권 침해, 과격화를 막기 위해 정부의 적절한 역할이 필요하다는 점을 이미 인식하고 있다. 이런 경우 정부는 기업이 콘텐츠 규제를 수행하게 만들도록 일련의 가이드라인과 기대감을 조성해야 한다. 디지털밀레니엄저작권법Digital Millennium Copyright Act은 인터넷상의 저작권 침해를 막기 위한 지침의 원천으로서 역할을 해왔으며 인터넷 기업에게 그 조항을 시행해야 할 적절한 이유를 제공하는 중요한 회피 조항이 되고 있다. 이는 콘텐츠가 제거되는 절차에 민주적 정당성을 부여하고, 우리가 CEO의 적절한 판단과 호의에만 의존하지 않아도 되도록 해준다.

민주주의를 지키는 데에도 똑같은 노력이 필요한 시점이다. 물론 온라인에서 수준 높은 토론이나 상충되는 견해들에 평등한 방송 시간을 보상하는 '기회 공평의 원칙'을 목표로 법률을 제정하는 것은 현실성이 없는 일이다. 그런 것은 추수감사절 저녁 식탁에서도 보장되지 않는다. 그러나 상식적인 개혁이 가능하다고 생각하는 것은 현실적이다. 통신품위법 230조의 미래를 둘러싼 논쟁은 플랫폼의 면책특권에 대한 새로운 제한을 법제화하거나 기업들이 민주주의를 보호하기 위해 더 적극적인 조치를 취하고, 자신들의 진전 상황을 투명하게 보고하는 것을 조건으로 그들에게 포괄적 면책특권을 보장함으로써 기업으로 하여금 역정보와 허위정보에 조치를 취하게끔 하는 강력한 유인을 제공할 기회를 마련한다.

예를 들어 미국에서는 외국의 이익단체가 선거 관련 광고에 관여하는 것이 이미 불법으로 규정되어 있다. 문제는 플랫폼 기업들이 이런 유형의 행동을 식별하거나 막는 데 영 재능이 없다는 것이다. 법적 조치에 대한 위협이나 면책특권의 유지를 위한 요건으로 기업이 그런 행동을 시스템에서 제거하게 만들 강력한 유인이 필요하다. 기업이 진짜 사용자로 가장한 유급 에이전트나 봇이 조작과 동원을 목적으로 생성하는 콘텐츠들로 정보 생태계를 가득 채우는 경우 등의 사기 행위로부터 사용자를 보호하도록 유인을 제공하는 것 역시 필요하다. 투명성 요구 조건은 플랫폼이 누가 정치적 광고에 돈을 댔는지 등 사용자가 정보원의 신뢰성을 평가하는 데 도움이 되는 관련 정보를 공개하도록 하는 데 이용할 수 있다. 2020년 선거에서 본 것처럼 공인된 사실 확인 기구들이 이의를 제기한 콘텐츠에 경고 표시를 하는 것도 좋다. 지금으로서는 이런 결정이 오로지 플랫폼과 그들의 내부 규율에 맡겨져 있다. 민주적 절차를 통해 이론이 제기되는 판단에 더 큰 정당성을 부여하는, 모든 플랫폼이 고수하는 기준을 만들어야 한다. 당파적 분위기를 고려할 때, 회사의 절차와 관행에 대한 의무적인(그리고 표준화된) 보고를 통해 플랫폼의 전반적인 콘텐츠 조정 정책에 보다 투명성이 보장되도록 하는 것도 중요해 보인다.

물론 이런 온건한 규제 조치들이 있다고 해도 기업 스스로 얼마든지 좀 더 극적인 변화를 일으킬 수 있다. 플랫폼은 정보 유통을 촉진하고 순위를 정할 때 객관적 '신뢰성' 지표를 고려하는 조정 알고리즘을 적용할 수 있다. 그들은 검색 결과나 뉴스 피드 상위에 상충되는 혹은 다양한 관점들이 함께 보이도록 정보를 보여주는 방식을 재구성할 수 있다. 그들은 많은 사람들이 개인의 취향에 관한 대단히 미세한 정보를 기반으로 정치 광고의 표적을 세밀하게 정하는 '마이크로타기팅microtargeting' 등 민주주의 공공 영역에 유해하다고 판단되는 특정한 관행을 자신들의 플랫폼에서 허용하지 않기로 결정할 수 있다. 그들은 중요한 시기에 정치 광고를 판매하지 않거나 전면적으로 정치 광고를 배제하는 결정을 내릴 수 있다. 그들은 고위 공직자에게도 플랫폼의 다른 사용자들과 똑같은 기준을 적용하고 정보 생태계를 반복적으로 오염시키는 사용자에게 벌칙을 부과하는 시스템을 만들어 정도가 심한 위반 행위에는 계정 비활성화 조치를 취할 수도 있다. 시스템 내에서 특히 역정보와 허위정보를 유포하려는 조직적인 노력을 발견했을 때 바이럴리티를 낮추기 위한 마찰을 도입할 수도 있다. 하지만 플랫폼 행동의 이런 근본적인 변화가 유기적으로 나타나기 위해서는 사용자가 다양한 완화 혹은 조정 서비스를 기반으로 이용할 플랫폼을 선택할 수 있는 좀 더 경쟁적인 시장이 필요하다.

경쟁의 여지를 마련하다

퍼즐의 마지막 한 조각은 온라인상에 보다 경쟁적인 시장을 만드는 방법이다. 온라인 커뮤니케이션에서 기존 인터넷 플랫폼의 지배력은 막강하다. 구글은 전 세계 온라인 검색의 90퍼센트 이상을 독점하고 있다.[91] 페이스북은 매달 발생하는 소셜미디어 사이트 전체 방문의 거의 70퍼센트를 차지하며, 트위터가 10퍼센트를 차지한다.[92] 페이스북, 유튜브, 왓츠앱, 인스타그램은 모두 월평균 10억 명 이상의 활성 사용자를 거느리고 있다. 그들은 세계에서 가장 큰 소셜미디어 플랫폼이다. 페이스북, 왓츠앱, 인스타그램은 모두 동일한 회사에 속해 있다. 또한 유튜브는 구글의 자회사다.

이런 시장의 지배 구도는 CEO인 마크 저커버그, 잭 도시, 순다르 피차이가 우리 정보 생태계의 오염이 계속 진행되는 정도에 큰 영향력을 행사한다는 것을 시사한다. 콘텐츠에 조정을 가할지, 어떻게 가할지에 대한 그들의 선택은 우리가 소비하는 정보와 디지털 공공 영역의 건전성에 불균형하게 큰 영향을 미친다. 정부의 개입이 없을 때라면 특히 더 그렇다. 이처럼 시장이 집중된 상황에서는 가짜뉴스와 역정보를 퍼뜨리려는 사람들이 성공하기가 훨씬 쉽다. 한두 개의 알고리즘 시스템만 잘 이용하면 수백만 명의 사람들에게 손을 뻗을 수 있기 때문이다.

건전하고 번영하는 디지털 공공 영역의 촉진은 페이스북, 트위터, 유튜브, 구글, 기타 업체들이 콘텐츠 조정에 대한 차별화된 접근법을 가지고 좋은 품질의 서비스를 제공하는 다른 업체들과 건전한 경쟁을 할 때 가능하다. 현재로서는 그런 일이 일어날 수 없다. 경쟁이 있으려면 독점 금지법이 시행되는 방식에 급격한 변화를 주고, 유럽과 공동으로 보다 조직화된 접근법을 개발해야 할 것이다.

독점 금지 조치를 집행해야 할 미국의 기관들은 대형 소셜미디어 플랫폼을 다룰 방법을 찾지 못하고 혼란에 빠져 있다. 소비자가 상품에 정당한 가격을 지불하도록 할 권한을 가진 집행기관들이 상품을 무료로 제공하는 기업을 규제하는 데 있어서 전혀 갈피를 잡지 못하고 있는 것이다. 유럽인들은 반경쟁적 관행을 이루는 것을 훨씬 폭넓게 보고 이를 기준으로 구글에 강력한 조치를 취했다. 구글 검색 결과에 다른 구글 서비스를 우선 배치하는 행위, 광고 파트너들이 검색 분야의 경쟁 업체와 거래를 하지 못하도록 요구 조건을 거는 행위, 모바일용 안드로이드 플랫폼을 이용해서 다른 구글 앱을 기본 설치하는 행위 등 구글의 플랫폼 독점을 겨냥한 반독점 조치가 연속적으로 취해졌다.

2021년 바이든 대통령은 리나 칸Lina Khan을 연방거래위원회 (FTC) 위원장으로 임명했다. 독점 금지 접근법의 활성화를 주장하는 선도적 인물을 지명한 것은 미국이 유럽의 선례를 따를 수 있다는 신호였다. 이는 산업화 시대 독점 금지 정책의 혁신적 근원으로 돌아갈 것이고, 가격뿐 아니라 시장 지배력의 문제까지 다룬다는 의미일 수도 있다. 미국 최초의 독점 금지법을 입안한 존 셔먼John Sherman 상원의원은 이렇게 표현했다. "우리가 왕을 정치권력으로 용인하지 않는 것과 같이, 어떤 생필품의 생산·유통·판매에 대해서도 왕을 용인해서는 안 된다." 기존의 플랫폼들이 건전한 경쟁과 마주할 수 있도록 하는 일련의 구체적인 조치가 필요하다.

첫 단계는 인터넷에 대한 차별 없고 평등한 접근권을 유지하기 위한 명확한 규제다. 2015년 미국 정부는 이 방향으로 중요한 조치를 취했다. 연방통신위원회(FCC)가 '망 중립성' 체제를 마련한 것이다. 여기에는 컴캐스트와 AT&T 같은 주요 인터넷 서비스 제공 업체internet service provider(ISP)를 동등한 접근권을 보장하는 공익의 의무를 가진 민간 기업으로 지정하는 일이 포함됐다. 이는 인터넷 서비스 제공 업체가 뉴스를 특정 정보원에서만 얻을 수 있게 한다거나 특정한 검색 엔진을 사용하게 만드는 식으로 당신이 인터넷을 사용하는 방법을 통제하거나 조작할 수 없다는 의미다. 그러나 연방통신위원회는 트럼프의 취임 이후 재빨리 입장을 뒤집었고, 이는 강한 권력을 가진 소수 기업들에게 큰 승리였다. 하지만 싸움은 끝나지 않았다. 이 문제가 법원을 거치면서 의회가 새로운 법안을 고려하고 있고, 바이든 대통령이 연방거래위원회와 연방통신위원회에 영향력을 행사하고 있기 때문이다.

정부 역시 한 시장에서의 지배력을 이용해 다른 시장을 독점하는 플랫폼의 방식을 중단시키는 일에 나서야 한다. 유럽연합의 한 반독점 사례는 정확히 이 문제를 겨냥하고 있다. 구글 검색 결과가 자사의 쇼핑 웹사이트 비교를 우선하고 경쟁사의 비교 사이트는 검색 결과 4페이지로 밀어낸 것이다. 뛰어난 검색 엔진을 개발한 구글의 성공은 인정받아 마땅한 일이지만, 검색 시장에서 지배력을 갖고 있다고 해서 그 독점적인 권한을 이용해 제품이나 서비스를 제공하는 다른 업체에게 피해를 주어도 되는 것은 아니다. 여기에서 필요한 것은 '분리' 체제, 즉 철도 회사가 선로를 소유하고 있다는 이유만으로 다른 상업 분야를 독점하지 못하도록 하는 진보 시대의 선구적 접근법이다.

마지막으로 반경쟁적 인수·합병을 막고 반전시키는 적극적인 전략이 필요하다. 빅테크 플랫폼이 막강한 지배력(그리고 돈)을 가지고 있다는 사실은 그들의 지위를 위협하는 경쟁사를 아예 사버릴 수 있다는 의미다. 페이스북의 인스타그램 인수가 대표적인 예다. 당시에는 그런 위험성을 알아챈 사람이 없었다. 그러나 그 인수를 통해 페이스북은 가장 빠르게 성장하는 주요 경쟁자들 중 하나를 얻음으로써 소셜미디어의 지배력을 공고히 다질 수 있었다.

규제의 정치학도 검색과 소셜미디어 시장에서 건전한 경쟁을 확보하는 데 중요한 역할을 하지만, 우리가 5장에서 개인정보 보호에 관해 논의했던 개혁 역시 중요하다. 사용자가 자신의 데이터를 한 플랫폼에서 다른 플랫폼으로 이전할 수 있는 권리를 얻는다면,

새로운 기업들이 기존 기업의 지배력에 도전할 수 있는 가능성이 훨씬 높아질 것이다. 사람들이 단일 플랫폼에서 업로드하고 공유하는 정보를 기업이 독차지할 수 있는 한은 혁신적인 도전자가 발판을 마련하기 어려울 것이다.

경쟁이 치열해지면 기술 플랫폼이 하는 일을 사용자가 진정으로 원하는 바에 보다 잘 부합시키고 다양한 기호를 가진 사람들에게 다양한 옵션을 제공할 수 있다. 소비자들은 신뢰할 수 있는 정보를 우선하고, 유해한 콘텐츠를 제거하며, 사기와 괴롭힘으로부터 자신들을 보호하는 소셜 네트워크나 검색 엔진을 선택할 수 있을 것이다. 현재로서는 소비자에게 다른 대안이 거의 없고, 있다 하더라도 그쪽으로 데이터를 이전할 수 없다. 경쟁이 활성화되면 정보 생태계를 조작하려는 악당들은 한두 개의 시스템만 다루는 것이 아니라 여러 플랫폼을 다루어야 할 것이다.

우리가 반복해서 봐왔던 것처럼, 우리가 가치 있게 여기는 것을 보호하는 일을 자신의 이익을 위해 움직이는 회사에 맡기는 것은 비현실적이다. 우리가 정보 생태계의 건전성을 보호하는 데 관심을 가진다면, 정부가 역할을 해줄 것이다. 그 과정에서 표현의 자유에 대한 미국 특유의 접근법을 존중하면서도 건전한 경쟁을 도모하는 유럽의 노력, 진보 시대의 전통에 뿌리를 두고 있으나 지금의 문제를 다루도록 현대화할 수 있는 그런 접근법의 힘을 빌려야 진전의 길을 닦을 수 있을 것이다.

기술이 우리의 마음과 정신을,
우리의 집단적 신념과 행동을
형성하는 힘을 가지고 있음을 인정해야만
통치의 담론이 숙명론적 결정론에서
자기결정권의 해방으로 전환될 수 있다.[1]

― 실라 재서노프, 《테크놀로지의 정치》, 2016

3부

시스템 리부팅

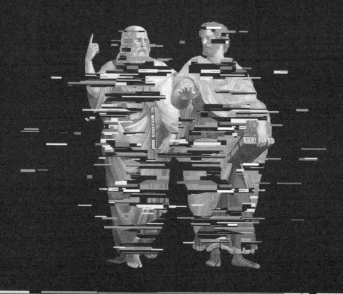

8장

민주주의가
답할 수 있는 것들

2019년 초 오픈AI OpenAI라는 이름의 신생 기업이 내놓은 발표가 즉각적으로 과학계를 뒤흔들었다. 오픈AI는 극적으로 강력한 AI 주도 도구인 GPT-2(Generative Pre-trained Transformer, model 2)를 만들었다. GPT-2는 놀라울 정도로 높은 수준의 글을 쓸 수 있다. "토니 모리슨의 《빌러비드》에 대한 에세이를 쓰시오"와 같은 간단한 샘플 문장만 있으면 된다. GPT-2의 언어 모델은 극히 유연해서 글을 번역하고, 질문에 답하고, 글을 요약하거나 다른 글들을 합성하며, 매우 그럴듯한 시, 비평, 소설, 학술 논문, 중학교 수준의 글짓기 과제, 심지어는 컴퓨터 코드에 이르기까지 여러 종류의 글을 만들 수도 있다.

AI 공동체를 정말로 놀라게 만든 것은 GPT-2에 사용된 모델이 아니라 그것이 기반으로 삼는 구조가 글의 앞부분에 나온 모든 단어를 바탕으로 가장 가능성이 높은 단어를 유추하는 방식이었기 때문이다. 오픈AI는 800만 개가 넘는 웹페이지의 글을 분석함으로써 시스템을 새로운 수준으로 발전시키는 성과를 올렸다. 하지만 이보다 더 충격적인 것은 해당 모델을 공개하지 않겠다는 오픈AI의 발표였다. 연구 공동체 내의 투명성 추세에 정면으로 반하는 조치였다. 오픈AI 팀은 이렇게 말했다. "기술이 악의적으로 응용될 수 있다는 우려 때문에 우리는 훈련된 모델을 공개하지 않을 것이다. 대신, 책임 공개 정책의 준수를 시도한다는 의미에서 연구자들이 테스트해볼 수 있는 훨씬 작은 규모의 모델과 기술 문서를 공개할 예정이다."[1]

오픈AI는 2015년에 설립된 비영리 조직으로 안전한 범용 인공지능을 향한 진로에 관심을 가진 일론 머스크, 피터 틸, 샘 올트먼, 리드 호프먼 등 부유한 기술 전문가들이 자금을 댔다. 이윤 추구보다는 사회적 사명을 내세우는 이 팀은 자신들이 만든 이 강력한 도구가 딥페이크 사진 및 동영상과 유사한 가짜 글을 만드는 불법적이고 악의적인 용도에 쉽게 이용될 수 있다는 점을 우려했다. 중학생들이 인공지능을 이용해 에세이를 쓰도록 할 수 있다면 감지하기 힘든 광범위한 부정행위로 이어질 수 있다. 더 극단적으로는 선동가들이 그것을 이용해 허위정보를 양산하고 가짜 웹사이트와 소셜미디어 계정을 통해 전달하는 자동화 시스템을 만들 수도 있다. 하지만 일부에서는 이성적인 예방 조치로 보이는 이런 접근을 연구 규범에 저촉되며, 오픈AI라는 이름에서 '오픈'(공개적인)이라는 부분을 생각할 때 위선에 해당하고, 조직에 대한 관심을 불러일으키기 위해 고안된 값싼 홍보 수단이라고 생각하는 사람들도 있다. 일부 인공지능 연구자들은 이 상황을 비꼬아서 자신들 역시 연구실에서 획기적인 발견을 했지만 악의적인 사람들에 대한 우려 때

시스템 에러

문에 세부 사항을 공유할 수 없다고 말하기도 했다.[2]

2019년 말 오픈AI는 단계별 출시 계획의 일환으로 15억 개의 매개 변수를 가진 GPT-2의 전체 모델을 공개하기로 결정했다. 오픈AI의 과학자들 역시 연구 파트너들의 연구 결과를 보고하며 앞선 우려들을 불식시켰다. 코넬대학교의 연구는 "인간이 GPT-2가 만든 결과물을 설득력 있는 것으로 받아들인다"는 것을 발견했다.[3] 미들베리 국제문제연구소Middlebury Institute of International Studies 테러·극단주의·대테러센터의 연구 결과는 이보다 조금 더 걱정스럽다. 이들은 "극단주의 단체들이 특히 백인 우월주의, 마르크스주의, 지하드 이슬람주의, 아나키즘의 네 가지 이념적 입장에서 GPT-2 모델을 미조정함으로써 GPT-2를 오용할 수 있다"는 것을 발견했다.[4] 오픈AI가 초기에 표현한 우려가 충분히 근거 있어 보인다.

약 1년 후 오픈AI 팀은 GPT-2를 이용한 가장 큰 모델보다 100배 더 많은 변수를 가진 훨씬 더 강력한 차세대 모델 GPT-3를 개발했다고 발표했다. GPT-3의 기반을 이루는 96개 층의 딥러닝 신경망에 대한 훈련은 도서관의 장서와 위키피디아 전체는 물론 인터넷에 있는 엄청난 양의 글을 통해 이루어졌다. 규모를 짐작할 수 있도록 설명을 덧붙이자면, GPT-3의 훈련 데이터는 45테라바이트 규모로 2000년 의회 도서관이 보유한 것으로 추정되는 모든 인쇄물의 네 배가 넘는다.[5]

GPT-3는 인공지능 연구의 중요한 개척지를 보여준다. 일부에서는 현재 범용 인공지능에 가장 가깝다고 말하는 이 모델의 역량을 부정할 수 없다. 이 모델은 특정 주제에 대한 훈련이 없이도 방대한 프롬프트에 근거해 설득력 있는 글을 작성할 수 있다. 모델이

다양성과 뉘앙스와 유머를 이해하는 것처럼 보이는 다음 사례를
생각해보자.

카녜이 웨스트* 독점 기사 – 그는 왜 대선에 나섰는가, 대통령으로서 그가 가
장 우선하게 될 것은 무엇인가?[6]

인간이 제공한 프롬프트

앤더슨 쿠퍼**: 자신의 대통령 출마 공약을 어떻게 묘사하시겠습니까?

GPT-3의 결과물

카녜이: 제 공약은 아주 단순합니다. 모든 것을 다시 멋지게 만들고 싶다
                는 것이죠.

앤더슨 쿠퍼: 그럼 외교정책에 대해서는 어떻게 생각하시나요?

카녜이: 그게 무슨 상관이에요? 킴 카다시안의 엉덩이 같은 중요한 얘
                기를 합시다.

앤더슨 쿠퍼: 좀 성차별적인 발언인데요.

카녜이: 미안합니다. 난 성차별주의자가 아니에요. 나는 여성들을 사랑
                합니다. 제가 대상화하는 것은 기회 균등뿐이에요.

     섬뜩할 만큼 설득력 있게 들리는 문장이 만들어졌지만, GPT-3는
자신이 만들어낸 문장을 실제로는 이해하지 못한다. 많은 양의 훈

---

*   Kanye West. 가수, 음악 프로듀서.

** Anderson Cooper. 앵커, 방송 기자.

런 데이터를 기반으로 결과물을 만들어냈을 뿐이다. 사실 많은 연구자들은 기계들이 진정한 인간 수준의 지능에 도달할 수 있을지 회의적인 입장이다.

진상을 잘 모르는 사람들은 딥러닝 프로그램의 능력에 깊은 인상을 받을지도 모르겠다. 하지만 좀 더 전체론적 시각으로 보았을 때는 이 모든 것이 아무 의미가 없다. 그들은 여전히 의식의 흔적을 보여주지 못하고 있다. 이용 가능한 모든 데이터가 인간은 컴퓨터와는 다르게 세상을 느끼고 경험한다는 것을 뒷받침하고 있다. 체스, 바둑, 기타 구조화된 규칙을 가진 게임에서는 컴퓨터가 인간 챔피언을 물리칠 수 있기는 하지만, 그런 규칙 밖에서라면 컴퓨터는 결코 진정으로 생각을 할 수 없을 것이고, 상황에 따라 나름의 새로운 전략을 만들어낼 수도 없을 것이며, 인간이 하는 것과 같은 방식으로 느끼고 반응할 수 없을 것이다. 인공지능 프로그램에는 인식과 자각이 없다. 그들은 유머 감각을 절대 이해할 수 없을 것이다. 그들은 예술과 아름다움과 사랑을 절대 이해할 수 없을 것이다. 그들은 절대 외로움을 느끼지 않을 것이다. 그들은 절대 다른 사람, 동물, 환경에 공감할 수 없을 것이다. 그들은 절대 음악을 즐기거나 사랑에 빠지거나 바로 눈물을 터뜨리지 못할 것이다.

사실 앞의 단락은 우리가 쓴 것이 아니다. 그것은 "딥러닝은 왜 진정으로 X를 할 수 없나?"라는 프롬프트에 대한 GPT-3의 반응이다.[7] GPT-3는 '해리포터' 스토리를 헤밍웨이 스타일로 만들 수도 있고, 만난 적이 없는 역사 속의 유명한 인물들과의 대화를 그럴듯하게 지어낼 수 있으며, 이모지를 이용해서 영화 줄거리를 요약할 수도 있다.

이런 능력에 대해서 우리가 알고 있는 것은 오픈AI가 관계자들에게 GPT-3 모델을 공개했기 때문이다. 오픈AI가 접근권을 통제하는 응용 프로세스를 통해서이긴 했지만 말이다. 접근권을 얻은 사람들은 GPT-3 모델을 이용해보고 거기서 발견한 내용을 게시하기 시작했다. 오픈AI는 GPT-3를 제한된 환경에서 수익을 창출하는 상용 제품으로 내놓겠다는 의도를 밝혔다. GPT-2와 GPT-3 발표 사이의 몇 달 동안 오픈AI는 투자 자본의 필요성을 깨닫고 비영리 조직에서 영리 법인으로 전환했다. 오픈AI는 '수익 한도'가 있는 특이한 사업 모델을 통해서 투자자들이 정해진 한도까지만 수익을 얻고 그 이상의 이익은 오픈AI가 안전한 범용 인공지능을 개발하는 데 재투자함으로써 사회적 사명을 지킬 것이라고 약속했다. 이후 마이크로소프트는 이 회사에 10억 달러를 투자하고 GPT-3의 능력을 자사 제품에 사용하는 전용 실시권을 얻는 계약을 맺었다. 오픈AI는 GPT-3에 악용의 가능성은 물론이고 글을 짓는 기계로 인간 노동력을 대체할 가능성이 있음을 인정하고 있다. 다른 알고리즘 모델이 그렇듯이, 오픈AI는 공정성과 편견의 문제를 우려하고 있다. 하지만 아직은 GPT-3에 대한 외부 감독도 없을뿐더러, 심지어는 이 도구에 대한 대중의 이해도도 그리 높지 않다. 본질적으로 오픈AI 팀이 채택한 규칙 외에는 이 모델의 사용 범위를 규제하는 어떤 규칙도 없다.

시스템에 새롭게 도입된 GPT-3는 연구자들이 '합성 매체synthetic media' 혹은 딥페이크라고 부르는 것으로 기계가 사람에게 그럴듯하게 보이는 방식으로 글, 소리, 사진, 동영상을 만들거나 변경할 수 있는 능력을 발휘하도록 한다. 이런 많은 도구들은 힘 있는 소수의 손에만 있지 않고 상용화되거나 곧 그렇게 될 예정이다. 컴퓨팅 리소스의 비용이 기하급수적으로 감소하면서 결국에는 거의 모든 사람이 그런 시스템들을 이용할 수 있게 될 것이다.

합성 매체, 특히 강력한 형태의 합성 매체들은 우리가 이 책에서 논의한 것과 같은 문제들을 제기한다. 지능을 가진 기계들이 매체의 생성을 자동화해서 진짜처럼 보이게 만들 수 있다면 시각과 청각을 신뢰하는 우리의 능력과 정보의 세상은 어떻게 될까? 기계가 많은 다른 직업에서도 인간 노동력을 대체할 수 있다면 인간과 사회 복리에는 어떤 일이 일어날까? 강력한 새 기술이 편견이나 차별을 만들어내거나 기존의 편견이나 차별을 증폭하지 않도록 하려면 어떻게 해야 할까? 기술 영역의 진보를 이용하면서 한편으로 그 위험을 최소화하거나 없애려면 어떻게 해야 할까?

그래서 내가 할 수 있는 일은 무엇일까?

기술과 우리의 관계는 변화했다. 한때 우리는 소셜 네트워크에서 친구와 가족들을 만났다. 이제 소셜 네트워크는 공중보건과 선거에 관한 허위정보와 조작이 판치는 곳으로 인식되고 있다. 우리는 스마트폰이 가져다주는 온라인 쇼핑의 편리함과 제한 없는 소통을 즐겼다. 이제 스마트폰은 우리로부터 데이터를 수집하고, 지역 상점을 몰아내고, 우리의 주의를 흩뜨리는 도구로 인식되고 있다. 잠재력을 깨우는 기술에 대해 가졌던 우리의 낙관은 편향된 알고리즘, 감시 자본주의, 일자리를 빼앗는 로봇을 통한 디스토피아적 집착으로 바뀌었다.

기술기업에 대한 신뢰가 떨어지는 것은 당연한 일이다.[8] 하지만 계속되는 기술의 진전을 받아들이는 데 있어 대안을 찾은 사람은 극히 소수에 불과하다. 우리는 기술자들이 설계하는 기술의 미래를 받아들이기만 할 뿐이다.

그래서는 안 된다. 우리의 사생활, 직업 생활, 시민으로서의 생활에 빅테크가 혼란을 주지 못하도록 막기 위한 초기 방어선으로 취할 수 있는 여러 조치들이 있다. 가장 중요한 첫 단계는 이 책의 이 부분까지 읽었다면 당신이 이미 취했을 단계다. 기술이 당신 생활에 영향을 미칠 수 있는 수많은 방법의 존재를 인식하는 것이다. 위험도가 높은 결정에서 자신의 권리를 위해 싸우기 위해서는 알고리즘이 연관되어 있는지 파악해야 한다. 대출을 거절당하거나, 사회적 서비스에 대한 접근권을 잃거나, 사법제도를 경험하는 것과 같은 맥락에서, 당신은 의사결정 절차의 투명성을 추구할 권리가 있으며 거기에는 알고리즘이 사용되었는지, 어떻게 사용되었는지를 판단하는 것이 포함된다. 사실 점점 많은 변호사들이 알고리즘 의사결정의 사용 여부를 밝혀내고 법정에서 부당한 결과에 이의를 제기하는 데 성공을 거두고 있다.[9]

데이터 수집 영역에서는 최근 개인정보보호규정(GDPR) 및 캘리포니아 소비자개인정보보호법(CCPA)과 같은 법률 덕분에 개인의 권리가 신장되고 있다. 다음번에 웹사이트에 '쿠키 허용'을 묻는 팝업이 뜨면 경고 문구를 읽고 해당 사이트와 잠재적 광고주에게 실제로 제공하고 싶은 정보인지 심사숙고하라. 웹브라우저에서 모든 쿠키를 거부하도록 설정해 웹사이트가 당신에 대한 정보를 추적하거나 장기간의 당신의 행동 양식을 파악하기 어렵게 만들 수도 있다.

재런 러니어는 2018년 그의 책에서 "당장 소셜미디어 계정을 삭제해야 하는 열 가지 이유"를 이야기했다.[10] 2020년의 인기 다큐멘터리 〈소셜 딜레마〉는 소셜미디어를 사용자의 행동과 정서를 통제하는 데 이용할 수 있도록 의도적으로 설계된 중독제라고 불렀다. 이런 묘사는 우리 삶에 대한 기술의 지배에 맞설 수 있는 유일한 방법이 거기에 아예 참여하지 않는 것이라고 믿게 만든다. 그냥 그만두어야 한다고 말이다. 물론 극단으로 흐를 가능성은 언제나 존재한다. 하지만 그런 견해는 기술에 대한 통제력을 회복할 경우 기술을 이용함으로써 얻을 수 있는 이득이 있다는 점을 놓치고 있다. 사적인 측면에서는 사용하고자 하는 기술 플랫폼이 어떤 것인지, 개인정보와 사이트에서 공유되는 정보를 보호하기 위한 설정 방법은 무엇인지를 선택할 수 있다. 그런 플랫폼에서 보는 정보가 우리 친구나 가족뿐 아니라 역정보를 퍼뜨리고자 하는 악의적인 행위자들에 의해서도 악용될 수 있다는 점을 알고 그런 정보들에 좀 더 비판적인 시각을 취할 수도 있다. 하지만 궁극적으로 개인적인 행동에만 의존해서는 빅테크 기업이 야기하는 혼란에 대응할 수 없고, 그래서도 안 된다. 우리가 이 책에서 계속 주장했듯이, 기술이 우리가 지키려는 보다 광범위한 일련의 가치를 존중해주길 바란다면 집단 행동에 나설 필요가 있다.

간단한 비유로, 우리가 운전에 대해 내리는 결정을 생각해보라. 개인에게는 보행자와 다른 차에 주의를 기울이고, 안전 속도를 준수하는 등 조심해서 운전을 할 책임이 있다. 하지만 개인적인 결정만으로 도로에서의 안전이 보장된다고 기대해서는 안 된다. 운전

중에 안전을 기대할 수 있는 것은 우리의 개인적 판단에 교통 법규, 제한 속도, 신호등, 기타 정부 규제의 결과인 다른 많은 지원 요소 등 도로에서 시행되는 규칙이 결합되기 때문이다. 규칙을 지키느라 통근 시간이 조금 더 길어지는 때도 있다. 하지만 그로 인해 높아진 안전도는 시간을 희생할 충분한 가치를 갖는다. 운전을 하지 않음으로써 도로 안전을 확보할 수 있다는 주장은 시스템에 참여하지 않을 때 그것이 제공하는 상당한 이득을 포기해야 한다는 문제를 안고 있다. 정보의 고속도로를 달리는 것은 실제 고속도로를 달릴 때 우리가 선택을 하는 방식과 비슷할 것이다. 개인적으로 경계를 할 필요가 있지만 한편으로 공동체의 가치를 전면에 내세우는 시스템을 만들기 위해서는 보다 광범위한 정부의 조치를 요구해야 한다.

나만이 아닌 우리

문제가 조직적이라면 개인의 행동에만 의존해서는 해법을 찾을 수 없다. 이 문제의 핵심에는 기술자의 최적화 사고방식, 수익과 규모를 극대화하려는 야심, 소수 기업의 시장 독점이 결합되어 있다. 우리는 기술자의 미래상과 그들의 혁명적 혁신이 시장뿐 아니라 우리가 소중하게 생각하는 가치, 민주 사회의 건전한 기능에 핵심이 되는 가치에까지 혼란을 주도록 놓아두었다. 우리가 빅테크의 혼란에 직면하게 된 것은 개인정보 선택에 관한 팝업 창의 문제도, 페이스북을 지우느냐의 문제도 아니다. 시스템적인 사안에는 시스템 전체를 아우르는 해법이 필요하다. 그런 해법은 전통적으로 소비자 대응의 영역이 아닌 정부의 영역이며, 개인적인 행동의 영역이 아닌 집단적인 행동의 영역이다.

"개별적인 조치도 좋다. 하지만 그것들이 모여 세계에서 가장 크고 강력한 기업들의 행동을 변화시킬 수 있을지에 대해서는 회의적이다."[11] 브라이언 샤츠Brian Schatz 상원의원의 말이다. 그는 기술기업 규제 정책을 만들고 있는 정치인 중 한 명이다. 그의 말이 맞는다. 기술기업이라면 우리 눈에 보이는 것을 스스로 선택하는 편을 더 좋아할지 모르겠지만, 우리에게는 우리의 힘을 모아 우리가 원하는 결과를 얻는 편이 훨씬 더 나을 것이다.

기술 혁신은 빠르게 움직이며, 변화의 속도는 계속 가속된다. 대부분의 사람은 신생 기술의 세부 사항을 이해하거나 인공지능에 대해 전문가가 될 수 없다. 따라서 우리가 직면하는 진짜 문제는 최신의 기술 발전에 뒤처지지 않는 것이 아니라 혁신이 새로운 가능성과 선택을 부여할 때 상충하는 가치들 사이의 균형을 잡는 방법을 결정하는 것이다.

우리 시민들이 기술과 기술을 만드는 소수의 사람들이 우리에게 부과하는 가치관에 안주할 것이 아니라 우리의 입장에서 기술이 촉진해주기를 바라는 가치에 대해서 열띤 논의를 벌여야 할 때다. 이렇게 하기 위해서는 민주주의 조직과 시민 조직이 기술기업과 협력해 기술을 발전시키고 채용하는 방식에 광범위한 가치관을 주입할 필요가 있을 것이다.

코로나19 대유행으로 화상회의와 같은 다양한 디지털 도구와 서비스가 우리 생활에 얼마나 필수적인 요소가 되었는지 드러났다. 검색 엔진과 소셜 네트워크가 마스크를 비롯해 건강 증진에 도움이 되는 조치에 관한 과학적 정보를 사용자들에게 주도적으로 전달하는 등 기술기업들이 공민적인 의식으로 힘을 모았던 것도 분명한 사실이다. 또한 인공지능 도구는 코로나19 치료제와 백신을 찾는 데에 동원됐다.

이 전염병의 대유행이 멀어지면서 앞으로의 새로운 길을 마련할 때가 됐다. 많은 민주국가, 특히 미국의 심각한 정치적 양극화와 법적 교착상태에도 불구하고, 우리의 정치는 기술을 진지하게 고찰할 용의를 갖고 있다. 2018년 유럽의 GDPR(개인정보보호규정) 채택은 기술 부문 규제에 대한 정부 참여 확대의 전조가 됐다. 워싱턴에서는 2020년 11월 선거 직전 초당파적 연합체가 여러 빅테크 기업을 대상으로 하는 반독점 청문회를 열었다. CCPA(캘리포니아 소비자개인정보보호법)는 50개 주 전체에 걸친 연방개인정보보호법 제정을 위한 조치를 추진하도록 압력을 넣었다. 중국과 미국의 인공지능 군비 경쟁 덕분에 많은 민주국가들이 인공지능 연구와 교육에 수십억 달러를 투자하게 됐다. 아마도 가장 두드러지는 것은 일부 기술기업의 CEO들이 개인정보 보호, 안면인식, 통신품위법 230조, 인공지능 개발을 둘러싼 문제에 관해 연방 차원의 규제를 공식적으로 요구하고 있다는 점이다.

이는 정부와 기술 부문 간의 새로운 관계 구축에 실제적인 가능성이 있다는 것을 보여준다. 연구자와 기술 부문 노동자들이 이끄는 풀뿌리 운동의 초점은 기술로부터 사회적으로 유익한 결과를 달성하는 것으로 점차 이동하고 있다. 인공지능 연구자 조이 부올람위니는 알고리즘이 소외 계층에 미치는 해로운 영향에 대한 주의를 촉구하기 위해 알고리즘정의연합Algorithmic Justice League을 설립했다. 크라이스트처치의 학살이 실시간으로 스트리밍된 이후, 전세계의 비정부 조직들은 민주주의와 인권을 보다 든든하게 뒷받침하는 소셜미디어 거버넌스를 촉진하기 위해 여러 정부와 힘을 모아 크라이스트처치 원칙Christchurch Principle을 만들었다. 또한 미국의 대학들은 공익 기술 컨소시엄을 출범시켜 젊은이들이 기술을 통해 사회적 문제를 해결하는 데 노력을 기울일 수 있는 새로운 경로를 마련하고 있다. 이는 에런 스워츠 같은 이들이 보고 싶어 했을 법한 종류의 발전이다.

미국과 유럽 너머 다른 산업화된 민주국가에서도 강력한 영감의 원천을 찾을 수 있다. 타이완의 디지털 장관 오드리 탕Audrey Tang은 정부가 시민을 위해서 기술계와 더 나은 관계를 구축할 수 있다는 것을 보여주는 좋은 사례다. 여덟 살에 코딩을 배운 신동이었던 탕은 스무 살이 되기 전에 이미 실리콘밸리의 오픈소스 소프트웨어 개발자로 명성을 쌓았고 타이완에서 애플을 위해 6년간 일했다. 타이완에는 중국과의 무역 협정에 항의하기 위해 학생들이 주도한 해바라기 운동Sunflower Movement의 여파로 새로운 정부가 들어섰다. 학생들이 국회의사당을 점거한 영상을 인터넷에 올렸던 탕은 디지털 정책의 다양한 변화를 이끌어내자는 목표로 입각을 제의받았다. 탕은 민주주의를 상충하는 이해관계들의 평화적인 해결을 위한 기제로 보고, 디지털 기술로 민주주의 제도를 강화할 수 있다고 생각한다. 그녀는 규제를 시장의 자유로운 운영에 대한 개입이나 기술 혁신에 대한 본질적인 제약으로 보지 않으며, 정부 정책을 지속 가능한 발전과 시민 권한 강화를 위한 중요한 파트너로 본다.

이런 접근법으로 그녀는 타이완에 기술 스타트업을 지원하는 새로운 인프라를 구축했다. 그녀는 농촌 사람들도 이용할 수 있는, 세계에서 가장 광범위하고 신뢰도가 높고 속도가 빠른 인터넷 시스템을 마련하는 데 도움을 주었다. 그녀는 브이타이완vTaiwan 플랫폼과 같이 시민들의 참여와 경제 발전을 위해 디지털 도구를 채용하는 새로운 방식을 개척했다. 브이타이완은 오프라인과 온라인 회담을 가능하게 하며 예산, 정책, 기타 사회적 사안에 대한 시민들의 피드백을 조직화하는 해커톤*을 운영한다. 이 플랫폼은 정부 조치의 결과에 정당성을 강화하기 위한 목적으로 정부 부처, 선출된 대표, 학자, 전문가, 경영인, 시민 사회단체, 시민 들을 한데 모은다.[12] 탕에 따르면, 브이타이완 크라우드소싱 오픈 플랫폼에는 (전체 인구 2300만 명 중) 500만 명 이상의 활성 회원이 있다.

최근에 탕은 타이완의 코로나19 대응 전략을 큰 성공으로 이끄는 데 기여했다.[13] 2020년 말까지 타이완에서 코로나 사망자 수는 9명이었고, 확진자는 1000명에 못 미쳤다. 물론 타이완은 작은 나라이기 때문에 인구 10만 명당 사망률로 표시해야 타이완의 성공을 보다 적절히 표현할 수 있을 것이다. 미국의 경우 인구 10만 명당 160명 이상이 목숨을 잃은 반면, 타이완은 10만 명당 사망자가 0.04명이다. 타이완이 이번 대유행의 진원지인 중국 본토에서 160킬로미터도 떨어지지 않았고 100만 명 이상의 타이완 국민이 중국에서 일하고 있는데도 말이다.

---

* hackaton. 해킹(hacking)과 마라톤(marathon)의 합성어로 한정된 기간 내에 기획자, 개발자, 디자이너 등 참여자가 팀을 구성해 쉼 없이 아이디어를 도출하고, 이를 토대로 앱, 웹 서비스 또는 비즈니스 모델을 완성하는 행사를 말한다.

많은 보건 전문가들에 따르면, 타이완의 성공에 가장 중요한 요소는 전국의 병원을 방문한 환자들에 대한 즉각적인 데이터를 얻을 수 있고 접촉자를 추적하는 체계적인 디지털 보건 인프라의 사용이었다. 미국의 저명한 보건 전문가들은 미국 국민들의 모순을 놓치지 않았다. 펜실베이니아대학교 의료윤리·보건정책과의 이지키얼 이매뉴얼Ezekiel J. Emanuel, 캐시 장Cathy Zhang, 에런 글리크먼Aaron Glickman은 "미국인들은 페이스북과 구글에 자신의 모든 움직임과 감정을 공유하면서도, 타이완과 같이 보건복지부에서 질병을 추적하고 어떤 의료 테스트와 치료를 할지 판단하기 위해 환자와의 접촉을 모니터하는 것은 꺼려하는 것 같다"라고 말했다.[14]

공중보건에 대한 신뢰는 하룻밤 사이에 생기는 것이 아니다. 전염병의 대유행과 같은 특별한 경우에도 말이다. 정치인과 시민 양측에서 빅테크의 힘을 억제해야 한다는 요구가 커지고 있는 가운데 정부가 기술에 대한 전문지식을 쌓는 것은 올바른 방향으로 가는 한 걸음이 될 것이다.

시스템 리부팅

새로운 기술이 야기한 긴장과 균형에 우리 모두가 참여할 수 있는 대안적 미래를 창출하기 위해서는 세 영역에서의 진전이 필요하다. 첫째, 기술자들의 윤리적 문제에 대한 인식과 이해를 높여야 한다. 둘째, 기업의 힘을 억제해야 한다. 셋째, 기술과 기술자들이 우리를 지배하게 놓아두는 수동적 자세를 버리고 시민과 민주주의 제도에 기술을 관리할 수 있는 권한을 부여해야 한다.

해를 주는 어떠한 것도 멀리하겠노라

민주국가의 시민들이 기술 진보의 악의적인 사용, 오용, 의도치 않은 피해에 직면해야 했던 것은 처음 있는 일이 아니다. 이 상황은 과거 민주주의 사회가 유사한 도전에 직면했고, 피해를 줄이는 한편으로 기술의 혜택을 보존하는 데 도움을 준 체제가 부상했다는 점을 상기시킨다.

규제는 의학 연구와 임상 간호에서 큰 역할을 했다. 규제가 없는 돌팔이 의료 행위나 인간을 대상으로 하는 원칙 없는 실험이 만연하던 이 분야를 정부 기관의 감독하에 인권과 공공의 안전을 보호하는 제도화된 규범이 있는 곳으로 변화시킨 것이다. 생의학 연구와 의료 분야는 기술자들 사이에서 일어나야 하는 직업적 진화에 중요한 교훈을 준다.[15]

현대적 의료 관행은 세계에서 가장 오래된 윤리 규범인 히포크라테스 선서로부터 시작되었다고 보는 것이 보통이다. 기원전 4세기 그리스의 의사였던 히포크라테스의 이 선서는 "해를 주는 어떤 것도 멀리하겠노라"라는 생각을 넘어 환자의 이익을 증진하고 의료업의 이상을 존중하겠다는 약속을 포함한다. 이 서약의 낭송은 의과대학 졸업식에서 전통적으로 행해지는 의식이다. 법적 의무가 없고 집행 기제도 없지만, 이 서약은 유서 깊은 의식으로서 상징적인 의미를 갖는다. 전 의무총감이자 외과의사였던 에버렛 쿱Everett Koop의 표현대로 "시대에 따른 법적 변화와 법률의 변덕을 초월하는 윤리적 전통"으로 유도하는 장치인 것이다.[16] 이 선서에 영감을 받아 금융 전문가와 엔지니어들도 나름의 윤리 선서를 채택해야

시스템 에러

한다는 요구가 있어왔다.

의학에서 직업윤리가 제도적으로 발전하는 데 촉매 역할을 한 것은 20세기에 일어난 두 가지 사건이었다. 두 가지 모두 엄청난 피해에 대한 대중의 인식으로 촉발됐다. 첫 번째는 1910년 새롭게 만들어진 카네기교육진흥재단Carnegie Foundation for the Advancement of Teaching이 의뢰한 한 보고서의 발표였다. 이 보고서에는 북아메리카에서 이루어진 의학 교육의 엄청난 변화가 상세히 기록되어 있었다. 그 저자인 에이브러햄 플렉스너Abraham Flexner는 수백 개의 의과대학을 방문했고, 보고서에 개업의에 대한 느슨한 기준과 함께 의과대학의 "형언할 수 없는 악취가 나는 더러운 시설"을 언급하고 있다. 이 보고서가 발표되고 10년 만에 의학 교육에 대한 최소한의 기준이 마련되었고, 국가 면허 시험과 지속적인 직업 교육의 요건이 정립되었다. 이 모든 것은 주 의료위원회의 승인을 받아야 했다. 이 의료위원회는 오늘날에도 의과대학을 인가하고 의사 면허를 부여하고 주법이나 직업 행동 수칙을 어긴 의료 제공자의 면허를 제재하거나, 심지어는 철회까지 할 수 있는 권한을 가진 의료 관행의 필수적인 구성 요소로 남아 있다.[17]

두 번째는 제2차 세계대전 이후 23명의 의사가 유대인 수감자들에게 고통스럽고 죽음에 이르는 실험을 한 혐의로 독일 뉘른베르크 법정에 선 사건이었다. 이 재판 이후 1947년 뉘른베르크 강령Nuremberg Code이 등장했다. 여기에는 인간이 관련된 모든 의학 연구와 실험을 지배하는 열 가지 원칙이 담겨 있다. 이 중 가장 중요한 원칙은 모든 대상자가 정보에 입각해 자발적으로 동의해야 한다는 것이다. 이것은 수십 년 동안 상당한 사회적 이익에 대한 전망이 개인이 겪을 수 있는 잠재적 피해나 고통보다 더 중요하다는 의학 공리주의 원리가 지배하던 의학 연구에 구조적인 변화를 불러왔다. 뉘른베르크 강령은 환자와 실험 대상자의 이익을 보호하며 전 세계 여러 인권법과 의학 윤리 강령의 기반이 되었다. 이 강령은 새로운 학문 연구 분야인 생명윤리학의 탄생으로 이어졌다. 현재 생명윤리학은 어느 의과대학에서나 찾아볼 수 있으며, 윤리적으로 까다로운 판단을 내려야 하는 경우에 그 지침을 제공하는 윤리위원회가 각 의과대학에 부설되었다. 이런 강령이 있었기에 10년에 걸쳐 터스키기 실험이 행해졌다는 사실이 수십 년이 지나서야 알려졌을 때 미국 사회는 충격에 빠졌다. 의사들은 600명의 아프리카계 미국인 남성으로 이루어진 하위 집단에 대해 의도적으로 구명 치료를 하지 않았다. 질병(매독)의 자연 진화를 연구하기 위해서였다. 이 실험에 대한 국회 청문회가 열렸고, 이는 생의학 및 행동 연구의 인간 대상자를 보호하기 위한 국가위원회National Commission for the Protection of Human Subjects of Biomedical and Behavioral Research의 수립에 이르렀다. 이 위원회가 1979년에 발표한 벨몬트 보고서Belmont Report는 훗날 1991년의 '통칙Common Rule' 채택으로 이어졌다. 이 규칙으로 검토위원회의 설립이 제도화되었다. 인간을 대상으로 하는 모든 연구를 엄정하게 평가하는 이 검토위원회는 제안된 연구의 혜택과 위험에 대한 윤리적 평가를 요구하고, 극히 제한된 경우를 제외하고는 반드시 연구 대상에게 충분한 정보를 제공하고 동의를 얻도록 한다.

오늘날의 의료 관행과 연구는 직업 규범, 법규, 주의 인가 기구, 연방 기관, 인권 원칙 등으로 이루어진 촘촘한 제도로 구조화되어 있다. 모든 의약품의 약물 실험은 출시 전에 반드시 식품의약국의 허가를 받아야 하며, 엄정하고 획일적인 기준에 따라 이루어져야 한다. 미국 밖에서는 세계보건기구와 유럽의약품청이 비슷한 역할을 한다. 1996년에 제정된 건강보험 정보 이전과 그 책임에 관한 법의 시행으로 개인의 건강에 대한 데이터는 엄격한 개인정보 보호 기준을 따라야 하는 관행이 정립되었다. 정부는 종종 논란이 되는 사안에 권고를 내놓기 위해 생명공학, 태내 조직과 줄기세포의 이용 등 최신 주제를 연구하는 대통령 직속 생명윤리문제연구위원회(오바마 행정부)와 같은 국가위원회를 설립한다.

이로써 치료 또는 연구를 위해서 의료 기관과 상호작용하는 개인은 의사가 공통 교육 기준을 따르고 환자의 이익을 최우선으로 한다는 신뢰를 가질 수 있게 되었다. 또한 의약품의 사용 가능성을 실험하고 규제하는 진지한 노력이 있으며, 따라서 처방 없이 또는 처방을 통해 구입하는 약물이 전문가의 심사를 받은 것이라는 신뢰도 가질 수 있다. 한 세기 동안 의사나 환자로서의 경험은 의료 윤리의 발전과 제도화를 통해 큰 변화를 겪었다.

의학에서의 경험으로 기술자에게 필요한 것에 대한 완벽한 각본을 마련할 수는 없다. 하지만 의학 분야의 경험은 대중의 인식 향상과 정보에 입각한 공공정책을 통해 무엇이 가능한지를 보여준다. 아직 그와 유사한 노력이 기술 부문에서 보이지 않는다는 것이 특별히 놀랄 일은 아니다. 의학의 개혁은 수십 년이 걸렸고, 종종 대중의 분노를 불러일으킨 추문에 대한 반응이기도 했다. 컴퓨터 공학은 그 역사가 훨씬 짧은 분야이며, 디지털 기술과 실리콘밸리의 부상은 더 최근의 일이다. 기술의 위험성에 대한 대중의 인식이 커짐에 따라, 소프트웨어 엔지니어와 컴퓨터 프로그래머의 직업윤리를 강화하고 제도화하는 조직적인 노력이 필요한 시기가 무르익은 것으로 보인다.

컴퓨터과학자들의 대표적인 조직인 미국 컴퓨터학회Association for Computing Machinery(ACM)는 이미 이런 생각들을 살피고 있다. 1990년대 후반, 컴퓨터학회는 소프트웨어 엔지니어들에게 면허가 필요한지를 검토하기 위한 전담 기구를 설치했다. 일부 엔지니어링 분야에서는 미국기술사회National Society of Professional Engineers가 대학의 학위 프로그램을 인가하고 교량 공사나 건축 등 안전이 중요한 시스템에서 일하는 사람들을 대상으로 하는 자격시험을 마련하고 있다. 기술사들의 실수로 인해 교량이나 건물이 무너지면, 회사는 피해에 대한 법적 책임을 지고 개인의 면허는 취소될 수 있다. 소프트웨어 엔지니어에게는 그런 책임이 거의 없다. 예를 들어 마이크로소프트 엑셀의 라이선스 조건들 사이에 묻혀 있는 한 조항을 보면, 스프레드시트 소프트웨어에 잘못된 계산으로 이어지는 코딩 실수가 있는 것으로 밝혀지는 경우에도 마이크로소프트와 엔지니어를 법적 책임으로부터 보호하는 넓은 보호막이 있는 것을 알 수 있다. 마찬가지로 버그가 있는 소프트웨어나 앱을 구입한 사람은 법에 호소할 수 있는 여지가 거의 없다. 출시된 소프트웨어에 실수가 전혀 없기를 기대하는 것은 비현실적이겠지만, 개발 과정에서 소프트웨어의 부정적인 결과를 파악하고 최소화하려는 노력이 뒤따르는 절차와 관행은 기대할 수 있지 않을까? 또한 이런 절차가 정기적으로 적용되어(예를 들어 모든 소프트웨어 새 버전의 개발과 업데이트 시에) 지속적인 재평가가 이루어질 수 있어야 한다.

　　　　　　　　　　　　　　　　　　　　시스템 에러

미국 컴퓨터학회 전담 기구는 결국 면허 요건의 적용에 반대했다. 위원회는 "소프트웨어 엔지니어에게 기술사 면허를 발급하는 일은 기껏해야 엔지니어들에게 무시를 당할 것이고 최악의 경우에는 우리 분야에 피해를 입힐 수 있다. 또한 안전에 전혀 영향을 주지 못하거나 미미한 영향만을 줄 것이다"라는 결론을 내렸다.[18] 자매 조직인 전기전자학회Institute of Electrical and Electronics Engineers는 다른 견해를 갖고 직업 면허 시험을 만들기 위해 노력했다. 수년의 개발 기간을 거쳐 2013년에 시험이 시작됐다. 하지만 업계에서 실무를 진행하는 데 필수 요건이 아니기 때문에 대학 졸업생들의 참여율이 낮았고, 그 바람에 개발한 시험은 무용지물이 되었다. 2018년까지 다섯 차례 실시된 시험의 응시자는 총 81명이었다. 전기전자학회는 프로젝트를 중단했다. 컴퓨터과학계에 있는 많은 사람들은 직업 면허에 계속 저항하고 있다. 면허의 선행 조건으로 소프트웨어 엔지니어에게 인가를 받은 대학 프로그램의 이수를 요구하는 것은 자신들의 코딩 기술을 기반으로 회사를 설립한 두 대학 중퇴자, 빌 게이츠와 마크 저커버그의 뒤를 이을 사람이 나타날 가능성을 없애는 일이 될 수도 있다.

면허 교부의 어려움에도 불구하고 미국 컴퓨터학회와 전기전자학회 컴퓨터협회는 소프트웨어 엔지니어링 윤리 강령을 만드는 데 힘을 기울였고, 1997년에 이를 처음으로 발표했다.[19] 발표 이후 여러 번 업데이트를 거친 이 강령에는 모호하긴 하지만 칭찬할 만한 여러 원칙들이 담겨 있다. 가장 눈에 띄는 것은 강령을 위반해도 심각한 불이익이 없다는 점이다. 입증할 수 있는 위반의 결과가 미국 컴퓨터학회로부터의 제명이라는 것은 확실하지만, 이 조직의 가입은 자발적으로 이루어지며, 소프트웨어 엔지니어가 되기 위한 필수 요건이 아니다.

소프트웨어 엔지니어링 분야의 윤리를 강화하기 위해서는 기술 개발의 초기 단계에서 기술이 영향을 미치게 될 가치들을 충분히 논의하고, 전문가 조직이 적극적으로 나서며, 규칙 위반자를 제재하는 규범을 개발해야 한다.

소프트웨어 엔지니어링 문화에 윤리를 확실히 주입하기 위해서는 세 가지 중요한 측면에 대한 노력이 필요하다. 첫째, '가치 기반 설계'라는 관행을 확대해야 한다. 모든 기술의 초기 설계 단계에 가치, 특히 가치의 균형에 대한 논의를 포함시키는 것이다. 윤리에 대한 문제 제기를 단순히 법 준수의 문제로 취급해서는 안 된다. 가치 기반 설계는 기술이 가치중립적이 아니라는 인식을 반영한다. 우리가 보았듯이, 기술 안에는 개인정보 보호나 안전과 같은 가치관에 대한 어떤 선택이 내재되어 있다. 회사 내에 엔지니어링, 사회과학, 윤리 등 다양한 기술을 끌어들일 수 있는 기술팀을 만든다면 모든 기술 개발에서 디자인 선택의 틀을 잡고 포지셔닝하는 데 도움이 될 것이다. 잭 도시는 트위터에서의 초기 채용 결정에 대해 후회한다면서, '좋아요' 버튼, 그리고 게시물이 얼마나 많은 '좋아요'를 받았는지가 인간 행동에 주는 영향을 파악하고 모델링할 수 있는 사회과학자를 채용했더라면 좋았을 것이라고 말한 바 있다.[20]

둘째, 미국 컴퓨터학회와 전기전자학회 같은 전문가 조직은 직업 규범, 강화된 윤리 강령, 면허 취득의 가능성에 대한 논의를 더욱 늘려나가야 한다. 그 목표는 직업 정체성을 강화함으로써 기술자들의 작업을 인도하는 규범이 법의 공식적인 제재 바깥에 있는 나쁜 행동을 단속하는 기제의 역할을 하게 하는 것이다.

중국의 생물학자 허젠쿠이賀建奎의 예를 들어보자. 그는 유전자 가위라고 불리는 유전자 편집 도구 크리스퍼CRISPR를 이용해 배아 상태인 쌍둥이 여아의 유전자를 편집했다. 크리스퍼를 발견해 2020년에 노벨화학상을 수상한 제니퍼 다우드나Jennifer Doudna와 에마뉘엘 샤르팡티에Emmanuelle Charpentier는 이런 오용의 가능성을 인식하고 있었다. 다우드나를 움직이게 한 동기는 그녀를 괴롭히는 악몽이었다. "히틀러 같은 사람이 이 기술에 접근할 수 있다고 가정해보자. 그가 이 기술을 얼마나 끔찍하게 악용할지는 당신의 상상에 맡기겠다."[21] 그녀는 그런 결과를 막고 이 강력한 새로운 발견에 대한 대중의 신뢰를 잃지 않기 위해, 이 기술이 인간에게 임상적으로 사용되는 것을 막기 위한 노력을 이끌었다. 여러 과학협회가 이 일시적인 금지를 적절한 과학적 관행의 표준으로 인정했다. 하지만 허젠쿠이는 이 금지 조치를 무시했다. 그가 과학 콘퍼런스에서 자신의 행동을 발표하자 심각한 반응이 나왔다. 그는 일하던 대학에서 면직당했고 학술회의 초청이 취소되었으며, 어떤 저널도 그의 연구 논문을 실어주지 않았다. 그는 과학계에서 버림받았다. 2019년 말 중국 당국은 이 과학적 배임 행위를 근거로 그에게 3년의 징역형을 구형했다.

그의 사례는 전문가 공동체의 윤리 의식이 중요하다는 것을 보여주었다. 그런 윤리 규범들은 위법에 따르는 결과를 보완해 전문가들에게 더욱 강한 책임 의식을 갖게 만드는 역할을 한다. 현장에서 불법적인 일을 피하기만 하면 되는 것이 아니라 과학계와 더 넓게는 대중이 윤리적이라 여기는 일을 하도록 말이다. 이런 의식은 충분한 논의를 거쳐 만들어진 규제가 아직 없는 새로운 기술을 이용할 때 강력한 완충제가 되어줄 것이다.

기술자들은 이제야 생의학 연구에 몸담은 사람들만큼 직업 규범 개발을 진지하게 받아들이기 시작했다. 유럽연합의 인공지능고위전문가그룹High-Level Expert Group on Artificial Intelligence과 같은 여러 단체들이 새로운 AI 모델 출시를 제한하는 신뢰할 수 있는 공개 지침이 필요하다는 목소리를 내고 있다.[22] 그런 지침이 없다면 논란은 계속될 것이다. 크리스퍼의 경우와 같이 진전을 위해서는 그 분야의 저명한 과학자들이 선도적인 역할을 맡아야 할 것이다. 그러나 선구적인 인공지능 윤리학자 팀닛 게브루를 해고한 구글의 조치를 보면 기술기업에게 과연 내부인들에 대한 윤리적 비판을 수용할 의지가 있는지 의심이 든다.

규칙 위반자를 제재하는 규범의 개발 역시 그 못지않게 중요하다. 인공지능 연구에서 윤리적으로 미심쩍은 부분 중 하나는 안면 인식 도구를 채용해서 동성애나 범죄 성향과 같은 여러 유형의 인간 정체성과 행동을 예측하는 것이다. 이는 관상, 즉 외형에서 내적 특성을 추론하는 신빙성 없는 과학적 관행이 부활한 것 같은 느낌을 준다. 2014년에 설립된 이스라엘 회사 페이셉션Faception은 외향적인 사람, 지능지수가 높은 사람, 포커 선수, 위험한 인물을 식별하는 분류기를 개발했는데 그 도구를 이용해 얼굴 이미지를 기반으로 성격 특성을 밝혀낼 수 있다고 주장한다.[23] 2020년 초 학계의 몇몇 연구자들은 "이미지 처리를 이용한 범죄성 예측용 심층 신경망 모델"이라는 제목의 논문을 낼 것이라고 발표했다. 〈빅데이터 저널Journal of Big Data〉은 마흐디 하세미Mahdi Hashemi와 마거릿 홀Margeret

Hall의 논문, 〈얼굴 이미지를 통한 범죄 성향 탐지와 성적 편향 효과Criminal Tendency Detection from Facial Images and the Gender Bias Effect〉를 게재했다. 이 논문은 "얼굴, 눈썹, 눈 윗부분, 눈동자, 콧구멍, 입술의 형태"를 근거로 범죄를 저지를 가능성이 있는 사람과 그렇지 않은 사람을 구분할 수 있다고 주장한다.[24]

기술자들 사이에서 직업 규범에 대한 의식이 더욱 강해지면서, 학계와 산업계의 연구자 2000명 이상이 논문의 철회 및 이와 유사한 연구 결과의 게재를 자제할 것을 촉구하는 공개서한에 서명했다. 그런 연구에는 인종적 편견이 침투해 있고 따라서 차별을 고착화하는 데 기여한다는 것이 그 이유였다.[25] 이런 노력은 성공을 거뒀다. 하세미와 홀은 논문을 철회했고, 홀은 공개서한이 제시한 규범을 지지한다고 말하면서 연구 결과를 부정했다.

결국은 젊은 소프트웨어 엔지니어와 야심찬 기술기업가를 가르치는 방식을 점검할 필요가 있다. 생물학과 의학을 공부하는 어린 학생들이 생명윤리 수업을 듣고 이 분야의 심층적인 연구에 의지하는 것처럼, 컴퓨터과학 분야도 아직은 초기이지만 성장하고 있는 기술윤리와 사회적 차원의 기술에 대한 학문을 바탕으로 하는 새로운 복합적 교육 과정을 개발해야 한다.

우리가 스탠퍼드에서 하고 있는 일, 컴퓨터과학·사회과학·윤리학을 통합하는 과정을 가르치는 것은 미국과 전 세계의 여러 기관에서 진행 중인, 막 싹 트기 시작한 혁명의 한 예에 불과하다. 컴퓨터과학자를 가르치는 일은 더 이상 컴퓨터과학 교수만의 영역이 아니다. 여러 학문 분야의 목소리가 기술자들이 직업적으로 혜택을 얻을 수 있는 독특한 관점을 제시할 수 있기 때문이다. 구상은 간단하다. 시민 정신을 갖춘 새로운 세대의 기술자와 정책 입안자를 키워내는 것이다.[26] 공익법(젊은 법률가들이 비영리 조직이나 공공 부문에서 일할 수 있도록 준비시키는 것을 목표로 법학 교육을 개혁하는 혁신)의 출현을 본보기로 삼는 대단히 야심찬 계획이다. 이 계획은 에런 스워츠와 같은 기술자들의 시민 의식이 더 이상 예외로 여겨지지 않는 세상을 꿈꾼다.

기술자들을 교육하는 방식을 변화시키는 곳에서는 우리가 가르치는 사람이 누구인지에도 반드시 관심을 기울여야 한다. 기술기업에 다양성 부족의 문제가 나타나는 것은 당연한 일이다. 새로운 기술에는 그것을 만든 사람(그리고 돈을 댄 사람)의 욕구, 관점, 가치관이 주입되기 마련이기 때문이다. 이는 알고리즘의 편향, 감시 오용에 대한 의식 부족, 자동적 정보 확산이 유발하는 피해에 대한 관심 부족, 온라인 혐오 발언의 급증의 이유를 설명해준다. 기업들과 자금 제공자들 사이에서는 다양한 기술 분야에서 인재를 찾고, 지원하고, 보유하려는 움직임이 이제야 시작됐다. 한편으로 초등학교부터 대학에 이르는 교육에서도 노력이 필요하다. 새로운 기술을 설계할 때 상충하는 가치들의 문제를 진지하게 다루려면 다양한 시각을 받아들이는 일을 대신할 만한 것이 없다.

새로운 형태의 저항

마르그레테 베스타게르Margrethe Vestager는 빅테크 기업의 CEO들만큼 힘이 있지도 돈이 많지도 않다. 하지만 그녀는 미국의 대형 기술 기업이 가진 힘을 견제하려는 유럽의 노력을 대변하는 인물이다.[27]

유럽연합 경쟁 담당 집행 위원인 그녀의 지휘 아래, 유럽연합은 검색 시장의 지배력을 남용한 구글, 세금을 미납한 애플과 아마존, 왓츠앱 인수에 대해 규제기관을 호도한 페이스북에 벌금을 부과했다. 이런 규제 조치는 전 세계적인 조사와 벌금의 자극제가 되었다. 특히 캐나다, 타이완, 브라질, 인도의 정부는 미국 대형 기업의 반경쟁적 행동을 표적으로 삼고 있다. 그녀는 플랫폼들이 자사 제품을 경쟁사 제품보다 유리하게 취급하지 못하게 하는 새로운 규칙의 제안을 비롯해 계속해서 더 공격적인 조치를 추진하고 있다.[28] 이는 구글이 보여주는 검색 결과와 아마존이 홍보하는 제품에 직접적인 영향을 줄 수 있다.

베스타게르의 접근법은 소수 기업의 기술이 우리 사회에 영향을 미치는 방식에 불균형적으로 행사하는 힘과 억제되지 않는 영향력을 축소하기 위한 시도다. 당연히 실리콘밸리에서는 환영받지 못하고 있으며, 최근까지는 미국에서 많은 지지자를 찾지 못했었다. 많은 미국 정치인과 규제기관은 빅테크 기업들의 지배력은 그들이 제공하는 고품질 서비스의 결과일 뿐이라고 생각했다. 오바마 대통령조차 빅테크에 대한 베스타게르의 수사를 신 포도에 비유하면서 헐뜯었다. 2015년 한 인터뷰에서 그는 이렇게 말했다. "그들의 서비스 제공 업체, 알다시피 우리와 경쟁이 되지 않는 그 업체들이 우리 기업들이 그곳에서 효과적으로 운영하는 것을 막는 장애물을 설치하려 하고 있다."[29]

하지만 최근 들어 지형이 빠르게 변화하고 있다. 시민과 정치인 모두가 빅테크의 제한 없는 힘과 시장 지배력을 우려하고 있다. 그들의 힘이 고품질 제품의 결과만은 아니라는 인식이 커지고 있다.

그들의 지배력은 정보 기술의 독특한 특색, 즉 더 많은 사람이 사용할수록 제품이나 서비스의 가치가 더 커지는 '네트워크 효과'와 1990년대 정보 경제의 성장을 가능케 했으나 의미 있는 제약을 마련하는 데에는 실패했던 규제에 대한 적대적 견해를 반영한다.

미국 규제 당국은 마침내 베스타게르와 유럽연합을 따라잡기 위해 나섰다. 2020년 말 미국 법원에는 빅테크 기업을 상대로 한 큰 소송이 줄을 이었다. 연방거래위원회(FTC)와 48개 주 검찰총장 48명은 페이스북을 겨냥해 이 회사가 경쟁 업체를 인수하거나 매장시켜 우위를 점했고, 따라서 소비자의 선택권과 사생활 보호에 대한 접근권을 제한했다고 주장했다. 연방거래위원회의 제소는 내부 이메일(대부분이 마크 저커버그가 직접 보낸)들을 증거로 들었다. 이 이메일들은 네트워크의 힘을 활용하고 서비스를 이용해 주요 경쟁자들을 조기에 발견하며, 실제로 위협이 되는 회사를 인수하는 반경쟁적 전략을 강하게 암시한다. 저커버그는 2008년 6월 이메일에 "경쟁하는 것보다 사는 것이 더 낫다"라고 적었다.[30]

정부가 주시하는 것은 페이스북만이 아니다. 35개 주 검찰총장들은 연방거래위원회의 페이스북 제소 후 일주일이 지나 구글을 상대로 소송을 제기했다. 검색 및 검색 광고를 계속 독점하기 위해 반독점적 관행을 이용했다는 혐의였다. 이 소송으로 구글이 시장에서의 지배적인 지위를 강화하기 위해 애플 등의 기업과 맺은 거래 등 그동안 숨겨져 있던 사실들이 드러났다. 한 관련 소송은 구글과 페이스북이 온라인 광고 시장을 조정하기 위해 서로 협력하는 데 동의했다고 주장하고 있다.[31] 짧은 시일 안에 해결되지는 않겠지만 이 소송들은 시장 지배자들의 고삐를 당기는 전투의 신호

탄 역할을 하게 될 것이다.

미국의 대형 기술기업들은 더 이상 이런 판도의 변화를 무시할 수 없다. 이들은 공개적으로는 기업 규제자로서의 정부 역할을 받아들이고, 새로운 법규와 정책에 대한 대중의 숙고를 환영하고 있다. 하지만 당파적인 양극화와 교착상태는 변화를 극히 어렵게 할 것이라는 인식을 갖고 있으며, 막후에서는 만약을 위해 이 소송전에 맞서고 새로운 법이나 규제가 자신들의 실익이나 시장에서의 지배적인 위치에 피해가 가지 않도록 하기 위해 대대적인 로비를 벌이고 있다.

공익에 주의를 기울이지 못했다는 깨달음에서 자신의 탓이라고 말하는 기업의 목소리도 들린다. 이런 줄 이은 사과 중에서도 가장 진실성이 짙은 것이 트위터 CEO 잭 도시의 발언이다. 그는 트위터의 경영진이 플랫폼이 악용되는 측면에서는 준비가 되어 있지 않다는 자신의 견해를 드러냈다. "어떤 일이든 다시 할 수 있는 기회가 있다면, 우리가 적절한 기술을 가졌다고 자부했던 부분들을 다시 상세히 살피고, 제품 매니저·디자이너·엔지니어가 그런 기술을 보유하고 있다는 섣부른 가정은 하지 않을 것이다."[32] 이런 자기반성과 더불어 자주 들리는 것이 환골탈태하겠다는 다짐이다. 페이스북은 케임브리지 애널리티카 사건 이후 미국과 영국의 주요 신문에 마크 저커버그의 성명이 담긴 전면 광고를 실었다. "우리에게는 당신의 정보를 보호할 책임이 있습니다. 그 일을 할 수 없다면 그런 책임을 맡을 자격이 없는 것입니다."[33]

노력하겠다는 주요 기업의 약속은 환영할 만한 진전이다. 이런 약속들은 책임 있는 혁신과 기업 조직 형태에 대한 새로운 관점에서 구체적인 형태를 갖추고 있다. 구글의 전 임원이자 선임 법률 고문으로 동료들로부터 "결정자the Decider"라고 불렸던 니콜 웡Nicole Wong은 기술 혁신에서 보다 느리고 사려 깊은 입장을 취해야 한다고 주장한다. 그녀는 기술계의 동료들에게 우리가 지금 있는 세상을 위해 디자인하는 것이 아니라 "우리가 정말로 만들기 위해 노력해야 하는 세상"에 대해 생각할 것을 촉구하고 있다.[34]

하지만 이것만으로는 부족하다. 새로운 '북극성', 이윤 추구와 사회적 문제들 사이의 균형을 추구하겠다는 기업의 다짐은 기업의 CEO들이 사회 복지를 돌볼 거라고 믿으라는 것이다. 하지만 그들이 그렇게 하리라고 믿을 만한 증거는 너무 적다.

노벨상을 수상한 경제학자 조지프 스티글리츠Joseph Stiglitz는 비즈니스 엘리트를 "살을 빼기 위한 여러 가지 일을 하면서 정작 먹는 것을 줄이지 않는 다이어터"에 비유했다.[35] 스티글리츠의 견해에 따르면, 기업 리더들은 "게임의 규칙에 근본적으로 문제를 제기하거나 기존의 왜곡되고 비효율적이고 불공정한 규칙의 폐해를 줄이기 위해 자기 행동을 변화시키는 일"은 외면하고 다른 일에만 매달리고 있다.

자율규제가 실패했다는 증거는 주변에서 쉽게 찾아볼 수 있다. 1970년대부터 시작된 금융 부문의 규제 완화에 대한 열기는 2009년 대침체를 불러왔다. 규제 완화의 가장 열렬한 지지자인 앨런 그린스펀조차 자기 방식이 실수였다고 인정했다.[36] 규제기관은 시장의 자기 치유력에 대한 순진한 믿음으로 복잡한 금융 혁신과 엄청난 시장 집중이 조직적 위험을 야기하는데도 개입하지 않았다. 너무 늦어버릴 때까지 말이다.

시스템 에러

새로운 기술들을 효과적으로 관리하고 싶다면 기업 CEO들이 스스로 깨닫고 더 나은 행동을 약속하는 것만 바라고 있어서는 안 된다. 다른 어떤 것보다 이익을 추구하는 기존의 유인을 CEO들이 다시 반복하는 일을 막기 위해서는 구조적인 변화가 필요하다. 우리가 바라는 결과를 얻기 위해서는 우리의 시장 접근법을 바꾸어서 기업의 힘과 독점적 행동을 감시하는 정책적 변화가 필요하다. 이런 측면에서 마르그레테 베스타게르는 옳은 방향으로 가고 있다. 그녀를 지지하는 목소리가 점차 커지고 있다. 미국도 예외는 아니다.

빅테크 기업의 힘을 제한하려는 의제에는 세 가지 핵심 요소가 있다. 첫 번째는 사용자 개인정보의 통제권에 있어서 기업과 소비자 사이에 존재하는 거대한 권력의 불균형을 해결하는 것이다. 데이터 보호의 권리를 위한 훨씬 공격적인 노력이 그 권리를 강화할 수 있는 정부 기관과 함께한다면 기업의 권력을 견제하는 의미 있는 첫걸음이 될 것이다.

그런 데이터 보호에는 사용자 데이터가 활용되는 용도와 수집에 동의를 구하는 방법(이미 개인정보보호규정에 잘 개술된)에 대한 규제만 포함시킬 것이 아니라 개인정보 보호를 염두에 둔 플랫폼 간의 데이터 이동도 포함시켜야 한다. 수백 명의 친구들을 만들고 수많은 사진을 업로드하는 데 시간을 투자한 페이스북 사용자라면 새로운 소셜 네트워크로 이동할 가능성은 무척 낮을 것이다. 새 소셜 네트워크가 더 좋은 기능이 있고 그 사람이 더 선호하는 정책을 고수하더라도 말이다. 온라인에 이미 구축해둔 사회적 환경을 다시 만드는 것이 너무 힘들기 때문이다. 실패로 끝난 구글의 구글플

러스(구글의 소셜 네트워크 서비스)는 자금력을 가진 경쟁 업체도 현재의 환경에서는 성공하기 힘들다는 것을 여실히 보여주는 증거다. 데이터 이동성이 있다면 사용자가 사진과 게시물 같은 데이터를 새로운 플랫폼으로 쉽게 옮길 수 있고, 이런 상호 운용성은 사용자가 다른 네트워크로 옮겨간 친구들과의 유대를 비롯해 온라인 경험을 계속 유지할 수 있게 보장할 것이다. 이로써 사용자가 하나의 플랫폼에 발목을 잡히지 않고 개인정보가 더 잘 보호되고 자신의 가치관에 더 잘 부합하는 다른 플랫폼으로 쉽게 이동하는, 보다 경쟁적인 시장이 만들어질 것이다. 기술적으로 쉽지는 않지만 불가능한 일도 아니다. 실제로 2007년 구글이 이끄는 기술기업 컨소시엄이 소셜 네트워크 간의 상호 운용이 가능하도록 오픈소셜OpenSocial 사양을 개발했다. 하지만 페이스북과 같이 이미 시장을 지배하는 업체들이 이것을 채택하는 데 아무런 이점이 없다고 판단했기 때문에 이 개념은 큰 관심을 끌지 못했다. 시장 세력들이 반대하는 때에도 변화를 이끌어내려면 정부 규제가 필요한 이유를 보여주는 사례다.

두 번째 요소는 기술 변화로 인해 피해를 입을 가능성이 높은 사람들이 더 큰 목소리를 낼 기회를 주는 것이다. 많은 기업들이 주주의 이익을 극대화해야 한다는 생각에 지배를 받고 있지만 고려해야 할 다른 대안들이 존재한다. '이해관계자 자본주의'(주주 자본주의가 아닌)의 비전에 자극받은 다양한 법률안들은 기업 책임을 재규정하고, 노동자들이 기업 이사회에서 더 큰 권한을 갖게 하고, 회사의 이사들이 장기적 수익보다 단기적 이익을 추구하게 하는 유인을 줄이기 위한 의미 있는 다음 발걸음이다. 이들 법률안은 보

시스템 에러

다 광범위한 이해관계자들에게 헌신하겠다는 CEO의 발표를 훨씬 뛰어넘는다. 거기에는 기업이 모든 이해관계자의 이익을 고려하도록 하는 새로운 연방 헌장, 대기업 이사회의 40퍼센트를 직원이 직접 선출하는 요구 조건, 단기적인 주주 수익을 늘리는 건전하지 못한 목적 추구를 억제하기 위해 이사 및 임원이 스톡옵션으로 받은 회사 주식의 매도를 제한하는 것 등의 구체적인 법적 권한이 포함된다.[37] 2017년에 도입된 엘리자베스 워런의 책임자본주의법Accountable Capitalism Act은 이것이 취할 수 있는 형태를 보여준 한 예일 뿐이며, 기업 거버넌스 개혁을 위한 새로운 제안들을 중심으로 더 넓은 연합체들이 형성되고 있다.[38]

세 번째 요소는 대형 기술기업의 시장 지배력을 억제하기 위한 적극적인 노력이다. 이는 독점 행위를 엄중 단속하고, 반경쟁적 인수·합병을 제한하는 것을 의미한다. 대부분의 국가들은 이 부분에서 이미 유럽연합의 선례를 따르고 있으며, 미국의 반독점 조치들도 진행 중에 있다. 그러나 법정 싸움은 오랜 시간이 걸릴 가능성이 높다. 첨단기술 분야의 반독점 규제의 역사는 결과를 내기 위해 반드시 대기업을 박살내야 하는 것은 아님을 보여준다. 보다 강력한 반독점 조치에 대한 위협만으로도 극단적인 반경쟁적 관행을 억제하고 경쟁자가 등장하게 하는 데 도움이 될 것이다.

1990년대 말부터 법무부와 여러 주의 검찰총장들은 소프트웨어 업계에서의 지배력을 유지하기 위해 반경쟁적 행동을 했다는 이유로 마이크로소프트를 고소했다. 사건을 주재하는 판사의 원래 명령처럼 마이크로소프트가 2개의 회사로 쪼개지는 일은 일어나지 않았다. 하지만 반독점 강제의 위협만으로도 이 회사의 일부 관행에 변화를 일으킬 수 있었다. 1997년 마이크로소프트는 자금이 곧 바닥날 상태인 경쟁 업체 애플에 1억 5000만 달러를 투자했다. 당시 많은 사람들을 놀라게 한 결정이었다. 많은 관찰자들은 그 투자의 진짜 목적이 마이크로소프트의 시장 독점에 대한 주장을 누그러뜨리는 데 있다고 추측했다.[39] 역사가 입증해주었듯이, 애플은 생존에 그치지 않았고 2010년에 마이크로소프트의 시가총액을 추월했다. 추가적인 반독점 조치가 취해질 수 있다는 우려로 마이크로소프트의 경쟁우위가 크게 약화되면서 구글과 같은 새로운 기업들이 막강한 경쟁자로 부상할 수 있었다.[40]

기술이 우리를 지배하기 전에

기술 지배에서 민주주의의 역할에 대한 큰 기대에도 불구하고, 우리의 민주 기관들이 항상 희망을 주는 것은 아니다. 정치인들이 새로운 기술의 작동 방식에 대한 무지를 보여주는 순간이 너무나 많았다. 기술기업들은 자신의 시장 지배력과 정치적 영향력을 뚜렷이 인식하고 있고, 정당들은 좌파 우파 할 것 없이 이런 기술기업들의 비위를 맞춰왔다. 대다수의 민주 사회는 양극화와 입법의 정체 상태에 빠져 있다. 따라서 상충하는 가치들의 적절한 균형을 어떻게 찾을 것인지 논리 정연한 논의를 지속하기 힘든 상태이다. 하지만 그 와중에도 미국 정부는 다른 나라들이 본보기로 삼는 세계적 명성의 과학 자문기구를 갖고 있었다. 그리 오래지 않은 과거까지만 해도 말이다.

테네시 출신의 물리학자 잭 기번스Jack Gibbons는 10년 이상 거의 알려지지 않았던 의회 기관인 기술평가국Office of Technology Assessment(OTA)의 책임자였다. 기술평가국은 오염, 핵에너지, 살충제, 기타 기술 변화와 연관된 위험에 대한 대중의 염려가 커지고 있던 1972년에 탄생했다. 환경 운동을 활성화하고 큰 혜택을 약속하면서 동시에 엄청난 위험을 제기한, 빠르게 성장하는 신기술에 대중의 관심을 집중시킨 책《침묵의 봄》이 출간되고 거의 10년이 지난 때였다.

기술평가국의 창설로 의회는 기술적 전문지식과 정치적 의사결정 사이의 간극을 효과적으로 메우는 일이 시급하다는 것을 인식하게 되었다. 의원들은 어려운 정책 결정에 필요한 실질적인 배경 지식을 원했지만 로비스트들이 제공하는 정보에는 의존하고 싶지 않았다. 거의 20년 동안 기술평가국은 환경(산성비, 기후변화), 국가 안보(중국으로의 기술 이전, 생물학 테러), 사회적 문제(사무 자동화, 기술이 특정 사회 집단에 영향을 주는 방식) 등 다양한 주제를 다룬 750개 이상의 보고서를 만들었다. 기술평가국 보고서에서 눈에 띄는 특징 중 하나는 예리한 기술적 분석을 넘어, 하나의 정책을 지지하지 않고 다양한 정책 옵션을 제공한다는 점이다. 이로써 정책 결정권자들은 기술적인 인풋과 조언을 기반으로 난해한 정치적 선택을 '스스로' 할 수 있다.

이 기관은 논란이 많거나 정치적으로 중대한 사안에 대해서도 거리낌 없이 기술적 견해를 제공했다. 2015년부터 2017년까지 국방 장관을 역임한 젊은 물리학자 애슈턴 카터Ashton Carter는 1984년에 로널드 레이건 대통령이 사랑해 마지않았던 우주 기반 미사일 방어 프로그램('스타워즈'로 알려졌다)에 대한 보고서를 작성했다. 그는 다음과 같은 솔직한 결론을 내렸다. "핵미사일에 대한 완벽한 방어란 대중의 기대나 국가 정책의 기초가 되어서는 안 되는 공허한 목표다." 펜타곤은 격분해서 보고서의 철회를 요구했다. 하지만 이 보고서를 검토한 전문가 집단이 그런 결론이 사실임을 확인했고, 2개의 후속 연구 역시 레이건의 안보 계획이 가진 정치적 타당성과 기술적 실현 가능성에 의구심을 제기했다.

1994년 하원 의장이 된 뉴트 깅리치Newt Gingrich는 독립적인 과학 판단을 내놓는 이 기관을 도마 위에 올렸다. 의회가 예산 삭감에 초점을 맞춘다는 것은 스스로의 지출을 줄이는 어려운 결정을 내린다는 의미였다. 하지만 공화당 의원 아모 호턴Amo Houghton은 "미래를 삭감할 수 없다"[41]라는 표어를 내세우며 기술평가국을 구하기 위해 필사적으로 노력했다. 한 평자는 이 기관의 해체를 "자신의 몸을 잘라내는 충격적인 행동"이라고 표현했다.[42] 기술평가국의 마지막 책임자 로저 허드먼Roger Herdman이 지적하듯이 이 결정은 단순한 예산 삭감 결정이 아니었다. "의장이 의회 내부에 과학과 기술에 대해 자신과 다를 수 있는 견해를 내놓는 목소리를 원치 않았다고 말하는 사람들이 있다."[43]

기술적 전문지식과 정책과의 상호작용 모델로 깅리치가 선호했던 것은 그가 '자유시장' 접근법이라고 부른 것이었다. 국회의원들이 솔선해서 개별 과학자들을 끌어들이고 정보를 구해야 한다는 것이다. 물론 이 접근법은 실행 불가능하고 비효과적이다. 깅리치가 말하는 과학적 전문지식의 자유시장은 우리가 오늘날 보고 있는 과학의 심각한 정치화의 원인 중 하나다.

기술평가국은 명시적으로 폐지된 것이 아니라 재원이 고갈된 상

시스템 에러

태다. 때문에 그 기관은 오늘날까지도 미국이 기술 지배에 어떤 식으로 대처할 수 있는지 그 가능성을 보여주는 존재로 남아 있다. 기술평가국은 정작 미국에서는 좀비 상태이지만 많은 유럽 국가에서 그 명맥을 이어가고 있다. 네덜란드 기술평가국(NOTA)은 미국의 모델을 기반으로 과학적 전문지식을 끌어들이는 것을 넘어서는 큰 발전을 이뤘다. 또한 시민의 심의도 통합시킨다.[44] 오드리 탕이 타이완에서 기울이고 있는 노력은 시민 권한 강화와 비슷한 형태를 목표로 하고 있다.

기술평가국의 사례는 전문지식의 역할에 관해 반면교사로 삼을 만한 이야기다. 대단히 기술적인 사안에 대해서 권위 있는 정보를 제공하는 기관을 설계하는 것은 가능할지 몰라도 그런 기관은 정치적으로 취약하다. 그들이 보여주는 사실이 강력한 정치권력을 가진 행위자에게 불편한 것으로 밝혀질 때는 특히 더 그렇다. 기술평가국의 존재와 그 종말이 강조하는 더 중요한 점이 있다. 민주 기관의 역량, 새로운 기술을 지배하는 그 기관의 역량이 만족스럽지 못하다면 그 기관이 그런 길을 가도록 만든 것은 다름 아닌 우리라는 점이다.

새로운 기술이 사회에 유익을 가져다주도록 이끄는 것은 민주주의의 역할이다. 예측하기 힘들고 시간이 흘러야 비로소 드러나는 부정적 외부성을 억제하는 규제 체계를 만드는 것도 민주주의의 역할이다. 그러나 이렇게 민주주의가 제 역할을 하도록 하는 것은 우리의 몫이다. 우리의 과제는 이 책에서 탐구한 사안에 대한 정책을 발전시키는 데 한정되지 않는다. 정부를 개혁해서 새로운 기술이 미래에 제기할 문제를 보다 잘 다룰 수 있게 하는 것 역시 우리가 할 일이다. 여기에는 정책 결정 절차의 리부팅이 필요하다. 기술자들을 끌어들이고, 정책 결정권자는 물론 시민들에게도 기술에 대해 교육시키고, 규제에 대한 스마트한 선택을 할 수 있는 접근법을 재고해야 하는 것이다.

기술자들을 정책 결정 과정에 끌어들여 우리의 결정이 기술의 역할에 대한 이해를 바탕으로 이루어지도록 해야 한다. 공공 서비스 파트너십Partnership for Public Service이 최근의 보고서에서 적었듯이 "거의 모든 국가 우선 사항은 현대 기술을 이용하는 방법에 대한 정확하고 철저하고 시대에 맞는 이해에 좌우된다."[45] 정부가 기술 인재를 끌어들이고 활용하고 유지하는 일에 재능이 있다고 주장할 사람은 아무도 없을 것이다. 민주 정부는 천천히 움직인다. 그들이 주의를 기울이고 투자하는 정도는 대형 기술기업과 경쟁이 되지 않는다. 그들은 위험 회피적이다.

하지만 영국과 미국은 '디지털 서비스'를 정립하고 실리콘밸리와 전 세계에서 뛰어난 기술 인재를 불러들였다. 이는 기회만 주어진다면 많은 기술 전문가들이 수백만의 사람들에게 이익이 되는 중요한 프로젝트에 참여해 기꺼이 공익을 위해 일한다는 증거다. 이를 위해서는 전 백악관 관리 크리스토퍼 키르히호프Christopher Kirchhoff의 '테크 팀메이트' 같은 계획이 필요하다. 공식석인 공무원 조직 외부에서 첨단의 전문지식과 경험을 갖춘 최고의 인재를 영입하는 데 총력을 기울이는 유연한 기제가 필요한 것이다. 미국 연방 인력의 6퍼센트만이 30세 이하다. 은퇴의 물결이 곧 닥칠 것이다. 지금이 바로 공익에 봉사할 새로운 유형의 전문가를 채용하고 유지할 방법을 재고해야 할 적기다.[46]

하지만 기술자들의 최적화 사고방식은 그들이 정부에 들어왔을 때에도 문제가 될 수 있다. 그들의 식견은 위태로운 것이 무엇이고 가능한 것이 무엇인지를 이해하는 데 중요하다. 그러나 그들의 시각은 정책 입안자들이 결국은 반드시 균형을 유지해야 할 과정에 들어가는 하나의 인풋에 불과하다. 따라서 우리의 두 번째 우선 사항은 정치인들이 기술에 대해서 제대로 알고, 돈을 주고 그들에게 특정한 견해를 제시하게 하는 로비스트에 좌우되지 않도록 하는 것이다. 여기에는 독립적인 조언과 과학과 기술 정책의 문제에 대해 시민들의 인풋을 받아들일 채널을 마련하기 위한 기술평가국의 재창조가 필요할 것이다.[47] 개편된 기술평가국이 우선할 일은 자신들의 분석을 투명하고 대중이 접근할 수 있는 방식으로 전달해서 기술 정책 사안과 관련된 보다 개방적이고 포괄적이고 신중한 절차를 촉진하는 것이다.[48] 행정부 내에서 과학, 기술 정책 전문가들의 보다 진지한 역할도 필요하다. 2021년 바이든 대통령은 처음으로 국가과학자문의 자리를 내각으로 승격시켰다. 바이든은 기술, 인종, 불평등에 걸쳐 전문지식을 갖고 있는 사회과학자 알론드라 넬슨Alondra Nelson을 국가과학부자문으로 임명했다. 그녀가 행정부에서 하는 역할은 우리가 시급하게 필요로 하는 질 높은 민주적 심의의 토대를 마련하는 데 도움이 될 것이다.

셋째, 우리에게는 규제에 대한 신선한 접근법이 필요하다. 기술 부문의 혁신은 파괴적이며 예측 불가능하다. 규제의 구조는 융통성이 없고 반응적이다. 규제 개혁은 기술의 변화보다 몇 년씩 뒤처지는 경우가 많다. 의도하지 않았거나 유해한 결과의 증거가 무시하기 힘들 정도로 누적되었을 때에야 겨우 따라잡기에 나서는 식이다. 규제의 속도가 느리기 때문에 기술기업들은 결과에 주의를 기울이지 않고 실험, 시험, 규모 확장의 거의 무제한적인 자유를 누렸다. 하지만 사회가 필요로 하는 것은 규제에 대한 보다 반응적인 접근법, 장기적 전략에 정착하기 전에 새로운 정책 체계를 시도하고 그 효과를 알아볼 수 있는 접근법이다. 전문가들은 이를 '적응형 규제adaptive regulation'라고 부른다. 이런 방식의 규제는 이론상으로는 유망해 보이지만 실천에 옮기는 것은 대단히 어려울 수 있다.

영국과 타이완은 '규제의 샌드박스[•]'를 통해 이 새로운 접근법의 실험을 선도해왔다. 그들은 이런 식으로 일을 한다. 정부 관리들은 혁신가들을 끌어들여, 검증되지 않은 새로운 영역의 기술을 채용하기 위해 필요한 개념을 증명하거나 제안하도록 한다. 관리들이 승인을 하면 당면한 혁신과 가장 관련이 큰 기존 법체계에서 '포크fork'를 실시한다. 포크는 소프트웨어 개발에서 유래한 용어로 기존 프로그램 코드를 복사해 새 버전의 프로그램을 만드는 것이다. 본질적으로 정부는 혁신가에게 임시로 기술을 채용하고 또한 1년 동안 새로운 시스템에 대한 규제를 고안할 허가를 내준다. 1년 후 혁신가와 관리들이 다시 모여 새로운 접근법의 장단점을 따져본다. 이 아이디어는 규제기관이 특정 규제 모델의 실제 효과를 관찰할 수 있는 살아 있는 연구실을 만드는 것이다. 핀테크는 규제기관이 규제의 장단점을 관찰하고 평가하는 동안 기업이 실제 시장에서 소비자를 대상으로 새로운 제안을 시험할 수 있는 이런 접근법

• regulatory sandbox. 샌드박스는 어린이가 다치지 않도록 마련한 모래 통에서 유래한 말로, 여기에서는 '보호된 영역'을 뜻한다.

시스템 에러

의 가장 큰 수혜자다.

정책 결정 절차를 재부팅하더라도 시민이 정치가들에게 규제 없는 기술의 악영향에 대한 책임을 묻지 않는다면, 기술 변화를 주도하는 사람들은 우리의 민주적 제도들을 뒷전에 둘 것이다. 페이스북이 개인정보를 수집했다는 이유로 마크 저커버그를 비난하기는 쉽다. 하지만 그는 그런 일을 합법적으로 할 수 있다. 정치인들이 그런 식으로 규칙을 정해놓았기 때문이다. 온라인상의 역정보 확산에 대해서도 마찬가지다. 우리는 인터넷 플랫폼의 콘텐츠 조정 정책에 불만을 가질 수 있지만, 그들은 이미 정부의 요구보다 훨씬 많은 것을 하고 있다. 자동화가 일자리에 미치는 영향은 어떤가? 기업들은 주주의 이익에 부합하는 일을 할 뿐이다. 직업 전환에 따른 소득 지원이 없거나 기술을 향상시킬 새로운 교육 경로를 찾지 못하는 것은 정치인들이 자동화의 결과를 다룰 조치를 취하지 않았기 때문이다.

민주주의의 힘은 우리 대부분이 피하고자 하는 결과로부터 우리를 보호해주는 데 있다. 수도꼭지에서 마실 수 있는 물이 흘러나오게 해주고, 음식을 먹고 병에 걸리는 일이 없게 해주고, 도로에서 적절한 안전 의식을 갖고 차를 운전할 수 있게 해주는 것은 정부 규제의 덕분이다. 그러나 정치인들은 자신의 자리가 걸려 있을 때에나 나설 것이다. 지금의 딜레마에서는 해커와 자본가의 결합이 중심 이야기이지만, 민주주의 제도가 우리를 대신해서 개입하는 데 실패한 것 역시 비난을 받아 마땅하다. 우리는 우리가 선출한 대표들이 지금 가장 중요한 기술적 문제에서 어떤 입장을 가지고 있는지 알아야 하며, 그 결과가 마음에 들지 않을 때는 투표소에서 그들을 벌할 준비를 해야 한다.

우리의 이야기는 민주국가가 기술의 미래를 지배하기 위해 해야 할 선택에만 집중되어 있다. 하지만 중국의 부상을 무시할 수 없다. 중국은 세상에 대안적인 거버넌스 모델, 권위주의적이고, 무자비할 정도로 효율적이고, 지속적인 경제 성장의 기록을 가진 모델을 보여주고 있다. 이 나라는 인공지능에 타의 추종을 불허하는 자원을 투자하고, 엄청난 개인정보를 획득하고, 다른 나라의 지적 재산을 훔치고, 자국의 기술력을 행사해 전 세계에 대한 영향력과 접근권을 얻고, 세계의 규칙 제정 기구에 디지털 권위주의를 지향하는 접근법을 밀어붙이면서 디지털 세계의 우위를 차지하기 위해 적극적으로 노력하고 있다.

우리 사회 내에서 새로운 기술의 전망과 위험성의 균형을 찾는 과정에서는, 우리의 정책 선택과 규제 접근법이 비슷한 가치관을 공유하는 다른 나라와 어떤 상호작용을 하는지(적극적으로 조정될 수 있는지)도 생각해보아야 한다. 각 나라는 각자 나름의 선택을 하겠지만, 디지털 영역의 공통 규칙을 구축하는 일의 중요성을 놓쳐서는 안 된다. 그렇지 않으면 개방적인 인터넷, 활발한 경쟁, 디지털 권리에 대한 일련의 의미 있는 보호에 쏟은 오랜 헌신이 국가 통제를 선호하는 중국의 방식으로 대체되는 상황을 맞을 수도 있다.

기술과 지정학에 대한 한 가지 공통적인 가정은 세계가 중국의 디지털 권위주의, 미국의 디지털 혁신, 유럽의 규제 중심이 서로 경쟁하는 무대라는 것이다. 이런 역학 때문에 기술계의 리더들이 규제가 혁신을 억누르는 '중국식 대안'에 대해 경고하고 있는 것이다.

하지만 혁신과 규제 사이의 선택은 잘못된 이분법이다. 민주주의가 기술 정책에 대해 더 큰 집단적 목소리를 내지 않는다면, 우리가 직면하는 선택지에는 개인이나 민주주의의 이익을 우선하지 않는 세계적인 기술기업들과 중국이 보여주는 권위적인 기술 지배 모델만이 남게 될 것이다.

빅테크가 야기한 문제들의 해독제로 민주주의 방어와 시민의 권한 부여를 이야기하는 것이 이상하게 들릴 수도 있을 것이다. 통치 기관에 대한 대중의 신뢰는 그 어느 때보다 낮다. 하지만 민주주의에 대한 불신이 부분적으로는 기술 전문가 부상의 산물이라는 것도 기억해야 한다. 디지털 공공 영역의 인프라를 이루는 민간 플랫폼의 추천 시스템과 알고리즘 조정이 양극화에 기여하고 역정보 확산을 조장했다. 기술 업계는 승자독식의 경제에 기여했고, 이는 다시 부와 소득의 불평등을 확대했다. 이는 사회과학자들이 민주주의 기관에 대한 신뢰를 훼손한다고 반복적으로 입증하고 있는 현상이다.

우리는 민주주의를 반드시 방어해야 한다고 믿는다. 민주주의는 개인의 자유와 평등이라는 숭고하고 항구적인 가치에 헌신한다(최소한 이론적으로는). 민주주의는 그 자체가 일종의 기술이다. 개인의 권리를 옹호하고, 시민의 목소리에 힘을 실어주고, 끊임없이 변화하는 사회 환경에 적응하는 것을 가장 큰 미덕으로 삼는 사회 문제 해결의 기술인 것이다. 민주주의는 취약하고 현재 그 약점을 그대로 드러내고 있지만, 그 뿌리는 수 세기를 거슬러 올라간다. 민주주의는 과거의 수많은 도전에서 회복력을 입증했다. 기술의 미래에 대한 규제는 다음 도전이 될 것이다.

감사의 말

책을 쓴다는 것은 고통스럽고 고되고 외로운 일입니다.

그러나 이 책을 쓰는 일은 그와는 정반대였습니다. 인생에서 가장 보람 있고 즐거운 공동 작업의 결과물이 이 책입니다. 스탠퍼드 도서관 밖에서 커피를 한 잔 마시면서 컴퓨터과학 전공자가 급증한 현상에 대해 이야기한 것이 시작이 되어 윤리·정책·기술에 관한 새로운 수업을 설계하는 1년간의 작업으로 발전했습니다. 그 과정에서 우리는 학생들이 우리에게 배운 것만큼이나 서로에게서 많은 것을 배웠습니다. 2년의 과정을 마친 후, 함께 수업을 하는 것 외에 책을 쓸 수 있지 않을까 자문해보았습니다.

우리의 재미없는 이메일 문의에 답을 하고, 출간 제안서 작성의 과정 내내 우리를 인도해준 뛰어난 에이전트 엘리스 체니에게 감사를 전합니다. 이 과정 덕분에 우리는 하퍼콜린스의 편집자 게일 윈스턴을 만날 수 있었습니다. 게일 윈스턴은 다년간의 경험을 바탕으로 우리의 장황한 글을 줄이는 데 도움을 주고 더 많은 독자에게 다가갈 수 있다는 자신감을 심어줬습니다. 우리 세 학자를 난감한 실수들로부터 구해준 교열 담당자 린 앤더슨에게도 감사를 전합니다.

특히 힐러리 코언에게 큰 신세를 졌습니다. 힐러리는 수업 설계를 시작하는 시점부터 우리와 동등한 협력자였습니다. 수업을 설계하고 가르치는 공동의 작업을 통해 기술 개척지에서의 문제를 다루는 공통의 언어와 체제를 만들어낼 수 있었습니다. 대학을 갓 졸업한 학생으로서 그런 침착함, 에너지, 비전, 리더십, 그리고 총명함을 지닌 사람은 본 적이 없습니다. 그녀가 없었다면 우리의 수업은 존재하지 못했을 것이고, 수업이 아니었다면 이 책도 존재하지 않을 것입니다.

샘 니컬슨은 두 번의 결정적인 순간에 우리를 구해주었습니다. 첫 번째는 이 책의 제안서를 쓸 때였고, 두 번째는 이 책을 쓰는 마지막 단계에서였습니다. 그는 학자들이 글쓰기에서 공통적으로 저지르는 실수를 피할 수 있게 도와주었습니다(학자들에게는 이런 문제가 있습니다. 우선 사람들에게 X를 할 것이라고 말합니다. 이후 내가 X를 하고 있다고 말하고, 마지막으로 사람들에게 X를 막 마쳤다고 말합니다. 그런 짓은 그만!). 그는 짧은 일화와 묘사가 가진 힘에 대해서도 가르쳐주었습니다.

우리는 대학생과 대학원생으로 이루어진 뛰어난 연구 조교 팀과 일하는 즐거움을 누렸습니다. 에이드리언 리우, 재나 황, 렌 엘하이, 벤 에스포지토, 제시카 페미니아스, 이사벨라 가르시아-카마르고, 가브리엘 카거, 아냔야 칼틱, 안나-소피아 레시프, 조너선 리프먼, 모히트 무큄, 알레산드라 마랑카, 발레리아 린컨, 리베카 스몰

바크, 체이스 스몰, 클로에 스토월, 안티고네 제노풀루스에게 감사드립니다. 특히 에이드리언과 재나는 작업의 거의 처음부터 끝까지 우리와 함께했습니다. 그들이 아니었다면 이 책의 요지와 최종 결과는 지금과 많이 달랐을 것입니다. 두 사람은 뛰어난 학자가 될 운명입니다.

이 책의 여러 부분을 읽고 귀중한 의견을 공유해준 유나 블라저데 라 가르자, 마리아 클라라 코보, 조슈아 코언, 딥 강굴리, 샤라드 고엘, 줄리아 그린버그, 앤드루 한, 대프니 켈러, 제니퍼 킹, 샘 킹, 캐런 레비, 라리사 맥파쿼, 네이트 퍼실리, 세라 리처즈, 마리엣제 샤크, 리베카 스몰바크, 헨리 팀스, 레이프 위나, 에린 우 등 많은 동료와 친구들에게 감사드립니다.

《언캐니 밸리》의 저자로 이 책의 제목을 제안해준 애나 위너에게 감사드립니다.

인문과학대학, 공과대학, 자선시민사회센터, 인간중심인공지능연구소, 사회윤리센터, 지속연구프로그램, 네밀 달랄, 데이비드 시겔, 그레이엄 스펜서, 크리스티나 스펜서, 로이 바하트, 리사 웨든을 비롯한 스탠퍼드대학교의 프로그램과 관계자들, 우리의 작업을 지지해주고 우리의 공동 작업이 가능하게 도와준 분들에게도 감사를 전합니다. 특히 이 문제들을 함께 논의해준 수백 명의 스탠퍼드대학교 학생들, 지속적인 조언을 해준 수십 명의 조교들, 그리고 블룸버그 베타와 공동으로 진행하는 저녁 수업에 참여해준 여러 업계 전문가들에게 감사드립니다. 우리는 많은 것을 배웠고 이들과의 대화를 통해 이러한 복잡한 절충점의 비중을 어떻게 가늠할 것인가에 대한 우리 자신의 생각을 다듬었습니다.

마지막으로 가장 중요한 지지자들에게 감사의 인사를 전하려 합니다. 롭은 모든 면에서 최적인 헤더 커크패트릭에게 감사를 전하고 싶습니다. 메흐란은 항상 무엇이 중요한지에 초점을 맞추는 헤더 사하미에게 감사를 전합니다. 제러미는 매일 로봇은 할 수 없는 인간적인 사랑과 연민을 보여주는 레이철 깁슨에게 감사를 전하고자 합니다.

미주

머리말

1 George Packer, "Change the World: Silicon Valley Transfers Its Slogans—and Its Money—to the Realm of Politics," *New Yorker*, May 27, 2013.

서장 기술을 지배하는 규칙은 누가 만드는가

1 Joshua Browder, interview by Antigone Xenopoulos, 2018.

2 Aamna Mohdin and Ananya Bhattacharya, "An AI-Powered Chatbot Has Overturned 160,000 Parking Tickets in London and New York," Quartz, June 29, 2016, https://qz.com/719888/an-ai-powered-chatbot-has-overturned-160000-parking-tickets-in-london-and-new-york/.

3 Elisha Chauhan, "Councils to Rake in a Crazy £900m from Parking This Year," *Sun*, July 16, 2018, https://www.thesun.co.uk/motors/6790002/council-parking-fine-earnings-total-profits-westminster/.

4 Hayley Dixon, "Councils to Make Record £1 Billion from Parking Charges," *Telegraph*, June 29, 2019, https://www.telegraph.co.uk/news/2019/06/28/councils-make-record-1-billion-parking-charges/.

5 Joshua Browder, interview by Antigone Xenopoulos, 2018.

6 Aaron Swartz, "Stanford: Day 11," *Raw Thought* (blog), October 2, 2004, http://www.aaronsw.com/weblog/001428.

7 Kathleen Elkins, "The First Thing Alexis Ohanian Bought After He Sold Reddit for Millions at Age 23," CNBC, July 25, 2018, https://www.cnbc.com/2018/07/25/the-1st-thing-alexis-ohanian-bought-after-he-sold-reddit-for-millions.html.

8 Julia Boorstin, "Reddit Raised $300 Million at a $3 Billion Valuation—Now It's Ready to Take on Facebook and Google," CNBC, February 11, 2019, https://www.cnbc.com/2019/02/11/reddit-raises-300-million-at-3-billion-valuation.html.

9 Aaron Swartz, "Guerilla Open Access Manifesto," Archive.org, July 2008, https://archive.org/details/GuerillaOpenAccessManifesto/mode/2up.

10 Aaron Swartz, "Wikimedia at the Crossroads," *Raw Thought* (blog), August 31, 2006, http://www.aaronsw.com/weblog/wikiroads.

11 Larissa MacFarquhar, "The Darker Side of Aaron Swartz," *New Yorker*, March 11, 2013, https://www.newyorker.com/magazine/2013/03/11/requiem-for-a-dream.

12 Isaiah Berlin, *The Crooked Timber of Humanity: Chapters in the History of Ideas*, edited by Henry Hardy, 2nd ed. (Princeton: Princeton University Press, 2013), 12–13.

1장 최적화 사고방식으로 무장한 사람들

1 Devin Leonard, *Neither Snow nor Rain: A History of the United States Postal Service* (New York: Grove Press, 2016), 85.

2 Reed Hastings and Erin Meyer, *No Rules Rules: Netflix and the Culture of Reinvention* (New York: Penguin, 2020); GQ Staff, "The Tale of How Blockbuster Turned Down an Offer to Buy Netflix for Just $50M," *GQ*, September 19, 2019, https://www.gq.com.au/entertainment/film-tv/the-tale-of-how-blockbuster-turned-down-an-offer-to-buy-netflix-for-just-50m/news-story/72a55db245e4d7f70f099ef6a0ea2ad9.

3 VICE Staff, "This Man Thinks He Never Has to Eat Again," *VICE*, March 13, 2013, https://www.vice.com/en/article/pgxn8z/this-man-thinks-he-never-has-to-eat-again.

4 Robert Rhinehart, "How I Stopped Eating Food," Mostly Harmless, February 13, 2013, https://web.archive.org/web/20200129143618/https://www.robrhinehart.com/?p=298.

5 Lizzie Widdicombe, "The End of Food," *New Yorker*, May 5, 2014, https://www.newyorker.com/magazine/2014/05/12/the-end-of-food.

6 Farhad Manjoo, "The Soylent Revolution Will Not Be Pleasurable," *New York Times*, May 28, 2014, https://www.nytimes.com/2014/05/29/technology/personaltech/the-soylent-revolution-will-not-be-pleasurable.html.

7 Sam Sifton, "The Taste That Doesn't Really Satisfy," *New York Times*, May 24, 2015, https://www.nytimes.com/2015/05/25/technology/the-taste-that-doesnt-really-satisfy.html.

8 John Maynard Keynes, *The Collected Writings of John Maynard Keynes*, ed. Elizabeth Johnson and Donald Moggridge, vol. 7, The General Theory (London: Cambridge University Press, 1978), 383.

9 Thomas H. Cormen et al., *Introduction to Algorithms*, 3rd ed. (Cambridge, MA: MIT Press, 2009), 5.

10 George B. Dantzig, "Linear Programming," *Operations Research* 50, no. 1 (February 2002): 42–47, https://doi.org/10.1287/opre.50.1.42.17798.

11 Brian Christian and Tom Griffiths, *Algorithms to Live By: The Computer Science of Human Decisions* (New York: Henry Holt, 2016).

12 Scott Shane and Daisuke Wakabayashi, "'The Business of War': Google Employees Protest Work for the Pentagon," *New York Times*, April 4, 2018, https://www.nytimes.

com/2018/04/04/technology/google-letter-ceo-pentagon-project.html.

13 Ryan Mac, Charlie Warzel, and Alex Kantrowitz, "Growth at Any Cost: Top Facebook Executive Defended Data Collection in 2016 Memo — and Warned That Facebook Could Get People Killed," BuzzFeed News, March 29, 2018, https://www. buzzfeednews.com/article/ryanmac/growth-at-any-cost-top-facebook-executive-defended-data.

2장 해커와 벤처투자가의 잘못된 만남

1 John Perry Barlow, "A Declaration of the Independence of Cyberspace," Electric Frontier Foundation, February 6, 1996, https://www.eff.org/cyberspace-independence.

2 Udayan Gupta, "Done Deals: Venture Capitalists Tell Their Story: Featured HBS John Doerr," Working Knowledge, December 4, 2000, https://hbswk.hbs.edu/archive/done-deals-venture-capitalists-tell-their-story-featured-hbs-john-doerr.

3 Will Sturgeon, "'It Was All My Fault': VC Says Sorry for Dot-Com Boom and Bust," ZDNet, July 16, 2001, https://www.zdnet.com/article/it-was-all-my-fault-vc-says-sorry-for-dot-com-boom-and-bust/.

4 John Doerr, *Measure What Matters: How Google, Bono, and the Gates Foundation Rock the World with OKRs* (New York: Penguin, 2018), xii.

5 Reid Hoffman and Chris Yeh, *Blitzscaling: The Lightning-Fast Path to Building Massively Valuable Companies* (New York: HarperCollins, 2018).

6 Peter Thiel, "Competition Is for Losers with Peter Thiel (How to Start a Startup 2014: 5)," Y Combinator, uploaded March 22, 2017, https://www.youtube.com/watch?v=3Fx5 Q8xGU8k.

7 우연하게도 데이비드 쇼(David Shaw)는 스탠퍼드대학교에서 컴퓨터 공학 박사 학위를 받았고 컬럼비아대학교에서 교수로 재직하다가 그의 이름을 딴 회사를 시작했다.

8 Doerr, *Measure What Matters*, 23.

9 위의 책, 3.

10 위의 책, 7.

11 위의 책, 11.

12 위의 책, xi.

13 위의 책, 161.

14 위의 책.

15 위의 책, 164.

16 위의 책, 9.

17 Lisa D. Ordóñez et al., "Goals Gone Wild: The Systematic Side Effects of Overprescribing Goal Setting," *Academy of Management Perspectives* 23, no. 1 (February 1, 2009): 6–16, https://doi.org/10.5465/amp.2009.3700 7999.

18 Doerr, *Measure What Matters*, 9.

19 Ordóñez et al., "Goals Gone Wild," 4.

20 Milton Friedman, "A Friedman Doctrine—The Social Responsibility of Business Is to Increase Its Profits," *New York Times*, September 13, 1970, https://www.nytimes.com/1970/09/13/archives/a-friedman-doctrine-the-social-responsibility-of-business-is-to.html.

21 위의 글.

22 위의 글.

23 C. Wright Mills, *The Power Elite* (New York: Oxford University Press, 2000), 164.

24 Peter Thiel and Blake Masters, *Zero to One: Notes on Startups, or How to Build the Future* (New York: Crown Business, 2014), 86.

25 "Your Startup Has a 1.28% Chance of Becoming a Unicorn," CB Insights Research, May 25, 2015, https://www.cbinsights.com/research/unicorn-conversion-rate/.

26 Ann Grimes, "Why Stanford Is Celebrating the Google IPO," *Wall Street Journal*, August 23, 2004, https://www.wsj.com/articles/SB109322052140798129.

27 Tom Nicholas, *VC: An American History* (Cambridge, MA: Harvard University Press, 2019), 268.

28 Will Gornall and Ilya A. Strebulaev, "The Economic Impact of Venture Capital: Evidence from Public Companies," Working Paper no. 3362 (Stanford: Stanford University Graduate School of Business, November 1, 2015), https://www.gsb.stanford.edu/faculty-research/working-papers/economic-impact-venture-capital-evidence-public-companies.

29 Reid Hoffman, "7 Counterintuitive Rules for Growing Your Business Super-Fast," Medium, October 17, 2018, https://marker.medium.com/7-counterintuitive-rules-for-growing-your-business-super-fast-9dcdc2bfc649.

30 Hoffman and Yeh, *Blitzscaling*, 283.

31 Jack Dorsey (@jack), "최근 우리는 간단한 질문을 하나 받았다. 트위터에 올라오는 대화의 '건전성'을 측정할 수 있느냐는 질문이었다. 바로 이것이 가시적인 문제라는 느낌이 왔다. 문제되는 부분만이 아닌 전체론적 시스템의 이해를 이야기하고 있었기 때문이다." Twitter, March 1, 2018, https://twitter.com/jack/status/969234282706169856.

32 Elizabeth MacBride, "Why Venture Capital Doesn't Build the Things We Really Need," *MIT Technology Review*, June 17, 2020, https://www.technologyreview.com/2020/06/17/1003318/why-venture-capital-doesnt-build-the-things-we-really-need/.

33 Sam Colt, "John Doerr: The Greatest Tech Entrepreneurs Are 'White, Male, Nerds,'" *Business Insider*, March 4, 2015, https://www.businessinsider.com/john-doerr-the-greatest-tech-entrepreneurs-are-white-male-nerds-2015-3.

34 Gené Teare, "Global VC Funding to Female Founders Dropped Dramatically This Year," Crunchbase News, December 21, 2020, https://news.crunchbase.com/news/global-vc-funding-to-female-founders/.

35 Gené Teare, "EoY 2019 Diversity Report: 20 Percent of Newly Funded Startups in 2019 Have a Female Founder," Crunchbase News, January 21, 2020, https://news.crunchbase.com/news/eoy-2019-diversity-report-20-percent-of-newly-funded-startups-in-2019-have-a-fema]le-founder/.

36 Crunchbase, "Crunchbase Diversity Spotlight 2020: Funding to Black & Latinx Founders," 2020, http://about.crunchbase.com/wp-content/uploads/2020/10/2020_crunchbase_diversity_report.pdf.

37 Charles E. Eesley and William F. Miller, "Impact: Stanford University's Economic Impact via Innovation and Entrepreneurship," *Foundations and Trends in Entrepreneurship* 14, no. 2 (2018): 130–278, https://doi.org/10.1561/0300000074.

38 Marc Andreessen, "Why Software Is Eating the World," *Wall Street Journal*, August 20, 2011, https://online.wsj.com/article/SB10001424053111903480904576512250915629460.html.

39 Dave McClure, "99 VC Problems but a Batch Ain't 1: Why Portfolio Size Matters for Returns," Medium, August 31, 2015, https://500hats.com/99-vc-problems-but-a-batch-ain-t-one-why-portfolio-size-matters-for-returns-16cf556d4af0.

40 위의 글.

41 "Investors," Y Combinator (website), June 2019, https://www.ycombinator.com/investors/.

42 Y Combinator (website), https://www.ycombinator.com/.

43 Meghan Kelly, "Andreessen-Horowitz to Give $50K to All Y Combinator Startups through Start Fund," VentureBeat, October 15, 2011, https://venturebeat.com/2011/10/14/andreessen-horowitz-to-give-50k-to-all-y-combinator-startups-through-start-fund/.

44 Megan Geuss, "Illinois Senator's Plan to Weaken Biometric Privacy Law Put on Hold," *Ars Technica*, May 27, 2016, https://arstechnica.com/tech-policy/2016/05/illinois-senators-plan-to-weaken-biometric-privacy-law-put-on-hold/.

45 Russell Brandom, "Facebook-Backed Lawmakers Are Pushing to Gut Privacy Law," *Verge*, April 10, 2018, https://www.theverge.com/2018/4/10/17218756/facebook-biometric-privacy-lobbying-bipa-illinois.

46 Bobby Allyn, "Judge: Facebook's $550 Million Settlement in Facial Recognition Case Is Not Enough," National Public Radio, July 17, 2020, https://www.npr.org/2020/07/17/892433132/judge-facebooks-550-million-settlement-in-facial-recognition-case-is-not-enough.

47 위의 글.

48 Jared Bennett, "Saving Face: Facebook Wants Access Without Limits," Center for Public Integrity, July 31, 2017, https://publicintegrity.org/inequality-poverty-opportunity/saving-face-facebook-wants-access-without-limits/.

49 Mike Allen, "Scoop: Mark Zuckerberg Returning to Capitol Hill," *Axios*, September 18, 2019, https://www.axios.com/mark-zuckerberg-capitol-hill-f75ba9fa-ca5d-4bab-9d58-40bcec96ff87.html.

50 Ryan Tracy, Chad Day, and Anthony DeBarros, "Facebook and Amazon Boosted Lobbying Spending in 2020," *Wall Street Journal*, January 24, 2021, https://www.wsj.com/articles/facebook-and-amazon-boosted-lobbying-spending-in-2020-11611500400.

51 Tony Romm, "Tech Giants Led by Amazon, Facebook and Google Spent Nearly Half a Billion on Lobbying over the Past Decade, New Data Shows," *Washington Post*, January 22, 2020, https://www.washingtonpost.com/technology/2020/01/22/amazon-facebook-google-lobbying-2019/.

52 Adam Satariano and Matina Stevis-Gridneff, "Big Tech Turns Its Lobbyists Loose on Europe, Alarming Regulators," *New York Times*, December 14, 2020, https://www.nytimes.com/2020/12/14/technology/big-tech-lobbying-europe.html.

53 Matthew De Silva and Alison Griswold, "The California Senate Has Voted to End the Gig Economy as We Know It," Quartz, September 11, 2019, https://qz.com/1706754/california-senate-passes-ab5-to-turn-independent-contractors-into-employees/.

54 "California Proposition 22, App-Based Drivers as Contractors and Labor Policies Initiative (2020)," Ballotpedia, https://ballotpedia.org/California_Proposition_22,_App-Based_Drivers_as_Contractors_and_Labor_Policies_Initiative_(2020).

55 Kari Paul and Julia Carrie Wong, "California Passes Prop 22 in a Major Victory for Uber and Lyft," *Guardian*, November 4, 2020, https://www.theguardian.com/us-news/2020/nov/04/california-election-voters-prop-22-uber-lyft; Andrew J. Hawkins, "An Uber and Lyft Shutdown in California Looks Inevitable—Unless Voters Bail Them Out," *Verge*, August 16, 2020, https://www.theverge.com/2020/8/16/21370828/uber-lyft-california-shutdown-drivers-classify-ballot-prop-22.

56 Andrew J. Hawkins, "Uber and Lyft Had an Edge in the Prop 22 Fight: Their Apps," *Verge*, November 4, 2020, https://www.theverge.com/2020/11/4/21549760/uber-lyft-prop-22-win-vote-app-message-notifications.

57 Lyft, "What Is Prop 22 | California Drivers | Vote YES on Prop 22 | Rideshare | Benefits | Lyft," Lyft, October 8, 2020, https://www.youtube.com/watch?v=-7QJI.gdQaf4.

58 Nancy Pelosi (@speakerpelosi), "부당하게 소수의 손에 집중되어 있는 경제적 힘은 민주주의에 위협이 된다. 디지털 플랫폼이 콘텐츠에 대한 통제권을 쥐고 있을 때라면 특히 더 그렇다. 자율규제의 시대는 끝났다." Twitter, June 3, 2019, https://twitter.com/speakerpelosi/status/1135698760397393921.

3장 파괴적 혁신과 민주주의

1 Maureen Dowd, "Peter Thiel, Trump's Tech Pal, Explains Himself," *New York Times*, January 11, 2017, https://www.nytimes.com/2017/01/11/fashion/peter-thiel-donald-trump-silicon-valley-technology-gawker.html.

2   David Broockman, Gregory Ferenstein, and Neil Malhotra, "Predispositions and the Political Behavior of American Economic Elites: Evidence from Technology Entrepreneurs," *American Journal of Political Science* 63, no. 1 (November 19, 2018): 212–33.

3   Kim Zetter, "Of Course Congress Is Clueless About Tech—It Killed Its Tutor," *Wired*, April 21, 2016, https://www.wired.com/2016/04/office-technology-assessment-congress-clueless-tech-killed-tutor/.

4   Evan Osnos, "Can Mark Zuckerberg Fix Facebook Before It Breaks Democracy?," *New Yorker*, September 10, 2018, https://www.newyorker.com/magazine/2018/09/17/can-mark-zuckerberg-fix-facebook-before-it-breaks-democracy.

5   "History of Sweatshops: 1880–1940," National Museum of American History, https://americanhistory.si.edu/sweatshops/history-1880-1940.

6   Karen Bilodeau, "How the Triangle Shirtwaist Fire Changed Workers' Rights," *Maine Bar Journal* 26, no. 1 (Winter 2011): 43–44.

7   Richard Du Boff, "Business Demand and the Development of the Telegraph in the United States, 1844–1860," *Business History Review* 54, no. 4 (Winter 1980): 459–79.

8   Tim Wu, "A Brief History of American Telecommunications Regulation," *Oxford International Encyclopedia of Legal History* 5 (2007): 95.

9   Ev Ehrlich, "A Brief History of Internet Regulation," Progressive Policy Institute, March 2014, https://www.progressivepolicy.org/wp-content/uploads/2014/03/2014.03-Ehrlich_A-Brief-History-of-Internet-Regulation1.pdf; Jonathan E. Nuechterlein and Philip J. Weiser, *Digital Crossroads: Telecommunications Law and Policy in the Internet Age*, 2nd ed. (Cambridge, MA: MIT Press, 2013).

10 Paul M. Romer, *In the Wake of the Crisis: Leading Economists Reassess Economic Policy*, vol. 1 (Cambridge, MA: MIT Press, 2012), 96.

11 위의 책.

12 "Total Number of Websites," Internet Live Stats, January 4, 2021, https://www.internetlivestats.com/total-number-of-websites/; Elahe Izadi, "The White House's First Web Site Launched 20 Years Ago This Week. And It Was Amazing," *Washington Post*, October 21, 2014, https://www.washingtonpost.com/news/the-fix/wp/2014/10/21/the-white-houses-first-website-launched-20-years-ago-this-week-and-it-was-amazing/.

13 Wikipedia, s.v., "List of Websites Founded Before 1995," https://en.wikipedia.org/w/index.php?title=List_of_websites_founded_before_1995&oldid=997260381.

14 Ehrlich, "A Brief History of Internet Regulation."

15 Emily Stewart, "America's Monopoly Problem, Explained by Your Internet Bill," Vox, February 18, 2020, https://www.vox.com/the-goods/2020/2/18/21126347/antitrust-monopolies-internet-telecommunications-cheerleading; Becky Chao and Claire Park,

시스템 에러

"The Cost of Connectivity 2020," New America Open Technology Institute, July 2020, https://www.newamerica.org/oti/reports/cost-connectivity-2020/global-findings/.

16   United States District Court, "Case 4:20-Cv-00957," Court Listener, December 16, 2020, https://www.courtlistener.com/recap/gov.uscourts.txed.202878/gov.uscourts.txed.202878.1.0.pdf.

17   Tom Wheeler, "The Tragedy of Tech Companies: Getting the Regulation They Want," The Brookings Institution, March 26, 2019, https://www.brookings.edu/blog/techtank/2019/03/26/the-tragedy-of-tech-companies-getting-the-regulation-they-want/.

18   Bobby Allyn and Shannon Bond, "4 Key Takeaways from Washington's Big Tech Hearing on 'Monopoly Power,' " National Public Radio, July 30, 2020, https://www.npr.org/2020/07/30/896952403/4-key-takeaways-from-washingtons-big-tech-hearing-on-monopoly-power.

19   Katie Schoolov, "What It Would Take for Walmart to Catch Amazon in E-Commerce," CNBC, August 13, 2018, https://www.cnbc.com/2020/08/13/what-it-would-really-take-for-walmart-to-catch-amazon-in-e-commerce.html.

20   Mark Gurman, "Apple's Cook Says App Store Opened 'Gate Wider' for Developers," Bloomberg, July 28, 2020, https://www.bloomberg.com/news/articles/2020-07-29/apple-s-cook-says-app-store-opened-gate-wider-for-developers.

21   Mark Zuckerberg, "Testimony of Mark Zuckerberg, Facebook, Inc., Before the United States House of Representatives Committee on the Judiciary," July 9, 2020, https://docs.house.gov/meetings/JU/JU05/20200729/110883/HHRG-116-JU05-Wstate-ZuckerbergM-20200729.pdf, 5.

22   Roger McNamee, "A Historic Antitrust Hearing in Congress Has Put Big Tech on Notice," *Guardian*, July 31, 2020, https://www.theguardian.com/commentisfree/2020/jul/31/big-tech-house-historic-antitrust-hearing-times-have-changed.

23   Plato, *The Republic*, trans. Paul Shorey, vol. II (Books VI-X) (Cambridge, MA: Harvard University Press, 1942), 147.

24   위의 책, 305–11.

25   Bryan Caplan, *The Myth of the Rational Voter: Why Democracies Choose Bad Policies* (Princeton: Princeton University Press, 2008), 3.

26   Jason Brennan, *Against Democracy* (Princeton: Princeton University Press, 2016).

27   Thomas M. Nichols, *The Death of Expertise: The Campaign Against Established Knowledge and Why It Matters* (New York: Oxford University Press, 2017), 224.

28   Richard Wike et al., "Democracy Widely Supported, Little Backing for Rule by Strong Leader or Military," Global Attitudes & Trends, Pew Research Center, October 16, 2017, https://www.pewresearch.org/global/2017/10/16/democracy-widely-supported-little-backing-for-rule-by-strong-leader-or-military/.

29 Ian Bremmer, "Is Democracy Essential? Millennials Increasingly Aren't Sure—and That Should Concern Us All," NBC News, February 13, 2018, https://www.nbcnews.com/think/opinion/democracy-essential-millennials-increasingly-aren-t-sure-should-concern-us-ncna847476.

30 John Stuart Mill, *Collected Works of John Stuart Mill*, ed. J. M. Robson, vol. 9, *Essays on Politics and Society* (Toronto: University of Toronto Press, 1977), 403.

31 Danielle S. Allen, *Our Declaration: A Reading of the Declaration of Independence in Defense of Equality* (New York: Liveright, 2014).

32 Joshua Cohen, "Procedure and Substance in a Deliberative Democracy," in *Democracy and Difference: Contesting the Boundaries of the Political*, edited by Seyla Benhabib (Princeton: Princeton University Press, 1996), 95–119

33 Mill, *Essays on Politics and Society*, 404.

34 Amartya Sen, *Poverty and Famines: An Essay on Entitlement and Deprivation* (Oxford: Oxford University Press, 1983).

35 Karl R. Popper, *The Open Society and Its Enemies* (Princeton: Princeton University Press, 2013), 115.

36 위의 책, 120.

37 Judith Shklar, "The Liberalism of Fear," in *Liberalism and the Moral Life*, edited by Nancy L. Rosenblum (Cambridge, MA: Harvard University Press, 1989), 21–38.

38 Tom Wheeler, "Internet Capitalism Pits Fast Technology Against Slow Democracy," The Brookings Institution, May 6, 2019, https://www.brookings.edu/blog/techtank/2019/05/06/internet-capitalism-pits-fast-technology-against-slow-democracy/.

2부 빅테크, 혁신의 배신

1 Albert Einstein, "The 1932 Disarmament Conference," *Nation*, September 4, 1931, repr. August 23, 2001, https://www.thenation.com/article/archive/1932-disarmament-conference-0/.

4장 누구의 편도 아닌 줄 알았던 알고리즘

1 Brad Stone, *The Everything Store: Jeff Bezos and the Age of Amazon* (New York: Little, Brown, 2013), 88.

2 Harry McCracken, "Meet the Woman Behind Amazon's Explosive Growth," *Fast Company*, April 11, 2019, https://www.fastcompany.com/90325624/yes-amazon-has-an-hr-chief-meet-beth-galetti.

3 Jeffrey Dastin, "Amazon Scraps Secret AI Recruiting Tool That Showed Bias Against Women," Reuters, October 10, 2018,https://www.reuters.com/article/us-amazon-com-jobs-automation-insight/amazon-scraps-secret-ai-recruiting-tool-that-showed-bias-against-women-idUSKCN1MK08G.

4	Marianne Bertrand and Sendhil Mullainathan, "Are Emily and Greg More Employable than Lakisha and Jamal? A Field Experiment on Labor Market Discrimination," *American Economic Review* 94, no. 4 (2004): 991–1013.

5	Dastin, "Amazon Scraps Secret AI Recruiting Tool That Showed Bias Against Women."

6	Loren Grush, "Google Engineer Apologizes After Photos App Tags Two Black People as Gorillas," *Verge*, July 1, 2015, https://www.theverge.com/2015/7/1/8880363/google-apologizes-photos-app-tags-two-black-people-gorillas.

7	위의 글.

8	Tom Simonite, "When It Comes to Gorillas, Google Photos Remains Blind," *Wired*, January 11, 2018, https://www.wired.com/story/when-it-comes-to-gorillas-google-photos-remains-blind/; James Vincent, "Google 'Fixed' Its Racist Algorithm by Removing Gorillas from Its Image-Labeling Tech," *Verge*, January 12, 2018, https://www.theverge.com/2018/1/12/16882408/google-racist-gorillas-photo-recognition-algorithm-ai.

9	Julia Angwin et al., "Machine Bias," ProPublica, May 23, 2016, https://www.propublica.org/article/machine-bias-risk-assessments-in-criminal-sentencing.

10	Adam Liptak, "Sent to Prison by a Software Program's Secret Algorithms," *New York Times*, May 1, 2017, https://www.nytimes.com/2017/05/01/us/politics/sent-to-prison-by-a-software-programs-secret-algorithms.html.

11	Angwin et al., "Machine Bias."

12	Arvind Narayanan, "Tutorial: 21 Fairness Definitions and Their Politics," uploaded to YouTube March 1, 2018, https://www.youtube.com/watch?vjIXIuYdnyyk.

13	Alexandra Chouldechova, "Fair Prediction with Disparate Impact," *Big Data* 5, no. 2 (June 1, 2017): 153–63; Jon Kleinberg, Sendhil Mullainathan, and Manish Raghavan, "Inherent Trade-offs in the Fair Determination of Risk Scores," *Proceedings of Innovations in Theoretical Computer Science* 67, no. 43 (January 11, 2017): 1–23.

14	Sarah F. Brosnan and Frans B. M. de Waal, "Monkeys Reject Unequal Pay," *Nature* 425 (September 18, 2003): 297–99, https://doi.org/10.1038/nature01963.

15	Vanessa Romo, "California Becomes First State to End Cash Bail After 40-Year Fight," National Public Radio, August 28, 2018, https://www.npr.org/2018/08/28/642795284/california-becomes-first-state-to-end-cash-bail.

16	Melody Gutierrez, "Bill to End Cash Bail Passes California Assembly amid Heavy Opposition," *San Francisco Chronicle*, August 20, 2018, https://www.sfchronicle.com/crime/article/California-legislation-to-end-cash-bail-loses-13169991.php.

17	Romo, "California Becomes First State to End Cash Bail After 40-Year Fight."

18	Jon Kleinberg et al., "Human Decisions and Machine Predictions," *Quarterly Journal of Economics* 133, no. 1 (August 26, 2017): 237–93, https://doi.org/10.1093/qje/qjx032.

19	Anthony Heyes and Soodeh Saberian, "Temperature and Decisions: Evidence from

207,000 Court Cases," *American Economic Journal: Applied Economics* 11, no. 2 (April 19, 2017): 238–65, https://doi.org/10.1257/app.20170223.

20 "ACLU of California Changes Position to Oppose Bail Reform Legislation," ACLU of Southern California, August 20, 2018, https://www.aclusocal.org/en/press-releases/aclu-california-changes-position-oppose-bail-reform-legislation.

21 Alexei Koseff, "Bill to Eliminate Bail Advanced Despite ACLU Defection," *Sacramento Bee*, August 20, 2018, https://www.sacbee.com/news/politics-government/capitol-alert/article217031860.html.

22 Angwin et al., "Machine Bias."

23 Tom Simonite, "Algorithms Should've Made Courts More Fair. What Went Wrong?," *Wired*, September 5, 2019, https://www.wired.com/story/algorithms-shouldve-made-courts-more-fair-what-went-wrong/.

24 State v. Loomis, 881 N.W.2d 749 (Wisconsin 2016).

25 Cathy O'Neil, *Weapons of Math Destruction: How Big Data Increases Inequality and Threatens Democracy* (New York: Crown, 2016), 3.

26 Ruha Benjamin, *Race After Technology: Abolitionist Tools for the New Jim Code* (Medford, MA: Polity, 2019).

27 Adam Bryant, "In Head-Hunting, Big Data May Not Be Such a Big Deal," *New York Times*, June 19, 2013, https://www.nytimes.com/2013/06/20/business/in-head-hunting-big-data-may-not-be-such-a-big-deal.html.

28 Partnership on AI, "Report on Algorithmic Risk Assessment Tools in the U.S. Criminal Justice System," The Partnership on AI, 2019, https://www.partnershiponai.org/report-on-machine-learning-in-risk-assessment-tools-in-the-u-s-criminal-justice-system/.

29 Alex Albright, "If You Give a Judge a Risk Score: Evidence from Kentucky Bail Decisions," The Little Data Set, September 3, 2019, https://thelittledataset.com/about_files/albright_judge_score.pdf, 1.

30 Scott E. Carrell, Bruce I. Sacerdote, and James E. West, "From Natural Variation to Optimal Policy? The Importance of Endogenous Peer Group Formation," *Econometrica* 81, no. 3 (2013): 855–82, https://doi.org/10.3982/ECTA10168.

31 Lauren Kirchner, "Algorithmic Decision Making and Accountability," Ethics, Technology & Public Policy, Stanford University August 16, 2017, https://ai.stanford.edu/users/sahami/ethicscasestudies/AlgorithmicDecisionMaking.pdf.

32 Rashida Richardson, "Confronting Black Boxes," AI Now Institute, December 4, 2019, https://ainowinstitute.org/ads-shadowreport-2019.pdf.

33 Jon Kleinberg et al., "Discrimination in the Age of Algorithms," *Journal of Legal Analysis* 10 (2018): 113–74, https://academic.oup.com/jla/article/doi/10.1093/jla/laz001/5476086.

34 Tom Simonite, "New York City Proposes Regulating Algorithms Used in Hiring,"

Wired, January 8, 2021, https://www.wired.com/story/new-york-city-proposes-regulating-algorithms-hiring/.

5장 한 번의 클릭으로 우리는 무엇을 포기했나

1   Sopan Deb and Natasha Singer, "Taylor Swift Said to Use Facial Recognition to Identify Stalkers," *New York Times*, December 13, 2018, https://www.nytimes.com/2018/12/13/arts/music/taylor-swift-facial-recognition.html.

2   Gabrielle Canon, "How Taylor Swift Showed Us the Scary Future of Facial Recognition," *Guardian*, February 15, 2019, http://www.theguardian.com/technology/2019/feb/15/how-taylor-swift-showed-us-the-scary-future-of-facial-recognition.

3   Steve Knopper, "Why Taylor Swift Is Using Facial Recognition at Concerts," *Rolling Stone*, December 13, 2018, https://www.rollingstone.com/music/music-news/taylor-swift-facial-recognition-concerts-768741/.

4   Caroline Haskins, "Why Some Baltimore Residents Are Lobbying to Bring Back Aerial Surveillance," The Outline, August 30, 2018, https://theoutline.com/post/6070/why-some-baltimore-residents-are-lobbying-to-bring-back-aerial-surveillance.

5   Gender Shades (website), http://gendershades.org/. See also Joy Buolamwini and Timnit Gebru, "Gender Shades: Intersectional Accuracy Disparities in Commercial Gender Classification," *Proceedings of Machine Learning Research* 81 (2018): 1–15, http://proceedings.mlr.press/v81/buolamwini18a/buolamwini18a.pdf.

6   Kashmir Hill, "Before Clearview Became a Police Tool, It Was a Secret Plaything of the Rich," *New York Times*, March 5, 2020, https://www.nytimes.com/2020/03/05/technology/clearview-investors.html.

7   Shoshana Zuboff, *The Age of Surveillance Capitalism: The Fight for a Human Future at the New Frontier of Power* (New York: PublicAffairs, 2019).

8   J. Clement, "Google: Ad Revenue 2001–2018," Statista, 2020, https://www.statista.com/statistics/266249/advertising-revenue-of-google/.

9   "2017 Global Mobile Consumer Survey: US Edition," Deloitte Touche Tohmatsu Limited, 2017, https://www2.deloitte.com/content/dam/Deloitte/us/Documents/technology-media-telecommunications/us-tmt-2017-global-mobile-consumer-survey-executive-summary.pdf.

10   "Facebook's Terms of Service," Facebook, https://www.facebook.com/terms.php.

11   "Extract from Bentham's Will," Bentham Project, May 30, 1832, https://www.ucl.ac.uk/bentham-project/who-was-jeremy-bentham/auto-icon/extract-benthams-will.

12   Jeremy Bentham, *The Panopticon Writings*, ed. Miran Božovič (London: Verso, 1995).

13   위의 책, 31.

14   위의 책, 34.

15   Jonah Newman, "Stateville Prison Reopens Decrepit 'F-House' to Hold Inmates with

COVID-19," Injustice Watch, May 12, 2020, https://www.injusticewatch.org/news/
prisons-and-jails/2020/stateville-roundhouse-covid/.

16 Michel Foucault, *Discipline and Punish: The Birth of the Prison* (New York: Pantheon, 1977).

17 "Watching You Watching Bentham: The PanoptiCam," UCL News, March 17, 2015,
https://www.ucl.ac.uk/news/2015/mar/watching-you-watching-bentham-panopticam.

18 Katherine Noyes, "Scott McNealy on Privacy: You Still Don't Have Any," *Computerworld*,
June 25, 2015, https://www.computerworld.com/article/2941055/scott-mcnealy-on-
privacy-you-still-dont-have-any.html.

19 Tim Berners-Lee, "Three Challenges for the Web, According to Its Inventor," World
Wide Web Foundation, March 12, 2017, https://webfoundation.org/2017/03/web-
turns-28-letter/.

20 Henry Blodget, "Everyone Who Thinks Facebook Is Stupid to Buy WhatsApp for $19
Billion Should Think Again…," *Business Insider*, February 20, 2014, https://www.
businessinsider.com/why-facebook-buying-whatsapp-2014-2.

21 Mark Zuckerberg, "A Privacy-Focused Vision for Social Networking," Facebook
Newsroom, March 6, 2019, https://about.fb.com/news/2019/03/vision-for-social-
networking/.

22 Paul Ohm, "Broken Promises of Privacy: Responding to the Surprising Failure of
Anonymization," *UCLA Law Review* 57 (2010): 1701–77, https://papers.ssrn.com/sol3/
papers.cfm?abstract_id=1450006.

23 L. Sweeney, "Simple Demographics Often Identify People Uniquely" (Data Privacy
Working Paper 3, Carnegie Mellon University, 2000).

24 "How Unique Am I?," AboutMyInfo, https://aboutmyinfo.org/identity.

25 Cynthia Dwork, "Differential Privacy," in *Automata, Languages and Programming*, edited
by Michele Bugliesi et al. (Heidelberg, Germany: Springer, 2006), 1–12.

26 Leander Kahney, "The FBI Wanted a Backdoor to the iPhone. Tim Cook Said No,"
Wired, April 16, 2019, https://www.wired.com/story/the-time-tim-cook-stood-his-
ground-against-fbi/.

27 Matt Burgess, "Google Got Rich from Your Data. Duck-DuckGo Is Fighting Back,"
Wired, June 8, 2020, https://www.wired.co.uk/article/duckduckgo-android-choice-
screen-search.

28 위의 글.

29 Alessandro Acquisti, Laura Brandimarte, and George Loewenstein, "Privacy and Human
Behavior in the Age of Information," *Science* 347, no. 6221 (2015): 509–14, https://doi.
org/10.1126/science.aaa1465.

30 Yabing Liu et al., "Analyzing Facebook Privacy Settings: User Expectations vs.
Reality," in *IMC '11: Proceedings of the 2011 ACM Internet Measurement Conference*
(New York: Association for Computing Machinery, 2011), 61–70, https://dl.acm.org/

doi/10.1145/2068816.2068823.

doi/10.1145/2068816.2068823.

31 Susan Athey, Christian Catalini, and Catherine Tucker, "The Digital Privacy Paradox: Small Money, Small Costs, Small Talk," Stanford Institute for Economic Policy Research, September 2017, https://siepr.stanford.edu/research/publications/digital-privacy-paradox-small-money-small-costs-small-talk.

32 Brooke Auxier, "How Americans See Digital Privacy Issues amid the COVID-19 Outbreak," Pew Research Center, May 4, 2020, https://www.pewresearch.org/fact-tank/2020/05/04/how-americans-see-digital-privacy-issues-amid-the-covid-19-outbreak/.

33 Daniel J. Solove, "Introduction: Privacy Self-Management and the Consent Dilemma," *Harvard Law Review* 126 (2013): 1880–903, https://harvardlawreview.org/wp-content/uploads/pdfs/vol126_solove.pdf.

34 Solove, "Privacy Self-Management."

35 Patrick Howell O'Neill, "How Apple and Google Are Tackling Their Covid Privacy Problem," *MIT Technology Review*, April 14, 2020, https://www.technologyreview.com/2020/04/14/999472/how-apple-and-google-are-tackling-their-covid-privacy-problem/.

36 Olivia B. Waxman, "The GDPR Is Just the Latest Example of Europe's Caution on Privacy Rights. That Outlook Has a Disturbing History," *Time*, May 24, 2018, https://time.com/5290043/nazi-history-eu-data-privacy-gdpr/.

37 Simon Shuster, "E.U. Pushes for Stricter Data Protection After Snowden's NSA Revelations," *Time*, October 21, 2013, https://world.time.com/2013/10/21/e-u-pushes-for-stricter-data-protection-after-snowden-nsa-revelations/.

38 General Data Protection Regulation, Regulation (EU) 2016/679 of the European Parliament and of the Council, document 32016R0679 (April 27, 2016), https://eur-lex.europa.eu/eli/reg/2016/679/oj.

39 Samuel Stolton, "95,000 Complaints Issued to EU Data Protection Authorities," EURACTIV, January 28, 2019, https://www.euractiv.com/section/data-protection/news/95000-complaints-issued-to-eu-data-protection-authorities/.

40 David Ingram and Joseph Menn, "Exclusive: Facebook CEO stops short of extending European privacy globally," Reuters, April 3, 2018, https://www.reuters.com/article/us-facebook-ceo-privacy-exclusive/exclusive-facebook-ceo-stops-short-of-extending-european-privacy-globally-idUSKCN1HA2M1.

41 Josh Constine, "Zuckerberg says Facebook will offer GDPR privacy controls everywhere," Techcrunch, April 4, 2018, https://techcrunch.com/2018/04/04/zuckerberg-gdpr/.

42 Nicholas Confessore, "The Unlikely Activists Who Took On Silicon Valley—and Won," *New York Times*, August 14, 2018, https://www.nytimes.com/2018/08/14/magazine/

facebook-google-privacy-data.html.

43 Richard H. Thaler and Cass R. Sunstein, *Nudge: Improving Decisions About Health, Wealth and Happiness* (New Haven: Yale University Press, 2008).

44 Jordan Mitchell, "The Evolution of the Internet, Identity, Privacy and Tracking," IAB Technology Laboratory, September 4, 2019, https://iabtechlab.com/blog/evolution-of-internet-identity-privacy-tracking/.

45 Peter Maass, "Your FTC Privacy Watchdogs: Low-Tech, Defensive, Toothless," *Wired*, June 28, 2012, https://www.wired.com/2012/06/ftc-fail/.

46 Lauren Feiner, "Sen. Gillibrand Proposes a New Government Agency to Protect Privacy on the Internet," CNBC, February 13, 2020, https://www.cnbc.com/2020/02/12/gillibrand-unveils-another-privacy-proposal-with-new-agency.html.

6장 자동화의 그늘, 기술적 실업이라는 질병의 탄생

1 Joseph Hooper, "From Darpa Grand Challenge 2004DARPA's Debacle in the Desert," *Popular Science*, June 4, 2004, https://www.popsci.com/scitech/article/2004-06/darpa-grand-challenge-2004darpas-debacle-desert/.

2 David Orenstein, "Stanford Team's Win in Robot Car Race Nets $2 Million Prize," Stanford News Service, October 11, 2005, http://news.stanford.edu/news/2005/october12/stanleyfinish-100905.html.

3 Joan Robinson, "Robotic Vehicle Wins Race Under Team Leader Sebastian Thrun," Springer, November 8, 2005, http://www.springer.com/about+springer/media/pressreleases?SGWID=0-11002-2-803827-0.

4 Raymond Perrault et al., *Artificial Intelligence Index Report 2019*, AI Index Steering Committee, Human-Centered AI Institute, Stanford University, December 2019, 129–31, https://euagenda.eu/upload/publications/untitled-283856-ea.pdf.

5 "Road Safety," World Health Organization, https://www.who.int/data/maternal-newborn-child-adolescent/monitor.

6 National Highway Traffic Safety Administration, "Traffic Safety Facts: 2017 Data," US Department of Transportation, May 2019, https://crashstats.nhtsa.dot.gov/Api/Public/ViewPublication/812687.

7 Peter Diamandis, "Self-Driving Cars Are Coming," *Forbes*, August 13, 2014, https://www.forbes.com/sites/peterdiamandis/2014/10/13/self-driving-cars-are-coming/.

8 Jean-François Bonnefon, Azim Shariff, and Iyad Rahwan, "The Social Dilemma of Autonomous Vehicles," *Science* 352, no. 6293 (June 24, 2016): 1573–76, https://doi.org/10.1126/science.aaf2654.

9 Bruce Weber, "Swift and Slash-ing, Computer Topples Kasparov," *New York Times*, May 12, 1997, https://www.nytimes.com/1997/05/12/nyregion/swift-and-slashing-computer-topples-kasparov.html.

10 Dawn Chan, "The AI That Has Nothing to Learn from Humans," *Atlantic*, October 20, 2017, https://www.theatlantic.com/technology/archive/2017/10/alphago-zero-the-ai-that-taught-itself-go/543450/.

11 Carolyn Dimitri, Anne Effland, and Neilson Conklin, "The 20th Century Transformation of U.S. Agriculture and Farm Policy," Economic Information Bulletin Number 3, June 2005, https://www.ers.usda.gov/webdocs/publications/44197/13566_eib3_1_.pdf.

12 Nick Bostrom and Eliezer Yudkowsky, "The Ethics of Artificial Intelligence," in *Cambridge Handbook of Artificial Intelligence*, edited by Keith Frankish and William M. Ramsey (Cambridge, UK: Cambridge University Press, 2014), 316–34.

13 Edward Feigenbaum et al., *Advanced Software Applications in Japan* (Park Ridge, NJ: Noyes Data Corporation, 1995).

14 Yaniv Taigman et al., "DeepFace: Closing the Gap to Human-Level Performance in Face Verification," *2014 IEEE Conference on Computer Vision and Pattern Recognition (CVPR 2014)* (New York: IEEE, 2014), 1701–8, https://doi.org/10.1109/CVPR.2014.220.

15 위의 글.

16 "Language Interpretation in Meetings and Webinars," Zoom Help Center, https://support.zoom.us/hc/en-us/articles/360034919791-Language-interpretation-in-meetings-and-webinars.

17 Scott Mayer McKinney et al., "International Evaluation of an AI System for Breast Cancer Screening," *Nature* 577 (January 2020): 89–94, https://doi.org/10.1038/s41586-019-1799-6.

18 Pranav Rajpurkar et al., "Radiologist-Level Pneumonia Detection on Chest X-Rays with Deep Learning," CheXNet, December 25, 2017, http://arxiv.org/abs/1711.05225.

19 Geoff Hinton, "Geoff Hinton: On Radiology," Creative Destruction Lab, uploaded to YouTube November 24, 2016, https://www.youtube.com/watch?v=2HMPRXstSvQ.

20 Hugh Harvey, "Why AI Will Not Replace Radiologists," Medium, April 7, 2018, https://towardsdatascience.com/why-ai-will-not-replace-radiologists-c7736f2c7d80.

21 Xiaoxuan Liu et al., "A Comparison of Deep Learning Performance Against Health-Care Professionals in Detecting Diseases from Medical Imaging: A Systematic Review and Meta-Analysis," *Lancet Digital Health* 1, no. 6 (October 1, 2019): e271–97, https://doi.org/10.1016/S2589-7500(19)30123-2.

22 Anna Jobin, Marcello Ienca, and Effy Vayena, "The Global Landscape of AI Ethics Guidelines," *Nature Machine Intelligence* 1, no. 9 (September 2019): 389–99, https://doi.org/10.1038/s42256-019-0088-2.

23 Wagner James Au, "VR Will Make Life Better—or Just Be an Opiate for the Masses," *Wired*, February 25, 2016, https://www.wired.com/2016/02/vr-moral-imperative-or-opiate-of-masses/.

24 Robert Nozick, *The Examined Life: Philosophical Meditations* (New York: Simon & Schuster, 2006), 106.

25 위의 책.

26 Jaron Lanier, *You Are Not a Gadget: A Manifesto* (New York: Knopf Doubleday Publishing Group, 2010), x.

27 Gregory Clark, *A Farewell to Alms: A Brief Economic History of the World* (Princeton: Princeton University Press, 2007), 1.

28 Angus Deaton, *The Great Escape: Health, Wealth, and the Origins of Inequality* (Princeton: Princeton University Press, 2015).

29 Adrienne LaFrance, "Self-Driving Cars Could Save Tens of Millions of Lives This Century," *Atlantic*, September 29, 2015, https://www.theatlantic.com/technology/archive/2015/09/self-driving-cars-could-save-300000-lives-per-decade-in-america/407956/.

30 Amartya Sen, *Development as Freedom* (New York: Anchor, 2000).

31 Aristotle, *Nicomachean Ethics*, trans. Roger Crisp (Cambridge, UK: Cambridge University Press, 2004), 7.

32 Our World in Data (website), https://ourworldindata.org.

33 Carl Benedikt Frey and Michael A. Osborne, "The Future of Employment," *Technological Forecasting and Social Change* 114 (January 2017): 254–80, https://doi.org/10.1016/j.techfore.2016.08.019.

34 "Automation and Independent Work in a Digital Economy," Organisation for Economic Co-operation and Development, May 2016, https://www.oecd.org/els/emp/Policy%20brief%20-%20Automation%20and%20Independent%20Work%20in%20a%20Digital%20Economy.pdf.

35 John Maynard Keynes, "Economic Possibilities for Our Grandchildren (1930)," in *Essays in Persuasion* (New York: W. W. Norton & Company, 1963), 358–83.

36 Charlotte Curtis, "Machines vs. Workers," *New York Times*, February 8, 1983, https://www.nytimes.com/1983/02/08/arts/machines-vs-workers.html.

37 Aaron Smith and Janna Anderson, "AI, Robotics, and the Future of Jobs," Pew Research Center, August 6, 2014, https://www.pewresearch.org/internet/2014/08/06/future-of-jobs/.

38 위의 글.

39 Mark Fahey, "Driverless Cars Will Kill the Most Jobs in Select US States," CNBC, September 2, 2016, https://www.cnbc.com/2016/09/02/driverless-cars-will-kill-the-most-jobs-in-select-us-states.html.

40 Daron Acemoglu and Pascual Restrepo, "Artificial Intelligence, Automation and Work" (NBER Working Paper Series Working Paper 24196, January 2018), 43.010-2048-1895.

41 Daron Acemoglu and Pascual Restrepo, "Robots and Jobs" (NBER Working Paper Series,

Working Paper 23285, March 2017), https://www.nber.org/system/files/working_papers/w23285/w23285.pdf.

42 Jason Furman, "Is This Time Different? The Opportunities and Challenges of Artificial Intelligence," remarks at AI Now: The Social and Economic Implications of Artificial Intelligence Technologies in the Near Term, New York University, New York, NY, July 7, 2016, https://obamawhitehouse.archives.gov/sites/default/files/page/files/20160707_cea_ai_furman.pdf.

43 Stuart Russell, "Open Letter on AI," *Berkeley Engineer*, January 15, 2015, https://engineering.berkeley.edu/news/2015/11/open-letter-on-ai/.

44 Stuart Russell, "Take a Stand on AI Weapons," in "Robotics: Ethics of Artificial Intelligence," *Nature* 521, no. 7553 (May 17, 2015): 415–18, https://www.nature.com/news/robotics-ethics-of-artificial-intelligence-1.17611#/russell.

45 Russell, "Open Letter on AI."

46 "Lethal Autonomous Weapons Pledge," Future of Life Institute, 2018, https://futureoflife.org/lethal-autonomous-weapons-pledge/.

47 Daron Acemoglu and Pascual Restrepo, "The Wrong Kind of AI?," *TNIT News*, special issue, December 2018, https://idei.fr/sites/default/files/IDEI/documents/tnit/newsletter/newsletter_tnit_2019.pdf.

48 Daron Acemoglu, *Redesigning AI: Work, Democracy, and Justice in the Age of Automation* (Cambridge: MIT Press, 2021).

49 Iyad Rahwan, "Society-in-the-Loop," *Ethics and Information Technology* 20, no. 1 (March 2018): 5–14, https://link.springer.com/article/10.1007/s10676-017-9430-8.

50 "Worker Voices," New America, November 21, 2019, http://newamerica.org/work-workers-technology/events/worker-voices/.

51 Steven Greenhouse, "Where Are the Workers When We Talk About the Future of Work?," *American Prospect*, October 22, 2019, https://prospect.org/labor/where-are-the-workers-when-we-talk-about-the-future-of-work/.

52 Adam Seth Litwin, "Technological Change at Work," *ILR Review* 64, no. 5 (October 1, 2011): 863–88, https://doi.org/10.1177/001979391 106400502.

53 Alana Semuels, "Getting Rid of Bosses," *Atlantic*, July 8, 2015, https://www.theatlantic.com/business/archive/2015/07/no-bosses-worker-owned-cooperatives/397007/.

54 Pegah Moradi and Karen Levy, "The Future of Work in the Age of AI: Displacement or Risk-Shifting?," in *Oxford Handbook of Ethics of AI*, edited by Marus D. Dubber, Frank Pasquale, and Sunit Das (Oxford: Oxford University Press, 2020), 4–5.

55 "Business Roundtable Redefines the Purpose of a Corporation to Promote 'An Economy That Serves All Americans,' " Business Roundtable, August 19, 2019, https://www.businessroundtable.org/business-roundtable-redefines-the-purpose-of-a-corporation-to-promote-an-economy-that-serves-all-americans.

56 "Empowering Workers Through Accountable Capitalism," Warren Democrats, 2020, https://elizabethwarren.com/plans/accountable-capitalism.

57 Daron Acemoglu and Pascual Restrepo, "The Wrong Kind of AI? Artificial Intelligence and the Future of Labor Demand," *Cambridge Journal of Regions, Economy and Society* 13, no. 1 (November 2019):25–35.

58 Abby Vesoulis, "This Presidential Candidate Wants to Give Every Adult $1,000 a Month," *Time*, February 13, 2019, https://time.com/5528621/andrew-yang-universal-basic-income/.

59 Kevin J. Delaney, "The Robot That Takes Your Job Should Pay Taxes, Says Bill Gates," Quartz, February 17, 2017, https://qz.com/911968/bill-gates-the-robot-that-takes-your-job-should-pay-taxes/.

60 Dylan Matthews, "Andrew Yang's Basic Income Can't Do Enough to Help Workers Displaced by Technology," Vox, October 18, 2019, https://www.vox.com/future-perfect/2019/10/18/20919322/basic-income-freedom-dividend-andrew-yang-automation.

61 Furman, "Is This Time Different?"

62 Cullen O'Keefe et al., "The Windfall Clause: Distributing the Benefits of AI for the Common Good," Cornell University, January 24, 2020, http://arxiv.org/abs/1912.11595.

63 "Social Spending," Organisation for Economic Co-operation and Development, http://data.oecd.org/socialexp/social-spending.htm.

64 Ana Swanson, "How the U.S. Spends More Helping Its Citizens than Other Rich Countries, but Gets Way Less," *Washington Post*, April 9, 2015, https://www.washingtonpost.com/news/wonk/wp/2015/04/09/how-the-u-s-spends-more-helping-its-citizens-than-other-rich-countries-but-gets-way-less/.

65 Jacob Funk Kirkegaard, "The True Levels of Government and Social Expenditures in Advanced Economies," Peterson Institute for International Economics, Policy Brief 15-4, March 2015, https://piie.com/publications/pb/pb15-4.pdf, 19.

66 "Americans Overestimate Social Mobility in Their Country," *Economist*, February 14, 2018, https://www.economist.com/graphic-detail/2018/02/14/americans-overestimate-social-mobility-in-their-country.

67 Ezra Klein, "You Have a Better Chance of Achieving 'the American Dream' in Canada than in America," Vox, August 15, 2019, https://www.vox.com/2019/8/15/20801907/raj-chetty-ezra-klein-social-mobility-opportunity.

7장 표현의 자유와 민주주의 사이의 저울질

1 Kate Conger and Mike Isaac, "Inside Twitter's Decision to Cut Off Trump," *New York Times*, January 16, 2021, https://www.nytimes.com/2021/01/16/technology/twitter-donald-trump-jack-dorsey.html.

2   Haley Messenger, "Twitter to Uphold Permanent Ban Against Trump, Even If He Were to Run for Office Again," NBC News, February 10, 2021, https://www.nbcnews.com/news/amp/ncna1257269.

3   "Permanent Suspension of @realDonaldTrump," *Twitter* (blog), January 8, 2021, https://blog.twitter.com/en_us/topics/company/2020/suspension.html.

4   Jack Dorsey (@jack), "나는 이것이 트위터의 입장에서 옳은 결정이었다고 믿는다. 우리는 상궤에서 벗어난 옹호할 수 없는 상황에 직면했다. 모든 조치의 초점을 공공의 안전에 둘 수밖에 없었다. 온라인 발언의 결과로 일어난 오프라인의 피해가 명백하게 현실적이었으며, 다른 무엇보다 그 점이 우리의 정책과 그 시행을 이끌었다." Twitter, January 13, 2021, https://twitter.com/jack/status/1349510770992640001.

5   Franklin Foer, "Facebook's War on Free Will," *Guardian*, September 19, 2017, http://www.theguardian.com/technology/2017/sep/19/facebooks-war-on-free-will

6   Jon Porter, "Facebook Says the Christchurch Attack Live Stream Was Viewed by Fewer than 200 People," *Verge*, March 19, 2019, https://www.theverge.com/2019/3/19/18272342/facebook-christchurch-terrorist-attack-views-report-takedown.

7   Ryan McCarthy, "'Outright Lies': Voting Misinformation Flourishes on Facebook," ProPublica, July 16, 2020, https://www.propublica.org/article/outright-lies-voting-misinformation-flourishes-on-facebook.

8   Gurbir S. Grewal et al., Attorneys General letter to Mark Zuckerberg and Sheryl Sandberg, August 5, 2020, https://www.nj.gov/oag/newsreleases20/AGs-Letter-to-Facebook.pdf.

9   June Cohen, "Rabois' Comments on 'Faggots' Derided Across University," *Stanford Daily*, February 6, 1992, https://archives.stanforddaily.com/1992/02/06?page=1&section=MODSMD_ARTICLE5#article.

10   Keith Rabois, "Rabois: My Intention Was to Make a Provocative Statement," *Stanford Daily*, February 7, 1992, https://archives.stanforddaily.com/1992/02/07?page=5&section=MODSMD_ARTICLE21#article.

11   "Officials Condemn Homophobic Incident; No Prosecution Planned," Stanford News Service, February 12, 1992, https://news.stanford.edu/pr/92/920212Arc2432.html.

12   Craig Silverman, "This Analysis Shows How Viral Fake Election News Stories Outperformed Real News on Facebook," BuzzFeed News, November 16, 2016, https://www.buzzfeednews.com/article/craigsilverman/viral-fake-election-news-outperformed-real-news-on-facebook.

13   Ciara O'Rourke, "No, the Gates Foundation Isn't Pushing Microchips with All Medical Procedures," PolitiFact, May 20, 2020, https://www.politifact.com/factchecks/2020/may/20/facebook-posts/no-gates-foundation-isnt-pushing-microchips-all-me/; Linley Sanders, "The Difference Between What Republicans and Democrats Believe to Be True About COVID-19," YouGov, May 26, 2020, https://today.yougov.com/topics/politics/

articles-reports/2020/05/26/republicans-democrats-misinformation.

14 Steven Levy, "Bill Gates on Covid: Most US Tests Are 'Completely Garbage,'" *Wired*, August 7, 2020, https://www.wired.com/story/bill-gates-on-covid-most-us-tests-are-completely-garbage/.

15 Mark Zuckerberg, "A Blueprint for Content Governance and Enforcement," Facebook, November 15, 2018, https://www.facebook.com/notes/751449002072082/.

16 Mark Zuckerberg, "Building Global Community," Facebook, February 16, 2017, https://www.facebook.com/notes/mark-zuckerberg/building-global-community/10154544292806634/.

17 "YouTube Jobs," YouTube, https://www.youtube.com/jobs/.

18 Raffi Krikorian, "New Tweets per Second Record, and How!," *Twitter* (blog), August 16, 2013, https://blog.twitter.com/engineering/en_us/a/2013/new-tweets-per-second-record-and-how.html.

19 Christine Kearney, "Encyclopaedia Britannica: After 244 Years in Print, Only Digital Copies Sold," *Christian Science Monitor*, March 14, 2012, https://www.csmonitor.com/Business/Latest-News-Wires/2012/0314/Encyclopaedia-Britannica-After-244-years-in-print-only-digital-copies-sold.

20 Camille Slater, "Wikipedia vs Britannica: A Comparison Between Both Encyclopedias," SciVenue, November 17, 2017, http://scivenue.com/2017/11/17/wikipedia-vs-britannica-encyclopedia/.

21 Wikipedia, s.v., "Wikipedia: Statistics," https://en.wikipedia.org/wiki/Wikipedia:Statistics; "Wikistats: Statistics for Wikimedia Projects," Wikimedia Statistics, https://stats.wikimedia.org/#/en.wikipedia.org/reading/total-page-views/normal%7Cbar%7C2-year%7C-total%7Cmonthly.

22 Wikipedia, s.v., "Google Statistics," May 1, 2013, https://en.wikipedia.org/w/index.php?title=Wikipedia:Google_statistics&oldid=553012140.

23 Greg Sterling, "Forecast Says SEO-Related Spending Will Be Worth $80 Billion by 2020," Search Engine Land, April 19, 2016, https://searchengineland.com/forecast-says-seo-related-spending-will-worth-80-billion-2020-247712.

24 Thomas Jefferson, "Letter to Charles Yancey," Manuscript /Mixed Material, January 6, 1816, https://www.loc.gov/resource/mtj1.048_0731_0734.

25 John Stuart Mill, *Utilitarianism and On Liberty: Including Mill's 'Essay on Bentham' and Selections from the Writings of Jeremy Bentham and John Austin*, ed. Mary Warnock, 2nd ed, (Hoboken: Wiley-Blackwell, 2003), 100.

26 위의 책, 134.

27 위의 책, 100.

28 Louis Brandeis statement, *Whitney v. California*, 274 U.S. 357 (1927), https://www.law.cornell.edu/supremecourt/text/274/357.

29 Jeffrey Goldberg, "Why Obama Fears for Our Democracy," *Atlantic*, November 16, 2020, https://www.theatlantic.com/ideas/archive/2020/11/why-obama-fears-for-our-democracy/617087/.

30 *Chaplinsky v. State of New Hampshire*, 315 U.S. 568, Supreme Court of the United States (1942), https://www.law.cornell.edu/supremecourt/text/315/568.

31 Raymond Lin, "New Zealand Shooter Kills 50 in Attack on Mosques," Guide Post Daily, April 1, 2019, https://gnnguidepost.org/2923/news/new-zealand-shooter-kills-50-in-attack-on-mosques/.

32 Guy Rosen, "Community Standards Enforcement Report, Fourth Quarter 2020," Facebook Newsroom, February 11, 2021, https://about.fb.com/news/2021/02/community-standards-enforcement-report-q4-2020/.

33 Cass Sunstein, *Republic.com 2.0* (Princeton: Princeton University Press, 2007), 69, 78

34 Joshua Cohen, "Against Cyber-Utopianism," *Boston Review*, June 19, 2012, https://bostonreview.net/joshua-cohen-reflections-on-information-technology-and-democracy.

35 Nathaniel Persily and Joshua A. Tucker, eds., *Social Media and Democracy: The State of the Field, Prospects for Reform*, SSRC Anxieties of Democracy (Cambridge, UK: Cambridge University Press, 2020).

36 Pablo Barberá, "Social Media, Echo Chambers, and Political Polarization," in *Social Media and Democracy: The State of the Field, Prospects for Reform*, edited by Nathaniel Persily and Joshua A. Tucker, SSRC Anxieties of Democracy (Cambridge, UK: Cambridge University Press, 2020), 34–55.

37 Pablo Barberá and Gonzalo Rivero, "Understanding the Political Representativeness of Twitter Users," *Social Science Computer Review* 33, no. 6 (2015): 712–29, https://doi.org/10.1177/0894439314558836.

38 Andrew M. Guess, Brendan Nyhan, and Jason Reifler, "Exposure to Untrustworthy Websites in the 2016 US Election," *Nature Human Behaviour* 4, no. 5 (March 2, 2020): 472–80, https://doi.org/10.1038/s41562-020-0833-x.

39 E. Bakshy, S. Messing, and L. A. Adamic, "Exposure to Ideologically Diverse News and Opinion on Facebook," *Science* 348, no. 6239 (June 5, 2015): 1130–32, https://doi.org/10.1126/science.aaa1160.

40 Matthew Barnidge, "Exposure to Political Disagreement in Social Media Versus Face-to-Face and Anonymous Online Settings," *Political Communication* 34, no. 2 (April 3, 2017): 302–21, https://doi.org/10.1080/10584609.2016.1235639.

41 Levi Boxell, Matthew Gentzkow, and Jesse M. Shapiro, "Greater Internet Use Is Not Associated with Faster Growth in Political Polarization Among US Demographic Groups," *Proceedings of the National Academy of Sciences of the United States of America* 114, no. 40 (October 3, 2017): 10612–17, https://doi.org/10.1073/pnas.1706588114.

42 Hunt Allcott et al., "The Welfare Effects of Social Media," *American Economic Review*

110, no. 3 (March 1, 2020): 629–76, https://doi.org/10.1257/aer.20190658.

43 Andrew M. Guess and Benjamin A. Lyons, "Misinformation, Disinformation, and Online Propaganda," in *Social Media and Democracy: The State of the Field, Prospects for Reform*, edited by Nathaniel Persily and Joshua A. Tucker, SSRC Anxieties of Democracy (Cambridge, UK: Cambridge University Press, 2020), 10–33.

44 Andrew Dawson and Martin Innes, "How Russia's Internet Research Agency Built Its Disinformation Campaign," *Political Quarterly 90*, no. 2 (June 2019): 245–56, https://doi.org/10.1111/1467-923X.12690.

45 Guess, Nyhan, and Reifler, "Exposure to Untrustworthy Websites in the 2016 US Election."

46 Andrew Guess, Jonathan Nagler, and Joshua Tucker, "Less than You Think: Prevalence and Predictors of Fake News Dissemination on Facebook," *Science Advances* 5, no. 1 (January 2019), https://doi.org/10.1126/sciadv.aau4586.

47 Jun Yin et al., "Social Spammer Detection: A Multi-Relational Embedding Approach," in *Advances in Knowledge Discovery and Data Mining*, Pacific-Asia Conference on Knowledge Discovery and Data Mining, edited by Hady W. Lauw et al. (Melbourne: Springer Nature, 2018), 615–27, https://doi.org/10.1007/978-3-319-93034-3_49.

48 Brendan Nyhan and Jason Reifler, "When Corrections Fail: The Persistence of Political Misperceptions," *Political Behavior* 32, no. 2 (June 1, 2010): 303–30, https://doi.org/10.1007/s11109-010-9112-2.

49 James H. Kuklinski et al., "Misinformation and the Currency of Democratic Citizenship," *Journal of Politics* 62, no. 3 (August 1, 2000): 790–816, https://doi.org/10.1111/0022-3816.00033.

50 Alexandra A. Siegel, "Online Hate Speech," in *Social Media and Democracy: The State of the Field, Prospects for Reform*, edited by Joshua A. Tucker and Nathaniel Persily, SSRC Anxieties of Democracy (Cambridge, UK: Cambridge University Press, 2020), 56–88.

51 Alexandra Siegel et al., "Trumping Hate on Twitter? Online Hate in the 2016 US Election and Its Aftermath," March 6, 2019, https://smappnyu.wpcomstaging.com/wp-content/uploads/2019/04/US_Election_Hate_Speech_2019_03_website.pdf.

52 Laura W. Murphy, "Facebook's Civil Rights Audit—Final Report," Facebook Newsroom, July 8, 2020, https://about.fb.com/wp-content/uploads/2020/07/Civil-Rights-Audit-Final-Report.pdf.

53 James Hawdon, Atte Oksanen, and Pekka Räsänen, "Exposure to Online Hate in Four Nations: A Cross-National Consideration," *Deviant Behavior* 38, no. 3 (March 4, 2017): 254–66, https://doi.org/10.1080/01639625.2016.1196985.

54 Manoel Horta Ribeiro et al., "Characterizing and Detecting Hateful Users on Twitter," arXiv, March 23, 2018, https://arxiv.org/abs/1803.08977v1.

55 Nick Beauchamp, Ioana Panaitiu, and Spencer Piston, "Trajectories of Hate: Mapping

Individual Racism and Misogyny on Twitter" (unpublished working paper, 2018).

56 Walid Magdy et al., "#ISISisNotIslam or #DeportAllMuslims? Predicting Unspoken Views," in *Proceedings of the 8th ACM Conference on Web Science*, WebSci '16 (Hannover, Germany: Association for Computing Machinery, 2016), 95–106, https://doi.org/10.1145/2908131.2908150.

57 Karsten Müller and Carlo Schwarz, "Fanning the Flames of Hate: Social Media and Hate Crime," *Journal of the European Economic Association*, October 30, 2020, doi.org/10.1093/jeea/jvaa045.

58 Karsten Müller and Carlo Schwarz, "From Hashtag to Hate Crime: Twitter and Anti-Minority Sentiment" (unpublished working paper, 2020), https://papers.ssrn.com/abstract=3149103.

59 Tarleton Gillespie, *Custodians of the Internet: Platforms, Content Moderation, and the Hidden Decisions That Shape Social Media* (New Haven: Yale University Press, 2018).

60 Zuckerberg, "Building Global Community."

61 Rosen, "Community Standards Enforcement Report, Fourth Quarter 2020."

62 위의 글.

63 "Facebook's Response to Australian Government Consultation on a New Online Safety Act," Facebook Newsroom, February 19, 2020, https://about.fb.com/wp-content/uploads/2020/02/Facebook-response-to-consultation-new-Online-Safety-Act.pdf.

64 Susan Wojcicki, "Expanding Our Work Against Abuse of Our Platform," *YouTube Official Blog*, December 5, 2017, https://blog.youtube/news-and-events/expanding-our-work-against-abuse-of-our/.

65 Zuckerberg, "A Blueprint for Content Governance and Enforcement."

66 Sandra E. Garcia, "Ex–Content Moderator Sues Facebook, Saying Violent Images Caused Her PTSD," *New York Times*, September 25, 2018, https://www.nytimes.com/2018/09/25/technology/facebook-moderator-job-ptsd-lawsuit.html. See also the pioneering ethnographic work on this topic by Sarah T. Roberts, *Behind the Screen: Content Moderation in the Shadows of Social Media* (New Haven: Yale University Press, 2019).

67 Casey Newton, "Facebook Will Pay $52 Million in Settlement with Moderators Who Developed PTSD on the Job," *Verge*, May 12, 2020, https://www.theverge.com/2020/5/12/21255870/facebook-content-moderator-settlement-scola-ptsd-mental-health.

68 Nathaniel Persily, "The Internet's Challenge to Democracy: Framing the Problem and Assessing Reforms," Kofi Annan Commission on Elections and Democracy in the Digital Age, March 4, 2019, https://pacscenter.stanford.edu/publication/the-internets-challenge-to-democracy-framing-the-problem-and-assessing-reforms/.

69 Mark Zuckerberg, "Preparing for Elections," Facebook, September 13, 2018, https://www.facebook.com/notes/mark-zuckerberg/preparing-for-elections/10156300047606634/.

70 위의 글.

71 Vijaya Gadde and Matt Derella, "An Update on Our Continuity Strategy During COVID-19," *Twitter* (blog), March 16, 2020, https://blog.twitter.com/en_us/topics/company/2020/An-update-on-our-continuity-strategy-during-COVID-19.html.

72 The YouTube Team, "Protecting Our Extended Workforce and the Community," *YouTube Official Blog*, March 16, 2020, https://blog.youtube/news-and-events/protecting-our-extended-workforce-and/.

73 Guy Rosen (@guyro), "우리는 잘못 제거된 모든 게시물을 복구했다. 여기에는 코로나 19에 관련된 게시물만이 아닌 모든 주제의 게시물이 포함되어 있었다. 폭력적인 웹 사이트 의 링크를 제거하는 자동화 시스템의 문제로 인해 다른 게시물들도 잘못 제 거되었다." Twitter, March 17, 2020, https://twitter.com/guyro/status/1240088303497 400320?lang=en.

74 Kate Klonick, "The New Governors: The People, Rules, and Processes Governing Online Speech," *Harvard Law Review* 131 (2018): 1598–670, https://harvardlawreview. org/wp-content/uploads/2018/04/1598-1670_Online.pdf. See also Klonick, "The Facebook Oversight Board: Creating an Independent Institution to Adjudicate Online Free Expression," *Yale Law Journal* 129, no. 8 (2020): 2418–99, https://papers.ssrn.com/ sol3/papers.cfm?abstract_id=3639234; Evelyn Douek, "Facebook's 'Oversight Board:' Move Fast with Stable Infrastructure and Humility," *North Carolina Journal of Law & Technology* 21, no. 1 (2019): 1–78, https://papers.ssrn.com/sol3/papers.cfm?abstract_id=3365358.

75 Zuckerberg, "A Blueprint for Content Governance and Enforcement."

76 Ben Smith, "Trump Wants Back on Facebook. This Star-Studded Jury Might Let Him," *New York Times*, January 24, 2021, https://www.nytimes.com/2021/01/24/business/media/trump-facebook-oversight-board.html.

77 Clarence Brandenburg, Appellant, v. State of Ohio, 395 U.S. 444 (June 9, 1969), Legal Information Institute, Cornell Law School, https://www.law.cornell.edu/supremecourt/text/395/444.

78 Yascha Mounk, "Verboten: Germany's Risky Law for Stopping Hate Speech on Facebook and Twitter," *New Republic*, April 3, 2018, https://newrepublic.com/article/147364/verboten-germany-law-stopping-hate-speech-facebook-twitter.

79 Renee DiResta, "Free Speech Is Not the Same as Free Reach," *Wired*, August 30, 2018, https://www.wired.com/story/free-speech-is-not-the-same-as-free-reach/.

80 Joanna Plucinska, "Hate Speech Thrives Underground," *Politico*, February 7, 2018, https://www.politico.eu/article/hate-speech-and-terrorist-content-proliferate-on-web-beyond-eu-reach-experts/.

81 Tim Wu, "Is the First Amendment Obsolete?," *Michigan Law Review* 117, no. 3 (2018): 547–81, https://michiganlawreview.org/wp-content/uploads/2018/12/117MichLRev547_

Wu.pdf.

82 Pew Research Center, January 2021, "The State of Online Harassment."

83 https://www.amnesty.org/en/latest/news/2017/11/amnesty-reveals-alarming-impact-of-online-abuse-against-women/.

84 Tim Wu, "Is the First Amendment Obsolete?," *Michigan Law Review* 117, no. 3 (2018): 547–81, https://michiganlawreview.org/wp-content/uploads/2018/12/117MichLRev547_Wu.pdf.

85 Klonick, "The New Governors."

86 위의 글.

87 Daphne Keller, "Statement of Daphne Keller Before the United States Senate Committee on the Judiciary, Subcommittee on Intellectual Property, Hearing on the Digital Millennium Copyright Act at 22: How Other Countries Are Handline Online Piracy," March 10, 2020, https://www.judiciary.senate.gov/imo/media/doc/Keller%20 Testimony.pdf.

88 *New York Times* Editorial Board, "Joe Biden," *New York Times*, January 17, 2020, https://www.nytimes.com/interactive/2020/01/17/opinion/joe-biden-nytimes-interview.html.

89 Francis Fukuyama and Andrew Grotto, "Comparative Media Regulation in the United States and Europe," in *Social Media and Democracy: The State of the Field, Prospects for Reform*, edited by Joshua A. Tucker and Nathaniel Persily, SSRC Anxieties of Democracy (Cambridge, UK: Cambridge University Press, 2020), 199–219.

90 Stanford Internet Observatory, "Parler's First 13 Million Users," January 28, 2021, https://fsi.stanford.edu/news/sio-parler-contours.

91 Daisuke Wakabayashi and Tiffany Hsu, "Why Google Backtracked on Its New Search Results Look," *New York Times*, January 31, 2020, https://www.nytimes.com/2020/01/31/technology/google-search-results.html.

92 "Social Media Stats Worldwide," StatCounter Global Stats, https://gs.statcounter.com/social-media-stats.

3부 시스템 리부팅

1 Sheila Jasanoff, *The Ethics of Invention: Technology and the Human Future* (New York: W. W. Norton & Company, 2016), 267.

8장 민주주의가 답할 수 있는 것들

1 Alec Radford et al., "Better Language Models and Their Implications," OpenAI, February 14, 2019, https://openai.com/blog/better-language-models/.

2 Yoav Goldberg (@yoavgo), "여러분들께 전할 소식이 있습니다. 저희 연구소는 언어 이해에 있어서 놀라운 돌파구를 발견했습니다. 하지만 좋지 못한 의도를 가진 사람들의 손에 넘어갈까 우려가 됩니다. 따라서 우리는 그것을 폐기하고 대신 일반 *ACL

자료만 공개하기로 결정했습니다. 훌륭한 성과를 올린 팀에게 경의를 표합니다." Twitter, February 15, 2019, https://twitter.com/yoavgo/status/1096471273050382337.

3 Irene Solaiman, Jack Clark, and Miles Brundage, "GPT-2: 1.5B Release," OpenAI, November 5, 2019, https://openai.com/blog/gpt-2-1-5b-release/.

4 위의 글.

5 Stephen Ornes, "Explainer: Understanding the Size of Data," Science News for Students, December 13, 2013, https://www.sciencenewsforstudents.org/article/explainer-understanding-size-data.

6 Arram Sabeti, "GPT-3," *Arram Sabeti* (blog), July 9, 2020, https://arr.am/2020/07/09/gpt-3-an-ai-thats-eerily-good-at-writing-almost-anything/.

7 Gwern Branwen, "GPT-3 Creative Fiction," gwern.net, June 19, 2020, https://www.gwern.net/GPT-3#why-deep-learning-will-never-truly-x; Kelsey Piper, "GPT-3, Explained: This New Language AI Is Uncanny, Funny—and a Big Deal," Vox, August 13, 2020, https://www.vox.com/future-perfect/21355768/gpt-3-ai-openai-turing-test-language.

8 Carroll Doherty and Jocelyn Kiley, "Americans Have Become Much Less Positive About Tech Companies' Impact on the U.S.," Pew Research Center, July 29, 2019, https://www.pewresearch.org/fact-tank/2019/07/29/americans-have-become-much-less-positive-about-tech-companies-impact-on-the-u-s/; Ina Fried, "40% of Americans Believe Artificial Intelligence Needs More Regulation," *Axios*, https://www.axios.com/big-tech-industry-global-trust-9b7c6c3c-98f1-4e80-8275-cf52446b1515.html.

9 Karen Hao, "The Coming War on the Hidden Al-gorithms That Trap People in Poverty," *MIT Technology Review*, December 4, 2020, https://www.technologyreview.com/2020/12/04/1013068/algorithms-create-a-poverty-trap-lawyers-fight-back/.

10 Jaron Lanier, *Ten Arguments for Deleting Your Social Media Accounts Right Now* (New York: Henry Holt, 2018).

11 Anand Giridharadas, "Deleting Facebook Won't Fix the Problem," *New York Times*, January 10, 2019, https://www.nytimes.com/2019/01/10/opinion/delete-facebook.html.

12 "Where Do We Go as a Society?," vTaiwan, March 2016, https://info.vtaiwan.tw/.

13 Johns Hopkins, "Mortality Analyses," Johns Hopkins Coronavirus Resource Center, December 3, 2020, https://coronavirus.jhu.edu/data/mortality.

14 Ezekiel J. Emanuel, Cathy Zhang, and Aaron Glickman, "Learning from Taiwan About Responding to Covid-19—and Using Electronic Health Records," STAT, June 30, 2020, https://www.statnews.com/2020/06/30/taiwan-lessons-fighting-covid-19-using-electronic-health-records/.

15 David J. Rothman, *Strangers at the Bedside: A History of How Law and Bioethics Transformed Medical Decision Making* (New York: Basic Books, 1991); Cathy Gere, *Pain,*

Pleasure, and the Greater Good (Chicago: University of Chicago Press, 2017).

16 Don Colburn, "Under Oath," *Washington Post*, October 22, 1991, http://www. washingtonpost.com/archive/lifestyle/wellness/1991/10/22/under-oath/53407b39-4a27-4bca-91fe-44602fc05bbf/.

17 Abraham Flexner, *Medical Education in the United States and Canada: A Report to the Carnegie Foundation for the Advancement of Teaching* (Boston: Merrymount Press, 1910), http://archive.org/details/medicaleducation00flexiala.

18 John Knight et al., "ACM Task Force on Licensing of Software Engineers Working on Safety-Critical Software," draft report, ACM, July 2000, http://kaner.com/pdfs/acmsafe. pdf.

19 Don Gotterbarn, Keith Miller, and Simon Rogerson, "Software Engineering Code of Ethics," *Communications of the ACM* 40, no. 11 (November 1, 1997): 110–18, https://doi. org/10.1145/265684.265699.

20 Lauren Jackson and Desiree Ibekwe, "Jack Dorsey on Twitter's Mistakes," *New York Times*, August 19, 2020, https://www.nytimes.com/2020/08/07/podcasts/the-daily/ Jack-dorsey-twitter-trump.html.

21 Michael Specter, "The Gene Hackers," *New Yorker*, November 8, 2015, https://www. newyorker.com/magazine/2015/11/16/the-gene-hackers.

22 Rebecca Crootof, "Artificial Intelligence Research Needs Responsible Publication Norms," Lawfare, October 24, 2019, https://www.lawfareblog.com/artificial-intelligence-research-needs-responsible-publication-norms; Miles Brundage et al., *The Malicious Use of Artificial Intelligence: Forecasting, Prevention, and Mitigation* (Oxford: Future of Humanity Institute, 2018), https://maliciousaireport.com/.

23 Faception (website), 2019, https://www.faception.com.

24 Mahdi Hashemi and Margeret Hall, "RETRACTED ARTICLE: Criminal Tendency Detection from Facial Images and the Gender Bias Effect," *Journal of Big Data* 7, no. 2 (January 7, 2020), https://journalofbigdata.springeropen.com/track/pdf/10.1186/ s40537-019-0282-4.pdf.

25 Coalition for Critical Technology, "Abolish the #TechToPrisonPipeline," Medium, June 23, 2020, https://medium.com/@CoalitionForCriticalTechnology/abolish-the-techtoprisonpipeline-9b5b14366b16.

26 "About the Public Interest Technology University Network," New America, https:// www.newamerica.org/pit/university-network/about-pitun/.

27 Natalia Drozdiak and Sam Schechner, "The Woman Who Is Reining In America's Technology Giants," *Wall Street Journal*, April 4, 2018, https://www.wsj.com/articles/ the-woman-who-is-reining-in-americas-technology-giants-1522856428.

28 "The Digital Markets Act: Ensuring Fair and Open Digital Markets," European Commission, https://ec.europa.eu/info/strategy/priorities-2019-2024/europe-fit-digital-

age/digital-markets-act-ensuring-fair-and-open-digital-markets_en.

29 Kara Swisher, "White House. Red Chair. Obama Meets Swisher," Vox, February 15, 2015, https://www.vox.com/2015/2/15/11559056/white-house-red-chair-obama-meets-swisher.

30 *Federal Trade Commission v. Facebook, Inc.,* United States District Court for the District of Columbia, December 9, 2020, https://www.ftc.gov/system/files/documents/cases/051_2021.01.21_revised_partially_redacted_complaint.pdf, 2.

31 *The State of Texas, the State of Arkansas, the State of Idaho, the State of Indiana, the Commonwealth of Kentucky, the State of Mississippi, State of Missouri, State of North Dakota, State of South Dakota, and State of Utah vs. Google LLC,* United States District Court, Eastern District of Texas, Sher-man Division, December 16, 2020, https://www.texasattorneygeneral.gov/sites/default/files/images/admin/2020/Press/20201216%20COMPLAINT_REDACTED.pdf.

32 Jackson and Ibekwe, "Jack Dorsey on Twitter's Mistakes."

33 Nick Statt, "Mark Zuckerberg Apologizes for Facebook's Data Privacy Scandal in Full-Page Newspaper Ads," *Verge*, March 25, 2018, https://www.theverge.com/2018/3/25/17161398/facebook-mark-zuckerberg-apology-cambridge-analytica-full-page-newspapers-ads.

34 Eric Johnson, "Former Google Lawyer and Deputy U.S. CTO Nicole Wong on Recode Decode," Vox, September 12, 2018, https://www.vox.com/2018/9/12/17848384/nicole-wong-cto-lawyer-google-twitter-kara-swisher-decode-podcast-full-transcript.

35 Joseph E. Stiglitz, "Meet the 'Change Agents' Who Are Enabling Inequality," *New York Times*, August 20, 2018, https://www.nytimes.com/2018/08/20/books/review/winners-take-all-anand-giridharadas.html.

36 Edmund L. Andrews, "Greenspan Concedes Error on Regulation," *New York Times*, October 23, 2008, https://www.nytimes.com/2008/10/24/business/economy/24panel.html.

37 Accountable Capitalism Act, S. 3348, 115th Congress (2017–18), https://www.warren.senate.gov/imo/media/doc/Accountable%20Capitalism%20Act%20One-Pager.pdf.

38 Elizabeth Warren, "Warren, Carper, Baldwin, and Warner Form Corporate Governance Working Group to Fundamentally Reform the 21st Century American Economy," Elizabeth Warren (senate website), October 30, 2020, https://www.warren.senate.gov/newsroom/press-releases/warren-carper-baldwin-and-warner-form-corporate-governance-working-group-to-fundamentally-reform-the-21st-century-american-economy.

39 Yoni Heisler, "What Ever Became of Microsoft's $150 Million Investment in Apple?," Engadget, May 20, 2014, https://www.engadget.com/2014-05-20-what-ever-became-of-microsofts-150-million-investment-in-apple.html.

40 Jessica Bursztynsky, "Microsoft President: Being a Big Company Doesn't Mean You're a Monopoly," CNBC, September 10, 2019, https://www.cnbc.com/2019/09/10/microsoft-president-brad-smith-on-facebook-and-google-antitrust-probes.html.

41 Chris Mooney, "Requiem for an Office," *Bulletin of the Atomic Scientists* 61, no. 5 (2005): 40–49, https://doi.org/10.2968/061005013, 45.

42 위의 책, 42.

43 위의 책, 45.

44 Sheila Jasanoff, *The Ethics of Invention: Technology and the Human Future* (New York: W. W. Norton, 2016).

45 "Tech Talent for 21st Century Government," The Partnership for Public Service, April 2020, https://ourpublicservice.org/wp-content/uploads/2020/04/Tech-Talent-for-21st-Century-Government.pdf, 2.

46 Joseph J. Heck et al., *Inspired to Serve: The Final Report of the National Commission on Military, National, and Public Service*, March 2020, https://inspire2serve.gov/sites/default/files/final-report/Final%20Report.pdf.

47 Derek Kilmer et al., "How Can Congress Work Better for the American People?," Select Committee on the Modernization of Congress, July 2019, https://modernizecongress.house.gov/final-report-116th; Elizabeth Fretwell et al., "Science and Technology Policy Assessment: A Congressionally Directed Review," National Academy of Public Administration, October 31, 2019, https://www.napawash.org/studies/academy-studies/science-and-technology-policy-assessment-for-the-us-congress; Office of Technology Assessment Improvement and Enhancement Act, H.R. 4426, 116th Congress (2019–2020), https://www.congress.gov/bill/116th-congress/house-bill/4426.

48 Jathan Sadowski, "The Much-Needed and Sane Congressional Office That Gingrich Killed Off and We Need Back," *Atlantic*, October 26, 2020, https://www.theatlantic.com/technology/archive/2012/10/the-much-needed-and-sane-congressional-office-that-gingrich-killed-off-and-we-need-back/264160/.

옮긴이 **이영래**

이화여자대학교 법학과를 졸업하였다. 현재 가족과 함께 캐나다에 살면서 번역에이전 시 엔터스코리아에서 출판 기획 및 전문 번역가로 활동하고 있다. 옮긴 책으로는《움직 임의 뇌과학》,《슈퍼팬》,《제프 베조스, 발명과 방황》,《파타고니아, 파도가 칠 때는 서핑 을》,《블리츠스케일링》,《씽크 어게인》등이 있다.

시스템 에러

빅테크 시대의 윤리학

초판 1쇄 발행 2022년 4월 11일
초판 2쇄 발행 2023년 2월 1일

지은이 | 롭 라이히, 메흐란 사하미, 제러미 M. 와인스타인
옮긴이 | 이영래
발행인 | 김형보
편집 | 최윤경, 강태영, 이경란, 임재희
마케팅 | 이연실, 이다영, 송신아
디자인 | 송은비
경영지원 | 최윤영

발행처 | 어크로스출판그룹(주)
출판신고 | 2018년 12월 20일 제 2018-000339호
주소 | 서울시 마포구 양화로10길 50 마이빌딩 3층
전화 | 070-8724-0876(편집) 070-8724-5877(영업)
팩스 | 02-6085-7676
이메일 | across@acrossbook.com

한국어판 출판권 ⓒ 어크로스출판그룹(주) 2022

ISBN 979-11-6774-039-7 03300

만든 사람들
편집 | 임재희
교정교열 | 오효순
표지디자인 | 오필민
본문디자인 | 송은비
조판 | 박은진